HEIDELBERGER STUDIENHEFTE
ZUR ALTERTUMSWISSENSCHAFT

Herausgegeben von
Géza Alföldy †
Eckhard Christmann
Albrecht Dihle
Rudolf Kettemann

MANUEL BAUMBACH
PETER VON MÖLLENDORFF

Ein literarischer Prometheus

Lukian aus Samosata
und die Zweite Sophistik

Universitätsverlag
WINTER
Heidelberg

Bibliografische Information der Deutschen Nationalbibliothek
Die Deutsche Nationalbibliothek verzeichnet diese Publikation
in der Deutschen Nationalbibliografie;
detaillierte bibliografische Daten sind im Internet
über *http://dnb.d-nb.de* abrufbar.

UMSCHLAGBILD
Gottfried August Bürger: *Wunderbare Reisen zu Wasser und zu Lande.*
Feldzüge und lustige Abenteuer des Freiherrn von Münchhausen,
wie er dieselben bei der Flasche im Zirkel seiner Freunde zu erzählen pflegt,
mit 154 Holzschnitten von Gustave Doré und einem Nachwort von Wolf Stubbe
[Neudruck der Ausgabe letzter Hand von 1788],
Wiesbaden: Verlag R. Löwit o. J., S. 181.

ISBN 978-3-8253-6460-1

Dieses Werk einschließlich aller seiner Teile ist urheberrechtlich geschützt.
Jede Verwertung außerhalb der engen Grenzen des Urheberrechtsgesetzes
ist ohne Zustimmung des Verlages unzulässig und strafbar. Das gilt insbesondere
für Vervielfältigungen, Übersetzungen, Mikroverfilmungen und die Einspeicherung
und Verarbeitung in elektronischen Systemen.

© 2017 Universitätsverlag Winter GmbH Heidelberg
Imprimé en Allemagne · Printed in Germany
Druck: Memminger MedienCentrum, 87700 Memmingen

Gedruckt auf umweltfreundlichem, chlorfrei gebleichtem
und alterungsbeständigem Papier.

Den Verlag erreichen Sie im Internet unter:
www.winter-verlag.de

Inhaltsverzeichnis

Hinweise zur Benutzung 7

Statt eines Vorworts 9

1 Masken und *Wahre Geschichten*: Lukians Biographie 13

2 Ein *Traum* von Bildung: *paideía*-Diskurse in der Zweiten Sophistik............ 59

    2.1‚Lukians' Bildung – 2.2 Der Rednerlehrer (*Rhetorum Praeceptor*) – 2.3 Der Philosophenschüler: *Hermotimus* – 2.4 *Der ungelehrte Büchernarr* und *Wahre Geschichten* – 2.5 Bildung am Rande der Ökumene – 2.6 Bildung und Identität: Lukians Kosmopoliten

3 Λουκιανὸς τάδ' ἔγραψα ... Eine Werkschau 101

    3.1 Darstellungsmedien 101

        3.1.1 Deklamation – 3.1.2 Diatribe und Traktat – 3.1.3 Polemik – 3.1.4 Prolalie – 3.1.5 Brief

    3.2 Darstellungsverfahren.. 127

        3.2.1 Personifikation und Allegorese – 3.2.2 Ekphrasis – 3.2.3 Anekdoten und kleinere Erzählungen – 3.2.4 Exzentrische Perspektivierung – 3.2.5 Extreme Dramatisierung

    3.3 Leitmotive 149

        3.3.1 Prozess – 3.3.2 Weg und Reise – 3.3.3 Traum – 3.3.4 Verwundung, Krankheit und Heilung

4 *Der doppelt Angeklagte* und seine Hippokentauren 171

    4.1 Komödischer Dialog – 4.2 Komödischer Dialog und Menippeische Satire – 4.3 Vortrags- und Inszenierungsweisen des Komödischen Dialogs – 4.4 Spielarten des Komödischen Dialogs: Die *Dialogi Minores* – 4.5 Parodie und Cento-Dichtung

5 *Bücher sammeln*: Lukians Überlieferung 217

Inhaltszusammenfassungen der Werke Lukians 235

Bibliographie 257

Stellenregister 263

Hinweise zur Benutzung

Dieses Buch will Leserinnen und Leser bei der Lektüre Lukians unterstützen, einem ebenso reiz- wie anspruchsvollen Vergnügen. Denn Lukian gewährt uns keinen freien Blick auf seine Persönlichkeit als Autor, sondern entwirft sie in Gestalt einer Reihe teils widersprüchlicher auktorialer Figuren (Kap. 1), in denen er sich in die Bildungskultur seiner Zeit, die so genannte Zweite Sophistik, einschreibt (Kap. 2). Ebenso erschwert die Vielfalt der Gattungsmedien und Darstellungsweisen, derer sich Lukian bedient, seine literaturhistorische Einordnung und Bewertung (Kap. 3). Zudem schuf er spannungsvolle generische Kombinationen, der Komödische Dialog als hybride Form galt ihm selbst als seine größte Errungenschaft (Kap. 4). Schließlich verfolgt dieses Buch den Weg der Lukianischen Schriften von ihrer Produktion und Publikation bis hin zu ihrer Zusammenstellung als *Corpus Lucianeum* (Kap. 5).

Der Umfang des Œuvres zwingt zur Auswahl – nicht alle 86 Lukian zugeschriebenen Werke können in gleicher Intensität besprochen werden, manche bleiben unerwähnt, andere, die besonders viele Fragen aufwerfen und verschiedene interpretatorische Ansatzpunkte bieten, werden mehrfach besprochen. Im Anhang finden sich in alphabetischer Reihenfolge Inhaltsangaben aller Werke, mit Ausnahme derjenigen, die eindeutig als unecht zu gelten haben. Sie ermöglichen es, sich schnell in einzelne Texte einzuarbeiten, und sollten zu Rate gezogen werden, sobald ein Werk im Haupttext erwähnt wird. Neben den in der Forschung üblicherweise verwendeten lateinischen Werktiteln und ihren Abkürzungen werden dort auch die griechischen Originaltitel und ihre deutschen Versionen aufgeführt. Letztere orientieren sich an Christoph Martin Wielands populärer Übersetzung von 1788/89, weichen jedoch dort von ihr ab, wo Wieland zu frei übertragen oder mit erläuternden Hinzufügungen geabeitet hat.

Alle Zitate aus Lukians Werken sind zweisprachig gegeben, wobei es sich, sofern nicht anders vermerkt, um unsere eigenen Übersetzungen handelt. Auf Fußnoten wurde zugunsten der besseren Lesbarkeit des Buches verzichtet, stattdessen sind am Ende jedes Kapitels wesentliche Forschungsbeiträge zur vertiefenden und weiterführenden Lektüre genannt; ausführliche Angaben finden sich in der Bibliographie. Obwohl wir eine lineare Lektüre empfehlen, sind alle Kapitel so konzipiert, dass sie auch für sich gelesen werden können.

Schließlich möchten wir uns an dieser Stelle bedanken: zuerst bei den Seminaren und Instituten für Klassische Philologie an den Universitäten Bochum, Gießen und Zürich, die wechselseitige Gastaufenthalte ermöglicht haben, dann ganz besonders bei unseren Mitarbeiterinnen und Mitarbeitern, die bei der Entstehung des Buches geholfen haben: Arnold Bärtschi, Julia Beine, Katrin Dolle, Elisabeth Horz, Maurice Parussel, Jessica Schneider, Saskia Schomber, Lisa-Marei Stalp, Caroline Wahl und Dr. Serena Zweimüller. Dem Winter-Verlag danken wir herzlich für die ausgezeichnete und geduldige Zusammenarbeit.

Statt eines Vorworts

Am Ufer des Unterweltsflusses Styx. Der Fährmann Charon hakt in einem riesigen Verzeichnis die Namen der Toten ab, die sein Boot betreten. Lukian tritt auf, in einem löchrigen Gewand, einen Stock in der Hand, einen gewaltigen Ranzen über der Schulter. Später kommt Hermes mit einem Trupp weiterer Verstorbener vorbei, danach taucht Menipp am anderen Ufer auf.

Charon: (*barsch-gelangweilt*) Name, Geburtsort?
Lukian: Loukianós aus Samosata.
Charon: (*blättert*) Kappa ... Lambda ... Loukianós, sagst du? Kein Eintrag! Lass die albernen Spielchen!
Lukian: Das ... also, nun ja, das ist mir jetzt aber wirklich unangenehm. Ganz gewiss heiße ich so. Und ebenso sicher bin ich in Samosata geboren und entstamme einer bekannten Steinmetz-
Charon: (*unterbricht ihn*) Samosata – wo soll das denn sein? Wusste gar nicht, dass man dort Griechisch spricht. Im Ortsregister – verfluchte Feuchtigkeit hier unten! – ist der Name ausgewaschen. Schon klar – schwafelte Tiresias neulich nicht irgendwas von einem Staudamm und einer Überschwemmung? Egal. Ohne Eintrag im Namensregister kommst Du hier nicht rüber!
Lukian: Vielleicht haben die mich verwechselt – ich bin noch unter anderen Namen bekannt. Schau doch bitte einmal unter „Lykinos" nach!
Charon: (*blättert entnervt*) Einen Lykinos haben wir auch nicht. Und woher soll der jetzt kommen? Sag bloß nicht wieder Samosata, sonst versenk' ich Dich hier gleich am Ufer!
Lukian: Bei der Styx, also wirklich: Du machst aus einer Fliege einen Elefanten. Nur weil Dein Buch meinen Namen nicht kennt, heißt das ja nicht, dass ich nicht bin, will sagen: nicht ich bin. Bist Du sicher, dass man Dir das Buch nicht untergeschoben hat, damit Du dumm dastehst?
Charon: (*bei sich*) Wie frech und frei der redet! Da ist Vorsicht geboten, der Mann ist offensichtlich ein Sophist. (*Zu Lukian*): Das ist alles sehr verdächtig! Ich will mal einen Blick in deinen Ranzen werfen, der ist ja größer als ein Walfischmagen. Was ist denn da drin?
Lukian: (*stolz*) Die Gesamtausgabe meiner Werke, Rollen aus feinstem Papyrus, mit Knäufen aus Zedernholz!
Charon: (*sarkastisch*) Wie aufregend! Du denkst doch nicht etwa im Ernst daran, das Zeug mit nach drüben zu nehmen? Und überhaupt: Weißt Du nicht, dass 90 Prozent Deiner Mittoten Analphabeten sind? Wer soll das also lesen?
Lukian: Ich lese ihnen daraus vor, ein bisschen Bildung kann nicht schaden!
Charon: So weit kommt's noch – ich kann mir lebhaft vorstellen, was für aufrührerische Gedanken darin stehen, wenn Du schon meine Autorität in Frage stellst. Und hinterher kann ich mich wieder mit Randalierern und Ausbrechern rumschlagen! Ganz sicher nicht. Aber wo wir gerade beim Vorlesen sind: Was steht da auf dem Schild? Los, lies vor!

Lukian: „Im- und Exporte ausnahmslos untersagt!" Ja, aber Charon! Bei mir musst Du eine Ausnahme machen!

Charon: Glaub ja nicht, Du seist der einzige, der das will! Der Ranzen bleibt hier, samt Inhalt natürlich. Neulich haben wir einem Philosophen sogar seinen verfilzten Bart abgesägt, da wirst Du ja wohl nicht glauben, du kämest damit durch. Runter damit und rüber in die Asservatenkammer!

Lukian: Warte – bei mir liegt der Fall anders. Ich will mein Werk ja nicht mit nach drüben nehmen, um es unbedingt auch nach dem Tod zu behalten, sondern damit es nicht auf der Oberwelt zurückbleibt!

Charon: Ja ja, auch das höre ich nicht zum ersten Mal ... Ranzen runter, sag ich!

Lukian: Aber so hör mir doch wenigstens zu, edler Fährmann! Schau, ich habe in meinem Leben wirklich *alles* getan, um ein bisschen mehr Verstand und Verantwortungsbewusstsein unter die Menschen zu bringen. Es hat einfach gar nichts genützt, und sie sind so schrecklich dumm geblieben, dass ich wirklich Angst habe, völlig falsch verstanden zu werden, wenn ich nicht mehr da bin, um all den Unsinn zu korrigieren, den sie in meine Bücher hineinlesen werden. Ich höre sie jetzt schon sagen, ich sei ein Satiriker, dem nichts heilig gewesen sei! Ein Spötter, der nicht einmal vor den Göttern Halt gemacht habe! Ein Syrer, der lieber Grieche gewesen wäre! Oder doch lieber Syrer! Ein Ästhet, dem nichts anderes am Herzen gelegen habe als die wundervolle griechische Sprache und die Erfindung neuer Gattungen! Manche werden mich für einen gescheiterten Sophisten halten, der frustriert die Seiten gewechselt hat. Andere werden einen Philosophen aus mir machen oder mich als Nihilisten geißeln. Christen werden mich hassen, Traditionalisten als Kritiker der Klassik verschreien, Philologen werden nach meinen Quellen forschen und mich einen Epigonen schimpfen. Und noch viel mehr, was ich mir gar nicht vorstellen mag. Gar nicht zu reden von all den Beleidigungen, die sie mir anhängen werden ... Nein, es ist sicherer, ich nehm' das alles mit in den Hades.

Charon: (*lacht schallend*) Du bist ja ein witziges Bürschchen ... Aber mal ehrlich und im Ernst: Auch diese Sorge ist nicht so neu, wie Du denkst! Und wenn schon: Was interessiert uns hier unten denn, was diese merkwürdigen und unbegreiflichen Menschen da oben denken oder nicht denken? Du bist genauso ein eitler Fatzke wie all die anderen, die sich auf ihr Lebenswerk wer weiß was einbilden oder ihren Reichtum mitnehmen wollen! Allerdings bist Du doch noch ein bisschen scheinheiliger und – wenn ich es mir recht überlege – eher so ein Typ wie Epimetheus – Dir fällt reichlich spät ein, dass du besser nichts geschrieben hättest. Aber Leuten wie Dir machen wir hier ganz schön die Hölle heiß, das wirst Du schon sehen, also rein mit Dir ins Boot, wer immer Du auch bist!

Lukian: (*pikiert*) *Mich* willst Du in den Tartaros werfen lassen? Mich, den Freund der Kyniker, die Ihr hier so mögt, wie ich sehr wohl weiß? Das kommt überhaupt nicht infrage! Ich bin ein römischer Bürger und habe das Recht, nicht von so einer subalternen Figur wie Dir abgeurteilt zu werden! Ich verlange, Deinen Vorgesetzten zu sprechen!

Charon: (*süffisant*) Aber gern doch! Schau mal ans andere Ufer, er wartet schon auf dich. Der Ranzen bleibt trotzdem hier.
Lukian: (*fängt an zu schreien*) Unverschämtheit! Das lasse ich mir nicht bieten! Ich werde –
Charon: (*schreit ebenfalls*) Kerberos! Fass! Und fass!! Und fass!!!
Hermes: Zum Teufel, was ist das für ein Geschrei! Nun mal ganz ruhig, Ihr beiden! Charon, ich kenne diesen Mann und kann für ihn bürgen. Er hasst alle Lügner, Betrüger und Scheinheiligen, er ist ein bekennender Freund der Unterwelt und *Dein* größter Fan, also sei ein bisschen netter zu ihm.
Charon: (*brummelt*) Na gut, dann will ich mal nicht so sein, wenn Du für ihn gerade stehst. (*bemüht freundlich*) Komm, Lykinos, oder wie immer Du heißt, steig ein, Du musst auch nichts bezahlen. Aber beim Rudern kannst Du helfen. Der Ranzen bleibt jedenfalls hier, das sind nun mal die Vorschriften, Punkt.
Hermes: Mein Freund, gib nach! Wenn Charon „Punkt" sagt, geht nichts mehr, glaub mir, ich kenne ihn seit Anbeginn der Welt. Gib mir Deinen Ranzen, ich werde ihn für alle Ewigkeit hüten – schließlich bin ich nicht umsonst der Gott des Logos! Ich sorge dafür, dass Du den gerechten Nachruhm erntest, und damit nicht genug, ich verspreche Dir auch, dass man nicht nur Deine wundervollen, originellen Ideen würdigen wird, sondern auch Deine Sprache und Deinen Stil, den sich Generationen von Schülerinnen und Schülern zum Vorbild nehmen werden. Und ja! Noch in zweitausend Jahren wird man darüber streiten, wer Du warst und wie man Deine Werke auffassen soll. Aber keine Angst: Es wird keinem gelingen, Dich auf irgendwas festzunageln. Und wenn sie zu frech werden, dann garantiere ich Dir, dass Du an die Oberwelt zurückkehren und sie vor das Gericht der *Philologia* zerren darfst! Dann werden sie an ihrem eigenen Geschreibsel ersticken!
Lukian: Hermes, alter Freund, wem sollte ich wohl vertrauen, wenn nicht Dir? Hier ist mein Ranzen. Nun aber los, Charon! Du kannst ablegen!

Sie gelangen ans andere Ufer und verlassen das Boot.

Menipp: He! Du da!
Lukian: Ja?
Menipp: Das war ja ein äußerst erheiterndes Gespräch eben, zwischen dir und Charon, das hat man bis hier drüben hören können. Ich lache jetzt noch. Aber mal ohne Scherz: *Wer* bist Du denn nun wirklich?
Lukian: Ach, ehrlich gesagt, mal dieser, mal jener. Mal Herr Freisprech, mal Herr Xbeliebig, mal einfach „der Syrer", auch Lykinos, das hast Du ja schon mitbekommen. War auch noch manch anderer, wie es halt passte, sogar mal „Menippos", den kennst Du bestimmt, oder? Der bissige Hund und verrückte Philosoph. Hätte ich ihm nicht einen Platz in meinem Werk verschafft, würde ihn heute niemand mehr kennen, haha! Und mit wem habe ich die Ehre?
Menipp: (*grimmig*) MENIPPOS!
Lukian: Oh! Ich ... verstehe ... Ja, also ... Nett, mich kennenzulernen ...

1 Masken und *Wahre Geschichten*: Lukians Biographie

Beginnen wir mit einer provozierenden Behauptung: Wir können von keiner einzigen Schrift, die unter dem Namen Lukians auf uns gekommen ist, sicher sagen, dass sie von ihm verfasst sei, und dies deshalb, weil sich in der Antike um ‚Lukian' eine umfassende biographische Tradition nie gebildet hat. Lukian war es offensichtlich ein Anliegen, als historische Person hinter seinem Œuvre, auch hinter seinem Stil möglichst weitgehend zu verschwinden. Das war, vergleicht man es mit dem dominanten Auftreten anderer bedeutender Vertreter der Bildungskultur der Kaiserzeit (Kap. 2), eine ungewöhnliche Entscheidung. Das vorliegende Kapitel beschäftigt sich mit den Mitteln der Maskierung, die Lukian gewählt hat, und stellt einige Überlegungen zu der Frage an, aus welchem Grund er diesen Weg der Selbstdarstellung eingeschlagen hat.

Was sich aus äußeren Quellen an Informationen zu Lukians Leben gewinnen lässt, ist enttäuschend. In großer zeitlicher Nähe zu Lukian, gegen Ende des 2. Jahrhunderts n.Chr., verfaßte Philostrat seine *Sophistenbiographien*, ohne Lukian auch nur einer Erwähnung für würdig zu halten. Ungefähr 200 Jahre später stellte Eunap ebenfalls *Philosophen- und Sophistenbiographien* zusammen. Hierin erwähnt er auch Lukian:

> Λουκιανὸς δὲ ὁ ἐκ Σαμοσάτων, ἀνὴρ σπουδαῖος ἐς τὸ γελασθῆναι, Δημώνακτος φιλοσόφου κατ' ἐκείνους τοὺς χρόνους βίον ἀνέγραψεν, ἐν ἐκείνῳ τε τῷ βιβλίῳ καὶ ἄλλοις ἐλαχίστοις δι' ὅλου σπουδάσας. (Eunap, *Vit. Soph.* 2.1.9)
>
> Lukian aus Samósata, ein im Bemühen, seine Leser zum Lachen zu bringen, ernsthafter Mann, verfaßte die Biographie des Demonax [I.9], eines Philosophen seiner Zeit, und in jenem Werk wie in einigen sehr wenigen anderen war er vollkommen ernst.

Außer der Herkunftsangabe Samósata, der Hauptstadt der syrischen Provinz Kommagene, liefert uns Eunap eher die Eindrücke eines Lesers als biographisch Verwertbares: Im Grunde ist Lukian für ihn ein Autor, dem es in erster Linie darum geht, seine Leser zum Lachen zu bringen, wohingegen die Lebensbeschreibung des *Demonax* zusammen mit einigen anderen, nicht weiter benannten Schriften eine Ausnahme der Seriosität bilden. Nichtsdestoweniger könnte es sein, dass Eunap mit seiner pointierten Formulierung ἀνὴρ σπουδαῖος ἐς τὸ γελασθῆναι auf die bekannte Formel des σπουδογέλοιον anspielt, also auf eine Schreibweise, in der sich Ernsthaftes und Komisches unauflöslich miteinander verbinden; eine solche Charakterisierung würde immerhin gut zu Lukians eigener Aussage passen, seine größte literarische Errungenschaft bestehe in seiner Kombination von Komödie und philosophischem Dialog (vgl. Kap. 4), und sie würde schließlich auch den *Demonax* treffend beschreiben, der zum größten Teil aus einer Sammlung von Anekdoten besteht, in denen der Philosoph in kynischer Manier seine Mitmenschen mit witzigen Pointen zur Raison ruft.

Angesichts der intensiven Rezeption Lukians in der Spätantike (vgl. Kap. 5) ist es umso erstaunlicher, dass es über seine Biographie nichts Substantielles zu geben scheint. Auch der Eintrag im byzantinischen Lexikon *Suda* fällt trotz seiner größeren Ausführlichkeit letztlich noch hinter diese kurzen Erwähnungen zurück:

> <Λουκιανός,> Σαμοσατεύς, ὁ ἐπικληθεὶς βλάσφημος ἢ δύσφημος, ἢ ἄθεος εἰπεῖν μᾶλλον, ὅτι ἐν τοῖς διαλόγοις αὐτοῦ γελοῖα εἶναι καὶ τὰ περὶ τῶν θείων εἰρημένα παρατίθεται. γέγονε δὲ ἐπὶ τοῦ Καίσαρος Τραιανοῦ καὶ ἐπέκεινα. ἦν δὲ οὗτος τοπρὶν δικηγόρος ἐν Ἀντιοχείᾳ τῆς Συρίας, δυσπραγήσας δ' ἐν τούτῳ ἐπὶ τὸ λογογραφεῖν ἐτράπη καὶ γέγραπται αὐτῷ ἄπειρα. τελευτῆσαι δὲ αὐτὸν λόγος ὑπὸ κυνῶν, ἐπεὶ κατὰ τῆς ἀληθείας ἐλύττησεν· εἰς γὰρ τὸν Περεγρίνου βίον καθάπτεται τοῦ Χριστιανισμοῦ, καὶ αὐτὸν βλασφημεῖ τὸν Χριστὸν ὁ παμμίαρος. διὸ καὶ τῆς λύττης ποινὰς ἀρκούσας ἐν τῷ παρόντι δέδωκεν, ἐν δὲ τῷ μέλλοντι κληρονόμος τοῦ αἰωνίου πυρὸς μετὰ τοῦ Σατανᾶ γενήσεται. (*Suda* s.v. Lukianos, Samosateus)

> Lukian aus Samosata: der mit Beinamen ‚Gotteslästerer' oder ‚Lästermaul' heißt, oder besser noch ‚Gottloser', weil in seinen Dialogen auch die Götterlehren als lächerlich dargestellt wurden. Er lebte zur Zeit des Kaisers Trajan und später; zunächst war er Advokat im syrischen Antiocheia, machte damit aber schlechte Geschäfte und wandte sich zur Schriftstellerei; unzähliges wurde von ihm verfaßt. Man sagt, dass er von Hunden getötet wurde, weil er gegen die Wahrheit gewütet hat: Der Gottlose hat nämlich im *Leben des Peregrinus* das Christentum geschmäht und gegen Christus selbst gefrevelt. Deswegen hat er auch jetzt bereits genügend Strafen für seine Raserei bekommen und wird in der Zukunft zusammen mit Satan seinen Anteil am Höllenfeuer bekommen.

Erwägenswert an dieser Invektive ist allein die zeitliche Festlegung Lukians auf die Regierungszeit Kaiser Trajans (98-117 n.Chr.), wobei unklar ist, ob damit gemeint ist, dass Lukian irgendwann in dieser Zeitspanne geboren wurde, oder, wahrscheinlicher, dass seine Hauptschaffenszeit um das 40. Lebensjahr in diese Zeit und danach fällt. Wenn letzteres zutrifft, dann ist das schwer mit der Datierung des *Alexander* in Übereinstimmung zu bringen, der nach 180 n.Chr. verfaßt worden sein muß (vgl. Kap. 5), es sei denn, Lukian wäre tatsächlich sehr alt geworden und hätte selbst zu der langen Reihe der *longaevi* gehört, die er in den *Macrobii* Revue passieren lässt. Natürlich ist es auch nicht unmöglich, dass sich Lukian in einer frühen Phase seiner Karriere als Anwalt versuchte, und ebenso mag man sich vorstellen, dass ihm dabei kein Erfolg beschieden war. Aber man sollte nicht übersehen, dass dies bereits zur Invektive gehören könnte, zu der der Verfasser des Artikels sofort danach übergeht. Überdies ließ sich dies leicht aus einem literarischen Lieblingsmotiv Lukians ableiten, dem Gerichtsverfahren (vgl. Kap. 3.3.1), sowie aus scheinbaren, aber eben nicht als solche nachweisbaren Autobiographismen wie *Piscator* (25), wo zudem von einem solchen Misserfolg keine Rede ist. Ein realer Gewinn für Lukians Biographie läßt sich hiermit also ebenfalls nicht verbuchen.

Was insbesondere fast völlig fehlt – und was doch gerade in den oben erwähnten *Sophistenbiographien* einen Hauptpunkt des Interesses darstellt – sind Anekdoten über sein Leben. Eine dünne, aber in das Bild, das wir uns von Lukian machen, gut hineinpassende anekdotische Spur findet sich in dem Kommentar zu den Hippokratischen *Epidemien* aus der Feder des Lukianzeitgenossen und Arztes Galenos und ist im griechischen Original verloren, aber in der arabischen Übersetzung des Hunain ibn Ishaq aus dem 9. Jahrhundert erhalten:

> Meines Erachtens verhält sich die Sache dabei so, dass irgendein böswilliger Mensch jene Aussprüche in die Schriften des Hippokrates mit der Absicht eingefügt hat, jene elenden Sophisten zu entlarven und bloßzustellen und ihre Unwissenheit ins Licht zu rücken, so wie es einer unserer Zeitgenossen namens Lukianos gemacht hat. Dieser nämlich fabrizierte ein Buch, in das er dunkle Reden niedergeschrieben hatte, hinter denen sich überhaupt kein Sinn verbarg, und schrieb es dem Heraklit zu. Er übergab es anderen, und die brachten es zu einem Philosophen, dessen Wort etwas galt und der bei den Leuten Glauben und Zutrauen genoß. Sie baten ihn, es für sie zu kommentieren und zu erklären. Jener Unglückliche merkte nicht, dass sie sich nur über ihn lustig machen wollten. So machte er sich daran, Deutungen zu jenen Reden beizubringen, wobei er sich selbst äußerst scharfsinnig vorkam, und so blamierte er sich. Lukianos hatte auch auf dem Wege der Anspielung Ausdrücke fabriziert [gemeint ist nach Strohmaier (1976: 121), dass „Lukian in seinem Streit mit den Hyperattizisten altertümlich klingende Worte erfunden hat"], hinter denen kein Sinn steckte, und einigen Grammatikern zugesandt, worauf diese sie deuteten und kommentierten und sich damit blamierten. (Galen *ad epidem.* II,6,29; Übersetzung aus dem Arabischen durch Strohmaier 1976, 118f.)

Mit diesem Text liegt uns ein eminent wichtiges und biographisch ernst zu nehmendes Zeugnis zu Lukians Leben vor, das zu allem, was sich an weiteren Indizien aus seinem Werk gewinnen lässt, widerspruchsfrei passt. So wissen wir beispielsweise aus *Vitarum Auctio* (14) um Lukians Kenntnisse der Herakliteischen Diktion, mit dem *Lexiphanes* besitzen wir ein Werk, in dem Lukian seine brillanten Fähigkeiten der Attizismusparodie mithilfe erfundener Ausdrücke beweist, und Lukians Bericht im *Alexander* von seinen aufsehenerregenden Bemühungen, den Orakelpriester Alexander von Abonuteichos als Scharlatan zu entlarven, gewinnt vor dem Hintergrund von Galens Anekdote ein Höchstmaß an Glaubwürdigkeit. Dass keiner der von Galen erwähnten Texte erhalten ist, muss hingegen nicht verwundern. Denn Galens Bericht lässt eher vermuten, dass sie gar nicht oder nicht weitläufig publiziert wurden, sondern dass es sich gewissermaßen um Sonderanfertigungen für die anvisierten Zielscheiben des Spottes handelte, anders wohl dann als im Falle des *Demonax* (vgl. Kap. 5), dessen (denkbare) Erfindung vielleicht von vornherein für ein größeres Publikum gedacht war.

Wenden wir uns möglichen autobiographischen Informationen in Lukians Werk zu. Lange Zeit hat man einige Feststellungen im *Bis Accusatus* autobiographisch gelesen. Hier wird eine Figur namens ‚Der Syrer' (Σῦρος) von ‚Frau Rhetorik' und ‚Herrn Dialog' vor Dike angeklagt, sich gegen sie vergangen zu haben. Die ‚Rhetorik' führt – übrigens ohne jede Erwähnung einer Anwaltskarriere – aus, sie habe den Syrer in seinen orientierungslosen Jugendjahren unter ihre Fittiche genommen:

> Ἐγὼ γάρ, ὦ ἄνδρες δικασταί, τουτονὶ κομιδῇ μειράκιον ὄντα, βάρβαρον ἔτι τὴν φωνὴν καὶ μονονουχὶ κάνδυν ἐνδεδυκότα εἰς τὸν Ἀσσύριον τρόπον, περὶ τὴν Ἰωνίαν εὑροῦσα πλαζόμενον ἔτι καὶ ὅ τι χρήσαιτο ἑαυτῷ οὐκ εἰδότα παραλαβοῦσα ἐπαίδευσα. καὶ ἐπειδὴ ἐδόκει μοι εὐμαθὴς εἶναι καὶ ἀτενὲς ὁρᾶν εἰς ἐμέ – ὑπέπτησσε γὰρ τότε καὶ ἐθεράπευεν καὶ μόνην ἐθαύμαζεν – ἀπολιποῦσα τοὺς ἄλλους ὁπόσοι ἐμνήστευόν με πλούσιοι καὶ καλοὶ καὶ λαμπροὶ τὰ προγονικά, τῷ ἀχαρίστῳ τούτῳ ἐμαυτὴν ἐνεγγύησα πένητι καὶ ἀφανεῖ καὶ νέῳ προῖκα οὐ μικρὰν ἐπενεγκαμένη πολλοὺς καὶ θαυμασίους λόγους. εἶτα ἀγαγοῦσα αὐτὸν εἰς τοὺς φυλέτας τοὺς ἐμοὺς παρενέγραψα καὶ ἀστὸν ἀπέφηνα, ὥστε τοὺς διαμαρτόντας τῆς ἐγγύης ἀποπνίγεσθαι. δόξαν δὲ αὐτῷ περινοστεῖν ἐπιδειξομένῳ τοῦ γάμου τὴν εὐποτμίαν, οὐδὲ τότε ἀπελείφθην, ἀλλὰ πανταχοῦ ἑπομένη ἄνω καὶ κάτω περιηγόμην· καὶ κλεινὸν αὐτὸν καὶ ἀοίδιμον ἐποίουν κατακοσμοῦσα καὶ περιστέλλουσα. καὶ τὰ μὲν ἐπὶ τῆς Ἑλλάδος καὶ τῆς Ἰωνίας μέτρια, εἰς δὲ τὴν Ἰταλίαν ἀποδημῆσαι θελήσαντι αὐτῷ τὸν Ἰόνιον συνδιέπλευσα καὶ τὰ τελευταῖα μέχρι τῆς Κελτικῆς συναπάρασα εὐπορεῖσθαι ἐποίησα. (*Bis Acc.* 27)

> Ich, ihr Herren Richter, habe den da als ganz junges Bürschchen, seiner Sprache nach noch ein Barbar, gerade dass er nicht nach Assyrerart einen Kandys trug, im Gebiet von Ionien herumirrend gefunden und ihn, der nichts mit sich anzufangen wusste, aufgenommen und ausgebildet. Und da er mir gelehrig vorkam und völlig auf mich fixiert – denn damals hatte er noch Respekt vor mir, nur um mich kümmerte er sich und all seine Bewunderung galt allein mir –, ließ ich alle anderen stehen, die um mich warben, lauter reiche und prächtige Männer aus glänzender Familie, und verlobte mich mit diesem undankbaren Bettler, diesem jungen Kerl, der nichts hermachte, und brachte ihm auch noch als nicht geringe Mitgift eine große Zahl erstaunlicher Reden. Dann schrieb ich ihn bei meinen Phylengenossen ein und machte ihn zum Stadtbürger, so dass alle diejenigen, denen die Verlobung mit mir misslungen war, vor Wut erstickten. Als er dann beschloss, sich auf die Reise zu machen, um der Welt vorzuführen, was für einen Treffer er mit dieser Heirat gelandet hatte, auch da ließ ich ihn nicht im Stich, sondern folgte ihm überall hin und ließ mich landauf landab zerren. Und ich machte ihn bekannt, er war in aller Munde, weil ich ihn schmückte und ausrüstete. Und das war noch alles schön und gut für Griechenland und Ionien, aber als er dann nach Italien reisen wollte, da schiffte ich mich mit ihm zusammen aufs Ionische Meer ein, zog mit ihm bis nach Gallien und verhalf ihm da zu beträchtlichen Einkünften.

Da ‚der Syrer' in *Bis Acc.* 31f. ergänzt, im Alter von 40 Jahren habe er Frau Rhetorik verlassen und sei zu Herrn Dialog gezogen, weil ihm dessen Lebenswandel mehr zugesagt habe, sind selbst Forscher, die die Rekonstruierbarkeit von Lukians Biographie grundsätzlich skeptisch hinterfragen, in die Versuchung geraten, mithilfe der Datierung des *Bis Accusatus* Lukians Geburtsjahr wenigstens approximativ zu erschließen und daraus dann weiteres abzuleiten. Für eine solche Datierung schien der Anfang des Textes gerade recht zu kommen. Hier beklagt sich Zeus über die Fülle seiner Amtsgeschäfte: Nicht nur müsse er die anderen Götter kontrollieren, regnen, hageln, stürmen und gewittern, sämtliche Eide und Meineide betreuen, Opfer entgegennehmen und korrekt buchen, sondern auch,

> ... τὸ πάντων ἐπιπονώτατον, ὑφ' ἕνα καιρὸν ἔν τε Ὀλυμπίᾳ τῇ ἑκατόμβῃ παρεῖναι καὶ ἐν Βαβυλῶνι τοὺς πολεμοῦντας ἐπισκοπεῖν καὶ ἐν Γέταις χαλαζᾶν καὶ ἐν Αἰθίοψιν εὐωχεῖσθαι. (*Bis Acc.* 2)

> ..., was das allermühsamste ist, zu ein und derselben Zeit in Olympia dem Hundertopfer beiwohnen, in Babylon die kriegführenden Parteien beaufsichtigen, bei den Geten hageln und bei den Aithiopern schmausen.

Der Versuch, die Erwähnung Babylons und Olympias als Hinweise auf die Partherkriege mit einer gleichzeitigen Feier der olympischen Spiele zu verstehen und aus einer solchen Synchronie auf das Jahr 165 n.Chr. als Entstehungsdatum des *Bis Accusatus* und entsprechend auf das Jahr 125 n.Chr. als Geburtsjahr Lukians zu schließen, verbietet sich aufgrund der Unbestimmtheit der Angaben: Babylon ist ein häufiger Kriegsschauplatz und Olympia das Zeusheiligtum *par excellence*; und nicht zuletzt ist im Text auch keine Rede davon, dass Zeus alle diese Dinge gerade aktuell zu leisten habe, sondern seine Klage ist eher grundsätzlicher Natur. Zudem sollte die Altersangabe von gerade 40 Jahren misstrauisch machen: Antike Biographen datieren gern wesentliche Ereignisse auf dieses Alter als den ungefähren Höhepunkt (*akmé*) der Entfaltung aller Lebenskräfte.

Tatsächlich tut Lukian alles, um Referenzen auf seine Biographie kaleidoskopartig in viele Perspektiven zu brechen und als historische Person in einem bunten Maskenspiel aufzugehen. Natürlich könnte man beispielsweise ohne weiteres annehmen, in Frau Rhetoriks oben zitierter Schilderung müsse doch einiges an autobiographischem Material verarbeitet sein. Aber dessen Umfang lässt sich nicht bestimmen, und auch die hier postulierten biographischen Verknüpfungen müssen nicht authentisch sein, zumal sie stark dem Bericht ähneln, den der Rhetoriklehrer, der dreiste Bildungsfeind aus dem *Rhetorum Praeceptor*, von seinem Werdegang gibt:

> τὸ μετὰ τοῦτο δὲ οὐκ ἐμὲ χρὴ λέγειν, ὅσα ἐν βραχεῖ παρέσται σοι τὰ ἀγαθὰ παρὰ τῆς Ῥητορικῆς. ὁρᾷς ἐμέ, ὃς πατρὸς μὲν ἀφανοῦς καὶ οὐδὲ καθαρῶς ἐλευθέρου ἐγενόμην ὑπὲρ Ξόϊν καὶ Θμοῦιν δεδουλευκότος, μητρὸς δὲ ἀκεστρίας ἐπ' ἀμφοδίου τινός. αὐτὸς δὲ τὴν ὥραν οὐ παντάπασιν ἀδόκιμος εἶναι δόξας τὸ μὲν πρῶτον ἐπὶ ψιλῷ τῷ τρέφεσθαι συνῆν τινι κακοδαίμονι καὶ γλίσχρῳ ἐραστῇ. ἐπεὶ δὲ τὴν ὁδὸν ταύτην ῥᾴστην οὖσαν κατεῖδον καὶ διεκπαίσας ἐπὶ τῷ ἄκρῳ ἐγενόμην – ὑπῆρχεν γάρ μοι, ὦ φίλη Ἀδράστεια, πάντα ἐκεῖνα ἃ προεῖπον ἐφόδια, τὸ θράσος, ἡ ἀμαθία, ἡ ἀναισχυντία – πρῶτον μὲν οὐκέτι Ποθεινὸς ὀνομάζομαι, ἀλλ' ἤδη τοῖς Διὸς καὶ Λήδας παισὶν ὁμώνυμος γεγένημαι. ἔπειτα δὲ γραῒ συνοικήσας τὸ πρῶτον μὲν ἐγαστριζόμην πρὸς αὐτῆς ἐρᾶν προσποιούμενος γυναικὸς ἑβδομηκοντούτιδος τέτταρας ἔτι λοιποὺς ὀδόντας ἐχούσης, χρυσίῳ καὶ τούτους ἐνδεδεμένους. πλὴν ἀλλά γε διὰ τὴν πενίαν ὑφιστάμην τὸν ἆθλον καὶ τὰ ψυχρὰ ἐκεῖνα τὰ ἐκ τῆς σοροῦ φιλήματα ὑπερήδιστά μοι ἐποίει ὁ λιμός. εἶτα ὀλίγου δεῖν κληρονόμος ὢν εἶχεν ἁπάντων κατέστην, εἰ μὴ κατάρατός τις οἰκέτης ἐμήνυσεν ὡς φάρμακον εἴην ἐπ' αὐτὴν ἐωνημένος. (*Rh. Pr.* 24)

Was die Zukunft betrifft, so brauche ich dir nicht zu sagen, welche Vorteile dir die Rhetorik binnen kurzem verschaffen wird. Du siehst es an mir, der ich von einem Vater aus kleinen Verhältnissen abstamme, der zwar ein freier Bürger war, aber doch nicht ganz richtig, weil er oberhalb von Xoïs und Thmuis als Sklave gedient hatte, und von einer Mutter, die in einem kleinen Seitengäßchen als Näherin arbeitete. Da ich meine Schönheit für nicht ganz unscheinbar hielt, lebte ich zuerst, um für mein nacktes Auskommen zu sorgen, bei einem armseligen und knickrigen Liebhaber. Nachdem ich aber erst einmal diesen Weg erblickt und herausgefunden hatte, wie überaus leicht er zu gehen ist, und mich durchgeboxt hatte, bis ich ganz oben war – denn die Ausrüstung, von der ich eben sprach, stand mir ja, liebe Adrasteia, vollständig zur Verfügung, die Dreistigkeit, die Dummheit, die Unverfrorenheit –, seit dieser Zeit heiße ich erstens schon einmal nicht mehr Potheinos, sondern, mehr noch, trage den gleichen Namen wie die Söhne von Zeus und Leda. Zweitens lebte ich dann bei einer alten Frau und ließ mir von ihr den Bauch füllen, indem ich so tat, als sei ich in ein siebzigjähriges Weib verliebt, das gerade noch vier Zähne hatte, und die mit Goldverdrahtung. Aber meiner Armut wegen ertrug ich diese beschwerliche Mühe, und die schalen Küsse aus der Totenkiste ließ mir der Hunger mehr als süß vorkommen. Daraufhin wäre ich beinahe ihr Universalerbe geworden, hätte nicht so ein verdammter Diener ausgeplaudert, dass ich Gift für sie gekauft hatte.

Die Reihenfolge und einige Details der beiden Schilderungen weichen zwar voneinander ab. Dennoch: Dem Syrer wie dem Rhetoriklehrer hat Frau Rhetorik den ersten Erfolg verschafft, beide haben sich von zwei Liebhabern, einer Frau und einem Mann, aushalten lassen und sich von ihnen getrennt, als ihre Karriere es geraten erscheinen ließ, beide stammen aus armen, eher unfreien Verhältnissen und sind barbarischer Abstammung. Die Ähnlichkeit der beiden Lebensläufe ist kaum ein Zufall, sondern verdankt sich einer gleichen Absicht, nämlich der polemischen Beschreibung des Werdeganges eines rhetorischen Professionellen. Wenn die Schilderung der Frau Rhetorik im *Bis Accusatus* denn wirklich auf historische Details der Biographie Lukians anspielt, dann jedenfalls in einer solchen Verzerrung, dass selbst für einen Zeitgenossen, wenn er den Lebensweg des Autors nicht ohnehin kannte, der Blick hinter das Prisma verunmöglicht war.

Auf andere Weise hat Lukian den Blick auf sich selbst geradezu programmatisch in einer Schrift verstellt, die von ihrer Gattungszugehörigkeit her – nämlich der Autobiographie – das Gegenteil hätte erwarten lassen, zumal sie insofern vage mit dem Bericht im *Bis Accusatus* abgeglichen zu sein scheint, als dort von der Jugend des ‚Syrers' erzählt wird, die hier wiederum ausgespart ist: im *Somnium*. Dessen Sprecher berichtet vor einem augenscheinlich heimatlichen Publikum (18) von seiner Kindheit und seiner späteren Karriere. Dieser Bericht findet nun durch seine Publikation weitere Verbreitung und erreicht auch Menschen, die über kein biographisches Insider-Wissen verfügen. Selbst wenn nun jeder Rezipient auch einer antiken Lebensbeschreibung damit rechnet, dass kulturell geläufige biographische Schemata verwendet werden und das Leben des Betreffenden so erzählt wird, dass es narrativ schlüssig ist, erwartet er doch auch Angaben, die eine Authentifizierung erlauben, und wenn sie nicht gegeben werden können, so erwartet ein Rezipient mit Recht, dass dies gesagt und möglichst erklärt wird. Nichts davon jedoch in diesem Text:

> Ἄρτι μὲν ἐπεπαύμην εἰς τὰ διδασκαλεῖα φοιτῶν ἤδη τὴν ἡλικίαν πρόσηβος ὤν, ὁ δὲ πατὴρ ἐσκοπεῖτο μετὰ τῶν φίλων ὅ τι καὶ διδάξαιτό με. τοῖς πλείστοις οὖν ἔδοξεν παιδεία μὲν καὶ πόνου πολλοῦ καὶ χρόνου μακροῦ καὶ δαπάνης οὐ μικρᾶς καὶ τύχης δεῖσθαι λαμπρᾶς, τὰ δ' ἡμέτερα μικρά τε εἶναι καὶ ταχεῖάν τινα τὴν ἐπικουρίαν ἀπαιτεῖν· εἰ δέ τινα τέχνην τῶν βαναύσων τούτων ἐκμάθοιμι, τὸ μὲν πρῶτον εὐθὺς ἂν αὐτὸς ἔχειν τὰ ἀρκοῦντα παρὰ τῆς τέχνης καὶ μηκέτ' οἰκόσιτος εἶναι τηλικοῦτος ὤν, οὐκ εἰς μακρὰν δὲ καὶ τὸν πατέρα εὐφρανεῖν ἀποφέρων ἀεὶ τὸ γιγνόμενον. (2) Δευτέρας οὖν σκέψεως ἀρχὴ προὐτέθη, τίς ἀρίστη τῶν τεχνῶν καὶ ῥᾴστη ἐκμαθεῖν καὶ ἀνδρὶ ἐλευθέρῳ πρέπουσα καὶ πρόχειρον ἔχουσα τὴν χορηγίαν καὶ διαρκῆ τὸν πόρον. ἄλλου τοίνυν ἄλλην ἐπαινοῦντος, ὡς ἕκαστος γνώμης ἢ ἐμπειρίας εἶχεν, ὁ πατὴρ εἰς τὸν θεῖον ἀπιδών – παρῆν γὰρ ὁ πρὸς μητρὸς θεῖος, ἄριστος ἑρμογλύφος εἶναι δοκῶν – „Οὐ θέμις," εἶπεν, „ἄλλην τέχνην ἐπικρατεῖν σοῦ παρόντος, ἀλλὰ τοῦτον ἄγε" – δείξας ἐμέ – „δίδασκε παραλαβὼν λίθων ἐργάτην ἀγαθὸν εἶναι καὶ συναρμοστὴν καὶ ἑρμογλυφέα ..." (*Somn.* 1f.)

> Ich war gerade erst mit der Schule fertig geworden und fast schon erwachsen, da beriet sich mein Vater mit seinen Freunden, was er mich lernen lassen solle. Die meisten vertraten die Ansicht, die Bildung verlange großen Einsatz, lange Zeit, kein geringes finanzielles Engagement und glänzende Umstände, die unseren seien aber die kleiner Leute und verlangten nach schneller Unterstützung; wenn ich ein Handwerk lernte, hätte ich erstens sofort mein eigenes Auskommen durch den Beruf und würde in meinem Alter der Familie nicht mehr auf der Tasche liegen, und zudem würde ich schon nach kurzer Zeit meinem Vater eine Freude machen, indem ich meine Einkünfte nach Hause brächte. (2) Die zweite Runde der Beratung wurde durch die Frage eingeleitet, welches Handwerk das beste sei, sich am schnellsten lernen lasse, einen freien Mann ziere, im Kostenaufwand überschaubar und genügend ertragreich sei. Da lobte nun jeder ein anderes Handwerk, wie es halt jeder sich dachte oder aus Erfahrung wusste, mein Vater aber schaute auf meinen Onkel – es nahm nämlich auch mein Onkel mütterlicherseits an der Beratung teil, der im Ruf stand, ein vorzüglicher Steinmetz zu sein – und sagte: „Es wäre ein Skandal, wenn in deiner Gegenwart ein anderes Handwerk den Sieg davontrüge! Nein, nimm ihn hier mit dir – dabei zeigte er auf mich – und lehre ihn, wie man Steine ordentlich bearbeitet, zusammenfügt und zuschneidet ..."

Wer die Erzählung bis zu diesem Punkt als autobiographischen Bericht Lukians lesen will, mag sich dazu wenigstens aufgrund eines Details berechtigt fühlen: Wenn die Rede von Lukian vor einem syrischen, ja einheimischen Publikum vorgetragen wurde, so ist damit erklärt, warum der Sprecher weder seinen Namen noch – was befremdlicher ist – den seines Vaters und seines Onkels nennt. Für Rezipienten, die nicht zu diesem Kreis gehören, tun sich jedoch Informationslücken auf, die sie zu biographischen Rekonstruktionsspielen verleiten. Dabei hätte eine seriösere, dokumentarische Informationsvergabe ganz im Rahmen des Möglichen gelegen.

Auch der weitere Bericht gibt keineswegs die Erklärungen, die man von einer autobiographischen Erzählung erwarten würde. Er erbringt auch nicht wirklich die am Ende vom Sprecher behauptete protreptische Leistung. Denn weder erzählt der Sprecher von seinen Lehrern, noch von seinem Ausbildungsweg, noch von seinen ersten Erfolgen oder Fehlschlägen. Vielmehr bricht er nach der Traumschilderung genau dort ab, wo die Beratung des Vaters und der Freunde das eigentliche Problem lokalisiert hatten: Wie wurde der Sprecher der Schwierigkeiten des Bildungserwerbs Herr, als die dort „große Mühe, lange Zeit und nicht geringer Aufwand" genannt worden waren? Denn das wäre doch eigentlich das wirklich Interessante gewesen, wenn ein Junge aus kleinen Verhältnissen zu einer Bildungskarriere ermutigt werden sollte.

Weder als Autobiographie also noch als *protreptikòs lógos* kann der Text überzeugen. Seine Qualität besteht vielmehr in der Souveränität, mit der der Sprecher seine *persona* aus einer Vielzahl von Anspielungen auf Biographien der klassischen Tradition zusammensetzt. Er wendet hierbei das gleiche Verfahren an, dessen sich eine andere auktorial konnotierte *persona*, der Lykinos der *Imagines*, bedient, um die ideale, ja göttliche Schönheit der Panthea zu beschreiben. Dieser ruft seinem Gesprächspartner Polystratos fünf klassische Frauenstatuen ins Gedächtnis, um deren herausragendsten Merkmale dann verbal in der Gestalt Pantheas zu verschmelzen:

> φέρε δή, ἐξ ἁπασῶν ἤδη τούτων ὡς οἷόν τε συναρμόσας [vgl. in *Somn.* 2 die Bezeichnung des Berufsziels als συναρμοστής] μίαν σοι εἰκόνα ἐπιδείξω, τὸ ἐξαίρετον παρ' ἑκάστης ἔχουσαν. ... Οὐ χαλεπόν, ὦ Πολύστρατε, εἰ τὸ ἀπὸ τοῦδε παραδόντες τὰς εἰκόνας τῷ λόγῳ, ἐπιτρέψαιμεν αὐτῷ μετακοσμεῖν καὶ συντιθέναι καὶ ἁρμόζειν ὡς ἂν εὐρυθμότατα δύναιτο, φυλάττων ἅμα τὸ συμμιγὲς ἐκεῖνο καὶ ποικίλον. ... (6) ὧδε συναρμόζων, τῆς ἐκ Κνίδου ἡκούσης μόνον τὴν κεφαλὴν λαβών· ... τὰ μὲν ἀμφὶ τὴν κόμην καὶ μέτωπον ὀφρύων τε τὸ εὔγραμμον ἐάσει ἔχειν ὥσπερ ὁ Πραξιτέλης ἐποίησεν ... τὰ μῆλα δὲ καὶ ὅσα τῆς ὄψεως ἀντωπὰ παρ' Ἀλκαμένους καὶ τῆς ἐν κήποις λήψεται ... ἡ Σωσάνδρα δὲ καὶ Κάλαμις αἰδοῖ κοσμήσουσιν αὐτήν, καὶ τὸ μειδίαμα σεμνὸν καὶ λεληθὸς ὥσπερ τὸ ἐκείνης ἔσται ... (*Im.* 5f.)

> Nun will ich vor deinen Augen aus diesen allen, so gut ich kann, eine einzige Statue zusammenfügen, die von jeder dieser Statuen das Beste enthält. ... Das ist nicht schwierig, Polystratos, wenn wir die Statuen von jetzt an dem Logos überantworten und ihn beauftragen, sie unter größtmöglicher Berücksichtigung der Proportionen umzustrukturieren, zusammenzustellen und ineinander zu fügen, wobei er bei ihrer Kreuzung ihre Vielfalt und Verschiedenartigkeit bewahren soll. ... (6) Er fügt es so zusammen, dass er von der Aphrodite von Knidos nur den Kopf nimmt ... Das Haar, die Stirn und die feine Linie der Augenbrauen wird er sie so tragen lassen, wie Praxiteles sie gemacht hat ... Die Rundung der Wangen und die Partie um Nase und Mund wird er von Alkamenes und seiner Aphrodite in den Gärten nehmen ... Die Sosandra und Kalamis werden sie mit Scham und Bescheidenheit schmücken, und ihr Lächeln wird ernst und nur angedeutet sein, so wie jene lächelt ...

Der Redner des *Somnium* wendet genau dieselbe Technik wie der Lykinos der *Imagines* an, allerdings besteht sein Material hier aus ‚Texten', nämlich aus Zitaten und Motiven des Epos, des philosophischen Dialogs, der Komödie sowie der Mythologie, Rhetorik, Biographie und Historiographie (die folgenden Stellennachweise sind im kritischen Apparat der Textausgabe von M.D. Macleod aufgeschlüsselt):

Somn. 1ff.	Entscheidung f. d. Steinmetzberuf	Biograph. Tradition um Sokrates (vgl. *Somn.* 12).
Somn. 2	Selbständiges Formen von Figuren	Prometheus-Mythos (vgl. den Vorwurf, ein 'literarischer Prometheus' zu sein: *Prom.Es*); der ‚Eltern-Schläger' Pheidippides aus Aristophanes' *Wolken* (877-881).
Somn. 5	Einleitung der Traumerzählung	Hom. *Il.* 2.56f.; Plat. *Mx.* 235b.
Somn. 6-13	Traum	Xenoph. *Mem.* 2.1.22-33 (Mythos des Prodikos); eingearbeitet sind Anspielungen auf Demosthenes' *Kranzrede*, Herodots *Historien*, Aristoteles' *Nikomachische Ethik*, Aristophanes' *Wespen* und *Wolken*, Diog. Laertios' *Philosophenviten*, Pausanias' *Hellasperihegese*.
Somn. 15f.	Reise auf dem Himmelswagen	Triptolemos-Mythos; Parmenides' Himmelfahrt.
Somn. 17	Rechtfertigung der Traumerzählung	Xenoph. *Anab.* 3.1.11; darin eine Anspielung auf Lycophr. *Alex.* 33.

Betrachten wir zunächst nur die einzelnen Elemente der Collage, so werden, wie in den *Imagines* dargelegt, diese Anspielungen nicht einfach aneinander gereiht, sondern gleichsam miteinander vernäht. So wird in *Somn.* 2 mit ἐργάτην ἀγαθόν bereits vier Kapitel, bevor in *Somn.* 6 die umfangreiche Anspielung auf die von Prodikos bei Xenophon erzählte Vision des Herakles einsetzt, eine Formulierung aus diesem Text (Xen. *Mem.* 2.1.27) unmarkiert zitiert. Das Homerzitat in *Somn.* 5 wird hingegen stark markiert, aber schon vor der Markierung eingearbeitet:

> Μέχρι μὲν δὴ τούτων γελάσιμα καὶ μειρακιώδη τὰ εἰρημένα· τὰ μετὰ ταῦτα δὲ οὐκέτι εὐκαταφρόνητα, ὦ ἄνδρες, ἀκούσεσθε, ἀλλὰ καὶ πάνυ φιληκόων ἀκροατῶν δεόμενα· ἵνα γὰρ καθ' Ὅμηρον εἴπω,
>
> θεῖός μοι ἐνύπνιον ἦλθεν ὄνειρος
> ἀμβροσίην διὰ νύκτα, ...

> So weit ist meine Erzählung lächerlich und kindisch; was ihr aber jetzt hören werdet, ist schon nicht mehr so leicht zu verachten, ihr Männer, sondern verlangt sehr aufmerksame Zuhörer. Um es nämlich mit Homer zu sagen,
>
> kam im Schlaf ein göttlicher Traum zu mir
> durch die ambrosische Nacht, ...

Das Zitat stammt aus dem zweiten Gesang der *Ilias*, und zwar aus Agamemnons Rede vor dem Rat der griechischen Könige, die er zu einem neuerlichen Angriff auf Troja überredet (*Il.* 2.56-75: hier 2.56f.): Ein Traum sei ihm in der Nacht erschienen und habe ihm vorausgesagt, dass sie diesmal Erfolg haben würden. Dieser Traum, das weiß allerdings nur der Rezipient der *Ilias*, war jedoch lügnerisch und von Zeus mit der Absicht gesandt, die Griechen an den Rand des Abgrunds zu führen, aus Rache für die Beleidigung Achills. Schon vor der expliziten Nennung Homers und dem wörtlichen Zitat leitet der Sprecher seine Anspielung ein: So sind die letzten Worte vor dem Zitat selbst bereits stark daktylisch (ἵνα γὰρ καθ' Ὅμηρον εἴπω), mit der Bitte um φιλήκοοι ἀκροαταί (hörfreudige Zuhörer) übernimmt der Redner den im Zitat ausgelassenen Versanfang (κλῦτε, φίλοι („Hört, Freunde!", *Il.* 2.56) und lässt schließlich sein Zitat auch noch mit dem homerischen Wort θεῖος (göttlich) beginnen, das im Attischen als Substantiv ‚Onkel' bedeutet, so dass der Homervers zunächst die ja nach dem Tagesgeschehen nur allzu verständliche Aussage zu treffen scheint: *Mein Onkel erschien mir im Traum* (θεῖός μοι ἐνύπνιον ἦλθεν); erst das letzte Wort des Verses, ὄνειρος („Traum"), klärt die syntaktischen und semantischen Verhältnisse. Nach dem Homer-Zitat fährt der Sprecher fort:

> ... ἐναργὴς οὕτως ὥστε μηδὲν ἀπολείπεσθαι τῆς ἀληθείας. ἔτι γοῦν καὶ μετὰ τοσοῦτον χρόνον τά τε σχήματά μοι τῶν φανέντων ἐν τοῖς ὀφθαλμοῖς παραμένει καὶ ἡ φωνὴ τῶν ἀκουσθέντων ἔναυλος· οὕτω σαφῆ πάντα ἦν. (*Somn.* 5)

> ... so deutlich, dass er kein bisschen hinter der Wirklichkeit zurückblieb. Ja, noch nach so langer Zeit stehen mir (παραμένει) die Gestalten dessen, was mir erschienen war, noch deutlich vor Augen, und die Worte dessen, was ich hörte, klingen mir noch melodiös (ἔναυλος) in den Ohren: So deutlich war alles.

Mit dieser Formulierung bindet er seinen Traum auch in den weiteren Kontext seines Pendants in der *Ilias* ein, denn die Beschreibung des Traumbildes als noch immer lebhaft präsent greift offensichtlich die Wirkung des zeusgesandten Traumes auf Agamemnon auf:

> ἔγρετο δ' ἐξ ὕπνου, θείη δέ μιν ἀμφέχυτ' ὀμφή. (Hom. *Il.* 2.41)

> Hoch fuhr er aus dem Schlaf, um ihn klang die Stimme des Gottes.

Zugleich verknüpft er den ‚homerischen Faden' womöglich mit dem weiteren Faden einer Anspielung auf den Anfang von Platons Dialog *Menexenos*. Sokrates spottet hier über die Wirkung, die Lobreden zu Ehren von im Krieg Gefallenen auf ihn selbst wie auf fremde Besucher zu haben pflegen:

> καί μοι αὕτη ἡ σεμνότης παραμένει ἡμέρας πλείω ἢ τρεῖς· οὕτως ἔναυλος ὁ λόγος τε καὶ ὁ φθόγγος παρὰ τοῦ λέγοντος ἐνδύεται εἰς τὰ ὦτα, ὥστε μόγις τετάρτῃ ἢ πέμπτῃ ἡμέρᾳ ἀναμιμνῄσκομαι ἐμαυτοῦ καὶ αἰσθάνομαι οὗ γῆς εἰμι, τέως δὲ οἶμαι μόνον οὐκ ἐν μακάρων νήσοις οἰκεῖν ... (Plat. *Mx.* 235b8-c5)

> Und dieses erhabene Gefühl hält sich in mir (παραμένει) mehr als drei Tage lang: So melodiös (ἔναυλος) dringen Wort und Klang vom Redenden aus in meine Ohren, dass ich kaum am vierten oder fünften Tag wieder zu Bewusstsein komme und mir klar werde, wo ich überhaupt bin – solange denke ich fast, ich lebte auf den Inseln der Seligen ...

Sokrates behauptet ironisch, nach dem Zuhören fühle er sich im Besitz von Eigenschaften, die er eigentlich gar nicht besitze, bleibe ganze Tage hinweg in dieser Selbsttäuschung befangen, die aber auch fremde Besucher ergreife, denen die Polis und ihre Bewohner viel erhabener vorkämen, als sie eigentlich seien. Es fällt hierbei auf, gerade im Vergleich zu der Anspielung auf Homer, wie schwach markiert die Platon-Allusion ist: Es sind neben der analogen Situation faktisch nur zwei Wörter – παραμένει und ἔναυλος –, die die Verbindung zwischen den beiden Texten bieten, und diese Wörter sind so allgemein, dass sie den Hörer/Leser keineswegs zur Herstellung der Verbindung zwingen.

Als letztes Beispiel für Harmonisierung und Glättung der Allusionsfugen sei schließlich die Reaktion der Zuhörer auf die Traumerzählung angeführt. Der Traum von *Paideía* und *Téchne* rekurrierte ja auf Herakles' Vision von ‚Tugend' und ‚Schlechtigkeit', wie sie Prodikos bei Xenophon erzählte. Das greifen die Zuhörer sofort auf:

> Μεταξὺ δὲ λέγοντος, „Ἡράκλεις," ἔφη τις, „ὡς μακρὸν τὸ ἐνύπνιον καὶ δικανικόν." (*Somn.* 17)
>
> Während ich dies erzähle, sagt einer: „Beim Herakles, was für ein langer Traum, so recht advokatenmäßig!"

Der gewöhnliche Ausruf „Beim Herakles!" könnte hier pointiert gemeint sein und zeigen, dass die Zuhörer die Anspielung verstanden haben, die auf diese Weise auch über ihr faktisches Ende hinaus in den Text integriert wird, ebenso wie sie auch durch die gleich im Anschluß folgende explizite Anspielung auf Xenophons autobiographischen Traum in *Anab.* 3 weiter im Textgewebe sichtbar bleibt.

Die obige Analyse zeigt, dass das *Somnium* ein sehr eigenwilliges Bild von ‚Lukian' liefert. Gewiss darf man ihm autobiographische Qualitäten nicht einfach absprechen: Wer kann sagen, ob der Sprecher nicht wirklich als Steinmetzlehrling begonnen und dann eine Bildungskarriere eingeschlagen oder ob eine solche Beratung über seinen Lebensweg nicht tatsächlich stattgefunden hat? Wichtiger ist aber, dass er durch die von ihm gewählten Verfahren der Anonymisierung einerseits, der Allusionscollage andererseits für jeden Rezipienten – vielleicht mit Ausnahme der kleinen Gruppe seiner Vertrauten – den Weg zurück zu einem faktischen Wissen über seine historische Person vollständig ungangbar gemacht hat. ‚Lukian' zeigt sich uns vielmehr, so sieht es zunächst aus, als eine rein imitativ generierte Figur, als eine *figura mimetica* par excellence, eine sorgfältige Komposition kultur- und literaturgeschichtlicher Reminiszenzen an Bildungsleitfiguren der klassischen Tradition. Dieser Anspruch ist nur dann keine *kenodoxía*, leere Ruhmsucht, wie es im Proöm der *Verae Historiae* (1.4) formuliert wird, wenn er keine autobiographische Aussage darstellt, sondern als ästhetische Konstruktion anzusehen ist. Diese Vermutung wird dadurch gestützt, dass ‚Lukian' die Behauptung, eine Verkörperung von Bildung zu sein, im Verlauf des *Somnium* systematisch unterläuft; dass dadurch die Frage nach dokumentarischen Details seines Lebens erst recht obsolet wird, versteht sich von selbst.

Der in den ersten vier Paragraphen des *Somnium* erhobene wichtigtuerische Anspruch, ein zweiter Sokrates, ja gar ein zweiter Prometheus zu sein, soll nämlich zwar auf der Textoberfläche durch die Erzählung des Traumes beglaubigt werden, wird aber, das hat man in der Forschung längst gesehen, gerade durch das Traumzitat aus der *Ilias* unterlaufen: Die Aussage des Traumes, die Agamemnon die nicht mehr erwartete Einnahme Trojas verheißt und Lukians Träumer eine erfolgreiche Karriere als Sophist, wird in der *Ilias* durch die entgegengesetzte ‚Realität' zunächst widerlegt werden. Was bedeutet das für den Traum des *Somnium*? Heißt das nur, dass der versprochene Bildungsweg zwar nicht so einfach zu gehen sein wird, wie es Paideia suggeriert, womöglich am Ende aber doch zum Ziel führt (so wie Troja ja letztendlich auch eingenommen werden wird)? Oder nur, dass solche Versprechungen kurzlebig sind (so wie Nestor nach Agamemnons Traumerzählung anmerkt, einem solchen Traum würde man keinen Glauben schenken, wäre es nicht Agamemnon, der ihn geträumt hätte)? Da wir die Reichweite der Anspielung nicht abschätzen können, sollten sowohl wir als auch die am Ende des Textes angesprochenen jungen Bildungsadepten in der Nutzanwendung des Traumes jedenfalls große Vorsicht walten lassen, damit nicht auch wir und sie einer Täuschung unterliegen. Diese Akzentuierung wird noch verstärkt für einen Leser, der im folgenden Text eine Allusion auf Platons *Menexenos* erkennt. Wie Sokrates dort auf dem Unterschied zwischen rhetorisch präsentierter und wirklicher Leistung insistiert, so gibt der Redner des *Somnium* seinen Hörern und Lesern dann offensichtlich zu verstehen, dass seine Traumerzählung nicht nur einfach wie in der zitierten Homer-Stelle eine Täuschung, sondern sogar eine *selbstverschuldete Selbsttäuschung* ist. Dabei ist allerdings bemerkenswert, dass dieser ethisch ja relevantere Vorwurf, wie oben dargelegt, viel unauffälliger markiert wird. Dadurch wird der Rezipient entschieden selbst in die Verantwortung genommen: Wenn er sich – wie die fremden Besucher bei Platon – den schönen Reden hingibt, ist er für diese Täuschung selbst verantwortlich: Dass er den Sprecher nicht als Lügner entlarvt, als jemanden, der Unwahres, der Eigenschaften, die ihm nicht zukommen, für sich in Anspruch nimmt, ist dann seine eigene Schuld, und die Konsequenzen hieraus muß er selbst tragen. Die intellektuelle Anstrengung, die hierfür nötig ist und die ja vor allem aus der ausnehmend starken Beschneidung des Platon-Zitats resultiert, ist somit ethisch aufgeladen: Der Hörer trägt nämlich auch für alle weiteren Schlüsse, die er aus dem Gehörten zieht, allein die Verantwortung und hat daher auch über Qualität und Ehrlichkeit der abschließenden bildungsproptreptischen Ausführungen des Redners eigenverantwortlich zu urteilen.

Ähnlich subversiv mehrdeutig ist die Gestaltung des Traumes selbst. Die berühmte Erzählung des Prodikos (überliefert in Xenophons *Memorabilien*) hatte Herakles mit den zwei allegorischen Frauengestalten der *Tugend* (Ἀρετή) und der *Schlechtigkeit* (Κακία) konfrontiert. Lukians Redner ersetzt sie durch *Handwerkskunst* (Τέχνη) einerseits, *Bildung* (Παιδεία) andererseits. Dabei zeigt jedoch schon ein kurzer Blick auf beide Texte, dass die Beschreibung der biederen, auf Anstrengung, Fleiß und Selbstbescheidung setzenden *Handwerkskunst* Prodikos' *Tugend*, die der geringe Mühen und raschen Erfolg versprechenden *Bildung* – die wiederum einige Ähnlichkeit mit Frau Rhetorik aus dem *Bis accusatus* und dem effeminierten Rhetoriklehrer aus *Rhetorum praeceptor* besitzt – jedoch gerade Prodikos' *Schlechtigkeit* entspricht. Mit seiner Entscheidung für *Paideia* gerät dann nicht nur der Redner selbst, sondern auch das von ihm verkörperte Persönlichkeitsideal und, darüber hinaus, der zentrale Leitwert jener Epoche ins Zwielicht der Anrüchigkeit.

Statt authentische Auskunft über den Autor zu liefern, nimmt das *Somnium* also durch die raffinierte Gestaltung seiner allusiven Verschränkungen die Hörer und Leser in die Verantwortung. Dabei bietet ihnen die oben bereits anzitierte textimmanent fingierte Reaktion potentieller Rezipienten eher ein abschreckendes Beispiel an Stumpfheit und geistiger Schwerfälligkeit:

... εἶτ' ἄλλος ὑπέκρουσε, „Χειμερινὸς ὄνειρος, ὅτε μήκισταί εἰσιν αἱ νύκτες, ἢ τάχα που τριέσπερος, ὥσπερ ὁ Ἡρακλῆς, καὶ αὐτός ἐστι. τί δ' οὖν ἐπῆλθεν αὐτῷ ληρῆσαι ταῦτα πρὸς ἡμᾶς καὶ μνησθῆναι παιδικῆς νυκτὸς καὶ ὀνείρων παλαιῶν καὶ γεγηρακότων; ἕωλος γὰρ ἡ ψυχρολογία. μὴ ὀνείρων τινὰς ὑποκριτὰς ἡμᾶς ὑπείληφεν;" (*Somn.* 17)

... „Wohl ein Wintertraum", setzt dann ein anderer noch drauf, „wenn die Nächte am längsten sind, oder vielleicht sogar ein dreinächtiger, wie Herakles". „Aber was fällt ihm denn ein, dass er uns das alles vorsalbadert und in Erinnerungen an Kindernächte und Träume alt und grau wie Greise schwelgt? Was für ein abgestandenes und frostiges Gerede! Meint er vielleicht, wir seien Traumdeuter?"

Zwar lassen die imaginierten Zuhörer zweimal eine Erwähnung des Herakles einfließen – aber ob sie damit andeuten wollen, dass sie die Anspielung auf Xenophon verstanden hätten, oder ob das (aus ihrer Sicht) reiner Zufall ist, bleibt offen; die Reaktion des dritten Zuhörers, der den Traum für einen „dreinächtigen" hält, stellt jedenfalls eine Anspielung auf den Mythos von der Zeugung des Herakles dar und führt so entschieden weg von der Anspielung auf Xenophon/Prodikos; sie ist vielleicht auch nur durch den Ausruf „Beim Herakles!" des ersten Zuhörers provoziert. Auch hier muß der fiktionsexterne Rezipient die Entscheidung treffen, ob ihm eine solche Reaktion genügt – die folgenden Bemerkungen des Redners sind nicht unbedingt geeignet, ihn von einer solchen Einstellung abzubringen – oder ob er doch eingehender darüber nachdenken sollte, was ihm hier geboten wurde und welche Folgerungen, vielleicht sogar für die eigene Lebensführung, er daraus ziehen kann; die Geschichte einfach zu glauben, wäre kein Zeichen von Dummheit, sondern eher von Verantwortungslosigkeit.

Neben solchen Ich-Sprechern läßt Lukian verschiedene andere dominante, auktorial konnotierte Dialogfiguren auftreten. Sie sollen im Folgenden der Reihe nach betrachtet werden. Lassen auch sie die im Falle des *Somnium* zu beobachtende Tendenz erkennen, den Akzent von potentiell auktorial orientierten Aussagen auf eine forcierte Ethisierung der Rezeption zu verlagern?

Λουκιανός / Loukianós. Der ‚Eigenname' des Autors erscheint in zwei Paratexten zu Lukianischen Werken, nämlich als Untertitel des *Somnium* (Περὶ τοῦ Ἐνυπνίου ἤτοι Βίος Λουκιανοῦ) und als externe (nicht jedoch fiktionsinterne) Figurenbezeichnung im *Soloecista*; außerdem steht er in der Grußformel zweier in das jeweilige Werk eingebetteter Briefe: *De Morte Peregrini* (1): Λουκιανὸς Κρονίῳ εὖ πράττειν, und *Nigrinus* (1): Λουκιανὸς Νιγρίνῳ εὖ πράττειν, und bildet damit jeweils das erste Wort dieser Texte. Relevant für die oben gestellten Fragen sind nur die beiden Briefanfänge, da die Paratexte ohne weiteres von einem Herausgeber hinzugefügt werden konnten; zieht man gleichwohl ihre Echtheit einmal hypothetisch in Erwägung, so hat sich für das *Somnium* in der obigen Diskussion bereits gezeigt, dass selbst eine explizite Verbindung der dortigen Ausführungen mit dem Namen des Autors keinerlei authentifizierende Schlüsse zulassen würde, ja im Gegenteil: Wollte man annehmen, der Untertitel stamme von Lukian selbst, so setzte dies die beschriebene Technik der allusiven Collage noch stärker ins Relief. Im *Soloecista* lag eine Hinzufügung von außen deshalb nahe, weil es mit *Pro Lapsu inter Salutandum* und *Pseudologista* zwei Texte gab, in denen eine *Ich*-Figur sich für Solözismen rechtfertigt, ein (fremder) Herausgeber also durchaus ein besonderes Interesse Lukians gerade an diesem rhetorischen Fehler postulieren konnte. Das bot sich vor allem dann an, wenn man bedenkt, dass der Solözismus, der syntaktische Fehler, zusammen mit dem Barbarismus, dem semantischen Fehler, gerade gegen die rhetorische Forderung nach *hellenismós* verstieß: ein Vorwurf also, der Lukian als Nicht-Muttersprachler des Griechischen besonders leicht treffen und daher auch besonders leicht verletzen mochte. Wenn jedoch die Benennung der Figur mit *Loukianós* original war, dann lag darin eine – für Lukian sehr typische – selbstironische Pointe: Einerseits sich selbst als Solözisten zu geben, andererseits zu zeigen, wie haarspalterisch die Einschätzung von dem, was als sprachlicher Schnitzer zu bewerten ist, oft war, und schließlich sich am Ende doch als souveränen Sprachkenner zu präsentieren: Damit war dann alle Kritik an Solözismen in anderen Texten Lukians im Grunde ausgehebelt.

Diese Namensnennungen lassen sich also entweder als von außen hinzugefügte Paratexte erklären oder sind als originale Setzungen zielgerichtet verwendet worden. Die beiden plakativ an den jeweiligen Textbeginn gestellten Briefanfänge leiten hingegen Erzählungen mit *Ich*-Figuren ein, deren Verrechnung auf Lukian sehr viel schwieriger ist. ‚Lukians' ehrerbietiger Brief an Nigrinus könnte sich angesichts des hochironischen *syngramma*, das ihm beiliegt, als ‚teaser' erweisen, um den Scheinphilosophen in die Falle der Selbstgefälligkeit zu locken – also auf einer ähnlichen Taktik beruhen wie der von Galen (s.o.) berichtete Schachzug. In dem brieflichen Bericht von *De Morte Peregrini* (7) hingegen tritt ein anonymer Sprecher auf, von dem Loukianós ausdrücklich sagt:

> οὐ γὰρ οἶδα ὅστις ἐκεῖνος ὁ βέλτιστος ἐκαλεῖτο. (*Per.* 31)
> Den Namen dieses großartigen Menschen kenne ich nicht.

Dieser Mann entlarvt die Lebensführung des Proteus Peregrinus in aller Öffentlichkeit als Scharlatanerie und zwingt ihn auf diese Weise faktisch dazu, den Gegenbeweis dadurch anzutreten, dass er die Ankündigung seines Selbstmordes vor Publikum wahrmacht und ins brennende Feuer springt: Ihn – was einige Forscher getan haben – mit Lukian gleichzusetzen, impliziert also eine Auffassung von dessen Person, die man nicht auf die leichte Schulter nehmen sollte – auch wenn Loukianós selbst jedes Mitleid mit Peregrinus explizit leugnet (*Per.* 34) –, zumal der Text diese Gleichsetzung ja gerade nicht vornimmt. Andererseits sollte man diesen narrativen Trick nicht *a priori* ausschließen: Für *Nigrinus* hat man erwogen, dass die eigentliche Lukianische *persona* gerade der Philosoph sei. Wenn dem so ist, würde Lukian seine Leser entschieden an der Nase herumführen: Gerade der figurale Träger des Autornamens selbst bietet dann keinen ‚short cut' zum biographischen Autor.

Nach Peregrinus' Sprung ins Feuer legt ‚Lukian' sich mit dessen umstehenden Bewunderern an. Ganz in der Manier von Galens Lukian – ein Indiz für ein Aufblitzen von autobiographischer Historizität an dieser Stelle? – sorgt er überdies dafür, dass sich einige Respektspersonen kräftig blamieren:

> εἶτα ἐνετύγχανον πολλοῖς ἀπιοῦσιν ὡς θεάσαιντο καὶ αὐτοί· ᾤοντο γὰρ ἔτι καταλήψεσθαι ζῶντα αὐτόν. ... Ἔνθα δή, ὦ ἑταῖρε, μυρία πράγματα εἶχον ἅπασιν διηγούμενος καὶ ἀνακρίνουσιν καὶ ἀκριβῶς ἐκπυνθανομένοις. εἰ μὲν οὖν ἴδοιμί τινα χαρίεντα, ψιλὰ ἂν ὥσπερ σοὶ τὰ πραχθέντα διηγούμην, πρὸς δὲ τοὺς βλᾶκας καὶ πρὸς τὴν ἀκρόασιν κεχηνότας ἐτραγῴδουν τι παρ' ἐμαυτοῦ, ὡς ἐπειδὴ ἀνήφθη μὲν ἡ πυρά, ἐνέβαλεν δὲ φέρων ἑαυτὸν ὁ Πρωτεύς, σεισμοῦ πρότερον μεγάλου γενομένου σὺν μυκηθμῷ τῆς γῆς, γὺψ ἀναπτάμενος ἐκ μέσης τῆς φλογὸς οἴχοιτο ἐς τὸν οὐρανὸν ἀνθρωπιστὶ μεγάλῃ τῇ φωνῇ λέγων „ἔλιπον γᾶν, βαίνω δ' ἐς Ὄλυμπον." ἐκεῖνοι μὲν οὖν ἐτεθήπεσαν καὶ προσεκύνουν ὑποφρίττοντες καὶ ἀνέκρινόν με πότερον πρὸς ἕω ἢ πρὸς δυσμὰς ἐνεχθείη ὁ γύψ· ἐγὼ δὲ τὸ ἐπελθὸν ἀπεκρινάμην αὐτοῖς. (40) Ἀπελθὼν δὲ ἐς τὴν πανήγυριν ἐπέστην τινὶ πολιῷ ἀνδρὶ καὶ νὴ τὸν Δί' ἀξιοπίστῳ τὸ πρόσωπον ἐπὶ τῷ πώγωνι καὶ τῇ λοιπῇ σεμνότητι, τά τε ἄλλα διηγουμένῳ περὶ τοῦ Πρωτέως καὶ ὡς μετὰ τὸ καυθῆναι θεάσαιτο αὐτὸν ἐν λευκῇ ἐσθῆτι μικρῷ ἔμπροσθεν, καὶ νῦν ἀπολίποι περιπατοῦντα φαιδρὸν ἐν τῇ ἑπταφώνῳ στοᾷ κοτίνῳ τε ἐστεμμένον. εἶτ' ἐπὶ πᾶσι προσέθηκε τὸν γῦπα, διομνύμενος ἦ μὴν αὐτὸς ἑωρακέναι ἀναπτάμενον ἐκ τῆς πυρᾶς, ὃν ἐγὼ μικρὸν ἔμπροσθεν ἀφῆκα πέτεσθαι καταγελῶντα τῶν ἀνοήτων καὶ βλακικῶν τὸν τρόπον. (*Per.* 39f.)

> Da begegnete ich vielen, die sich aufmachten, um ihn auch selbst zu sehen. Denn sie glaubten, sie würden ihn noch lebend erwischen. ... Dort nun, lieber Freund, hatte ich ihnen allen auf ihre Fragen und genauen Erkundigungen tausende Dinge

zu erzählen. Wenn ich einen Vernünftigen sah, dann erzählte ich ihm das Ganze wie dir in dürren Worten, den sensationslüsternen Dummköpfen hingegen spielte ich eine Tragödie eigener Erfindung vor, wie, als der Scheiterhaufen angesteckt worden war und Proteus sich mit Schwung hineingeworfen hatte, wobei vorher noch unter einem Aufbrüllen der Erde der Boden gebebt habe, ein Geier mitten aus der Flamme zum Himmel emporgeflogen sei und mit lauter, menschlicher Stimme gerufen habe: „Ich verlasse die Erde und gehe hinauf zum Olymp." Jene Leute waren starr vor Staunen, warfen sich zitternd zu Boden und fragten mich aus, ob der Geier Richtung Osten oder Richtung Westen aufgestiegen sei. Ich antwortete ihnen, was mir so in den Sinn kam. (40) Als ich dann zur Festversammlung kam, begegnete ich einem in Ehren ergrauten Mann, wirklich, bei Zeus, mit einem vertrauenswürdigen Gesicht, was Bart und sonstige Ehrwürdigkeit betraf, der mir alles übrige über Proteus erzählte und vor allem, wie er ihn nach der Verbrennung gerade eben noch in einem weißen Gewand gesehen habe, und nun habe er ihn in der siebenstimmigen Säulenhalle zurückgelassen, wo er strahlend und mit einem Ölzweig bekränzt umhergewandelt sei. Dann setzte er auf all das noch den Geier drauf und schwor, er habe ihn wirklich und wahrhaftig selbst gesehen, wie er vom Scheiterhaufen emporflog – den Geier, den ich eben noch hatte fliegen lassen, zur Verspottung der Blöden und Dummen.

Offensichtlich soll die Art und Weise der Erzählung den Rezipienten durchaus mit der Frage konfrontieren, welche Rolle genau Loukianós beim Ende des Peregrinus Proteus gespielt hat. Er geriert sich als Beobachter eines Geschehens, das er zugleich selbst aktiv mitgestaltet hat, so dass man zu fragen versucht ist, ob wir denn sicher sein können, dass Loukianós' Darstellung in diesem Brief (in dem er gegenüber Kronios den ‚bloßen' Berichterstatter mimt) wirklich vertrauenswürdiger ist als seine Berichte „den Dummen, die nach der Geschichte gierten" gegenüber – gieren wir *Leser* denn etwa nicht nach der Skandalreportage, die Loukianós' Briefanfang mit einer Formulierung ankündigt, die geradezu an einen Aufreißer der modernen Regenbogenpresse erinnert?

Ὁ κακοδαίμων Περεγρῖνος, ἢ ὡς αὐτὸς ἔχαιρεν ὀνομάζων ἑαυτόν, Πρωτεύς, αὐτὸ δὴ ἐκεῖνο τὸ τοῦ Ὁμηρικοῦ Πρωτέως ἔπαθεν· ἅπαντα γὰρ δόξης ἕνεκα γενόμενος καὶ μυρίας τροπὰς τραπόμενος, τὰ τελευταῖα ταῦτα καὶ πῦρ ἐγένετο· τοσούτῳ ἄρα τῷ ἔρωτι τῆς δόξης εἴχετο. (*Per.* 1)

Dem Unglücksvogel Peregrinus, oder, wie er sich selbst gern nannte, Proteus, ist genau das widerfahren, was auch dem Homerischen Proteus passiert ist: Nachdem er alles mögliche nur des Ruhmes willen geworden war und sich in tausend Richtungen gedreht und gewendet hatte, ist er zuguterletzt auch noch Feuer geworden. So sehr war er in den Klauen der Ruhmgier.

Nur an zwei Stellen seines Œuvres nennt sich Lukian innerhalb eines Darstellungszusammenhanges mit dem Namen ‚Loukianós': Im *Alexander* und im zweiten Buch der *Verae Historiae*. Ganz anders als im Falle des *De Morte Peregrini* erfolgt in diesen beiden Texten die Namensnennung erst sehr spät. Im *Alexander* erfährt der Rezipient erst sieben Kapitel vor Schluß und gleichzeitig mit dem Titelhelden, dem falschen Propheten Alexander von Abonuteichos, wer da an den Ort des Geschehens gekommen ist. Dabei hat die Namensnennung – wie es übrigens für die Alte Attische Komödie, einer der wichtigsten Vorbildgattungen Lukians, ganz typisch ist – eine genau kalkulierte dramatische Fanalwirkung:

> Κἀπειδὴ εἰσελθόντα με εἰς τὴν πόλιν ᾔσθετο καὶ ἔμαθεν ὡς ἐκεῖνος εἴην ὁ Λουκιανός – ἐπηγόμην δὲ καὶ στρατιώτας δύο, λογχοφόρον καὶ κοντοφόρον, παρὰ τοῦ ἡγουμένου τῆς Καππαδοκίας, φίλου τότε ὄντος, λαβών, ὥς με παραπέμψειαν μέχρι πρὸς τὴν θάλατταν – αὐτίκα μεταστέλλεται δεξιῶς πάνυ καὶ μετὰ πολλῆς φιλοφροσύνης. (*Alex.* 55)

> Und als Alexander erfuhr, dass ich in die Stadt gekommen sei, und ihm klar wurde, dass ich jener bekannte Lukianós sei – ich hatte auch zwei Soldaten dabei, einen Speerträger und einen Lanzenträger, die ich vom Kommandeur Kappadokiens, der seinerzeit mein Freund war, mit auf die Reise bekommen hatte, damit sie mich bis zum Meer eskortierten –, da lässt er mich sofort sehr höflich und mit größter Liebenswürdigkeit zu sich bitten.

Lukian inszeniert seinen historischen Auftritt (εἰσελθόντα) in Abonuteichos also genauso wie seinen literarischen Auftritt in der Schrift, die an Kelsos gerichtet ist und nur deshalb nicht in Briefform verfaßt worden zu sein scheint, um den Namen ‚Loukianós' nicht in einer einleitenden Grußformel ‚verpulvern' zu müssen, sondern ihn quasi für einen Theatercoup aufzusparen. Er, „jener bekannte Loukianós", begibt sich nämlich mit seinem Begleitschutz direkt zu Alexander:

> καὶ ὁ μὲν προύτεινέ μοι κύσαι τὴν δεξιάν, ὥσπερ εἰώθει τοῖς πολλοῖς, ἐγὼ δὲ προσφὺς ὡς φιλήσων, δήγματι χρηστῷ πάνυ μικροῦ δεῖν χωλὴν αὐτῷ ἐποίησα τὴν χεῖρα. (*Alex.* 55)

> Er streckte mir seine Rechte zum Kuss hin, wie er es der Menge gegenüber gewohnt war, ich aber beugte mich über sie, als ob ich sie küssen wollte, und biss so ordentlich hinein, dass nicht viel fehlte, und ich hätte ihm die Hand gelähmt.

Der Biss, so symbolträchtig er sein mag – man hat darin eine Anspielung auf die bissigen Hunde der Philosophie, die Kyniker, sehen wollen –, trifft nicht nur Alexander, sondern auch den Leser unerwartet. Die Namensnennung dient also dem Spannungsaufbau und der dramaturgischen Vorbereitung der originellen und überraschenden Attacke: Lukian setzt ‚sich selbst' (seinen Namen) wie einen literarischen Joker ein. Zugleich wird der Name zum Programm: Denn Λουκιανός läßt λύκος, Wolf, anklingen (eine Assonanz, die Lukian mit der Wahl seines weiter unten zu besprechenden Pseudoynms Λυκῖνος noch verstärkt hat). Historische Authentizität eines Geschehens und seine literarische Figuration werden, jedenfalls im Nachhinein, ununterscheidbar.

Schließlich entzieht sich Lukian seinen Biographen mit plakativem Gestus selbst dort, wo in der antiken Medienwelt historische Realität und Konkretheit am ehesten prinzipiell gegeben zu sein scheinen: in der Inschrift. Im Verlauf ‚seiner' phantastischen Reise durch das Meer der Wörter und Motive der literarischen Tradition in den *Verae Historiae* gelangt der Erzähler auch auf die Insel der Seligen. Dort begegnet er unter anderem Homer. Kurz vor seiner Abreise errichtet er am Hafen der Insel eine Säule aus Beryll, auf die er ein Distichon in daktylischen Hexametern eingraviert, das er sich zu diesem Zwecke eigens vom Dichter der *Odyssee* (dem Werk, das im Proöm der *Verae Historiae* (1.3) als erster und bedeutendster Vorbildtext bezeichnet wird) verfassen lässt:

Λουκιανὸς τάδε πάντα φίλος μακάρεσσι θεοῖσιν
εἰδέ τε καὶ πάλιν ἦλθε φίλην ἐς πατρίδα γαῖαν. (*VH* 2.28)

Lukianós hat dies alles als Liebling der seligen Götter
selber gesehen und kam heim ins liebe Land seiner Väter.

Das Epigramm zitiert nicht nur in der jeweils zweiten Vershälfte die *Odyssee* (*Od.* 1.82 u. 1.290), sondern spielt in Inhalt und Duktus auch auf die Glückseligpreisung der in die Eleusinischen Mysterien Eingeweihten im *Homerischen Hymnos auf Demeter* (*h. Cer.* 480-482) an; dies und der an so prominentem Platz banale und nicht sonderlich ‚gebildete' Inhalt lassen das Epigramm als ironische Selbstapotheose erscheinen, die an den Schluss des Proöms des Werkes anknüpft, in dem nicht nur jedes Detail der folgenden ‚wahren Geschichten' als Lüge, sondern obendrein die ethische Disposition des Autors, die ihn das Werk erschaffen ließ, selbstironisch als κενοδοξία, eitle Ruhmsucht, deklariert wird. So verschwindet auch hier der ‚zwielichtige' Autor, während er behauptet, seine Existenz an ewig währendem Ort in ewig währendem Material dokumentiert zu haben – Ansprüche auf Dauerhaftigkeit, die damit generell *ad absurdum* geführt werden –, im Dickicht der zwischen Wahrheit und Erfindung oszillierenden Fiktionalität, der Anspielungen und der motivischen Kombinationen.

Die insgesamt mit gerade einmal sechs Instanzen ohnehin nicht zahlreichen Stellen, an denen der Name des Autors im Œuvre erscheint, haben also miteinander gemeinsam, dass sie dem Rezipienten gerade nicht den biographischen Träger des Namens näherbringen, sondern ihn vielmehr in eine ästhetische Distanz rücken: Mit der Erwähnung seines Namens verbindet Lukian offensichtlich das Ziel, seine Hörer und Leser zum Nachdenken über das Verhältnis von historischem Lebensvollzug und literarischer Darstellung einer Gestalt – kurz: über die Grundproblematik jedes (auto)biographischen Texts – anzuregen. Und er scheint damit einen primär ethischen Zweck zu verfolgen: Der Rezipient soll sich fragen, welche Motive hinter Lukians Auftreten in Wirklichkeit und in der Literatur jeweils stecken mögen, er soll sich fragen, inwieweit dieser ‚Autor' eigentlich vertrauenswürdig ist und man sein eigenes Handeln nach seinen Vorgaben ausrichten darf. Wie weit der Rezipient diese Aufforderung umsetzt, hängt dabei nicht zuletzt von seiner *paideía* ab, von seiner Fähigkeit, Anspielungen zu entschlüsseln, literarische Techniken zu erkennen und zu hinterfragen: Den ethischen Mehrwert muß er selbst durch intellektuelle Arbeit erwirtschaften – und nur dann wird er ihn auch als relevant betrachten.

Zu diesen expliziten Erwähnungen des Namens Loukianós kommt eine große Zahl von Schriften, in denen ein erzählendes oder gesprächsleitendes *Ich* auftritt. Unter ihnen stellen die Vorreden (προλαλιαί) die umfangreichste zusammenhängende Gruppe dar (vgl. Kap. 3.1.4): Gerade von diesen Texten könnte man doch, da der Redner sich in ihnen seinem Publikum vorstellt, erwarten, dass sie biographisch Relevantes zu bieten haben. Nimmt man an, dass diese Vorreden, ihrer Gattung gemäß, *realiter* zum Vortrag kamen, dann wäre es in der Tat recht unökonomisch, diesen Vortrag einem anderen Sprecher als Lukian selbst zuzuweisen, es sei denn, man verstünde sie, was sich nicht für alle Prolalien ausschließen lässt, als rein literarische Schöpfungen, die die gattungskonstitutive Performanzsituation nurmehr evozieren. Diese Kautel einmal beiseite gelassen, bestätigen die Prolalien unser extern gewonnenes biographisches Wissen von Lukian – seine syrische Herkunft (*Scytha* 9), die Charakterisierung seines Werkes als σπουδογέλοιον (*Bacchus*) – und sie zeigen uns den Redner in sicherlich typischen, mithin kaum individualisierbaren Situationen des Lampenfiebers (*Harmonides, Herodotus*), des Verlangens nach Beifall (*Dipsades*) und der Verärgerung über unangemessene Reaktionen der Zuhörer (*Bacchus, Zeuxis, Prometheus es in verbis*), der Schmeichelei seinem Publikum gegenüber (*Electrum, Herodotus, Harmonides, Scytha*); wenn uns der Redner als alter Mann gegenüber tritt (*Hercules*), kann diese Angabe stimmen – es kann sich aber, im Falle einer nicht situationsgebundenen Schrift, auch um Rollenspiel handeln.

Auch dieser kurze Überblick über die Prolalien bestätigt daher, dass wir Lukian sogar da, wo er uns scheinbar in eigener Person gegenübertritt, nicht als biographische, individualisierte Person zu fassen bekommen. Es stellt sich daher die Frage, ob das Lukians Wahrnehmung von seiner eigenen Identität entspricht, ob also seine Selbstpräsentation vermittels einer unabschließbaren Reihe von Transkriptionen und Transfigurationen nur inszeniert ist oder sich hierin tatsächlich seine Vorstellung von sich selbst manifestiert. Verbirgt sich hinter diesen Masken ein authentisches Ich? Kann man und soll man sie daher herunterreißen? Hierzu findet sich in Lukians *Necyomantia* eine prägnante Allegorie, ausgeführt in einem Bericht des Kynikers Menipp von dem, was er bei einer Reise in die Unterwelt zu Gesicht bekam:

> Τοιγάρτοι ἐκεῖνα ὁρῶντί μοι ἐδόκει ὁ τῶν ἀνθρώπων βίος πομπῇ τινι μακρᾷ προσεοικέναι, χορηγεῖν δὲ καὶ διατάττειν ἕκαστα ἡ Τύχη, διάφορα καὶ ποικίλα τοῖς πομπεύουσι τὰ σχήματα προσάπτουσα· τὸν μὲν γὰρ λαβοῦσα, εἰ τύχοι, βασιλικῶς διεσκεύασεν, τιάραν τε ἐπιθεῖσα καὶ δορυφόρους παραδοῦσα καὶ τὴν κεφαλὴν στέψασα τῷ διαδήματι, τῷ δὲ οἰκέτου σχῆμα περιέθηκεν· τὸν δέ τινα καλὸν εἶναι ἐκόσμησεν, τὸν δὲ ἄμορφον καὶ γελοῖον παρεσκεύασεν· παντοδαπὴν γάρ, οἶμαι, δεῖ γενέσθαι τὴν θέαν. πολλάκις δὲ καὶ διὰ μέσης τῆς πομπῆς μετέβαλε τὰ ἐνίων σχήματα οὐκ ἐῶσα εἰς τέλος διαπομπεῦσαι ὡς ἐτάχθησαν, ἀλλὰ μεταμφιέσασα τὸν μὲν Κροῖσον ἠνάγκασε τὴν τοῦ οἰκέτου καὶ αἰχμαλώτου σκευὴν ἀναλαβεῖν, τὸν δὲ Μαιάνδριον τέως ἐν τοῖς οἰκέταις πομπεύοντα τὴν τοῦ Πολυκράτους τυραννίδα μετενέδυσε. καὶ μέχρι μέν τινος εἴασε χρῆσθαι τῷ σχήματι· ἐπειδὰν δὲ ὁ τῆς πομπῆς καιρὸς παρέλθῃ, τηνικαῦτα ἕκαστος ἀποδοὺς τὴν σκευὴν καὶ ἀπο-

δυσάμενος τὸ σχῆμα μετὰ τοῦ σώματος ἐγένετο οἷόσπερ ἦν πρὸ τοῦ γενέσθαι, μηδὲν τοῦ πλησίον διαφέρων. ἔνιοι δὲ ὑπ' ἀγνωμοσύνης, ἐπειδὰν ἀπαιτῇ τὸν κόσμον ἐπιστᾶσα ἡ Τύχη, ἄχθονταί τε καὶ ἀγανακτοῦσιν ὥσπερ οἰκείων τινῶν στερισκόμενοι καὶ οὐχ ἃ πρὸς ὀλίγον ἐχρήσαντο ἀποδιδόντες. (*Nec.* 16)

Als ich das mitansah, da schien mir das Leben der Menschen wahrhaftig einem großen Umzug zu gleichen, veranstaltet, in allen Einzelheiten ausgestattet und geordnet von Tyche, die den Teilnehmern verschiedene und bunte Rollen anpaßt. Den einen, wenn es sich trifft, stattet sie königlich aus, setzt ihm eine Tiara auf, stellt ihm Leibwächter an die Seite und krönt sein Haupt mit dem Stirnreif. Dem anderen zieht sie die Rolle eines Dieners an. Den einen macht sie schön, den anderen häßlich und lächerlich. Vielgestaltig soll ja, denke ich, der Anblick für die Zuschauer werden. Oft, manchmal mitten im Zug, lässt sie einige das Kostüm wechseln und erlaubt ihnen nicht, bis zum Ende in ihrer anfänglichen Gestalt mitzulaufen, sondern sie kleidet den Kroisos um und zwingt ihn, die Ausstattung des Dieners und des Kriegsgefangenen zu übernehmen, während sie dem Maiandrios, der bislang bei den Dienern mitging, die Tyrannenherrschaft des Polykrates überstreift. Dann lässt sie sie bis zu irgendeinem Zeitpunkt ihre Rolle spielen: Sobald aber der Augenblick gekommen ist, an dem der Zug endet, muss jeder seine Ausstattung abgeben, zusammen mit seinem Körper auch seine Rolle ablegen und so werden, wie er vor dem Werden gewesen ist, von seinem Nachbarn durch nichts zu unterscheiden. Einige können das nicht verstehen, und wenn Tyche an sie herantritt und ihnen abfordert, was sie bisher schmückte und kleidete, dann ärgern sie sich und sind verstimmt, als ob man ihnen ihren Besitz wegnähme und nicht als ob sie abgeben müssten, was ihnen nur für kurze Zeit geliehen war.

Diese von Menipp entworfene Allegorie (vgl. Kap. 3.2.1) macht deutlich, dass es zwar so etwas wie eine anthropologische Grundbefindlichkeit, ein allgemeines Menschsein gibt, dass jedoch das diesseitige Dasein jedes Menschen sich durchgehend der Verkleidungen und Masken bedient, deren Wahl er nicht einmal immer beeinflussen kann. Erst sie, so scheint es, machen Menschen voneinander unterscheidbar. Das menschliche Leben ist eines der Diskriminierung; davor und danach ist man „von seinem Nachbarn durch nichts zu unterscheiden". Name, Herkunft, Familie, Beruf und Stellung sind Schall und Rauch, wie der sich unmittelbar an die Tyche-Allegorie anschließende Vergleich aus der Theaterwelt zeigt:

Οἶμαι δέ σε καὶ τῶν ἐπὶ τῆς σκηνῆς πολλάκις ἑωρακέναι σε τοὺς τραγικοὺς τούτους ὑποκριτὰς πρὸς τὰς χρείας τῶν δραμάτων ἄρτι μὲν Κρέοντας, ἐνίοτε δὲ Πριάμους γιγνομένους ἢ Ἀγαμέμνονας, καὶ ὁ αὐτός, εἰ τύχοι, μικρὸν ἔμπροσθεν μάλα σεμνῶς τὸ τοῦ Κέκροπος ἢ Ἐρεχθέως σχῆμα μιμησάμενος μετ' ὀλίγον οἰκέτης προῆλθεν ὑπὸ τοῦ ποιητοῦ κεκελευσμένος. ἤδη δὲ πέρας ἔχοντος τοῦ δράματος ἀποδυσάμενος ἕκαστος αὐτῶν τὴν χρυσόπαστον ἐκείνην ἐσθῆτα καὶ τὸ προσωπεῖον ἀποθέμενος καὶ καταβὰς ἀπὸ τῶν ἐμβατῶν πένης καὶ ταπεινὸς περίεισιν, οὐκέτ' Ἀγαμέμνων ὁ Ἀτρέως οὐδὲ Κρέων ὁ Μενοικέως, ἀλλὰ Πῶλος Χαρικλέους Σουνιεὺς ὀνομαζόμενος ἢ Σάτυρος Θεογείτονος Μαραθώνιος. τοιαῦτα καὶ τὰ τῶν ἀνθρώπων πράγματά ἐστιν, ὥς τότε μοι ὁρῶντι ἔδοξεν. (*Nec.* 16)

Masken und *Wahre Geschichten*: Lukians Biographie

Ich denke, du hast auch auf der Bühne schon oft diese Tragödienschauspieler gesehen, die je nach Bedarf der Stücke bald Kreon, dann Priamos oder Agamemnon wurden, und ein und derselbe, wenn es sich so traf, stellte noch kurz zuvor sehr erhebend die Rolle des Kekrops oder des Erechtheus dar, um kurz darauf auf Befehl des Dichters als Diener vorzutreten. Und kaum ist das Stück zuende, zieht jeder von ihnen jenes goldbestickte Kostüm aus, legt seine Maske ab, steigt vom Kothurn herunter und läuft arm und elend herum, nicht mehr als Agamemnon, Sohn des Atreus, auch nicht als Kreon, Sohn des Menoikeus, sondern als Polos mit Namen, Sohn des Charikles aus Sunion, oder Satyros, Sohn des Theogeiton aus Marathon. Ja, und genau so verhält es sich auch mit dem Leben der Menschen, wie es mir damals beim Zuschauen vorkam.

Wer ins Theater geht – und das Leben ist ein Theater –, will nicht den Schauspieler als solchen sehen, als menschliches Individuum mit eigener Herkunft und Geschichte, sondern in seiner Rolle als Agamemnon oder Priamos. Aus dieser Sicht kann der Mensch nicht mehr tun, als seine Rolle *gut* zu spielen; was außerhalb der Rolle liegt, interessiert im Leben nicht und ist nach dem Leben gleichgültig. ‚Gut' zu spielen ist mithin eine sowohl ästhetische als auch ethische Verpflichtung, die man als Mensch zu übernehmen hat, auch wenn man weiß, dass die Rolle, die man darstellt (μιμεῖσθαι), nur „für kurze Zeit geliehen" ist. Dieses Wissen ist eine unhintergehbare Voraussetzung für ein gutes Rollenspiel, denn wer vergisst, dass er eine Rolle spielt, wer vollkommen in ihr aufgeht und sie im wahrsten Sinne des Wortes zu verkörpern beginnt, fällt aus ihr heraus:

Γίνεται δέ, ὥσπερ ἐν λόγοις, οὕτω δὲ καὶ ἐν ὀρχήσει ἡ πρὸς τῶν πολλῶν λεγομένη κακοζηλία ὑπερβαινόντων τὸ μέτρον τῆς μιμήσεως καὶ πέρα τοῦ δέοντος ἐπιτεινόντων, καὶ εἰ μέγα τι δεῖξαι δέοι, ὑπερμεγέθες ἐπιδεικνυμένων, καὶ εἰ ἁπαλόν, καθ' ὑπερβολὴν θηλυνομένων, καὶ τὰ ἀνδρώδη ἄχρι τοῦ ἀγρίου καὶ θηριώδους προαγόντων. (83) Οἷον ἐγώ ποτε μέμνημαι ἰδὼν ποιοῦντα ὀρχηστὴν εὐδοκιμοῦντα πρότερον, συνετὸν μὲν τὰ ἄλλα καὶ θαυμάζεσθαι ὡς ἀληθῶς ἄξιον, οὐκ οἶδα δὲ ᾗτινι τύχῃ εἰς ἀσχήμονα ὑπόκρισιν δι' ὑπερβολὴν μιμήσεως ἐξοκείλαντα. ὀρχούμενος γὰρ τὸν Αἴαντα μετὰ τὴν ἧτταν εὐθὺς μαινόμενον, εἰς τοσοῦτον ὑπερεξέπεσεν ὥστε οὐχ ὑποκρίνασθαι μανίαν ἀλλὰ μαίνεσθαι αὐτὸς εἰκότως ἄν τινι ἔδοξεν. ἑνὸς γὰρ τῶν τῷ σιδήρῳ ὑποδηματικτυπούντων τὴν ἐσθῆτα κατέρρηξεν, ἑνὸς δὲ τῶν ὑπαυλούντων τὸν αὐλὸν ἁρπάσας τοῦ Ὀδυσσέως πλησίον ἑστῶτος καὶ ἐπὶ τῇ νίκῃ μέγα φρονοῦντος διεῖλε τὴν κεφαλὴν κατενεγκών, καὶ εἴ γε μὴ ὁ πῖλος ἀντέσχεν καὶ τὸ πολὺ τῆς πληγῆς ἀπεδέξατο, ἀπωλώλει ἂν ὁ κακοδαίμων Ὀδυσσεύς, ὀρχηστῇ παραπαίοντι περιπεσών. ἀλλὰ τό γε θέατρον ἅπαν συνεμεμήνει τῷ Αἴαντι καὶ ἐπήδων καὶ ἐβόων καὶ τὰς ἐσθῆτας ἀνερρίπτουν, οἱ μὲν συρφετώδεις καὶ αὐτὸ τοῦτο ἰδιῶται τοῦ μὲν εὐσχήμονος οὐκ ἐστοχασμένοι οὐδὲ τὸ χεῖρον ἢ τὸ κρεῖττον ὁρῶντες, ἄκραν δὲ μίμησιν τοῦ πάθους τὰ τοιαῦτα οἰόμενοι εἶναι· οἱ ἀστειότεροι δὲ συνιέντες μὲν καὶ αἰδούμενοι ἐπὶ τοῖς γινομένοις, οὐκ ἐλέγχοντες δὲ σιωπῇ τὸ πρᾶγμα, τοῖς δὲ ἐπαίνοις καὶ αὐτοὶ τὴν ἄνοιαν τῆς ὀρχήσεως ἐπικαλύπτοντες, καὶ ἀκριβῶς ὁρῶντες ὅτι οὐκ Αἴαντος ἀλλὰ ὀρχηστοῦ μανίας τὰ γιγνόμενα ἦν. οὐ γὰρ ἀρκεσθεὶς τούτοις ὁ γενναῖος ἄλλο μακρῷ τούτου γελοιότερον ἔπραξε· καταβὰς γὰρ εἰς τὸ μέσον ἐν τῇ βουλῇ δύο ὑπατικῶν μέσος ἐκαθέζετο, πάνυ δεδιότων μὴ καὶ αὐτῶν τινα ὥσπερ κριὸν μαστιγώσῃ λαβών. (*Salt.* 82f.)

Es gibt wie in der Literatur auch beim Tanz die von vielen als Übereifer bezeichnete Übertreibung, bei der man das rechte Maß der Darstellung überschreitet und über das, was sein soll, hinausgeht: Dann gerät, wenn es darum geht, etwas Großes zu zeigen, die Darbietung ins Riesige, wenn etwas Zartes, dann in übermäßige Verweichlichung, und die Darstellung des Männlichen geht bis ins Wilde und Tierhafte. (83) Ich erinnere mich beispielsweise an die Darbietung eines Tänzers, der bis dahin in hohem Ansehen stand, ein in jeder Hinsicht vernünftiger Mann, der sein Lob wirklich verdiente, und der, ich weiß nicht, wie es kam, durch Übertreibung in der Darstellung in ein rollenloses Spiel abglitt. Er tanzte nämlich den Aias, der nach seiner Niederlage plötzlich verrückt wird, und fiel dabei dermaßen aus der Rolle, dass er den Wahnsinn nicht mehr zu spielen, sondern selbst schlichtweg wahnsinnig geworden zu sein schien. Einem nämlich von denen, die mit dem eisernen Schuh donnerten, zerfetzte er das Kostüm, einem der Aulosbläser riss er den Aulos aus der Hand und spaltete damit dem Odysseus, der neben ihm stand und sich gerade mit seinem Sieg brüstete, den Schädel mit einem Schlag, und hätte nicht der Pilos standgehalten und den größten Teil des Schlages aufgefangen, dann wäre das das Ende des armen Odysseus gewesen, dahingerafft von einem abgedrehten Tänzer. Die Zuschauer hingegen wurden gleich allesamt zusammen mit Aias verrückt, sprangen herum, schrien und rissen sich ihre Kleider vom Leibe, Pöbel eben und Laien im wahrsten Sinne des Wortes, ohne alle Ambitionen, was gediegenes Auftreten betraf, ohne Blick für schlechter und besser, und überzeugt davon, das sei der Gipfel der Darstellung eines Affekts. Die Leute mit mehr Geschmack, die verstanden, was los war, und sich für das, was da passierte, schämten, deckten dennoch die Angelegenheit nicht durch Schweigen auf, vielmehr versuchten sie die Torheit des Tanzes durch lautes Lob selbst zu kaschieren und sahen genau, dass das, was geschah, Ergebnis des Wahnsinns nicht des Aias, sondern des Tänzers war. Damit aber nicht zufrieden tat unser Held noch etwas anderes und viel Lächerlicheres: Er stieg in die Ratsherrenränge hinab und setzte sich mitten zwischen zwei Konsulare, die ziemlich Angst hatten, er könnte sich auch einen von ihnen greifen und wie den Widder auspeitschen.

Aus der Rolle zu fallen heißt somit zu versagen. Es geht nicht darum, wer man ‚wirklich' ist: Ob man „Polos, Sohn des Charikles aus Sunion" ist oder womöglich Lukianós, Neffe des besten Steinmetzen aus Samosata (vgl. *Somnium* 1f.), ist unbedeutend. Von Interesse ist allein, ob man die Rolle oder die Rollen, die man im Leben zu spielen hat, vollendet zur Darstellung bringt, was bedeutet, sich ihrer bewusst zu sein und sie nicht mit einer (falsch verstandenen) Identität zu verwechseln, die unwichtig ist, da sie mit dem Ende des Lebens dahin ist. Man kann also ein Philosoph, ein Orakelpriester, ein Redner ‚sein', darf aber nicht ohne Distanz zu sich selbst meinen oder gar anderen vorgaukeln, man verkörpere quasi diese Daseinsformen: Dies hieße einfach, Körper und Kostüm miteinander zu verwechseln, wie es in der zitierten Anekdote aus Lukians Abhandlung über den Tanz (*De Saltatione*) dem Mimen des Aias erging. Weil es sich aber um Rollen handelt, kann man sie im Laufe des Lebens auch wechseln – ja, ein guter Schauspieler kann, gerade weil er um die Differenz von Rolle und Sein weiß, mehrere Rollen hintereinander zur Darstellung bringen.

Lukian hätte also die verschiedenen Facetten seines Daseins, seine mittelständische Herkunft, seine syrische Abstammung, aber auch sein erarbeitetes Griechentum, seine Bildung und sein Literatentum als Teile einer Rolle aufgefasst, die er nun einmal zu spielen hatte, ohne dahinter eine gegen andere elementar abgrenzbare Individualität kaschiert zu sehen, die er als seine ‚Identität' verwirklichen müsste. So betrachtet, sind auch die Berichte von Konversionen etwa von der Rhetorik zur Philosophie, wie sie der Syrer in *Bis Accusatus* 32 gesteht, eben nur Berichte vom Rollenwechsel eines Profis; und im Übrigen ist damit auch leicht erklärt, warum wir bis auf wenige Ausnahmen (Alexander von Abonuteichos, Peregrinos Proteus) die Objekte des Lukianischen Spottes nicht historisch dingfest machen, nicht als historische Individuen identifizieren können: Lukian verbirgt uns (und verbarg wohl schon seinen Zeitgenossen) ihre ‚Identität', weil es ihm gerade um diese eben nicht geht. Als besonders herausfordernd hat man dies in der Forschung mit Bezug auf die von Lukian in *Quomodo Historia Conscribenda sit* vielfältig gescholtenen Historiker der römischen Partherkriege empfunden, ohne doch wirklich Abhilfe schaffen zu können. Dass die Zeitgenossen aus den Anspielungen die Gemeinten hinreichend erkennen konnten, darf man füglich bezweifeln: Vielmehr hat Lukian seine ‚Gegner' entweder einfach erfunden oder zur Unkenntlichkeit ent- bzw. verstellt – aber wieviel ist dann von seinem ebenfalls in dieser Schrift zu findenden, ‚autobiographisch' fundierten Vorwurf zu halten, manche dieser Historiker versetzten seine Heimatstadt Samosata fälschlicherweise nach Mesopotamien (*Hist. Conscr.* 24)? Obwohl diese Angabe schon für die meisten Zeitgenossen Lukians kaum nachprüfbar gewesen sein wird, dürfte gleichwohl aus ihr die Herkunftsangabe in den externen Quellen zu Lukians Leben stammen. Könnte sie aber nicht auch einfach dem Zweck dienen, die Rolle des in seinem historischen und stilistischen Empfinden gekränkten Gebildeten noch überzeugender zu machen? Ist doch die ganze Schrift eingestandenermaßen nur ein solches Spiel:

> Ταῦτα τοίνυν, ὦ φιλότης, ὁρῶντά με καὶ ἀκούοντά με τὸ τοῦ Σινωπέως ἐκεῖνο εἰσῆλθεν· ὁπότε γὰρ ὁ Φίλιππος ἐλέγετο ἤδη ἐπελαύνειν, οἱ Κορίνθιοι πάντες ἐταράττοντο καὶ ἐν ἔργῳ ἦσαν, ὁ μὲν ὅπλα ἐπισκευάζων, ὁ δὲ λίθους παραφέρων, ὁ δὲ ὑποικοδομῶν τοῦ τείχους, ὁ δὲ ἔπαλξιν ὑποστηρίζων, ὁ δὲ ἄλλος ἄλλο τι τῶν χρησίμων ὑπουργῶν. ὁ δὴ Διογένης ὁρῶν ταῦτα, ἐπεὶ μηδὲν εἶχεν ὅ τι καὶ πράττοι – οὐδεὶς γὰρ αὐτῷ ἐς οὐδὲν ἐχρῆτο – διαζωσάμενος τὸ τριβώνιον σπουδῇ μάλα καὶ αὐτὸς ἐκύλιε τὸν πίθον, ἐν ᾧ ἐτύγχανεν οἰκῶν, ἄνω καὶ κάτω τοῦ Κρανείου. καί τινος τῶν συνήθων ἐρομένου, „Τί ταῦτα ποιεῖς, ὦ Διόγενες;" „Κυλίω," ἔφη, „κἀγὼ τὸν πίθον, ὡς μὴ μόνος ἀργεῖν δοκοίην ἐν τοσούτοις ἐργαζομένοις." [*Hist. conscr.* 3] ... οὗτός σοι κανὼν καὶ στάθμη ἱστορίας δικαίας. καὶ εἰ μὲν σταθμήσονταί τινες αὐτῇ, εὖ ἂν ἔχοι καὶ εἰς δέον ἡμῖν γέγραπται· εἰ δὲ μή, κεκύλισται ὁ πίθος ἐν Κρανείῳ. (*Hist. conscr.* 63)

> Als ich, lieber Freund, das sah und hörte, kam mir die bekannte Anekdote, die man sich über den Mann aus Sinope erzählt, in den Sinn: auf die Nachricht, dass Philipp im Anzug gegen Korinth sei, geriet die ganze Stadt in Aufregung und

jeder machte sich ans Werk; die einen sorgten für ihre Bewaffnung, andere schleppten Steine heran, wieder andere verstärkten die Mauer und stützten die Brustwehr ab – kurz, jeder half, wo es nottat. Als Diogenes das sah – er allein hatte nämlich nichts zu tun, weil ihn niemand beschäftigte –, da gürtete er höchst eifrig seinen Mantel und rollte die Tonne, in der er wohnte, das Kraneion hinauf und hinunter; als ihn darauf einer seiner Freunde fragte, „Wozu denn das, Diogenes?", erwiderte er: „Ich rolle meine Tonne, damit es nicht so aussieht, als wäre ich der einzige Untätige unter so vielen Rührigen." [...] Das allein sei Maßstab und Richtschnur bei der Abfassung eines unparteiischen Geschichtswerkes. Wenn sich nun einige daran halten sollten, dann ist es gut und ich habe für einen nützlichen Zweck geschrieben – wenn aber nicht, nun, dann habe ich eben auch meine Tonne im Kraneion auf und ab gerollt. (Übers. nach Homeyer 1965)

‚Lukian' als zweiter Diogenes rollt auch nur seine Tonne; wie Diogenes die Rolle des Umtriebigen und Pflichtbewußten spielt, so spielt auch ‚Lukian' den Historiker, und wenn er ihn überzeugend gespielt hat, wird er andere dazu animieren, die Rolle des Historikers besser und angemessener zu spielen als bisher.

Λουκιανός ist daher keine Bezeichnung einer identitären ‚auktorialen Substanz' Lukians – der nachzuforschen Lukian, wie deutlich geworden sein dürfte, seinen Rezipienten nicht nahelegt –, sondern nur *eine* Facette der Rollen, die er in seiner Zeit und seinem kulturellen Umfeld spielt, und es ist an uns, die Qualität seines Rollenspiels – und damit auch die unseres eigenen – zu beurteilen.

Τυχιάδης / Tychiádes. In *De Parasito* und *Philopseudeis* läßt Lukian mit ‚Herrn Zufall' (Τυχιάδης = Sohn der Tyche, also der Gottheit, die im großen Umzug des Lebens die Rollen verteilt) eine Figur auf die Bühne kommen, die zwar antritt, um das schlechte Rollenspiel anderer zu entlarven, damit allerdings scheitert. So beginnt *De Parasito* damit, dass sich Tychiades in spöttischem Tonfall mit dem Parasiten Simon unterhält, dem er abspricht, mit seiner Fähigkeit, sich auf fremde Kosten zu ernähren, eine τέχνη zu beherrschen, also (wie es dort in platonisch-stoischer Manier definiert wird) ein

> σύστημα ἐκ καταλήψεων συγγεγυμνασμένων πρός τι τέλος εὔχρηστον τῷ βίῳ. (*Par.* 4)
>
> System, das auf ständig eingeübten, abgesicherten Wahrnehmungen beruht und auf einen Nutzen für das Leben abzielt.

Tychiades' Widerstand, der mehr auf Vorurteilen als auf durchdachten Argumenten beruht, bricht allerdings schnell in sich zusammen: Tychiades endet als erster und begeistertster Schüler des Parasiten. In den *Philopseudeis* liegt der Fall ein wenig komplizierter. Tychiades berichtet seinem Freund Philokles über eine Versammlung von Gebildeten – Philosophen (von denen wir zwei, nämlich den Peripatetiker Kleodemos und den Platoniker Ion, als ethische Totalversager im *Symposium* wiedertreffen) und ein Arzt – am Krankenbett des reichen Eukrates, wo sie (nicht zuletzt gereizt durch Tychiades' Widerspruch) einander mit Geschichten von übersinnlichen Phänomenen – Liebeszauber, Geisterscheinungen, lebendige Statuen, Exorzismus und einiges mehr – unterhalten und gegenseitig zu überbieten versuchen. Tychiades, ein, wie er zu Beginn des Werks gegenüber Philokles breit ausführt, vehementer Verfechter von Wahrhaftigkeit und engagierter Lügenfeind, versucht diese Orgie der Phantastik durch gezielte Zwischenrufe zu beenden und muß schließlich selbst Farbe bekennen:

„Σὺ δέ," ἦ δ' ὃς ὁ Ἀρίγνωτος, „εἰ μήτε ἐμοὶ πιστεύεις μήτε Δεινομάχῳ ἢ Κλεοδήμῳ τουτωῒ μήτε αὐτῷ Εὐκράτει, φέρε εἰπὲ τίνα περὶ τῶν τοιούτων ἀξιοπιστότερον ἡγῇ τἀναντία ἡμῖν λέγοντα;" „Νὴ Δί'," ἦν δ' ἐγώ, „μάλιστα θαυμαστὸν ἄνδρα τὸν Ἀβδηρόθεν ἐκεῖνον Δημόκριτον, ὃς οὕτως ἄρα ἐπέπειστο μηδὲν οἷόν τε εἶναι συστῆναι τοιοῦτον ὥστε, ἐπειδὴ καθείρξας ἑαυτὸν ἐς μνῆμα ἔξω πυλῶν ἐνταῦθα διετέλει γράφων καὶ συντάττων καὶ νύκτωρ καὶ μεθ' ἡμέραν, καί τινες τῶν νεανίσκων ἐρεσχελεῖν αὐτὸν βουλόμενοι καὶ δειματοῦν στειλάμενοι νεκρικῶς ἐσθῆτι μελαίνῃ καὶ προσωπείοις εἰς τὰ κρανία μεμιμημένοις περιστάντες αὐτὸν περιεχόρευον ὑπὸ πυκνῇ τῇ βάσει ἀναπηδῶντες, ὁ δὲ οὔτε ἔδεισεν τὴν προσποίησιν αὐτῶν οὔτε ὅλως ἀνέβλεψεν πρὸς αὐτούς, ἀλλὰ μεταξὺ γράφων, 'Παύσασθε,' ἔφη, 'παίζοντες·' οὕτω βεβαίως ἐπίστευεν μηδὲν εἶναι τὰς ψυχὰς ἔτι ἔξω γενομένας τῶν σωμάτων." (*Philops.* 32)

„Du," sagte Arignotos, „wenn du mir nicht glaubst und dem Deinomachos oder dem Kleodemos hier und dem Eukrates selbst auch nicht, na los, dann sag doch mal, wer widerspricht uns in diesen Dingen, den du für vertrauenswürdiger als uns hältst?" – „Aber gern," sagte ich. „Der über alle Maßen wunderbare Mann aus Abdera, der berühmte Demokrit, der so felsenfest überzeugt war, so etwas könne es gar nicht geben, dass er sich in eine Grabkammer außerhalb der Stadt einschloss und dort Tag und Nacht schrieb und konzipierte. Ein paar junge Burschen, die ihn ein wenig aufziehen und erschrecken wollten, legten schwarze Gewänder und Totenschädelmasken an und tanzten mit schweren Schritten um ihn herum. Aber er bekam gar keine Angst vor ihrer Scharade, ja schaute noch nicht einmal zu ihnen auf, sondern sagte beim Schreiben ‚Hört mit dem Unfug auf!': So sicher war er, dass die Seelen außerhalb ihrer Körper nicht existierten."

Natürlich widerlegt Tychiades mit einer solchen Geschichte gar nichts, und entsprechend gehen die anderen nur mit neuen phantastischen Berichten darüber hinweg. Seine immer heftigeren Vorwürfe verhallen ungehört, und schließlich verläßt er Eukrates' Haus fluchtartig mitten im Satz einer weiteren Zaubererzählung (*Philops.* 38f.). Allerdings hat er durch seinen überraschend detailfreudigen Bericht nicht nur Philokles, sondern durch die Verschriftlichung und Publikation auch uns Leser mit dem Virus des Aberglaubens infiziert, und so klingt Tychiades' abschließendes Statement ein wenig nach Pfeifen im Walde:

Ἀλλὰ θαρρῶμεν, ὦ φιλότης, μέγα τῶν τοιούτων ἀλεξιφάρμακον ἔχοντες τὴν ἀλήθειαν καὶ τὸν ἐπὶ πᾶσι λόγον ὀρθόν, ᾧ χρωμένους ἡμᾶς οὐδὲν οὐ μὴ ταράξῃ τῶν κενῶν καὶ ματαίων τούτων ψευσμάτων. (*Philops.* 40)

Nur Mut, lieber Freund! Wir besitzen doch gegen so etwas ein starkes Gegengift in Gestalt der Wahrheit und des universell tauglichen Richtmaßes des Verstandes. Machen wir davon Gebrauch, und keine von diesen leeren und eitlen Lügereien kann uns verwirren!

In beiden Werken tritt uns mit Tychiades also eine Figur entgegen, die zwar ohne Selbstzweifel im Besitz von Wahrheit und Verstand zu sein behauptet, sich aber gegen mindere Bildungsvertreter argumentativ nicht durchzusetzen und entsprechend auch die Führung des Gespräches nicht zu behalten vermag. Aus Tychiades' Niederlage kann der Rezipient nur eine Folgerung ziehen: Wahrheitsliebe darf nicht nur ein Lippenbekenntnis sein und sich nicht nur in Empörung äußern, sondern der Kritiker der Gesellschaft trägt selbst ein Gutteil der Verantwortung dafür, dass seine Kritik auch gehört und ernst genommen wird.

Παρρησιάδης / Parrhesiádes. Ganz anders trumpft, allerdings nur in einem einzigen Werk – *Die Auferstandenen oder Der Fischer* (*Piscator*) –, der Sprecher der (allegorischen) Rolle des Παρρησιάδης Ἀληθίωνος τοῦ Ἐλεγξικλέους (*Pisc.* 19) auf. In seiner Genealogie gleich drei Hinweise auf kritische Wahrheitsliebe – παρρησία (freie Rede), ἀλήθεια (Wahrheit), ἔλεγχος (prüfende Widerlegung) – unterzubringen, zeugt von einem ins Prätentiöse spielenden Selbstbewußtsein. Und auch Parrhesiades insistiert, wie Tychiades, auf seinem klaren Verstand (*Pisc.* 19) als wichtigster Tugend. Eine Pointe liegt in der Namenswahl allerdings insofern, als *parrhesia* eine wesentliche Eigenschaft des Philosophen gegenüber den Herrschenden darstellte: Eine solche Selbstprofilierung gegenüber ‚Philosophenkönigen' wie Platon, Diogenes oder Chrysippos bedeutet also einerseits die Andeutung einer tiefen Zugehörigkeit, andererseits erweist sie selbst jene Urväter philosophischen Denkens, wenn sie Parrhesiades als Feind betrachten, als noch beratungs- und lenkungsbedürftig. Will man hierin nicht einfach einen billigen Witz vermuten, so kann nur gemeint sein, dass die bloße Rezeption und das autoritative Zitat der kanonischen Größen der Philosophie nicht ohne weiteres zu den erwünschten Ergebnissen führt, sondern der Philosophie-Adept zusätzlich der Unterweisung und Hilfe durch den Kundigen bedarf.

Bei der Gestaltung dieser Figur orientierte sich Lukian, wie für die gesamte Anlage des Textes, in erster Linie an dem Protagonisten der Aristophanischen *Acharner*, Dikaiopolis, einer Gestalt von, wie ihr Name ‚Rechtsstaat' zeigt, vergleichbarer Selbstsicherheit und ähnlichem Durchsetzungsvermögen. Ebenso wie Parrhesiades sich im *Piscator* unter anderem für ein Buch Lukians – die *Vitarum Auctio* – rechtfertigen muß, hat auch Dikaiopolis sich gegen Vorwürfe, die seinen Dichter Aristophanes betreffen, zu wehren. Wir erfahren daher aus diesem Werk einiges über Rollendistanz, erhalten aber auch weitere Aufschlüsse über die ethische Bedeutung der Rollenspielmetapher.

> Νῦν δὲ θᾶττον ἂν γὺψ ἀηδόνα μιμήσαιτο ἢ οὗτοι φιλοσόφους. (*Pisc.* 37)
>
> Wie es jetzt steht, könnte eher ein Geier eine Nachtigall spielen als diese Leute Philosophen.

Mit diesen Worten schließt Parrhesiades seine Verteidigungsrede vor Philosophia gegen die Anklage der alten Philosophen, er habe in seinen Büchern die Philosophie geschmäht und insbesondere im *Vitarum Auctio* sie selbst zum Gespött der Leute gemacht. Parrhesiades führt aus, dass er keineswegs die Philosophie selbst und auch nicht die Schulväter – Platon, Aristoteles, Diogenes und alle anderen – im Visier gehabt habe, sondern ihre zeitgenössischen Nachfolger, die teilweise nur den Habitus des Philosophen pflegten, diese Rolle aber nicht ernsthaft und konsequent ausagierten:

> Ὁρῶν δὲ πολλοὺς οὐκ ἔρωτι φιλοσοφίας ἐχομένους ἀλλὰ δόξης μόνον τῆς ἀπὸ τοῦ πράγματος ἐφιεμένους, καὶ τὰ μὲν πρόχειρα ταῦτα καὶ δημόσια καὶ ὁπόσα παντὶ μιμήσασθαι ῥᾴδιον εὖ μάλα ἐοικότας ἀγαθοῖς ἀνδράσι, τὸ γένειον λέγω καὶ τὸ βάδισμα καὶ τὴν ἀναβολήν, ἐπὶ δὲ τοῦ βίου καὶ τῶν πραγμάτων ἀντιφθεγγομένους τῷ σχήματι καὶ τὰ ἐναντία ὑμῖν ἐπιτηδεύοντας καὶ διαφθείροντας τὸ ἀξίωμα τῆς ὑποσχέσεως, ἠγανάκτουν, καὶ τὸ πρᾶγμα ὅμοιον ἐδόκει μοι καθάπερ ἂν εἴ τις ὑποκριτὴς τραγῳδίας μαλθακὸς αὐτὸς ὢν καὶ γυναικεῖος Ἀχιλλέα ἢ Θησέα ἢ καὶ τὸν Ἡρακλέα ὑποκρίνοιτο αὐτὸν μήτε βαδίζων μήτε βοῶν ἡρωϊκόν, ἀλλὰ θρυπτόμενος ὑπὸ τηλικούτῳ προσωπείῳ, ὃν οὐδ' ἂν ἡ Ἑλένη ποτὲ ἢ Πολυξένη ἀνάσχοιτο πέρα τοῦ μέτρου αὐταῖς προσεοικότα, οὐχ ὅπως ὁ Ἡρακλῆς ὁ Καλλίνικος, ἀλλά μοι δοκεῖ τάχιστα ἂν ἐπιτρῖψαι τῷ ῥοπάλῳ παίων τοιοῦτον αὐτόν τε καὶ τὸ προσωπεῖον, οὕτως ἀτίμως κατατεθηλυμμένος πρὸς αὐτοῦ. (32) Τοιαῦτα καὶ αὐτὸς ὑμᾶς πάσχοντας ὑπ' ἐκείνων ὁρῶν οὐκ ἤνεγκα τὴν αἰσχύνην τῆς ὑποκρίσεως, εἰ πίθηκοι ὄντες ἐτόλμησαν ἡρώων προσωπεῖα περιθέσθαι ἢ τὸν ἐν Κύμῃ ὄνον μιμήσασθαι, ὃς λεοντῆν περιβαλόμενος ἠξίου λέων αὐτὸς εἶναι, πρὸς ἀγνοοῦντας τοὺς Κυμαίους ὀγκώμενος μάλα τραχὺ καὶ καταπληκτικόν, ἄχρι δή τις αὐτὸν ξένος καὶ λέοντα ἰδὼν καὶ ὄνον πολλάκις ἤλεγξε καὶ ἀπεδίωξε παίων τοῖς ξύλοις. (*Pisc.* 31f.)

> Als ich mitansehen mußte, dass viele gar nicht von Liebe zur Philosophie ergriffen waren, sondern nur nach dem Ruhm strebten, der aus der ganzen Sache resultiert, und dass sie in all dem, was jedem zugänglich und sichtbar und leicht darzustellen ist, ausnehmend anständigen Männern glichen, ich meine den Bart und den Gang und den Faltenwurf ihres Mantels, in Sachen objektiver Lebensführung aber ihrer Rolle widersprachen, sich um ganz andere Dinge kümmerten als sie und die hohe Wertschätzung für die Philosophie, die aus ihrer Prätention erwuchs, zerstörten, da wurde ich wütend, und die ganze Sache kam mir so vor, wie wenn ein Tragödienschauspieler, der selbst ein effeminierter Weichling ist, den Achill, den Theseus oder den Herakles gibt, ohne dabei heroisch auszuschreiten oder zu brüllen, sondern unter der Last der Maske einknickt, so dass nicht einmal Helena oder Polyxena es ertrügen, wenn er sich über alles Maß hinaus ihnen angliche, gar nicht zu reden von Herakles, dem Herrlichen Sieger, der vielmehr, denke ich, so einem und seiner Maske ganz schnell eins mit dem Knüppel verpassen würde, wenn er so unehrenhaft von ihm zum Weib gemacht würde. (32) Als ich nun selber sah, dass ihr solches von diesen Leuten ertragen müsst, da hielt ich die Schandbarkeit dieser Schauspielerei nicht mehr aus, es war ja, als ob sie, obgleich Affen, Heroenmasken anlegten oder den Esel aus Kyme nachmachten, der sich ein Löwenfell umlegte, dann behauptete, selbst ein Löwe zu sein, und den ahnungslosen Kymäern laut und schrecklich in die Ohren brüllte, bis endlich ein Fremder, der schon oft Löwen und Esel gesehen hatte, ihn enttarnte und mit Schlägen verjagte.

Auf den ersten Blick, so legt es jedenfalls die Formulierung des Schauspieler- und des Fabelvergleichs nahe, besteht der Fehler der schlechten Philosophen darin, mit dem Dasein des Philosophen eine Rolle gewählt zu haben, die ihre Kräfte und Fähigkeiten übersteigt. Man darf jedoch nicht übersehen, dass gerade das Moment einer natürlichen Begabung und Befähigung im Zuge der Übertragung des Vergleichs auf die aktuelle Situation der Philosophie eine Umdeutung erfährt: Es ist nämlich keine Rede davon, dass die schlechten Philosophen ihre Rolle nicht gut spielen *können*, sondern vielmehr, dass sie sich nicht darum bemühen, sie gut zu spielen, entweder aus Unkenntnis oder aus Bequemlichkeit. Ebenso ahnungs- oder (schlimmer noch) anspruchslos ist das Publikum, das (wie im Falle des verrückten Pantomimentänzers) allzu schnell mit der Darbietung, der μίμησις τοῦ σχήματος, zufrieden ist. Zugleich ist nicht zu leugnen, dass, wie Lukian an anderer Stelle nicht müde wird zu zitieren, ‚es nicht jedem vergönnt ist, nach Korinth zu reisen'. Nicht jeder kann jede Rolle spielen. Zu messen ist er aber nicht an dem, was er wirklich ist, sondern daran, wie er seine Rolle wählt und wie gut er sie darstellt: Der Esel als Esel, der Affe als Affe, der Schauspieler als menschliches Individuum sind gleichgültig: Bewertet werden Darstellungsqualität, Rollenkonsistenz und Rollendistanz. Seine Rolle hyperbolisch auszufüllen, zu vergessen, wen und was man hier darstellt, ist genauso tadelnswert wie das Gegenteil, seiner Rolle nicht gerecht zu werden und den Gegenstand seiner Darstellung damit der Lächerlichkeit preiszugeben.

Wie im Falle des *Somnium* gibt auch im *Piscator* der Autor durch allusive poetische Verfahren dem Rezipienten die Chance, sein Rollenspiel zu hinterfragen: Wie gut spielt eigentlich Parrhesiades – Lukian? – seine Rolle als unbedingter Freund der Wahrheit? Und darf man ihm trauen?

Σύρος / Der Syrer. Anders als die Figur Λουκιανός beansprucht Parrhesiades auch die syrische Herkunft seines Autors für sich. Als die Richterin Philosophia seine Personalien feststellen will und ihn zu diesem Zweck nach seinem Geburtsort fragt, antwortet er:

> Σύρος, ὦ Φιλοσοφία, τῶν Ἐπευφρατιδίων. ἀλλὰ τί τοῦτο; καὶ γὰρ τούτων τινὰς οἶδα τῶν ἀντιδίκων μου οὐχ ἧττον ἐμοῦ βαρβάρους τὸ γένος· ὁ τρόπος δὲ καὶ ἡ παιδεία οὐ κατὰ Σολέας ἢ Κυπρίους ἢ Βαβυλωνίους ἢ Σταγειρίτας. καίτοι πρός γε σὲ οὐδὲν ἂν ἔλαττον γένοιτο οὐδ' εἰ τὴν φωνὴν βάρβαρος εἴη τις, εἴπερ ἡ γνώμη ὀρθὴ καὶ δικαία φαίνοιτο οὖσα. (*Pisc.* 19)
>
> Syrer, Frau Philosophie, vom Euphrat. Doch was soll das hier? Weiß ich doch, dass auch einige meiner Gegner hier, was ihre Abstammung betrifft, nicht weniger Barbaren sind als ich. Aber mein Charakter und meine Bildung, die sind nicht nach der Art der Leute aus Solai, Zypern, Babylon oder Stageira. Und doch sollte das bei dir doch nichts bedeuten, auch nicht, wenn jemand seiner Sprache nach Barbar wäre, solange nur seine Ansichten sich als richtig und gerecht erweisen.

Auch in der Prolaliá *Scytha* geht der Sprecher offensiv mit seiner syrischen Herkunft um. Er erzählt zunächst davon, wie der Skythe Anacharsis fremd, allein, sprachunkundig und hilflos nach Athen kommt, dann aber von seinem längst akklimatisierten und akkulturierten Landsmann Toxaris aufgenommen und mit dem griechischsten aller Griechen, Solon, in Kontakt gebracht wird. Genauso sei es auch ihm bei seiner Ankunft in der makedonischen Stadt, in der er gleich deklamieren soll, gegangen; und er berichtet, wie er von den führenden Männern der Stadt gastfreundlich empfangen wurde. Im Vortrag mischen sich dick aufgetragene *captatio benevolentiae* einerseits und ironisches Spiel mit den üblichen soziokulturellen Empfindlichkeiten zwischen Zentrum (Rom, Athen) und Peripherie (Makedonien) andererseits. Dieses Spiel kann der Redner umso gefahrloser spielen, als er selbst aus einer noch ‚randständigeren' Gegend kommt:

> βάρβαρος μὲν γὰρ κἀκεῖνος (sc. ὁ Ἀνάχαρσις) καὶ οὐδέν τι φαίης ἂν τοὺς Σύρους ἡμᾶς φαυλοτέρους εἶναι τῶν Σκυθῶν. (*Scytha* 9)
>
> Auch Anacharsis war ja ein Barbar, und man kann wahrlich nicht behaupten, dass wir Syrer schlechter wären als die Skythen.

Der Erzähler von *De Syria Dea* geht noch weiter: Er tritt als Einheimischer auf, nämlich – ganz wie der Sprecher in *Quomodo Historia Conscribenda sit* (s.o.) – als Syrer aus dem Euphratgebiet und daher sachkundiger Periheget, dessen Spezialkenntnissen sich die vorliegende Schrift verdankt:

> Ἔστιν ἐν Συρίῃ πόλις οὐ πολλὸν ἀπὸ τοῦ Εὐφρήτεω ποταμοῦ, καλέεται δὲ Ἱρή, καὶ ἔστιν ἱρὴ τῆς Ἥρης τῆς Ἀσσυρίης. δοκέει δέ μοι, τόδε τὸ ὄνομα οὐκ ἅμα τῇ πόλει οἰκεομένῃ ἐγένετο, ἀλλὰ τὸ μὲν ἀρχαῖον ἄλλο ἦν, μετὰ δὲ σφίσι τῶν ἱρῶν μεγάλων γιγνομένων ἐς τόδε ἡ ἐπωνυμίη ἀπίκετο. περὶ ταύτης ὦν τῆς πόλιος ἔρχομαι ἐρέων ὁκόσα ἐν αὐτῇ ἐστιν· ἐρέω δὲ καὶ νόμους τοῖσιν ἐς τὰ ἱρὰ χρέωνται, καὶ πανηγύριας τὰς ἄγουσιν καὶ θυσίας τὰς ἐπιτελέουσιν. ἐρέω δὲ καὶ ὁκόσα καὶ περὶ τῶν τὸ ἱρὸν εἰσαμένων μυθολογέουσι, καὶ τὸν νηὸν ὅκως ἐγένετο. γράφω δὲ Ἀσσύριος ὤν, καὶ τῶν ἀπηγέομαι τὰ μὲν αὐτοψίῃ μαθών, τὰ δὲ παρὰ τῶν ἱερέων ἐδάην, ὁκόσα ἐόντα ἐμεῦ πρεσβύτερα ἐγὼ ἱστορέω. (*Syr. D.* 1)
>
> Es gibt in Syrien eine Stadt nicht weit entfernt vom Fluß Euphrat, die heißt Heilige Stadt (Hirè), und sie ist der assyrischen Hera heilig. Mir scheint, dieser Name ist nicht zugleich mit der Besiedlung des Stadtgebiets entstanden, sondern ihr alter Name war ein anderer, aber als die heiligen Feste in ihr groß und bedeutend wurden, da kam der Beiname dazu. Über diese Stadt also schicke ich mich an zu sagen, was alles sich in ihr befindet. Ich werde von den Bräuchen in den Heiligtümern berichten und von den Festzügen, die sie abhalten, und von den Opfern, die sie bringen. Ich werde auch berichten, welche Geschichten sie von den Gründern des Heiligtumes erzählen, und vom Tempel, wie er entstanden ist. Ich schreibe dies als Assyrer, und ich habe von dem, was ich erzähle, das eine durch eigene Anschauung in Erfahrung gebracht, das andere von den Priestern erfahren, nämlich das, was ich als etwas, das vor meiner Zeit liegt, erkunde.

So sehr man hier vielleicht erwarten könnte, dass sich Lukian direkt mit seiner Lokalkenntnis brüstet, so sehr ist doch hinter der Maske des Sprechers ein individueller Syrer namens Lukian nicht zu erkennen, und eventuellen Nachfragen schneidet der Sprecher selbst unzweideutig das Wort ab, wenn er am Ende seiner Ausführungen von einer Sitte junger Männer berichtet:

> οἱ μὲν νεηνίαι τῶν γενείων ἀπάρχονται, τοῖσι δὲ νέοισι πλοκάμους ἱροὺς ἐκ γενετῆς ἀπιᾶσιν, τοὺς ἐπεὰν ἐν τῷ ἱρῷ γένωνται, τάμνουσίν τε καὶ ἐς ἄγγεα καταθέντες, οἱ μὲν ἀργύρεα, πολλοὶ δὲ χρύσεα, ἐν τῷ νηῷ προσηλώσαντες ἀπίασιν ἐπιγράψαντες ἕκαστοι τὰ οὐνόματα. τοῦτο καὶ ἐγὼ νέος ἔτι ὢν ἐπετέλεσα, καὶ ἔτι μευ ἐν τῷ ἱρῷ καὶ ὁ πλόκαμος καὶ τὸ οὔνομα. (*Syr. D.* 60)

> Die Jünglinge scheren sich ihren ersten Bart zum Opfer ab, den Kindern aber lassen sie die Haare von Geburt an als unberührbar wachsen, die diese dann, wenn sie in das Heiligtum kommen, abschneiden, in Vasen legen, die einen in silberne, viele in goldene, und dann im Tempel an die Wand hängen. Dann verlassen sie den Tempel, nachdem sie jeder seinen Namen auf seine Vase geschrieben haben. Dieses Opfer habe auch ich als junger Mann gebracht, und auch von mir befindet sich im Heiligtum sowohl mein Haar als auch mein Name.

Auch hier wieder zeigt sich, wie absichtsvoll die Erwartungen des Lesers enttäuscht werden. Der Name selbst scheint nicht erwähnenswert, obgleich der Begriff „Name" das Schlußwort dieses langen Textes bildet; ja, des Lesers eventuelle Suche nach dem Namen des Autors wird geradezu *ad absurdum* geführt, denn was würde er, begäbe er sich wirklich zur Überprüfung in den Tempel, dort anderes finden als Wände voller unzähliger Vasen und Namen? Stattdessen geht es dem Sprecher darum, sich parallel zu seiner syrischen Herkunft und seiner perihegetischen Kennerschaft als hellenisch Gebildeter zu zeigen. Das tut er vor allem durch eingehende Herodotimitation: *De Syria Dea* ist in ionischem Dialekt geschrieben, und zwar in einem Ionisch, das auch einem sprachstatistischen Vergleich mit Herodot durchaus standhält und im Zweifelsfall eher noch herodoteischer als Herodot ist. Der Sprecher ahmt Herodot aber auch in seiner Darlegungs-, Argumentations- und Betrachtungsweise nach. So reklamiert er als Quellen Autopsie und Auskünfte der Priester, führt verschiedene Erklärungsversionen für einzelne Phänomene an und diskutiert ihre Wahrscheinlichkeit, schiebt bisweilen alle Fremderklärungen beiseite, um eine eigene Explikation, die ihm besser scheint, an ihre Stelle zu setzen. Dingen, die er für unglaubwürdig hält, gibt er ebenfalls ihren Platz, getreu der Maxime des klassischen Historikers, zu berichten, was man ihm berichtet habe (λέγειν τὰ λεγόμενα). Auch Herodot pflegt ein gesteigertes Interesse an Ethnographie, und hier vor allem an Kult und Religion: In den *Historien* nähert er sich seinem eigentlichen Thema, den Perserkriegen, vermittels weiter historischer und ethnographischer Rückgriffe, um vor allem die Genese des Perserreiches und sein allmähliches Erstarken und Heranwachsen zum mächtigsten Gegner Griechenlands zu erklären, und beschreibt ausführlich und eingehend alle Länder und Völker, die Ziel der persischen Expansion werden. Ethnographie in diesem weiten Sinne macht beinahe die Hälfte seines Werkes aus, und in diese Tradition, die vielleicht das bedeutendste Erbe Herodots ist, stellt sich hier der Erzähler von *De Syria Dea*. Auf die Nachahmung des Historikers läßt sich schließlich auch der umfangreiche narrative

Einschub verrechnen, die Erzählung vom Liebesleben der Stratonike (*Syr. D.* 17-27). Denn auch Herodot fügt in seine ethnographischen Darstellungen immer wieder solche Narrative ein, teils kürzere, teils längere, und sehr häufig sind es, wie in *De Syria Dea*, Geschichten mit einer erotischen Thematik.

Einen Hinweis zur Beantwortung der Frage, warum gerade Herodot in *De Syria Dea* als Vorbild gewählt wird, könnte eventuell die primäre Rezeptionssituation des Textes in einem Vortrag liefern, über die wir allerdings nur sehr spekulative Aussagen tätigen können. Man hat erwogen, dass zu unserem Text eine der Lukianischen Prolaliaí gehört, nämlich der *Herodotus*, der ein Lob des Historikers enthält und den Sprecher vor einem makedonischen Publikum einführt. Die Annahme, dass Lukian in Makedonien an einem Ort vortrug, der selbst einen Kult der Syrischen Göttin besaß, ist verlockend, noch verlockender ist die Überlegung, es könnte sich um das makedonische Beroea handeln, das in unmittelbarer Nähe von Hierapolis einen Namensvetter besaß. Es spräche dann ein Syrer vor Makedonen, ein Mann von einem Rand der Ökumene vor Hörern von einem anderen ihrer Ränder, und das, was Redner und Publikum verbindet, wäre ein Kult, dessen Ursprung ebenfalls am Rande der Ökumene läge: Dieser Kult wiederum würde unter intensivem Rückgriff gerade auf den Schriftsteller aus dem Zentrum des für die Ökumene konstitutiven griechischen Bildungskanons präsentiert, der als erster und in paradigmatischer Weise eine aus griechischer Sicht barbarische Kultur in seinem Werk für griechische Rezipienten verstehbar gemacht und griechisches Kulturwissen mit ‚Wissen vom Anderen' angereichert hat. *De Syria Dea* mag daher als ein Beitrag zur Homogenisierung der imperialen Bildungskultur und damit zu einer Homogenisierung des disparaten politischen Raumes des Imperium Romanum angesehen werden.

Während sich in *Adversus Indoctum* der Sprecher mit einer Nebenbemerkung in seinen Hasstiraden auf seinen Landsmann ebenfalls als Syrer zu erkennen gibt, gerinnt die syrische Herkunft Lukians nur im oben bereits zitierten *Bis Accusatus* zu einer eigenen Figur, ‚dem Syrer'. Anders als im *Piscator* (19) wird aber hier die ohne weiteres erwartbare Pointe, dass die Herkunft für eine gerechte Beurteilung einer Person nicht tauge, gerade nicht gesetzt. Stattdessen wirft ihm Herr Dialog vor, ihn verunstaltet zu haben:

> Πῶς οὖν οὐ δεινὰ ὕβρισμαι μηκέτ' ἐπὶ τοῦ οἰκείου διακείμενος, ἀλλὰ κωμῳδῶν καὶ γελωτοποιῶν καὶ ὑποθέσεις ἀλλοκότους ὑποκρινόμενος αὐτῷ; τὸ γὰρ πάντων ἀτοπώτατον, κρᾶσίν τινα παράδοξον κέκραμαι καὶ οὔτε πεζός εἰμι οὔτε ἐπὶ τῶν μέτρων βέβηκα, ἀλλὰ ἱπποκενταύρου δίκην σύνθετόν τι καὶ ξένον φάσμα τοῖς ἀκούουσι δοκῶ. (*Bis Acc.* 33)

> Wie soll ich also nicht schwer von ihm verletzt sein, wo ich mich nicht mehr nach meiner gewohnten Art verhalten kann, sondern für ihn Komödie spielen, den Spaßmacher geben und die abartigsten Stoffe für ihn aufführen muß? Aber das abwegigste von allem ist doch, dass ich in eine ganz merkwürdige Mischung überführt worden bin und weder prosaisch zu Fuß gehe noch auf dem Wagen des Metrums fahre, sondern den Zuhörern wie ein mehrteiliges und fremdartiges Gespenst, gleichsam ein Hippokentaur, vorkomme.

Die vom ‚Syrer' im Anschluß als Frischzellenkur für Herrn Dialog verteidigte Innovation, die literarische Hybride aus Dialog und Komödie (vgl. Kap. 4), wird hier von Herrn Dialog als Monstrosität gegeißelt, und vielleicht liegt darin der Grund, dass Lukian für diesen Text die Rolle des ‚Syrers' entwarf, eines Barbaren, dem als solchem aus graecozentrischer Sicht, ohne dass man das überhaupt eigens aussprechen müßte, solche Ungeheuerlichkeiten leicht zuzutrauen sind. Kann und darf so ein Mann überhaupt zu den Gebildeten (vgl. Kap. 2) gerechnet werden?

Λυκῖνος / Lykínos. Anders als bei den bisher behandelten auktorial konnotierten Rollenfiguren bedient sich Lukian der Maske des Lykinos sehr häufig. Lykinos leitet die elf Gespräche in *Symposium, Imagines, De Saltatione, Lexiphanes, Eunuchus, Amores, Pro Imaginibus, Hesiodus, Hermotimus, Navigium* und *Cynicus*. Kann der Eigenname des Autors der dramatischen Gestaltung narrativer Höhepunkte (Λουκιανός) dienen, verwendet Lukian Herrn Zufall als Verliererfigur mit Blick auf die Notwendigkeit der Bescheidung mit den von Tyche verteilten Rollen im menschlichen Leben (Τυχιάδης), wählt er mit Παρρησιάδης die Allegorisierung eines ethischen Anliegens und mit Σύρος eine Figur reduktiver Selbstbeschreibung als akklimatisierter und zivilisierter Barbar vom Rande der Ökumene, so verdankt sich die Gestaltung des Λυκῖνος offensichtlich dem Anliegen, eine Figur mit literarischem Stammbaum zu erschaffen. Einen Lykinos kennen wir nämlich aus einer komischen Genealogie in Aristophanes' *Acharnern* 47-50, in der eine Frau namens Phainarete als Mutter eines Lykinos bezeichnet wird; Phainarete wiederum ist auch der Name der historischen Mutter des Sokrates; der Austausch von Sokrates gegen Lykinos ist bei Aristophanes witzig gemeint und spielt auf Sokrates' bevorzugtes Philosophenquartier an, das athenische Lykeion, wie es auch im ersten Satz von Platons *Euthyphron* (2a1-3), dem ersten Text der Platonischen Tetralogien, und somit quasi in der Kopfzeile des Platonischen Œuvres bezeugt ist.

Lykinos ist also eine geradezu ideale Koinzidenz von Komödie und Philosophie in einem Namen, der zudem den Vorteil besaß, auf den Namen des Autors Lukian hin transparent zu sein und somit seinen Rollencharakter gleich mit zu thematisieren. Wohlgemerkt handelt es sich um Transparenz, nicht um Identität. Lykinos, das zeigt die nur partielle Homonymie, ist nicht einfach gleichzusetzen mit Lukianós, sondern eine Figur literarästhetischer Provenienz; der Rollenname versetzt seinen Träger zudem in ein spezifisch athenisches Ambiente, unter Vermeidung eines römischen, also latent ‚barbarischen' Namens. Im Gegensatz zum Syrer und zu Parrhesiades ist Lykinos, in noch höherem Maße als Loukianos und Tychiades, in seinen soziokulturellen Kontext integriert: Am ausführlichsten ist dies im *Symposium* und im *Navigium* ausgearbeitet.

Der philosophischen Genealogie entsprechend gestalten vier der elf Texte Gespräche, deren im weiteren Sinne ‚Sokratisches' Ziel die Entlarvung unethischen und unangemessenen Verhaltens und die Bekehrung zu einer besseren

Lebensführung darstellt: Im *Symposium* erzählt Lykinos einem Freund von einem Hochzeitsfest, bei dem die eingeladenen Philosophen sich hemmungslos betranken und über die Stränge schlugen, im *Lexiphanes* bekehrt er einen wirren Hyper-Attizisten zu nüchternerer Sprachgestaltung, den gleichnamigen Protagonisten des Dialogs *Hermotimus* bringt er dazu, seine Beschäftigung mit einer falsch verstandenen, nämlich nur auf Spitzfindigkeiten der Logik und der Metaphysik, aber nicht auf Besserung des Verhaltens angelegten Philosophie aufzugeben, und im *Navigium* schließlich entlarvt er die phantastischen, auf Reichtum und Macht abzielenden Wünsche seiner Freunde als haltlos und unsinnig.

Die Biographie des Sokrates verwendet Lukian als Hintergrundfolie bereits im *Somnium*. Unter den genannten vier im engeren Sinne Sokratischen Dialogen ist der *Hermotimus* derjenige, dessen argumentativer Verlauf sich, beispielsweise in der stufenweise aufgebauten Verstärkung des intellektuellen und ethischen Drucks, am engsten an Sokrates' elenktische Strategien der Widerlegung von Scheinwissen anlehnt, wie sie in den Platonischen Dialogen entfaltet werden, und ein entsprechendes maieutisches Ziel verfolgt. Nachdenklich macht hier allerdings die Wahl des Gesprächspartners. Der alte Hermotimos ist fast bis zur Unglaubwürdigkeit naiv, er widerspricht sich selbst, verpasst einige Gelegenheiten, Lykinos' Positionen auszuhebeln, und wählt die neue Lebensform am Schluß genauso übereilt und ethisch unreflektiert, wie er sich viele Jahre zuvor für die Philosophie entschieden hat:

> ἄπειμι γοῦν ἐπ' αὐτὸ τοῦτο, ὡς μεταβαλοίμην καὶ αὐτὸ δὴ τὸ σχῆμα. ὄψει γοῦν οὐκ εἰς μακρὰν οὔτε πώγωνα ὥσπερ νῦν λάσιον καὶ βαθὺν οὔτε δίαιταν κεκολασμένην, ἀλλὰ ἄνετα πάντα καὶ ἐλεύθερα. τάχα δὲ καὶ πορφυρίδα μεταμφιάσομαι, ὡς εἰδεῖεν ἅπαντες ὅτι μηκέτι μοι τῶν λήρων ἐκείνων μέτεστιν. ὡς εἴθε γε καὶ ἐξεμέσαι δυνατὸν ἦν ἅπαντα ἐκεῖνα, ὁπόσα ἤκουσα παρ' αὐτῶν, καὶ εὖ ἴσθι, οὐκ ἂν ὤκνησα καὶ ἐλλέβορον πιεῖν διὰ τοῦτο ἐς τὸ ἔμπαλιν ἢ ὁ Χρύσιππος, ὅπως μηδὲν ἔτι νοήσαιμι ὧν φασιν. σοὶ δ' οὖν οὐ μικρὰν χάριν οἶδα, ὦ Λυκῖνε, ὅτι με παραφερόμενον ὑπὸ θολεροῦ τινος χειμάρρου καὶ τραχέος, ἐπιδιδόντα ἐμαυτὸν καὶ κατὰ ῥοῦν συρρέοντα τῷ ὕδατι, ἀνέσπασας ἐπιστάς, τὸ τῶν τραγῳδῶν τοῦτο, θεὸς ἐκ μηχανῆς ἐπιφανείς. δοκῶ δέ μοι οὐκ ἀλόγως ἂν καὶ ξυρήσασθαι τὴν κεφαλὴν ὥσπερ οἱ ἐκ τῶν ναυαγίων ἀποσωθέντες ἐλεύθεροι, ἅτε καὶ σωτήρια τήμερον ἄξων τοσαύτην ἀχλὺν ἀποσεισάμενος τῶν ὀμμάτων. φιλοσόφῳ δὲ εἰς τὸ λοιπὸν κἂν ἄκων ποτὲ ἐν ὁδῷ βαδίζων ἐντύχω, οὕτως ἐκτραπήσομαι καὶ περιστήσομαι ὥσπερ τοὺς λυττῶντας τῶν κυνῶν. (*Herm.* 86)

> Ich fange jetzt jedenfalls erst einmal damit an, dass ich auch und vor allem mein äußeres Erscheinungsbild ändere. Nur kurze Zeit, und du wirst mich ohne langen und buschigen Bart sehen und auch nicht mehr so kümmerlich und unterernährt, sondern ganz locker und lässig! Ja, ich werde bald sogar einen purpurnen Mantel anziehen, damit alle sehen können, dass ich mit jenem öden Geschwätz nichts mehr zu tun habe. Ach, wenn es mir doch auch möglich wäre, alles das, was ich von ihnen gehört habe, wieder auszuspucken – und du kannst sicher sein, ich würde nicht zögern, dafür sogar Nieswurz zu trinken, allerdings genau aus dem gegenteiligen Grund wie Chrysipp, damit ich nämlich nichts mehr von dem wüsste, was sie

sagen. Und dir, Lykinos, danke ich wirklich herzlich, dass du mich, der ich von einem heftigen und rauhen Wildbach davongetragen wurde und den Kampf gegen die Strömung und die Wellen schon völlig aufgegeben hatte, wieder herausgezogen hast, geradezu wie ein tragischer *deus ex machina*. Vielleicht wäre es auch passend, wenn ich mir, wie diejenigen, die aus einem Schiffbruch gerettet wieder ins Leben zurückgekehrt sind, die Haare abschnitte, um sie als Zeichen des Dankes für meine Rettung aus dem Nebel darzubringen, der vor meinen Augen lag. Und sollte ich in Zukunft noch einmal unfreiwilligerweise einem Philosophen auf der Straße begegnen, dann werde ich zur Seite gehen und einen Bogen um ihn machen wie um einen tollwütigen Hund.

Gerade die von Lykinos so eindringlich geforderte Hinwendung zu einem ethisch richtigen Verhalten spielt in Hermotimos' Schlussworten gar keine Rolle; zu glauben, sie liege zumindest implizit vor, übersieht die Hervorhebung des „purpurnen Mantels": Es geht für Hermotimos – der meint, seinen über Jahre angewöhnten Habitus in einem einzigen emetischen Akt ablegen zu können (ein Verfahren, das Lykinos noch drastischer bei dem Titelhelden des *Lexiphanes* (21) zur Anwendung bringt) – immer noch vor allem um das äußere Erscheinungsbild, nicht um die innere Einstellung. Gewiß darf man hier zu der Auffassung gelangen, dass Menschen wie Hermotimos die Wahl der richtigen Rolle immer schwer fällt und sich besser nicht auf ein hohes intellektuelles Niveau richten sollte. Aber auch auf Lykinos' ethische Grundhaltung fällt eher gedämpftes Licht. Widerlegt er mehr um des gelungenen Widerlegens willen? Geht es ihm vor allem darum, seine geistige Überlegenheit einem Opfer gegenüber zu zeigen, um dessen prinzipielle Wehrlosigkeit er eigentlich wissen müsste?

Ein vergleichbarer Verdacht drängt sich bei einem näheren Blick auf den Gesprächsverlauf im *Navigium* auf. Lykinos ist mit der Idee, die Zeit und die Anstrengung des Rückwegs vom Piräus nach Athen dadurch zu verkürzen, dass jeder seine geheimsten Wünsche erzählt, einverstanden. Doch als alle anderen sich solchermaßen ‚geoutet' haben, sind sie schon am Ziel, und Lykinos, der eigentlich mit der Offenbarung seiner geheimsten Wünsche an der Reihe wäre, läßt seine Freunde stehen:

Τιμόλαος. Ἀλλὰ πάντως, ὦ Λυκῖνε, καὶ αὐτὸς εὔξῃ τι ἤδη ποτέ, ὡς ἂν μάθωμεν οἷα αἰτήσεις ἀνεπίληπτα καὶ ἀνέγκλητα ὁ συκοφαντῶν τοὺς ἄλλους. **Λυκῖνος.** Ἀλλ' οὐ δέομαι εὐχῆς ἐγώ. ἥκομεν γὰρ δὴ πρὸς τὸ Δίπυλον, καὶ ὁ βέλτιστος οὑτοσὶ Σάμιππος ἀμφὶ Βαβυλῶνα μονομαχῶν, καὶ σύ, ὦ Τιμόλαε, ἀριστῶν μὲν ἐν Συρίᾳ, δειπνῶν δὲ ἐν Ἰταλίᾳ καὶ τοῖς ἐμοὶ ἐπιβάλλουσι σταδίοις κατεχρήσασθε καλῶς ποιοῦντες. ἄλλως τε οὐκ ἂν δεξαίμην πλουτήσας ἐπ' ὀλίγον ὑπηνέμιόν τινα πλοῦτον ἀνιᾶσθαι μετ' ὀλίγον ψιλὴν τὴν μᾶζαν ἐσθίων, οἷα ὑμεῖς πείσεσθε μετ' ὀλίγον, ἐπειδὴ ἡ εὐδαιμονία μὲν ὑμῖν καὶ ὁ πολὺς πλοῦτος οἴχηται ἀποπτάμενος, αὐτοὶ δὲ καταβάντες ἀπὸ τῶν θησαυρῶν τε καὶ διαδημάτων ὥσπερ ἐξ ἡδίστου ὀνείρατος ἀνεγρόμενοι ἀνόμοια τὰ ἐπὶ τῆς οἰκίας εὑρίσκητε ὥσπερ οἱ τοὺς βασιλεῖς ὑποκρινόμενοι τραγῳδοὶ ἐξελθόντες ἀπὸ τοῦ θεάτρου λιμώττοντες οἱ πολλοί, καὶ ταῦτα πρὸ ὀλίγου Ἀγαμέμνονες ὄντες ἢ Κρέοντες. λυπήσεσθε οὖν, ὡς τὸ εἰκός, καὶ δυσάρεστοι ἔσεσθε τὰ ἐπὶ τῆς οἰκίας, καὶ μάλιστα σύ, ὦ Τιμόλαε, ὁπόταν δέῃ σε τὸ αὐτὸ παθεῖν τῷ Ἰκάρῳ τῆς πτερώσεως διαλυθείσης καταπεσόντα ἐκ τοῦ οὐρανοῦ χαμαὶ βαδίζειν ἀπολέσαντα τοὺς δακτυλίους ἐκείνους ἅπαντας ἀπορρυέντας τῶν δακτύλων. ἐμοὶ δὲ καὶ τοῦτο ἱκανὸν ἀντὶ πάντων θησαυρῶν καὶ Βαβυλῶνος αὐτῆς τὸ γελάσαι μάλα ἡδέως ἐφ' οἷς ὑμεῖς ᾐτήσατε τοιούτοις οὖσιν, καὶ ταῦτα φιλοσοφίαν ἐπαινοῦντες. (*Nav.* 46)

> **Timolaos.** Jetzt wünsch du dir doch endlich auch mal etwas, Lykinos, damit wir erfahren, was für unangreifbare und tadellose Wünsche du hast, der du alle anderen verleumdest! – **Lykinos.** Ich brauche keinen Wunsch. Wir sind nämlich schon am Dipylon, und unser bester Samippos hier mit seinem Zweikampf um Babylon und du, Timolaos, mit deinem Frühstück in Syrien und deinem Abendessen in Italien habt sogar die Stadien aufgebraucht, die mir zukommen sollten. Und daran habt ihr gut getan! Ich hätte auch gar keine Lust gehabt, für kurze Zeit irgendeinen windigen Schatz zu besitzen, um mich dann gleich darauf über mein einfaches Brot ärgern zu müssen, was ihr nämlich gleich erleben werdet, wenn euer Glück und euer großer Reichtum davonflattern und ihr von den hohen Rössern eurer Schätze und Kronen herabsteigt, als ob ihr aus einem allerliebsten Traum erwacht, und wenn ihr dann eure häuslichen Verhältnisse so ganz anders vorfindet, wie Tragödienschauspieler, die die Rolle von Königen spielen, aber trotzdem meistenteils Hunger leiden, wenn sie aus dem Theater kommen, und das, nachdem sie doch gerade vorher noch Agamemnon oder Kreon waren. Mißvergnügt werdet ihr sein, das ist ja abzusehen, und nichts zuhause wird euch recht sein, dir vor allem, Timolaos, wenn es dir unvermeidlich so geht wie Ikaros und du mit aufgelöstem Gefieder vom Himmel herabstürzt und nun zu Fuß gehen musst, weil du deine Ringe verloren hast, die dir alle von den Fingern geglitten sind. Ich hingegen werde anstelle aller Schätze und Babylon damit zufrieden sein, sehr herzlich über all die extravaganten Wünsche zu lachen, die ihr so hegt – ihr, die ihr gleichzeitig von der Philosophie schwärmt.

Hier wird noch deutlicher als im *Hermotimus*, dass Lykinos in erster Linie daran interessiert ist, seine Überlegenheit über andere zu beweisen, sich aber zurückzieht, wenn es zum Schwur kommt. Den Unterhaltungswert und auch den psychologischen Substitutionswert, den das phantasievolle Ausmalen von Luftschlössern besitzt, sieht er gar nicht, sondern erweist sich als Spielverderber, der noch nicht einmal unbedingt völlig recht hat mit dem, was er behauptet. Es genügt ihm, am Ende einfach über die anderen zu lachen. In dieser Absicht ähnelt er stark dem Tychiades der *Philopseudeis*: Nur ist er erfolgreicher als jener.

Der wölfische Zug des Autornamens Λουκιανός, der in Λυκῖνος (< λύκος, Wolf) noch verstärkt wird, manifestiert sich also einerseits in der polemischen Bissfreudigkeit, andererseits in der Gerissenheit und eben in der Gier, um jeden Preis eine intellektuelle Beute zu schlagen, die für Lykinos charakteristisch ist und die sich selbst noch in dem natürlich sehr viel liebenswürdiger und ehrerbietiger geführten Wettstreit mit Panthea um die Frage, wie man am besten lobt, wiederfinden lässt (*Imagines / Pro Imaginibus*). Zu passiver Sensations- und Lachlust abgeschwächt findet sich dieses Verhalten auch beim Lykinos des *Symposium* und des *Eunuchus* wieder. Hier hat Lykinos großes Vergnügen daran, von der Blamage anderer zu berichten, ein ethisch nicht tadelloses Verhalten, wie ihm sein Gesprächspartner im *Symposium* vorwirft:

> **Φίλων.** Θρύπτῃ ταῦτα, ὦ Λυκῖνε. ἀλλ' οὔτι γε πρὸς ἐμὲ οὕτως ποιεῖν ἐχρῆν, ὃς ἀκριβῶς πολὺ πλέον ἐπιθυμοῦντά σε εἰπεῖν οἶδα ἢ ἐμὲ ἀκοῦσαι, καί μοι δοκεῖς, εἰ ἀπορήσειας τῶν ἀκουσομένων, κἂν πρὸς κίονά τινα ἢ πρὸς ἀνδριάντα ἡδέως ἂν προσελθὼν ἐκχέαι πάντα συνείρων ἀπνευστί. εἰ γοῦν ἐθελήσω ἀπαλλάττεσθαι νῦν, οὐκ ἐάσεις με ἀνήκοον ἀπελθεῖν, ἀλλ' ἥξεις καὶ παρακολουθήσεις καὶ δεήσῃ. κἀγὼ θρύψομαι πρὸς σὲ ἐν τῷ μέρει ... (*Symp.* 4)
>
> **Philon.** Du zierst dich, Lykinos! Aber vor mir hättest du doch nicht so zu tun brauchen, weil ich sehr wohl weiß, dass du noch viel mehr darauf erpicht bist zu erzählen, als ich zu hören, und ich glaube fast, du würdest dich, wenn dir die Zuhörer ausgingen, ebenso gern an eine Säule oder an eine Statue wenden und alles an einem Stück, ohne Luft zu holen, herausprudeln. Ich wette, wenn ich mich jetzt verabschieden will, dann wirst du mich nicht gehen lassen, bevor ich mir nicht alles angehört habe, sondern du wirst mitgehen und mir nachlaufen und bitten und betteln. Und dann bin ich an der Reihe, mich zu zieren ...

Es drängt sich daher auf, die Kreation der Figur des Lykinos mit ihrer einerseits komödischen, andererseits philosophischen Deszendenz mit Lukians literarischem Anspruch zu verbinden, eine Hybride aus Komödie und Dialog erschaffen zu haben. Gerade in den eben besprochenen Texten vereinigen sich ja ein philosophisches, genauer: ethisches Thema (richtige Lebensführung, Schein vs. Sein, Verhältnis von Wort und Wahrheit) und die Form der Auseinandersetzung und der propositionalen Zielführung im Modus des Gesprächs – wie sie für den philosophischen Dialog sokratischer Provenienz bestimmend sind – mit dem unbedingten und rücksichtslosen, vor allem mit Spott, Bloßstellung und Polemik operierenden und sozial wenig verträglichen Siegeswillen, der den Protagonisten der Alten Komödie aristophanischen Stils, den Bomolochos, durch die Bank auszeichnet und auch für Lykinos charakteristisch ist.

Die Vielseitigkeit dieser Rolle zeigt sich aber letztlich darin, dass es mit *Hesiodus, De Saltatione, Amores* und *Cynicus* vier Schriften gibt, in denen Lykinos seriös auftritt und sich (in den beiden letztgenannten Texten) gar überzeugen läßt. Dies und die thematische Disparität der Lykinos-Dialoge verbinden sich mit der Beobachtung, dass trotz der großen Zahl dieser Texte so etwas wie der Eindruck einer figuralen Entwicklung nicht entsteht. Lykinos hat eine ganze Reihe von Eigenschaften, er ist sicherlich die differenzierteste Figur Lukians, aber erneut sind es Eigenschaften einer Rolle, nicht die eines Individuums.

Μένιππος / Ménippos. Man mag mit Fug und Recht zögern, ob man Menipp als eine weitere auktoriale Maske ansehen will oder nicht. Denn im Unterschied zu den bislang betrachteten Figuren verweist dieser Name auf eine historische Gestalt, den kynischen Philosophen Menipp aus dem phönizischen Gádara, der ins ausgehende vierte und beginnende dritte vorchristliche Jahrhundert datiert wird. Über sein Leben mag schon zu Lukians Zeiten kaum Relevantes bekannt gewesen sein; die biographischen Angaben bei Diogenes Laertios (6.8) sind spärlich. Obwohl uns von seinem umfangreichen Werk – nach Diogenes Laertios (6.101) waren es dreizehn Bücher – nur vier Fragmente erhalten sind, machen die überlieferten Werktitel klar, dass er für Lukian wohl weniger als Kyniker und biographische Person – deren Blässe es Lukian leichter machte, ihn als *persona* zu okkupieren – denn als Literat eine gewichtige Rolle gespielt hat und ihm manche thematische und motivische Anregung, insbesondere für Unterwelts- und Himmelfahrtsszenarien, gegeben haben dürfte. Dass Lukian ihm eine starke figurale Präsenz in seinem Œuvre verliehen hat, könnte also auch als Hommage zu verstehen sein, selbst wenn man sich hier vor Zirkelschlüssen – der Rekonstruktion des Menipp aus Lukian, dann des Lukian aus Menipp – hüten muss; und dort, wo sich ‚Lukian' und Menipp in der fiktionalen Logik hätten begegnen müssen, bleibt Menipp ausdrücklich fern, wie sein Kynikerkollege und Freund Diogenes im *Piscator* feststellt:

> Καὶ τὸ πάντων δεινότατον, ὅτι τοιαῦτα ποιῶν καὶ ὑπὸ τὸ σὸν ὄνομα, ὦ Φιλοσοφία, ὑποδύεται καὶ ὑπελθὼν τὸν Διάλογον ἡμέτερον οἰκέτην ὄντα, τούτῳ συναγωνιστῇ καὶ ὑποκριτῇ χρῆται καθ' ἡμῶν, ἔτι καὶ Μένιππον ἀναπείσας ἑταῖρον ἡμῶν ἄνδρα συγκωμῳδεῖν αὐτῷ τὰ πολλά, ὃς μόνος οὐ πάρεστιν οὐδὲ κατηγορεῖ μεθ' ἡμῶν, προδοὺς τὸ κοινόν. (*Pisc.* 26)

> Das schlimmste von allem ist aber, dass er bei alledem sowohl sich das Deckmäntelchen deines Namens gibt, Philosophie, und nachdem er sich beim Dialogos, unserem Diener, eingeschlichen hat, ihn nun als Mitkämpfer und Schauspieler gegen uns benutzt. Und dann hat er auch noch den Menipp, unseren Freund, dazu überredet, uns mit ihm zusammen oft zu verspotten, und der ist nun auch als einziger nicht hier und führt nicht gemeinsam mit uns Klage, der Verräter an der gemeinsamen Sache.

Auch wenn Menipp bei Lukian nicht so häufig auftritt wie Lykinos, so verbindet die beiden Figuren doch die Aggressivität, mit der sie Verhaltensweisen und Lebenseinstellungen verfolgen, die sie für verlogen, betrügerisch und unproduktiv halten. Wie Loukianós den falschen Seher Alexandros bei ihrer ersten Begegnung in die Hand biss, wie der ‚kleine Wolf' Lykinos selbst gute Freunde anbellt, so kennt auch der Kyniker (der ‚Hund') Menipp weder Freund noch Feind, sein bissiges Gelächter richtet sich gegen jeden und steht – hier wird es interessant – im Mittelpunkt von Lukians gestalterischem Tun, insbesondere seiner Arbeit an einer ethisch-ästhetischen Verbindung von Komödie und philosophischem Gespräch (vgl. Kap. 4). Daher klagt, im *Bis Accusatus*, der personifizierte Dialogos, der ‚Syrer' habe ihn in eine komische Maske gesteckt und ihn „zum Spott, zum Iambos, zum Kynismus und zu Eupolis und Aristophanes" gesperrt, „ganz entsetzlichen Leuten, sobald es darauf ankommt, die ehrwürdigsten Dinge lächerlich zu machen und über alles, was schön und gut ist, Grimassen zu schneiden":

τελευταῖον δὲ καὶ Μένιππόν τινα τῶν παλαιῶν κυνῶν μάλα ὑλακτικὸν ὡς δοκεῖ καὶ κάρχαρον ἀνορύξας, καὶ τοῦτον ἐπεισήγαγεν μοι φοβερόν τινα ὡς ἀληθῶς κύνα καὶ τὸ δῆγμα λαθραῖον, ὅσῳ καὶ γελῶν ἅμα ἔδακνεν. (*Bis Acc.* 33)

Zuletzt trieb er es gar so weit, dass er einen von den alten Kynikerhunden, einen gewissen Menipp, einen von den bissigsten dieser Kläffer, ausgrub und ihn mir ins Haus brachte, im wahrsten Sinne des Wortes einen Hund, der einen beißt, ehe man sich's versieht, weil er sogar lachend beißt.

Das Motiv des ‚lachenden Bisses' und des kynikertypischen Spottes verkettet die drei Figuren miteinander, wobei jede von ihnen daneben auch eigene Züge trägt. Im Falle des Menipp, der, anders als Lykinos, nicht als subtiler Argumentierer und Widerleger, sondern eher als Rabauke, Weltverächter und lauter Verhöhner auftritt, erweist sich – möglicherweise aus seinem literarischen Werk deduziert – die Affinität zum hybriden (vgl. Kap. 4) Rollenspiel als Wesensmerkmal. So begegnet er, frisch aus der Unterwelt zurückgekehrt, einem Freund auf dem Weg in die Stadt in einem verblüffenden Aufzug:

Φίλος. Οὐ Μένιππος οὗτός ἐστιν ὁ κύων; οὐ μὲν οὖν ἄλλος, εἰ μὴ ἐγὼ παραβλέπω· Μένιππος ὅλος. τί οὖν αὐτῷ βούλεται τὸ ἀλλόκοτον τοῦ σχήματος, πῖλος καὶ λύρα καὶ λεοντῆ; πλὴν ἀλλὰ προσιτέον γε αὐτῷ. χαῖρε, ὦ Μένιππε· καὶ πόθεν ἡμῖν ἀφῖξαι; πολὺς γὰρ χρόνος οὐ πέφηνας ἐν τῇ πόλει. (*Nec.* 1)

Freund: Wie? Seh ich recht? Ist das nicht Menipp, der Hund? Wahrhaftig, kein anderer, wenn ich mich nicht vergucke! Menipp, wie er leibt und lebt! Aber was bedeutet der seltsame Aufzug, die Kappe, die Leier und die Löwenhaut? Da bleibt nur, ihn selbst zu fragen. Guten Tag, Menipp! Woher des Wegs? Man hat dich ja schon lange nicht mehr in der Stadt gesehen.

Um in die Unterwelt und vor allem heil wieder aus ihr heraus zu gelangen, hat sich Menipp mit den Requisiten gleich dreier berühmter und erfolgreicher Unterweltsfahrer ausgestattet und von Odysseus die in seiner Ikonographie omnipräsente Kappe, von Orpheus die Lyra und von Herakles die Haut des nemeischen Löwen geborgt. Dieses Motiv – sich als erfahrener Hadesreisender zu verkleiden, um in der Unterwelt leichter an den Wächtern vorbeizukommen – ist selbst wieder geborgt, nämlich aus Aristophanes' Komödie *Die Frösche*: Dort ist es der Gott des Theaters selbst, Dionysos, der sich für seinen Gang in die Unterwelt Herakles' Ausstattung leiht. Aristophanes' Dionysos wiederum tritt die Reise an, weil er den jüngst verstorbenen Euripides wieder an die Oberwelt holen will, um das Niveau der zeitgenössischen Tragödie zu retten. Menipp hingegen möchte sich bei dem Seher Tiresias – der im 11. Gesang der *Odyssee* auch schon Odysseus in der Unterwelt die Zukunft vorausgesagt hatte – einen Ratschlag für eine fehlerfreie Lebensführung holen, da ihm die Erklärungen der Philosophen, der Gesetzgeber und der Dichter allzu widersprüchlich erscheinen. Auch Menipps irdische Maske wird uns zu Beginn der *Dialogi Mortuorum* genau beschrieben, denn er muss sie ablegen, um das Totenreich betreten zu können. Diogenes trägt Polydeukes auf, Menipp hinabzubitten; er werde ihn unzweifelhaft erkennen:

Masken und *Wahre Geschichten*: Lukians Biographie　　51

Πολυδεύκης. Ἀλλ' ἀπαγγελῶ ταῦτα, ὦ Διόγενες. ὅπως δὲ εἰδῶ μάλιστα ὁποῖός τίς ἐστι τὴν ὄψιν – **Διογένης.** Γέρων, φαλακρός, τριβώνιον ἔχων πολύθυρον, ἅπαντι ἀνέμῳ ἀναπεπταμένον καὶ ταῖς ἐπιπτυχαῖς τῶν ῥακίων ποικίλον, γελᾷ δ' ἀεὶ καὶ τὰ πολλὰ τοὺς ἀλαζόνας τούτους φιλοσόφους ἐπισκώπτει. **Πολυδεύκης.** Ῥᾴδιον εὑρεῖν ἀπό γε τούτων. (*Dial. Mort.* 1.2)

Polydeukes: Ich werde ihm die Nachricht weitergeben, Diogenes. Aber damit ich genau weiß, wie er aussieht ... **Diogenes:** Alt, Glatze, zerlöcherter Mantel, offen für jeden Wind und scheckig vor lauter Lumpenflicken; lacht ständig und ist meistens damit beschäftigt, diese Dreistlinge von Philosophen zu verspotten. **Polydeukes:** Mit diesen Angaben finde ich ihn leicht.

In der Unterwelt werden alle gleich sein, weil sie ihre Lebensmasken ablegen müssen. Seinen Spott und sein ständiges Lachen wird Menipp allerdings behalten dürfen, denn für ihn und seine Lebensweise ändert sich in der Unterwelt kaum etwas, während alle anderen Verluste – an Macht, an Schönheit, an Reichtum, an Freude – zu beklagen haben. Man mag bei der Lektüre der *Dialogi Mortuorum* den Eindruck gewinnen, Lukian erhebe im Hintergrund der Dauerverspottung aller Lebensfreude und geradezu vermittels ihrer ununterbrochenen Wiederholung den leisen Vorwurf, dass das Leben der Kyniker den Tod bereits vorwegnehme; wie allen übrigen auktorial konnotierten Rollen hätte er damit auch dieser einen selbstironischen Zug eingeschrieben – einer Rolle zumal, die zu spielen wenig Mühe verlangt, wie die Personifikation der Philosophie klagt:

Τὰ δ' ἡμέτερα πάνυ ῥᾷστα, ὡς οἶσθα, καὶ ἐς μίμησιν πρόχειρα – τὰ προφανῆ λέγω – καὶ οὐ πολλῆς τῆς πραγματείας δεῖ τριβώνιον περιβαλέσθαι καὶ πήραν ἐξαρτήσασθαι καὶ ξύλον ἐν τῇ χειρὶ ἔχειν καὶ βοᾶν, μᾶλλον δὲ ὀγκᾶσθαι ἢ ὑλακτεῖν, καὶ λοιδορεῖσθαι ἅπασιν· τὴν ἀσφάλειαν γὰρ αὐτοῖς τοῦ μηδὲν ἐπὶ τούτῳ παθεῖν ἡ πρὸς σχῆμα αἰδὼς παρέξειν ἔμελλεν. (*Fug.* 14)

Wie du weißt, lässt sich meine Profession ja sehr leicht und schnell nachmachen – das Offensichtliche, meine ich – und es bedarf keines großen Aufwandes, um sich ein Mäntelchen umzuwerfen, einen Ranzen zu schultern, einen Stock in die Hand zu nehmen, herumzuschreien, besser noch: zu brüllen oder zu bellen, und alle und jeden zu beschimpfen: Denn die Sicherheit, dass ihnen dafür schon nichts passiert, die liefert ihnen dann schon der Respekt vor ihrem Äußeren.

Nichtsdestoweniger ist Menipps Auftreten im Hades triumphal und überlegen, sogar gegenüber König Pluton:

Μένιππος. ... ἀλλὰ καὶ ἀποθανόντες ἔτι μέμνηνται καὶ περιέχονται τῶν ἄνω· χαίρω τοιγαροῦν ἀνιῶν αὐτούς. **Πλούτων.** Ἀλλ' οὐ χρή· λυποῦνται γὰρ οὐ μικρῶν στερούμενοι. **Μένιππος.** Καὶ σὺ μωραίνεις, ὦ Πλούτων, ὁμόψηφος ὢν τοῖς τούτων στεναγμοῖς; **Πλούτων.** Οὐδαμῶς, ἀλλ' οὐκ ἂν ἐθέλοιμι στασιάζειν ὑμᾶς. **Μένιππος.** Καὶ μήν, ὦ κάκιστοι Λυδῶν καὶ Φρυγῶν καὶ Ἀσσυρίων, οὕτω γινώσκετε ὡς οὐδὲ παυσομένου μου· ἔνθα γὰρ ἂν ἴητε, ἀκολουθήσω ἀνιῶν καὶ κατᾴδων καὶ καταγελῶν. ... Εὖ γε· οὕτω ποιεῖτε· ὀδύρεσθε μὲν ὑμεῖς, ἐγὼ δὲ τὸ γνῶθι σαυτὸν πολλάκις συνείρων *ἐπᾴσομαι* ὑμῖν· πρέποι γὰρ ἂν ταῖς τοιαύταις οἰμωγαῖς *ἐπᾳδόμενον*. (*Dial. Mort.* 3.1-2)

> **Menipp:** ... sie denken sogar nach ihrem Tod noch an die Welt oben und klammern sich an sie: Und deshalb macht es mir Spaß, sie zu ärgern. **Pluton:** Aber nicht doch! Sie haben doch Kummer genug – es waren ja keine Kleinigkeiten, die ihnen genommen worden sind. **Menipp:** Fängst du jetzt etwa auch noch mit dem Unfug an, Pluton, und unterstützt ihr Gejammer? **Pluton:** Überhaupt nicht, aber ich will hier keine Unruhe! **Menipp:** Seid versichert, ihr allerschlimmsten Bösewichter Lydiens, Phrygiens und Assyriens, dass ich euch nicht in Ruhe lassen werde! Wohin ihr auch geht, ich werde euch folgen und euch ärgern, *niedersingen* und auslachen! ... Großartig, weiter so! Jammert nur schön – ich will euch mit dem "Erkenne dich selbst!" pausenlos *in den Ohren liegen*: Zusammen mit solchem Jammergeheul dürfte das *einen wahren Ohrenschmaus geben*!

Die im griechischen Text auffällig betonte Bezeichnung des Menippeischen Spottes als ‚Singen' (κατάδων, ἐπάσομαι, ἐπᾳδόμενον) lässt an Menipps dritten Ausstattungsgegenstand bei seiner Unterweltsfahrt denken, die Leier des Orpheus, der mit ihrer Hilfe, vor allem aber durch seinen Gesang, den König des Hades so bezauberte, dass er ihm seine Gattin Eurydike wieder mit zurück auf die Erde gab. Herakles' kämpferische Überlegenheit, Odysseus' Klugheit, Orpheus' Gestaltungskraft und schließlich – über die oben erwähnte Anspielung auf Aristophanes' Komödie – Dionysos' Inspiration vereinen sich nach dem Willen ihres Schöpfers in der Figur des Menipp, die man sich, mit dem erwähnten selbstironischen Augenzwinkern, in dieser Bündelung von Qualitäten gern als weitere auktorial konnotierte Persona denken möchte. Ihre enge Vertrautheit mit dem ‚Syrer', die der philosophische Dialog beklagt, bekräftigt diese Vermutung.

Aber Menipp begibt sich bei Lukian nicht nur – in der *Necyomantia* – in die Unterwelt, sondern er fliegt auch zum Himmel empor, beides aus demselben Grund: seinem Ungenügen an dem widersprüchlichen Wissen der Menschen. Im *Icaromenippus* begegnet Menipp, ganz wie in der *Necyomantia*, nach Abschluß seiner Reise einem Freund, dem er von der Fahrt berichtet. Verwirrt durch das menschliche Getriebe und die einander widersprechenden Behauptungen der Philosophen von der Beschaffenheit der Welt habe er sich einen Adler- und einen Geierflügel angelegt und sich dann, nach einigem Training, vom Olymp aus zum Himmel aufgeschwungen. Nach einem Zwischenhalt auf dem Mond – dort läuft ihm der vorsokratische Philosoph Empedokles über den Weg, der ihm erklärt, dass er die Kräfte des Adlerflügels auch zum schärferen Sehen benutzen kann, worauf Menipp nun das menschliche Treiben von oben betrachtet und sich über dessen Disharmonie und unkoordinierte Umtriebigkeit lustig macht – gelangt er zum Palast der Götter. Nachdem ihm Zeus dort seine Kanäle der Kommunikation mit den Menschen gezeigt hat, beschließt er zusammen mit der Götterversammlung, die lästigen Philosophen alle miteinander zu vernichten. Menipp wird von Hermes am Ohr gepackt, auf die Erde hinabgetragen und im Athener Stadtviertel Kerameikos abgesetzt.

In dieser Erzählung häufen sich Anspielungen auf vorsokratische und platonische Metaphysik. In Platons *Phaidros* wachsen dem Liebenden Flügel, und wie hier tritt die menschliche Seele in ihrem (bei Platon: erotischen) Erkenntnisdrang mithilfe des von zwei ungleichen Pferden gezogenen Seelenwagens eine Himmelsreise an. Platons Seele wird in einem anonymen Grabepigramm als Adler verbildlicht, der sich zu „Gottes bestirntem Haus" aufmacht (*AP* 7.62); es heißt von ihm, er habe „das Leben der Götter gesehen" (*AP* 7.61), während es bei Lukian der (dann also platonische) Adlerflügel ist, der während des Flugs stark bleibt (*Icar.* 11). Dass das Adlerauge so stark ist, dass Menipp mit ihm sogar in die Sonne blicken kann (*Icar.* 14), lässt an Platons Ideenlehre denken: Der Philosoph vermag mit seinem Seelenauge die Idee des Guten – bei Platon durch die Sonne verbildlicht – zu schauen. Die Begegnung mit Empedokles, dem Verfasser eines Lehrgedichts *Über die Natur*, lässt die vorsokratische Metaphysik assoziieren und damit Parmenides, gleichfalls Autor eines wahrscheinlich ähnlich betitelten Lehrgedichts, der dort von einer Himmelsreise mithilfe eines Pferdegespanns berichtete, die ihn zum Haus des Lichts führt, wo ihm eine Göttin die Unterscheidung zwischen Wahrheit (*aletheia*) und Schein (*doxa*) erklärt. Platonischer und Parmenideischer Motivstrang werden am Ende von Menipps Reisebericht pointiert miteinander verknüpft. Denn im Kerameikos, wo Menipp abgesetzt wird, findet auch das Gespräch zwischen Sokrates und Parmenides statt, das Platon in seinem Dialog *Parmenides* fingiert hat.

Im *Parmenides* werden die Kernpunkte Platonischer Philosophie, die Ideenstruktur des Seins und ihre Erkennbarkeit, aporetisch infrage gestellt, ja die Unmöglichkeit metaphysischer Erkenntnis unwiderlegt behauptet. Damit bietet dieser Dialog einen vollendeten intertextuellen wie dogmatischen Hintergrund für Menipps Frustration hinsichtlich der Philosopheme der Denker seiner wie früherer Zeit und für Zeus' Beschluss, alle Philosophen zu vernichten. Auch die starke Parmenideische Unterscheidung von Wahrheit und Schein lässt sich *mutatis mutandis* leicht auf Menipps Kritik an der Kakophonie menschlicher Meinungen und menschlichen Treibens applizieren; dass Parmenides selbst, nach dem Zeugnis des Diogenes Laertios (9.21), sich einem „Leben der Ruhe zugewandt" haben soll, passt ebenfalls gut zu Menipps Abkehr vom „Ameisenhaufen des menschlichen Lebens" (*Icar.* 19). Auf subtile Weise unterfüttert und unterläuft Lukian die harsche Kritik Menipps an metaphysischer Spekulation durch Anspielungen gerade auf Klassiker der metaphysischen Tradition.

Auch die Frage, inwieweit wir Menipp als eine auktorial konnotierte Figur ansehen dürfen, lässt sich durch die Lektüre des *Icaromenippus* einer Antwort näherbringen. Denn jedenfalls teilen er und der Protagonist des *Somnium* die Gnade, einer Himmelsreise teilhaftig geworden zu sein, – eine motivische Assoziation, wie sie schwerlich stärker denkbar ist. Zugleich macht der allusive Hintergrund des *Icaromenippus* deutlich, dass Menipp zwar hinsichtlich Bissigkeit und Agressivität manches mit Lykinos gemein hat, aber als auktorial konnotierte Figur weniger für Situationen des Alltags als für phantastische Szenarien Verwendung findet und dementsprechend über Lykinos' Alltagsethik hinaus auch höheren philosophischen Ansprüchen genügt, wie es seiner Schulzugehörigkeit angemessen ist.

So stellt sich – am Ende dieser Bestandsaufnahme seiner Masken und Kostüme – die Frage nach Lukians Identität und nach der Authentizität seiner Selbstwahrnehmung. Denn die Vielfalt seiner Rollen einerseits, die (zumeist funktionalisierte) Gebrochenheit all dieser Rollen andererseits zeigt ja die Distanz, die Lukian zu den Figuren seiner Selbstdarstellung einnimmt. Als weiteres wichtiges Instrument der Rollenprofilierung erweist sich immer wieder der Rückgriff auf die literarische, allgemeiner: kulturelle Tradition der griechischen Klassik, die durch ihre Integration in die Figurengestaltung auch selbst wieder zu vitaler Darstellung gelangt. Will man das nicht als beliebigen und damit nichtigen literarischen Kunstgriff ansehen, dann muss man zu der Annahme gelangen, dass die eminent Gebildeten des 2. Jh. n.Chr. sich selbst durch die Brille eben dieser ihrer Bildung wahrnahmen, ihre kulturelle Identität also Ergebnis einer permanenten Selbstformung – pointiert: der Autofiktion – nach dem Vorbild einer komplexen und überaus reichen Tradition war, und dass das ‚Ob oder Ob nicht' dieser Selbstformung nicht eigentlich in ihr Belieben gestellt war. Gerade die immense Mannigfaltigkeit und Buntheit dieser Tradition, die nicht einfach ein einzelnes, unhintergehbares Modell bot, machte aber die Reflexion über mögliche Rollen und Masken unumgänglich. Denn erst das Verfügen über diese Bildung ermöglichte überhaupt eine angemessene Rollenübernahme, ein ‚gutes' Rollenspiel; wer, umgekehrt, seine Rolle nicht angemessen zu spielen wusste, demaskierte sich damit als ungebildet.

Lukian nun performierte gerade diese Reflexion. Es war ihm klar, wie sehr das, was wir gemeinhin ‚Identität' nennen, eine Sache der nur teilweise zu kontrollierenden Außenwahrnehmung war. Deshalb führt er seinen Rezipienten die verschiedenen Rollen stets in Auseinandersetzung mit anderen Figuren, Lebensentwürfen und Einstellungen vor und nimmt sie zugleich in die Pflicht, indem er sie durch die spezifischen Kunstgriffe seiner Gestaltung – die Verteilung von (scheinbar) autobiographischem Material auf verschiedene Figuren, die unterschiedliche Markierung von rollenkonstitutiven Allusionen etc. – dazu zwingt, für ihre eigenen Urteile und die daraus zu ziehenden Konsequenzen selbst die Verantwortung zu übernehmen. Wenn dieses Rollenspiel mündlich vorgetragen oder vorgespielt wurde und Lukian in diese Performationen selbst involviert war, muss der Effekt der Provokation noch um einiges stärker gewesen sein als beim bloßen Lesen; dafür kann sich der Leser mit mehreren verschiedenen auktorial konnotierten Figuren in enger zeitlicher Abfolge konfrontiert gesehen haben.

Hieraus hingegen ein defizitäres oder instabiles Identitätsbewußtsein Lukians abzuleiten, wäre gänzlich verfehlt. Schon der oben zitierte Auszug aus *Necyomantia* (16), der nicht ohne Grund gerade dem Menipp in den Mund gelegt ist, macht deutlich, wie desinteressiert sich jedenfalls eine auktorial konnotierte Persona hinsichtlich der Bedeutung menschlicher Identität zeigen kann. Ein anderer

Sprecher, der Totenfährmann Charon, präsentiert sogar eine noch sehr viel harschere Auffassung:

> Ἐθέλω γοῦν σοι, ὦ Ἑρμῆ, εἰπεῖν, ᾧτινι ἐοικέναι μοι ἔδοξαν οἱ ἄνθρωποι καὶ ὁ βίος ἅπας αὐτῶν. ἤδη ποτὲ πομφόλυγας ἐν ὕδατι ἐθεάσω ὑπὸ κρουνῷ τινι καταράττοντι ἀνισταμένας; τὰς φυσαλλίδας λέγω, ἀφ' ὧν ξυναγείρεται ὁ ἀφρός· ἐκείνων τοίνυν τινὲς μὲν μικραί εἰσι καὶ αὐτίκα ἐκραγεῖσαι ἀπέσβησαν, αἱ δ' ἐπὶ πλέον διαρκοῦσι· καὶ προσχωρουσῶν αὐταῖς τῶν ἄλλων αὗται ὑπερφυσώμεναι ἐς μέγιστον ὄγκον αἴρονται, ἔπειτα μέντοι κἀκεῖναι πάντως ἐξερράγησάν ποτε· οὐ γὰρ οἷόν τε ἄλλως γενέσθαι. τοῦτό ἐστιν ὁ ἀνθρώπου βίος· ἅπαντες ὑπὸ πνεύματος ἐμπεφυσημένοι οἱ μὲν μείζους, οἱ δὲ ἐλάττους· καὶ οἱ μὲν ὀλιγοχρόνιον ἔχουσι καὶ ὠκύμορον τὸ φύσημα, οἱ δὲ ἅμα τῷ ξυστῆναι ἐπαύσαντο· πᾶσι δ' οὖν ἀπορραγῆναι ἀναγκαῖον. (*Cont.* 19)

> Ich will dir daher, lieber Hermes, sagen, womit mir die Menschen und ihr ganzes Leben vergleichbar zu sein scheinen. Hast du schon einmal Luftblasen im Wasser unter einer herabstürzenden Quelle aufsteigen sehen? Ich meine die Bläschen, aus denen sich der Schaum zusammensetzt; von denen sind die einen klein, sie platzen sofort und verschwinden, die anderen halten etwas länger durch. Und dann schieben sich andere mit ihnen zusammen, und diese blähen sich riesig auf, dann indes platzen auch sie – da gibt es kein Vertun. Das ist das Leben des Menschen. Alle blähen sie sich im Lebenshauch auf, die einen zu mehr, die anderen zu geringerer Größe; und die einen bewahren ihren Atem nur kurze Zeit und gehen schnell zugrunde, die anderen finden ein Ende, kaum dass sie sich gebildet haben. Aber platzen müssen sie alle.

Charon, in Übersteigerung kynischer Lebensaversion, gönnt dem Menschen in seinem Leben nicht einmal mehr die Buntheit des Maskenspiels. Für ihn ist ein menschliches Leben gleich nichtig wie das andere, eine von der anderen nicht zu unterscheidende Luftblase. Auch hier zeigt sich jedoch, dass Lukian, wie oben angedeutet, gegenüber dem Kynismus und seiner Verachtung des menschlichen Daseins in seinem Werk durchaus eine gewisse Distanz wahrt. Charon, der von der Spitze aufeinandergetürmter Berge aus auf die ihm in ihrem Lebenshunger unbegreiflichen Menschen blickt und von Hermes einige Szenen, insbesondere aus den *Historien* Herodots, vorgeführt bekommt, in denen sich die Hinfälligkeit menschlichen Strebens besonders deutlich erweist, präsentiert sich als naiver, voreingenommener und nicht sonderlich gebildeter Zuhörer; und seine Kollegen im Geiste, die in der Unterwelt etwa der *Totengespräche* sich über die tristen Neuankömmlinge mokieren und auch für alle übrigen Bewohner jener Welt der Verstorbenen nur Spott und Bosheit übrig haben, mögen zwar in eine Welt passen, in der menschliches Streben keine Daseinsberechtigung mehr besitzt – aber deshalb muss ihre Lebensverachtung für die Welt des Diesseits noch lange nicht das absolut gültige Maß sein (vgl. Kap. 3.2.4).

Zwischen allzu großer Selbstverliebtheit und der Selbstsicherheit eines übersteigerten Identitätsgefühls auf der einen und der angewiderten Leugnung jeder Relevanz menschlicher Identitätssuche auf der anderen Seite scheint Lukian in der Wahl seiner vielfältigen Masken einen Mittelweg zu gehen. Und wenn der Kyniker Menipp der Meinung ist, allein Tyche, der Zufall, fungiere als Regisseur jenes Spiels, so scheint Lukian jedenfalls für den Gebildeten die Chance zu sehen, seine Masken wenigstens zum Teil selbst wählen zu können. Dass dies im Rahmen gerade eines schriftbasierten Literaturbetriebs leichter war, ja dass das Schreiben und das Entwerfen experimenteller auktorial konnotierter Figuren Teil der Identitätsarbeit eines Gebildeten sein könnte, sollte Leser autobiographischer Texte der vergangenen zwei Generationen gewiß nicht verwundern. Lukian legt uns aber nahe, nicht zu vergessen, dass mit dieser Freiheit auch eine umso größere Verantwortung für die eigene Lebenswahl und ihre konkrete und gelungene Umsetzung einhergeht, und verlangt von seinen Hörern und Lesern, diese Rollenhaftigkeit des Lebens zu durchschauen und zu reflektieren.

Diese Forderung gilt zuletzt auch für die Lektüre eines Textes, dessen Ich-Sprecher biographische Details präsentiert, die bislang noch beinahe jeder Leser, und womöglich zu Recht, intuitiv als historische Informationen zu Lukians Leben gelesen hat: die *Apologia*. In ihr rechtfertigt sich der Sprecher vor einem – für uns wieder einmal historisch nicht greifbaren – ‚Sabinus' dafür, dass er im Widerspruch zu seiner eigenen in *De Mercede Conductis* geübten Kritik an der Anstellung griechischer Gebildeter in römischen Haushalten selbst ein öffentliches, bestalltes Amt in der kaiserlichen Zivilverwaltung Ägyptens übernommen habe, dass also literarische Pose und krude Lebenswirklichkeit auseinanderklafften:

Πάλαι σκοπῶ πρὸς ἐμαυτόν, ὦ καλὲ Σαβῖνε, ἅτινά σοι εἰκὸς ἐπελθεῖν ἢ εἰπεῖν ἀναγνόντι ἡμῶν τὸ περὶ τῶν ἐπὶ μισθῷ συνόντων βιβλίον· ὅτι μὲν γὰρ οὐκ ἀγελαστὶ διεξῄεις αὐτὸ καὶ πάνυ μοι πρόδηλον. ἃ δὲ μεταξὺ καὶ πᾶσιν ὑπὸ σοῦ ἐλέγετο, ταῦτα νῦν ἐφαρμόττειν ζητῶ τοῖς ἀνεγνωσμένοις. εἰ τοίνυν μὴ κακὸς ἐγὼ μαντικήν, δοκῶ μοι ἀκούειν σου λέγοντος· Εἶτα τίς αὐτὸς ταῦτα γεγραφὼς καὶ κατηγορίαν οὕτω δεινὴν κατὰ τοῦ τοιούτου βίου διεξελθών, ἔπειτα πάντων ἐκλαθόμενος, ὀστράκου, φασί, μεταπεσόντος ἑκὼν ἑαυτὸν φέρων ἐς δουλείαν οὕτω περιφανῆ καὶ περίβλεπτον ἐνσέσεικεν; (*Apol.* 1)

Schon lange denke ich darüber nach, bester Sabinus, was dir wohl durch den Kopf gegangen oder auf der Zunge gelegen haben muss, als du mein Büchlein über die Gelehrten, die sich vermieten, gelesen hast. Dass du es nicht ohne zu lachen durchgegangen bist, das ist mir mehr als klar. Was aber inzwischen und mit Rücksicht auf alle Umstände von dir gesagt wurde, das will ich jetzt mit dem, was du gelesen hast, in Einklang zu bringen versuchen. Wenn ich daher die Kunst der Prophezeiung nicht ganz schlecht verstehe, dann meine ich dich sagen zu hören: Wie? Was ist das für ein Mensch, der erst das alles geschrieben und so eine fulminante Anklage gegen ein solches Leben vorgetragen hat, um es dann komplett zu vergessen, das Fähnchen sozusagen in einen neuen Wind zu hängen und sich selbst mit Schwung vor aller Augen in eine für jeden sichtbare Knechtschaft zu stürzen?

Dies ist aber nur die Einleitung für ein ausuferndes Rollenspiel, in dem der Sprecher – unter eingehender Verwendung von Bühnenvokabular (*Apol.* 2) – einen Agon inszeniert und sowohl Sabinus als auch sich selbst je eine Rede in den Mund legt. Diesmal ist ‚Lukian' selbst in der Position des Schauspielers, der seine Rolle schlecht spielt und ausgepfiffen wird (*Apol.* 5). In seiner Antwort spielt der Sprecher mehrere Gründe durch, die ihn zu seiner Wahl brachten, die er aber alle als eigentlich schlecht verwirft: Seine Verehrung für den Kaiser, sein Alter, seine Armut (*Apol.* 9f.). Gültig sei vielmehr, dass ein öffentliches Amt ja dem öffentlichen Wohl diene und daher mit der Anstellung in einem Privathaushalt nicht zu vergleichen sei (*Apol.* 11f.). Im Übrigen gehe es ihm ohnehin nur darum, dass Sabinus für sein Handeln Verständnis habe; für die Meinung aller anderen gelte: „Was kümmert's Hippokleides!" (*Apol.* 15). Die Forschung hat darauf hingewiesen, dass der Sprecher in seiner Verteidigung gegen den Vorwurf, ein schlechter Schauspieler zu sein, selbst als Schauspieler agiere. Der abschließende Verweis auf Hippokleides – wir kennen ihn aus Herodot (*Hist.* 6.127-129), wo er sich bei der Vorfeier seiner Hochzeit so schlecht aufführt, dass er von der Liste der Bewerber gestrichen wird, was Hippokleides mit dem zitierten Satz quittiert – annulliere zudem mit einer einzigen Geste jegliche denkbare Ernsthaftigkeit der Schrift. Und tatsächlich wäre ja, wollen wir die Historizität des ganzen Geschehens denn überhaupt annehmen, ein solcher Vorwurf offensichtlich aus der Luft gegriffen, da eine Anstellung im Privathaushalt und in der öffentlichen Verwaltung kaum miteinander zu vergleichen sind, und schon gar nicht dann, wenn man die Kriterien anlegt, die in *De Mercede Conductis* entwickelt werden. All dies ist also, wie es aussieht, eine hypothetische Konstruktion, die nur dem Zweck dient, denkbare Zuschnitte einer Rolle auszuprobieren. Und dies wiederum bietet dem Leser einiges Material zum Nachdenken darüber, welche Gründe eigentlich für bestimmte Lebensentscheidungen tatsächlich akzeptabel sind.

<u>Vertiefende Lektüre</u>: Baldwin (1973), Ebner (2001), Elsner (2001), Gera (1995), Goldhill (2002), Humble/Sidwell (2006), ní Mheallaigh (2010), v. Möllendorff (2010), Nesselrath (1985), Pilhofer (2005), Richard (1886), Saïd (1993), Schröder (2000), Strohmaier (1976), Zweimüller (2008)

2 Ein *Traum* von Bildung: *paideía*-Diskurse in der Zweiten Sophistik

Die Zuordnung von Literatur zu bestimmten Epochen oder kulturellen Strömungen ist ein in den Literaturgeschichten oft zu findender Versuch der ersten Annäherung an Autoren und ihre Werke. Texte werden in ihr kulturelles, soziales oder auch politisches Umfeld eingeordnet und ihnen wird ein bestimmter ‚Sitz im Leben' als Ort ihrer ersten bzw. erstmöglichen Präsentation und Rezeption zugewiesen, um Rückschlüsse auf ihre Wirkungsabsichten zu ziehen. Ist diese Herangehensweise einerseits pragmatisch, so ist sie andererseits problematisch, da (epochale) Kontextualisierungen generische oder konzeptuelle Eigenarten und Besonderheiten von Texten verstellen können. Für die Betrachtung der antiken Literatur kommt das Problem hinzu, dass die damalige Literaturkritik nicht in Epochen dachte, sondern in Gattungen (τὸ εἶδος, τὸ γένος) bzw. literarischen Traditionen, welche sich vor allem über die (z.T. normativ besetzte) Abgrenzung von ‚alt' und ‚neu' sowie durch früh einsetzende Kanonisierungsprozesse herausbildeten. Dabei konnten Gattungsgrenzen verschoben werden, und auch der literarische Kanon war insofern offen, als nicht für alle Gattungen allgemein anerkannte Listen herausragender Autoren existierten und sich deren Bewertung im Verlauf der Zeit durchaus ändern konnte – auch der Begriff ‚Klassiker' scheint sich erst zu Lukians Zeit, im 2. Jh. n.Chr., zu etablieren (die erste Erwähnung findet sich bei Aulus Gellius in den *Noctes Atticae* 19.8.15). Wenn wir daher mit Blick auf die (antike) Literatur von Epochen oder bestimmten kulturellen Strömungen sprechen, so bleibt im Einzelfall genau zu prüfen, welche Relevanz eine solche Kontextualisierung für das Verständnis der in dieser Zeit entstandenen Texte hat. Und diese Prüfung kann nicht *en bloc* erfolgen, sondern ist notwendig eine Einzelfallprüfung, da nicht alle Werke eines Autors in gleicher Intensität kultur- oder epochenspezifische Charakteristika aufweisen, sondern sich ebensogut gegen sie richten, an frühere Traditionen anknüpfen oder neue Formen mit eigentümlichen Merkmalen bilden können.

Die folgenden Überlegungen nutzen die kulturellen, sozialen und literarischen Strömungen der so genannten Zweiten Sophistik als einen möglichen Erwartungshorizont für die Interpretation lukianischer Schriften, wobei sich kein einheitliches Bild ergibt: Lukian schreibt sich ebensosehr in den zeitgenössischen Literaturbetrieb ein, wie er Kritik an seinen typischen bzw. typisierten Vertretern übt; seine Schriften bedienen sich gängiger rhetorischer Darstellungsweisen, um die rhetorische Praxis seiner Zeit zu hinterfragen, sie greifen aktuelle philosophische Diskussionen auf, um falsche Zielsetzungen zu entlarven, und sie nutzen die ganze Bandbreite sprachlich-stilistischer Gestaltungsmöglichkeiten, um fehlerhaftes Sprechen zu korrigieren. Mit einem Wort: Lukian greift auf eine umfassende kulturelle, rhetorische und literarische Bildung (παιδεία, *paideía*) zurück, um Scheinbildung, Scharlatanerie und bloße Bildungsprätention zu entlarven.

Die Bezeichnung Zweite Sophistik hat sich innerhalb der Klassischen Philologie seit den 1970er Jahren in Anlehnung an Philostrats *Sophistenbiographien* (1. Hälfte des 3. Jh. n.Chr.) etabliert. Bei Philostrat bezieht sich der Begriff auf eine inhaltlich-formale Entwicklung der antiken griechischen Rhetorik: Während die ‚erste' Sophistik, als deren Gründungsvater der Redner Gorgias (ca. 480-380 v.Chr.) gilt, sich ernsthaft mit philosophischen und grundsätzlichen Themen der Welterklärung beschäftigte, Wissen vermittelte und nach Erkenntnisgewinn strebte, steht die im Hellenismus aufkommende ‚zweite' Sophistik in der Tradition des Redners Aischines (ca. 390/89-315 v.Chr.) und stellt die Kunst der Rede selbst, die rhetorische τέχνη (*téchne*), in den Mittelpunkt. Sie ist damit mehr ästhetisch motiviert als zweckorientiert und vor allem unpolitisch im Sinne einer sich nicht direkt zu aktuellen politischen Fragen äußernden öffentlichen Rede. Aischines habe sie Philostrat zufolge nach seiner Verbannung aus Athen (330 v.Chr.), d.h. nach dem Scheitern seiner politischen Reden, erfunden. Die Zweiteilung der Rhetorik durch Philostrat bedeutet natürlich ebensowenig, dass es in der ‚zweiten' Sophistik keine politische Beredsamkeit mehr gab, wie sie ästhetisch-motivierten Reden für die ‚erste' Sophistik ausschließt, im Gegenteil: Alle im 5. und 4. Jh. v.Chr. etablierten Redeformen wurden bis in die Kaiserzeit weiter verwendet, und viele Redner zeigten ihre Fähigkeiten in ganz verschiedenen rhetorischen *genera*. Philostrat folgt vielmehr der Tendenz, die Anfänge der professionellen Rhetorik im demokratischen Athen zu sehen, wo die öffentliche politische Rede bis zum Ende der Demokratie (322 v.Chr.) ihre Blütezeit hatte. Diese Fokussierung auf Athen und auf die Bedeutung der politischen Beredsamkeit zeigt sich auch im hellenistischen Kanon der zehn attischen Redner, die dort vor allem mit Prozessreden und politischen Reden aufgeführt werden. Letztere hatte auch in der Kaiserzeit weiter Bestand, die weitaus populärste Form war jedoch die Deklamation (*declamatio*, gr. μελέτη), die als fiktionale, improvisierte Rede oft historische oder mythische Ereignisse der griechischen Vergangenheit thematisierte, aber auch allgemeine Themen unterhaltsam präsentieren konnte. Beispiele für letztere finden sich bei Lukian in den beiden als fiktionale Gerichtsplädoyers verfassten Deklamationen *Tyrannicida* (*Der Tyrannenmörder*) und *Abdicatus* (*Der enterbte Sohn*). Als Kostprobe seiner rhetorischen Fähigkeiten konnte ein Redner vor der Deklamation eine kurze „Vorrede" (προλαλιά) präsentieren, der thematisch keine Grenzen gesetzt war und die eine Art rhetorische Visitenkarte darstellte. Unter Lukians Schriften haben sich neun Prolalien erhalten, die zum Teil mit der von Rednern dieser Zeit besonders geschätzten Kunst der Bildbeschreibung (Ekphrasis) arbeiten (*Hercules*, *Zeuxis*) und ein breites Themenspektrum vom Mythos bis zur Gegenwart abdecken (vgl. Kap. 3.1.4).

Einer großen Beliebtheit erfreute sich das paradoxe Enkomion als Lobrede auf einen eigentlich nicht-lobenswerten Gegenstand oder auf eine Gestalt zweifelhafter Reputation. Beispiele finden sich seit der Klassischen Epoche und reichen von Gorgias' (ca. 480-380 v.Chr.) *Encomium Helenae* bis zu Synesios' *Lob der Kahlheit* (*Encomium calvitii*) aus dem 4./5. Jh. n.Chr. Über ihre Ausgestaltung und Wirkungsabsicht schreibt der Redner und Rhetoriklehrer Fronto (2. Jh. n.Chr.):

> *Inprimis autem sectanda est suavitas. namque hoc genus orationis non capitis defendendi nec suadendae legis nec exercitus adhortandi nec inflammandae contionis scribitur, sed facetiarum et voluptatis. ubique vero ut de re ampla et magnifica loquendum parvaeque res magnis adsimulandae comparandaeque. Summa denique in hoc genere orationis virtus est adseveratio. fabulae deum vel heroum tempestive inseredendae, item versus congruentes et proverbia accommodata et non inficete conficta mendacia, dum id mendacium argumento aliquo lepido iuvetur.* (Fronto p. 215§3 van den Hout)

> Annehmlichkeit ist hier oberstes Gebot. Denn diese Art von Rede schreibt man nicht, um einen Angeklagten in einem Strafprozess zu verteidigen oder um ein Gesetz durchzubringen, auch nicht, um eine Truppe zu ermutigen oder in einer Versammlung die Gemüter anzuheizen; sondern was zählt, sind Esprit und Ohrenschmaus. Man muss von der Sache allenthalben reden, als handle es sich um etwas Wichtiges, Grossartiges, muss Unbedeutendes Bedeutendem angleichen und mit Großem vergleichen. Was schliesslich in einer derartigen Rede am meisten zählt, ist der feierliche Ernst. So soll man, wo sich Gelegenheit bietet, Götter- und Heldensagen einflechten, ebenso geeignete Verse und passende Sprichwörter. Dazu kommen ausgeklügelte Lügengeschichten, vorausgesetzt, man macht sie auf witzige Weise plausibel. (Übers. Billerbeck/Zubler 2000)

Philostrat nennt als beliebte Themen paradoxer Enkomien die Verteidigungsrede des Agamemnon für die Opferung seiner Tochter Iphigenie bei der Abfahrt der griechischen Flotte nach Troja und die Rede des Gesandten des Tyrannen von Akragas, Phalaris (6. Jh. v.Chr.), bei der Weihung eines ehernen Stieres in Delphi, in dem dieser seine Feinde rösten ließ. Dieses Thema wird auch bei Lukian in den beiden *Phalaris*-Reden (*Phalaris 1, Phalaris 2*) behandelt, dort aber gerade nicht in Form von paradoxen Enkomien (vgl. Kap. 3.1.1). Ein lukianisches paradoxes Enkomion ist das *Muscae Encomium* (*Lob der Fliege*), in dem aus dem lästigen Insekt ein bedeutendes, anmutiges und intelligentes Lebewesen wird, dessen Tapferkeit bereits in Homers Epen beschrieben ist (*Musc. Enc.* 5) und dessen Schönheit, Musikalität und Menschenfreundlichkeit in einem eigenen Mythos gründen:

> Φησὶν δὲ ὁ μῦθος καὶ ἄνθρωπόν τινα Μυῖαν τὸ ἀρχαῖον γενέσθαι πάνυ καλήν, λάλον μέντοι γε καὶ στωμύλον καὶ ᾠδικήν, καὶ ἀντερασθῆναί γε τῇ Σελήνῃ [κατὰ τὸ αὐτὸ ἀμφοτέρας] τοῦ Ἐνδυμίωνος. εἶτ' ἐπειδὴ κοιμώμενον τὸ μειράκιον συνεχὲς ἐπήγειρεν ἐρεσχηλοῦσα καὶ ᾄδουσα καὶ κωμάζουσα ἐπ' αὐτόν, τὸν μὲν ἀγανακτῆσαι, τὴν δὲ Σελήνην ὀργισθεῖσαν εἰς τοῦτο τὴν Μυῖαν μεταβαλεῖν· καὶ διὰ τοῦτο πᾶσι νῦν τοῖς κοιμωμένοις αὐτὴν τοῦ ὕπνου φθονεῖν μεμνημένην ἔτι τοῦ Ἐνδυμίωνος, καὶ μάλιστα τοῖς νέοις καὶ ἁπαλοῖς· καὶ τὸ δῆγμα δὲ αὐτὸ καὶ ἡ τοῦ αἵματος ἐπιθυμία οὐκ ἀγριότητος, ἀλλ' ἔρωτός ἐστι σημεῖον καὶ φιλανθρωπίας· ὡς γὰρ δυνατὸν ἀπολαύει καὶ τοῦ κάλλους τι ἀπανθίζεται. (*Musc. Enc.* 10)

> Wie die Sage berichtet, lebte in alter Zeit eine Frau namens Myia, die durch Schönheit hervorstach, freilich gern plauderte, gesprächig war und das Singen liebte; mit Selene rivalisierte sie um Endymion. Da sie mit ihren Scherzen, Liedern und Ständchen den Jüngling stets aus seinem Schlaf aufweckte, ärgerte sich dieser über sie; Selene aber, voller Zorn, verwandelte Myia in das Insekt, von welchem hier die Rede ist. In Erinnerung an Endymion neidet sie nun allen, die schlafen, den Schlummer, besonders den jungen, zarten Knaben. Doch bedeuten ihr Biss und ihre Lust auf Blut nicht Grausamkeit, sondern sind Zeichen von Liebe und Menschenfreundlichkeit. Sie geniesst nämlich auf ihre Weise und nimmt sich von der Schönheit ihren Teil. (Übers. Billerbeck/Zubler).

In diesen Formen eroberte sich die Rhetorik nach Philostrat mehr und mehr den öffentlichen Raum. Aus der Deklamation als rhetorischer Schulübung, die zunächst wohl vornehmlich innerhalb von Rhetorenschulen gehalten wurde, wo sie einem kleinen Kreis von Gebildeten der Einübung von Argumentations- und Überzeugungsstrategien sowie der Praxis des freien Sprechens diente, wurde eine öffentliche Veranstaltung, und aus mehr oder weniger unbekannten Rhetoriklehrern wurden ‚Wanderredner', die von Stadt zu Stadt zogen und zuweilen in Theatern, auf Marktplätzen oder in Sportstadien vor bis zu 20.000 Menschen deklamierten. Kein Wunder also, dass die Rhetorikausbildung als höchst attraktiv und karrierefördernd angesehen wurde, was Lukian in mehreren Schriften, vor allem im *Somnium*, im *Bis Accusatus* und im *Rhetorum Praeceptor*, in teilweise karikierender Weise thematisiert.

Mit dem öffentlichen Erfolg der Rhetorik lassen sich drei Aspekte verbinden, die nicht nur die Besonderheiten der Rhetorik der ‚zweiten' Sophistik charakterisieren, sondern auf eine besondere kulturelle und für die Produktion und Rezeption von Literatur dieser Zeit generell wichtige Entwicklung verweisen:

1) Die enge Verknüpfung von (rhetorischer) Bildung und gesellschaftlichem Einfluss bzw. politischer Macht. Die starke Präsenz der Rhetorik in der Öffentlichkeit und die Beliebtheit vieler Redner zwischen dem 1. und 3. Jh. n.Chr. deutet auf den ständig wachsenden Einfluss von Sophisten hin, die leitende Funktionen in Gesandtschaften einzelner Städte und Provinzen übernahmen. In Athen, Rom und an weiteren Orten im römischen Reich wurden bezahlte Lehrstühle für Rhetorik eingerichtet, der besonders griechenfreundliche römische Kaiser Hadrian verfasste nach einer Bemerkung des byzantinischen Gelehrten Photios (*Bibl.* 100) selbst μελέται, und Redner wie Skopelian waren Repräsentanten ihrer Städte in politischen Angelegenheiten und konnten wie Herodes Atticus hohe politische Ämter bekleiden. Damit bildete sich im römischen Reich mit den Sophisten eine neue Elite heraus, die großen politischen Einfluss hatte und hohes gesellschaftliches Ansehen genoss. Die Rhetorik wurde zum wichtigsten Ausweis und Träger von Bildung und fungierte als eine Art Code, über den die Zugehörigkeit zur Elite verhandelt und Macht nach Außen und Innen legitimiert wurde. Hierzu passt, dass sich gebildete Angehörige der Oberschicht in dieser Zeit in Statuen und auf Grabreliefs verstärkt in Rednerpose stilisieren ließen.

Ein Traum von Bildung: *paideía*-Diskurse 63

2) Der thematische Rückbezug auf die griechische Vergangenheit, insbesondere auf die Klassik, lässt sich zum einen als Erinnerung an ruhmvolle Werke und Taten Griechenlands deuten, die im kollektiven Gedächtnis des Adressatenpublikums präsent waren und in Form von Reaktualisierungen als kulturelle Identitätsstifter für die griechischsprachige Bevölkerung im römischen Reich fungieren konnten. Zum anderen ist die Kenntnis von „bewundernswürdigen Werken, Taten und Worten von Männern aus früheren Zeiten" (Lukian, *Somn.* 10: παλαιῶν ἀνδρῶν ἔργα καὶ πράξεις θαυμαστὰς καὶ λόγους αὐτῶν ...) die *condicio sine qua non* für eine Bildung, die daraus ihre Inhalte gewinnt und sich zugleich einen kulturellen Resonanzraum schafft. Zudem liefert die Vergangenheit einen Fundus an wertorientierendem Wissen von ethisch-vorbildlichen (und weniger vorbildlichen) Lebensweisen, die als *exempla* aufgerufen werden konnten. Das Verhandeln griechischer Geschichte und Kultur in den Deklamationen der Kaiserzeit darf daher nicht als eine Form des rhetorischen Eskapismus, als Flucht in eine Vergangenheit, die rhetorisch wiederbelebt und aktiviert werden sollte, verstanden werden, sondern ist Teil eines breit geführten Bildungsdiskurses, in dem Wissen vermittelt wurde und aktuelle politische, kulturelle und ethische Fragen verhandelt werden konnten.

3) Die inhaltliche Ausrichtung an den Themen der Klassik geht Hand in Hand mit ihrer sprachlichen Gestaltung: Die meisten Deklamationen sind im attischen Dialekt geschrieben, womit man sich nicht nur eines griechischen Dialekts der Zeit bediente, auf die man sich inhaltlich bezog, sondern die Sprache eben der Werke nachahmte, die man als ‚klassisch' empfand, d.h. die in Athen und Attika im 5. und 4. Jh. v.Chr. entstandene Literatur. Auf diese Weise konnte man sich sowohl von der im Hellenismus etablierten Gemeinsprache *Koiné* (ἡ κοινὴ διάλεκτος) als auch von späteren Stilentwicklungen wie dem Asianismus mit seinem metaphernreichen, manierierten Sprachstil abgrenzen. Attisches Griechisch avancierte zur Sprache der Intellektuellen, es wurde in der Rhetorik sowie den meisten Prosagattungen verwendet und war Ausdruck eines spezifischen Bildungscodes, mit dem sich die Elite deutlich vom umgangssprachlichen Griechisch der Ungebildeten (ἀπαίδευτοι, οἱ πολλοί) abheben konnte. Zugleich war der ‚richtige' Sprachgebrauch ein wichtiges Medium der Abgrenzung zwischen Gebildeten selbst, so dass bereits kleinere Abweichungen von der Sprachnorm als Ausweis von ‚Unbildung' gebrandmarkt werden konnten (vgl. Lukian, *Sol.* 1: ἀπαίδευτος γὰρ ἂν εἴμι, εἰ σολοικίζοιμι, „Ich dürfte mich wohl als ungebildet erweisen, wenn ich sprachliche Missgriffe mache"). Dies geschah sowohl bei semantischen oder syntaktischen Fehlern, die als Barbarismen und Solözismen – der Name leitet sich von der Stadt Soloi in Kilikien ab, wo man angeblich ‚schlechtes' Griechisch sprach – bezeichnet wurden, als auch beim so genannten Hyperattizismus, der entlegenes Vokabular oder vom Sprachgebrauch abweichende, ungebräuchliche Bedeutungen verwendete (vgl. zu einzelnen Beispielen Lukians *Lexiphanes* 25).

Zweite Sophistik ist damit ein pragmatischer Oberbegriff für eine kulturelle, gesellschaftliche, politische und literarische Strömung, die von der rhetorischen ‚zweiten' Sophistik ausging und durch sie geprägt wurde, jedoch nicht auf sie beschränkt blieb: Weite Teile der im Zeitraum vom 1. bis zum 3. Jh. n.Chr. verfassten griechischen Prosaliteratur zeigen dieselben sprachlichen, inhaltlichen und wirkungsästhetischen Charakteristika, die die Rhetorik dieser Zeit auszeichnen, und auch das Bildungsverständnis erweitert sich, indem Inhalte, Medien, Formate, Intentionen und Rezeptionsweisen von Bildung sowohl zwischen Gebildeten selbst als auch zwischen Gebildeten und Ungebildeten neu ausgehandelt werden. Abgesehen von Vertretern spezifischer Wissensbereiche und Fachdisziplinen beteiligen sich an diesem Diskurs vor allem drei Gruppen, die mit unterschiedlichen Mitteln um Einfluss und Meinungsbildung in der Gesellschaft streiten und dabei jeweils für sich in Anspruch nehmen, umfassende und zentrale Bildungsinhalte zu präsentieren: Redner, Philosophen und Schriftsteller, d.h. Autoren poetischer (ποιηταί) und vor allem prosaischer (συγγραφεῖς) Werke. Diese drei Gruppen, die man heutzutage als Intellektuelle bezeichnen würde, besaßen die allgemeine schulische Ausbildung in den sieben *Artes liberales*, wo im *Trivium* die drei Grundelemente des Wissens Grammatik, Rhetorik, Dialektik und im *Quadrivium* Arithmetik, Musik, Geometrie und Astronomie vermittelt wurden. Daran konnte sich – und hier trennten sich die Bildungswege der Intellektuellen – eine spezifische Ausbildung in der Redekunst oder der Philosophie anschließen, wobei erstere in der Regel bei einem Rhetoriklehrer, letztere in einer Philosophenschule stattfand. Eine eigene Ausbildung zum Schriftsteller gab es damals (wie heute) nicht, Schriftstellerei war in der Antike abgesehen von Redenschreibern und Dichtern, die an Kaiser- und Fürstenhöfen angestellt waren, kein Berufszweig, sondern wurde zumeist von reichen gebildeten Mitgliedern der Oberschicht in ihrer Freizeit ausgeübt. Betrachtet man die Wirkungsweisen dieser Intellektuellen, den ‚Sitz im Leben' ihrer Künste, so lässt sich folgende Unterscheidung treffen: Während Redner ihre Kunst vorwiegend öffentlich und daher sowohl vor einer gebildeten als auch vor einer weniger gebildeten Rezipientenschaft präsentierten, wirkten Philosophen zumeist halböffentlich im Umfeld ihrer Schulen für (angehende) Gebildete. Literarische Werke richteten sich in der Regel nicht nur an eine gebildete private Leserschaft, sondern konnten über Lesungen und performative Werkinszenierungen (Theaterstücke, Mimos) auch eine breitere Öffentlichkeit erreichen (vgl. Kap. 4.3).

Da Bildung in der Antike stets mit der Absicht einer ethischen Ausbildung und Vermittlung von Werten verbunden war, versuchten Vertreter aller drei Gruppen, die Überzeugungskraft ihrer Bildungsangebote durch die eigene tugendhafte Lebensführung (ἀρετή) zu untermauern. Entsprechend stieg oder sank die Autorität eines Philosophen mit der Verkörperung seiner Maximen, und ein Sophist, der anders redete, als er lebte, verlor an Glaubwürdigkeit. Auch Schriftsteller standen unter ständiger Beobachtung ihrer Rezipienten und waren – wie Lukian im *Prometheus es in verbis* darlegt – vor Plagiatsvorwürfen ebensowenig

Ein Traum von Bildung: *paideía*-Diskurse 65

gefeit wie vor Anschuldigungen, durch vermeintliche Widersprüche in verschiedenen Schriften Verrat an den eigenen Überzeugungen begangen zu haben. Letzteres thematisiert Lukian in der *Apologia*, mit der sich der Ich-Erzähler gegen den Vorwurf verteidigt, er habe nach seiner Kritik an Gebildeten, die sich für Geld bei reichen Römern verdingen (*De Mercede Conductis*), nun selbst einen bezahlten Posten angenommen.

Anspruch und Wirklichkeit von Bildung werden beständig der Prüfung unterworfen, wobei Lukians Œuvre unterschiedliche Facetten dieses Aushandlungsprozesses in einer einzigartigen Weise literarisch inszeniert. Die Voraussetzungen dazu bringt Lukian – unabhängig von dem historischen Wert seiner ‚autobiographischen' Bemerkungen (vgl. Kap. 1) – in geradezu idealtypischer Weise mit: Er verfügt über eine umfassende rhetorische Ausbildung und Erfahrung, die ihn zur Abfassung von *prolaliaí* und *melétai* prädestiniert, und die konsequente Verwendung des Attischen in seinen Schriften – sein attischer Wortschatz ist sogar breiter als der Platons – passt zu einem Gebildeten dieser Zeit ebenso wie die zahlreichen Rückbezüge auf kulturelle Errungenschaften, historische Ereignisse und literarische Traditionen. Auch mit der zeitgenössischen Philosophie setzt sich Lukian in mehreren Schriften (v.a. *Hermotimus, Nigrinus, Piscator, Vitarum Auctio*) auseinander, wobei der Grad seiner eigenen philosophischen (Aus)Bildung schwer zu bestimmen ist, weil er Vertreter aller zeitgenössischen Philosophenschulen ironisch-kritischen Hinterfragungen unterzieht und dies mit Hilfe ganz verschiedener auktorial konnotierter Figuren tut, die keine einheitliche philosophische Lehrmeinung erkennen lassen. In jedem Fall fügt sich das kritische Einbeziehen der Philosophie in Lukians Bestreben ein, in seinen Schriften die Bildungsdiskurse seiner Zeit zu spiegeln und verschiedene Formen, Ziele und Wirkungsabsichten von Bildung miteinander in Dialog und gegeneinander in Stellung zu bringen, um den Stellenwert von Bildung in der Gesellschaft neu auszuloten und die Rolle der Bildungselite kritisch zu hinterfragen.

2.1   ‚Lukians' Bildung

In den 86 unter Lukians Namen überlieferten Schriften wird der Begriff παιδεία 52-mal und zumeist allgemein im Sinne von „Bildung" verwendet. Nimmt man den Begriff für Gebildete (*pepaideuménoi*) sowie andere Termini der Wortfamilie παιδεύειν („erziehen, bilden") hinzu, dann wird fast in jedem lukianischen Werk über Bildung in irgendeiner Form gesprochen. Bildung ist damit als ein Kernthema Lukians ausgestellt, und sie hat bei ihm ihr traditionelles Zentrum in Athen, das seit klassischer Zeit als Sitz der *paideía* gilt und beispielsweise von den Skythen Anacharsis (*Scyth.* 1) und Toxaris aufgesucht wird, um dort „griechische Bildung" zu erwerben (ἐπιθυμίᾳ παιδείας τῆς Ἑλληνικῆς, *Tox.* 57). Athen wird als eben der Erinnerungsort für kulturelle und politische Errungenschaften aufgerufen, den Perikles in seinem *Epitáphios Lógos* (Thukydides, *Historien* 2.34-46) als „Schule Griechenlands" (τῆς Ἑλλάδος παίδευσιν, Thuk., *Hist.* 2.41.1) etabliert hatte und der über Athen hinaus in der griechischen Welt Verbreitung und Anerkennung fand. Dazu gehört besonders – und das macht Athen für den Bildungsdiskurs der Zweiten Sophistik so interessant –, dass dort sowohl die Rhetorik als auch die großen griechischen Philosophenschulen beheimatet waren und das Attische sich als Literatursprache etablieren konnte. In Athen stehen damit symbolisch die Grundpfeiler der Bildung, die für die Zweiten Sophistik konstitutiv sind, und auch mit Blick auf den ethischen Anspruch der *paideía* ist Athen der ideale Aufenthaltsort nicht zuletzt für Philosophen, wie die Lobrede des – allerdings selbst nicht völlig glaubwürdigen (vgl. Kap. 3.1.5) – Nigrinus auf die Stadt zeigt:

> Ταῦτά τε οὖν ἐπῄνει καὶ προσέτι τὴν ἐλευθερίαν τὴν ἐκεῖ καὶ τῆς διαίτης τὸ ἀνεπίφθονον, ἡσυχίαν τε καὶ ἀπραγμοσύνην, ἃ δὴ ἄφθονα παρ᾽ αὐτοῖς ἐστιν. ἀπέφαινε γοῦν φιλοσοφίᾳ συνῳδὸν τὴν παρὰ τοῖς τοιούτοις διατριβὴν καὶ καθαρὸν ἦθος φυλάξαι δυναμένην, σπουδαίῳ τε ἀνδρὶ καὶ πλούτου καταφρονεῖν πεπαιδευμένῳ καὶ τῷ πρὸς τὰ φύσει καλὰ ζῆν προαιρουμένῳ τὸν ἐκεῖ βίον ὡς μάλιστα ἡρμοσμένον. (*Nigr.* 14)

> Über all dies war er des Lobes voll, und darüber hinaus pries er die dortige liberale Gesinnung und Toleranz, die ruhige Zurückhaltung und Unaufgeregtheit, die es bei ihnen im Überfluß gibt. Er legte dar, dass die Lebensführung bei solchen Menschen in Einklang mit den Geboten der Philosophie stehe und den Charakter lauter und rein zu bewahren vermöge, und dass, wer seriös sei und wer, dazu erzogen, Reichtum zu verachten, sich dafür entschieden habe, sein Leben dem wesenhaft Schönen und Guten zu weihen, es am passendsten dort [= in Athen] verbringe.

Athen ist bei Lukian ein von historischen Personen wie von fiktiven Gestalten oft besuchter Ort, an dem Bildung aus verschiedenen Perspektiven verhandelt wird. Bildung selbst ist bei Lukian jedoch nicht lokalisierbar, und der Begriff *paideía* wird zumeist ohne räumlichen Rückbezug sowohl für die sich an die elementare Schulbildung anschließende (vgl. *Alex.* 33, *Somn.* 1) rhetorische Ausbildung verstanden als auch als Sammelbegriff für alle Elemente griechischer Kultur verwendet, die unter der Schirmherrschaft des Apoll „alle Künste" (Ἀπόλλων δὲ Μουσηγέτης καὶ πάσης παιδείας ἄρχων, *Hist. Conscr.* 16) einschließt und als ästhetisches Fundament „am Beginn aller schönen Dinge" steht (πάντων καλῶν παιδείαν ἡγεῖσθαι ἀνάγκη, *Im.* 16). *Paideía* wird bei Lukian daher nicht immer in gleicher Weise bestimmt, sondern je nach Thema eines Werkes werden einzelne Facetten von Bildung herausgegriffen und zwischen den Gesprächspartnern sowie zwischen den Texten und ihren Rezipienten verhandelt. Diese Offenheit ermöglicht es, alle im Bildungsdiskurs seiner Zeit vertretenen Bereiche der *paideía* anzusprechen, deren Exponenten sich besonders in Gestalt von Rednern, Philosophen oder Schriftstellern in einen sich stets neu konstituierenden Dialog über (ihre) Bildung begeben.

Damit liegt Lukians Schriften ein dynamischer Bildungsbegriff zugrunde, dessen genaue Füllung besonders in den Aspekten, die nicht zum Kern der *paideía* gehören, immer wieder neu ausgehandelt werden muss. Diesem Aushandlungsprozess muss sich auch die personifizierte Paideia selbst stellen, die sich in Lukians Œuvre nur ein einziges Mal zu Wort meldet, und das in eben der Schrift, in der ‚Lukian' über seine Bildung spricht, im *Somnium*. Ihr Auftritt ist dialogisch konzipiert in dem Sinne, dass Paideia mit einer anderen Personifikation, der Bildhauerkunst (Ἑρμογλυφικὴ τέχνη, *Somn*. 7) um die Gunst des Ich-Erzählers streitet. Hier treffen zwei völlig verschiedene Auffassungen von ‚Aus-Bildung' aufeinander (vgl. Kap. 1), wobei die Rede der Paideia nicht nur zeigt, dass Bildung und Rhetorik (im Sinne der durch umfassende Sprachbeherrschung erworbenen Redekunst) eng zusammengehören, sondern auch, dass *paideía* mehr ist als einzelne Wissensbereiche, geschweige denn die Summe bestimmter fachmännischer Techniken, wie sie exemplarisch die Bildhauerkunst verkörpert:

> Ἢν δ' ἐμοὶ πείθῃ, πρῶτον μέν σοι πολλὰ ἐπιδείξω παλαιῶν ἀνδρῶν ἔργα καὶ πράξεις θαυμαστὰς καὶ λόγους αὐτῶν ἀπαγγελῶ, καὶ πάντων ὡς εἰπεῖν ἔμπειρον ἀποφανῶ, καὶ τὴν ψυχήν, ὅπερ σοι κυριώτατόν ἐστι, κατακοσμήσω πολλοῖς καὶ ἀγαθοῖς κοσμήμασι — σωφροσύνῃ, δικαιοσύνῃ, εὐσεβείᾳ, πρᾳότητι, ἐπιεικείᾳ, συνέσει, καρτερίᾳ, τῷ τῶν καλῶν ἔρωτι, τῇ πρὸς τὰ σεμνότατα ὁρμῇ· ταῦτα γάρ ἐστιν ὁ τῆς ψυχῆς ἀκήρατος ὡς ἀληθῶς κόσμος. λήσει δέ σε οὔτε παλαιὸν οὐδὲν οὔτε νῦν γενέσθαι δέον, ἀλλὰ καὶ τὰ μέλλοντα προόψει μετ' ἐμοῦ, καὶ ὅλως ἅπαντα ὁπόσα ἐστί, τά τε θεῖα τά τ' ἀνθρώπινα, οὐκ εἰς μακράν σε διδάξομαι. (*Somn*. 10)

> Wenn du dagegen mir folgst, werde ich dir zuerst viele Werke von Männern aus früheren Zeiten zeigen und dir von ihren bewundernswürdigen Taten und Worten berichten. Ich werde dich in so gut wie allen Dingen kundig machen und auch deine Seele – was für dich das Wichtigste ist – mit reichlich schönem Schmuck ausstatten: mit Besonnenheit, Gerechtigkeit, Frömmigkeit, Sanftmut, Nachsicht, Klugheit, Standhaftigkeit, mit der Liebe zum Schönen und dem Streben nach Ehrwürdigem; denn diese Eigenschaften sind wahrlich der echte Schmuck der Seele. Dir wird nichts entgehen weder von dem, was geschehen ist, noch von dem, was passieren wird. Mit mir an deiner Seite wirst du sogar die Zukunft vorhersehen. Um es auf einen Nenner zu bringen: Ich werde dich über alle göttlichen und menschlichen Dinge belehren, und das in kurzer Zeit!

Umfassender kann ein Bildungsanspruch, der Wissen, Ethik, Religion und Ästhetik in Form einer wohlgestalteten überzeugenden Rede miteinander verbindet, nicht sein. Hier zeigt sich Paideia scheinbar von ihrer besten Seite, sie beschwört das Ideal von *pepaideuménoi* als Universalgebildeten mit ethisch vollkommener Lebensführung. Wer würde sich nicht sogleich dieser Frau anvertrauen, zumal wenn man mit ihrer Hilfe so schnell so berühmt werden kann wie der Redner Demosthenes oder der Philosoph Sokrates (vgl. *Somn*. 12)? Auch dieser Vergleich zeigt, dass Lukian eine Paideia inszeniert, die mit Rhetorik und Philosophie gleich zwei zentrale Positionen im Bildungsdiskurs zu vereinen scheint. So kann es zunächst nicht erstaunen, dass sich der Ich-Erzähler – hinter dem sich laut Untertitel der Schrift die auktorial konnotierte Figur des Loukianos verbergen könnte (vgl. Kap. 1) – auf sie einlässt. Doch die Art, wie sie es tut, ist bemerkenswert: Der Ich-Erzähler wirft sich in Paideias Arme, noch ehe sie ihre Rede beendet hat (*Somn.* 14). Der dadurch bewirkte Abbruch der Rede hat eine doppelte Funktion: Einerseits markiert er auf der Ebene der Traumerzählung den durchschlagenden Erfolg der Rede, deren Wirkungsabsicht sich sogar vorzeitig erfüllt hat. Andererseits ergeben sich eine Reihe von Fragen: Was wollte Paideia noch sagen? Gibt es weitere Argumente für die Entscheidung für ihren Weg? Welcher Teil der Rede fehlt, was war ihre Schlusspointe? Diese Leerstellen animieren den textexternen Rezipienten entweder dazu, sie produktiv selbst zu füllen, oder sie lassen ihn das Verhalten des Erzählers kritisch hinterfragen: Steht die Entscheidung des Ich-Erzählers wirklich auf einer soliden Basis, da er sie ohne die Kenntnis des ganzen Bildungsprogramms der Paideia traf? Warum hat er nicht bis zum Ende gewartet und sich dann unter Abwägung der Argumente entschieden? Und – das ist besonders ärgerlich – warum verhindert die unüberlegte Handlung des Ich-Erzählers, dass wir in den Genuss der ganzen Rede kommen? Was auf der Ebene der Fiktion verständlich ist – der Ich-Erzähler ist noch ungebildet und nicht fähig, die rhetorisch gestalteten Bildungsangebote der Paideia ästhetisch zu goutieren, geschweige denn ihre verführerische Absicht zu durchschauen – führt zu einer Spannung zwischen Figurenhandlung im Text und Rezipientenerwartung an den Text.

Diese Spannung ist nur wahrnehmbar, wenn wir von einem bestimmten Rezipientenpublikum ausgehen, das Lukian mit seinen Schriften ansprechen wollte. Wie bei den meisten antiken Werken fehlen auch für Lukians Schriften direkte Zeugnisse, die glaubhaft über ihre Wirkungen oder Rezeptionsweisen berichten. Wir wissen zudem nicht, ob seine Schriften ganz oder in Teilen zuerst mündlich und später schriftlich verbreitet wurden und ob die schriftliche Version, die uns überliefert ist, der (möglichen) mündlichen Präsentation (vgl. Kap. 4.3) entspricht oder eine Überarbeitung darstellt (vgl. Kap. 5). Entsprechend schwierig ist es, den ‚Sitz im Leben' des Lukianischen Œuvres zu bestimmen, zumal auch die textimmanenten Angaben zu Aufführungssituationen oder -orten ebenso sehr Teil der Fiktion sind, wie sie auf mögliche außerliterarische Kontexte verweisen können. Muss die Frage nach dem historischen Adressaten- und Rezipientenkreis daher offen bleiben, so darf sie aus literaturwissenschaftlicher Sicht zunächst mit der Annahme einer doppelten Rezipientenschaft beantwortet werden: Lukians Werke konnten einerseits von einem breiten Publikum bei einer öffentlichen Lesung oder Inszenierung rezipiert werden, womit sowohl Gebildete als auch weniger Gebildete angesprochen wurden, andererseits kursierten sie als Lesetexte, was eine gebildete Rezipientenschaft voraussetzt. In beiden Fällen muss natürlich berücksichtigt werden, dass Ersthörer und Erstleser von Lukian unterschiedliche Erwartungshaltungen mitbringen konnten (vgl. *Electr.* 6).

Die Ausrichtung auf eine doppelte Rezipientenschaft war zwar schwierig, aber – wie etwa das Beispiel des klassischen attischen Dramas zeigt – keineswegs unmöglich: Ein derber Witz auf der komischen Bühne konnte zugleich die Masse unterhalten und auf einer anderen Ebene den Gebildeten zusätzlich dadurch gefallen, dass über versteckte Anspielungen oder intertextuelle Spuren weitere Bedeutungsebenen hervortraten. Da Lukian in seinen Werken Gebildete immer wieder – wie im *Zeuxis* oder in den *Verae Historiae* – direkt adressiert und indirekt ihre Bildung über intertextuelle Verweise und das Aufrufen verschiedener Wissensbereiche aktiviert, lassen sich Gebildete als ‚implizite Leser' lukianischer Werke ansprechen. Hierbei gilt als eine Art Pakt zwischen Lukians Texten und seinen Rezipienten: Je höher der Grad der Bildung von Lukianrezipienten ist, desto größer wird der ästhetische Genuß an der Rezeption.

Vor diesem Hintergrund lädt Lukians *Somnium* die Rezipienten zu einer kritischen Auseinandersetzung mit dem scheinbar uneingeschränkt positiven Bildungsanspruch der Paideia ein, indem er ihre Rede durch die intertextuelle Vernetzung mit der Rede der Schlechtigkeit (Κακία) aus Prodikos' Erzählung von Herakles am Scheideweg, die ein gebildeter Rezipient sofort als Modell für die lukianische Gestaltung des (trügerischen) Traums erkennt (vgl. Kap. 1), höchst ambivalent gestaltet. Hinzu kommen die zweifelhaften ‚Erfolge' einer solchen Paideia, die in Reichtum und gesellschaftlichem Ansehen bei jedermann (ἅπασι ζηλωτὸς καὶ ἐπίφθονος ἔσῃ, τιμώμενος καὶ ἐπαινούμενος, *Somn*. 11) bestehen, also in Dingen, die für einen *pepaideuménos*, der – wie Paideia selbst sagt – dem Sokrates nacheifern soll, eigentlich keine Bedeutung haben dürften. Die Rede der Paideia ist in sich widersprüchlich, was durch den Hinweis auf die überaus kurze Zeitspanne unterstrichen wird, die es zum Erwerb ihrer Güter bedarf (οὐκ εἰς μακράν σε διδάξομαι, *Somn*. 10). Hier muss jeder gebildete Rezipient stutzig werden, dessen (lange und mühevoll erworbene) Bildung ihm die Fragwürdigkeit von Paideias Versprechen überdeutlich vor Augen führt.

Halten wir daher fest: Lukian propagiert keine auktorial festgelegte Auffassung von Bildung, die – einmal dargestellt – zur Richtschnur für die Bewertung von Gebildeten und ihren Bildungsansprüchen wird. Stattdessen liegt der Reiz der lukianischen Werke im ‚Belauschen' von Gesprächen über *paideía* und im Betrachten ihrer Erscheinungsformen (z.B. in Träumen), die immer wieder Anlass zur kritischen Reflexion der eigenen Bildung, aber auch der Scheinbildung anderer bieten. Bildung wird diskursiviert, indem ihre verschiedenen Vertreter miteinander oder mit einer von Lukians auktorial konnotierten Figuren über sie diskutieren. Dabei beruht die Attraktivität von *paideía* auf dem Interesse, das ihr von allen Seiten entgegengebracht wird: Der Syrer Lukian aus Samosata wendet sich (wie der Ich-Erzähler im *Somnium*) ebenso der griechischen *paideía* zu wie die Skythen, die ihretwegen nach Athen kommen (*Anacharsis*, *Toxaris*); der *Ungebildete Büchernarr* gibt ein Vermögen dafür aus, Bildung durch den Kauf und Besitz von Büchern zu erwerben, und ein über das „traurige Los der Gelehrten, die sich an vornehme und reiche Familien vermieten" (so Wielands Titel von *De*

Mercede Conductis) erboster Schreiber bemerkt zu den Irrungen und Wirrungen des Bildungsstrebens seiner Zeit:

> αἱ δὲ οὖν γυναῖκες – καὶ γὰρ αὖ καὶ τόδε ὑπὸ τῶν γυναικῶν σπουδάζεται, τὸ εἶναί τινας αὐταῖς πεπαιδευμένους μισθοῦ ὑποτελεῖς συνόντας καὶ τῷ φορείῳ ἑπομένους· ἓν γάρ τι καὶ τοῦτο τῶν ἄλλων καλλωπισμάτων αὐταῖς δοκεῖ, ἢν λέγηται ὡς πεπαιδευμέναι τέ εἰσιν καὶ φιλόσοφοι καὶ ποιοῦσιν ᾄσματα οὐ πολὺ τῆς Σαπφοῦς ἀποδέοντα – διὰ δὴ ταῦτα μισθωτοὺς καὶ αὗται περιάγονται ῥήτορας καὶ γραμματικοὺς καὶ φιλοσόφους, ἀκροῶνται δ' αὐτῶν – πηνίκα; γελοῖον γὰρ καὶ τοῦτο – ἤτοι μεταξὺ κομμούμεναι καὶ τὰς κόμας παραπλεκόμεναι ἢ παρὰ τὸ δεῖπνον· ἄλλοτε γὰρ οὐκ ἄγουσι σχολήν. πολλάκις δὲ καὶ μεταξὺ τοῦ φιλοσόφου τι διεξιόντος ἡ ἅβρα προσελθοῦσα ὤρεξε παρὰ τοῦ μοιχοῦ γραμματεῖον, οἱ δὲ περὶ σωφροσύνης ἐκεῖνοι λόγοι ἑστᾶσι περιμένοντες, ἔστ' ἂν ἐκείνη ἀντιγράψασα τῷ μοιχῷ ἐπαναδράμῃ πρὸς τὴν ἀκρόασιν. (*Merc. Cond.* 36)

> Die Frauen – auch die Frauen finden das ja gleichermaßen hochattraktiv, ein paar Intellektuelle gegen ein Gehalt um sich zu haben und als Teil ihres Gefolges; es gibt kaum ein Juwel, mit dem sie sich lieber geschmückt sehen, als wenn es heißt, wie intellektuell und philosophisch gebildet sie seien und dass sie Lieder dichten, die fast an Sappho herankommen –, auch die Frauen umgeben sich deshalb mit bezahlten Rhetoren, Grammatikern und Philosophen, zuhören aber – ja, wann? das ist auch so ein Witz – tun sie ihnen nur beim Schminken und Frisieren oder beim Essen; sonst haben sie keine Zeit dafür. Oft kommt mitten in den Ausführungen des Philosophen die Zofe herein und reicht ihrer Herrin einen Brief ihres Galans; jene Darlegungen über die Keuschheit müssen dann eben warten, bis sie ihm geantwortet hat und sich wieder der Vorlesung widmen kann.

Bildung ist *en vogue*, sie wird gesellschaftlich erwartet und ermöglicht sozialen Aufstieg. Doch nicht jeder kann sie erwerben, denn – wie es in *Adversus Indoctum* (4) treffend heißt – „Ein Affe bleibt ein Affe, auch wenn er Applikationen aus Gold trägt" (πίθηκος γὰρ ὁ πίθηκος, κἂν χρύσεα ἔχῃ σύμβολα). Der Kauf eines Buches macht noch keinen Gelehrten, und selbst der beste Lehrer kann bei mangelnden intellektuellen Fähigkeiten und Desinteresse seiner Schüler nichts ausrichten. Die Tatsache, dass Lukian Möglichkeiten und Grenzen von Bildungserwerb auch bei Frauen diskutiert, darf nicht überraschen. Gebildete Frauen finden sich in Mythos, Literatur und Lebenswirklichkeit seit der Archaischen Zeit und in allen für Lukians Bildungskonzept wichtigen Bereichen: Für die Literatur und Dichtkunst ist die in *De Mercede Conductis* erwähnte Sappho das herausragendste Beispiel, in der Rhetorik ist es Aspasia, die Frau des Perikles, deren vorbildlicher Epitaphios Logos (Leichenrede) von Sokrates in Platons *Menexenos* vorgetragen wird. Auch eine Reihe von Philosophinnen ist bezeugt, zu denen die literarisch bezeugte Priesterin Diotima aus Platons *Symposion* ebenso zu zählen ist wie die Kynikerin Hipparchia aus Maroneia (4. Jh. v.Chr.) und die Schülerin und Hetäre des Stilpon, Nikarete aus Megara (um 300 v.Chr.). Die erwähnten gebildeten Frauen gehörten allesamt der Oberschicht an oder waren wie Nikarete als Hetären (*hetaírai*) tätig, die oft eine gute musische und literarische (Aus)Bildung besaßen. Allerdings waren *pepaideuménai* zu Lukians

Zeiten eher die Ausnahme, und ihre aktive Beteiligung am öffentlichen Leben ist als eher gering einzuschätzen, so dass der Aspekt des sozialen Aufstiegs durch Bildung für Frauen keine Rolle spielte. Neben dem zitierten Beispiel und der weiblichen Personifikation der Paideia im *Somnium* tritt bei Lukian besonders Panthea im Dialogpaar *Imagines / Pro Imaginibus* (vgl. Kap. 3.2.1) als gebildete Frau in Erscheinung. In *Fugitivi* 18 werden Kyniker dafür kritisiert, dass sie Frauen mit dem falschen Versprechen, sie zu Philosophinnen zu machen, zu einer unzüchtigen Lebensweise verführen, was eine geschlechterübergreifende Offenheit der philosophischen Bildung ebenso andeutet, wie es Kritik an den dafür ungeeigneten Lehrern und Schüler(Innen) übt.

Entlarven solche Blicke, wie sie in *De Mercede Conductis* und anderen Schriften Lukians hinter die Fassaden von Bildungsprätendenten geworfen werden, zwar den schönen Schein von Bildung, so kommen sie ihrem Sein jedoch nur ansatzweise näher. Denn weder bedarf es besonderer Gelehrsamkeit, um Scheingebildete bloßzustellen, noch tritt die Bedeutung der *paideía* für das individuelle oder gesellschaftliche Leben durch das Aufzeigen von Negativbeispielen hervor. Die eigentliche Herausforderung für einen Gebildeten und seine *paideía* liegt anderswo: ‚Wahre' Bildung zeigt sich im Gespräch mit anderen Gebildeten, sie wird in einer ethisch geprägten Lebensführung sichtbar und erweist ihre (kulturelle) Bedeutung für eine Gesellschaft besonders gut an Orten, wo sie noch nicht erfolgreich Fuß gefasst hat (vgl. Kap. 2.5).

Wer sind nun die wahrhaft Gebildeten bei Lukian, wie verhalten sie sich (in der Gesellschaft), welche Bildungsinhalte propagieren sie? Betrachten wir vor diesem Hintergrund nochmals die drei eingangs beschriebenen Hauptvertreter der Bildung, die auch in *De Mercede Conductis* zusammengestellt werden: die Redner, die Schriftsteller und die Philosophen (ῥήτορας καὶ γραμματικοὺς καὶ φιλοσόφους, 36). Es sei vorweggeschickt, dass sich kein einziger (historischer oder fiktiver) Vertreter der Bildungselite findet, der dem Ideal eines umfassend, d.h. in allen drei Grundbereichen der *paideía* (Philosophie, Rhetorik, Literatur) ausgebildeten Menschen nahekommt oder auch nur in seiner eigenen Disziplin als Redner, Philosoph oder Schriftsteller ohne Kritik und Schattenseiten reüssiert. Selbst das Lob des vermeintlich besten Philosophen Demonax (ἄριστον ὧν οἶδα ἐγὼ φιλοσόφων γενόμενον, *Dem.* 2) wird allein schon dadurch unterlaufen, dass es sich um eine fiktive Figur Lukians handeln könnte (vgl. Kap. 5). So gesehen sind alle Gebildeten bei Lukian (wenn überhaupt) nur auf dem Weg zur Bildung, auf dem wir Rezipienten sie ein Stück begleiten, kritisch beobachten und zum Teil – je nach unserem eigenen Bildungsgrad – durch das Erkennen von Anspielungen, das Verfolgen intertextueller Spuren oder durch eigenes Bildungswissen in ihrer Scheinbildung entlarven können.

2.2 Der Rednerlehrer (*Rhetorum Praeceptor*)

Die gesellschaftlich am stärksten herausgehobene Gruppe der Gebildeten waren die Sophisten, die in der öffentlichen Wahrnehmung oft als wichtigste, da sichtbarste Repräsentanten der Bildungselite galten. Als solche beschreibt sie auch der anonyme syrische Ich-Erzähler in *Scytha*, der als Redner eine Stadt in Makedonien bereist und dort auf seine Frage nach einem Patron und Förderer folgende Antwort erhält:

> ὦ ξένε, πολλοὶ μὲν καὶ ἄλλοι χρηστοὶ καὶ δεξιοὶ ἀνὰ τὴν πόλιν, καὶ οὐκ ἂν ἀλλαχόθι τοσούτους εὕροις ἄνδρας ἀγαθούς, δύο δὲ μάλιστά ἐστον ἡμῖν ἄνδρε ἀρίστω, γένει μὲν καὶ ἀξιώματι πολὺ προὔχοντε ἁπάντων, παιδείᾳ δὲ καὶ λόγων δυνάμει τῇ Ἀττικῇ δεκάδι παραβάλλοις ἄν. (*Scyth.* 10)
>
> Fremder, es gibt auch viele andere rechtschaffene und brave Leute in unserer Stadt, und du dürftest wohl nirgendwo anders so viele gute Männer finden. Vor allem aber gibt es bei uns zwei ganz vortreffliche Männer, die beide an Herkunft und Würde allen andern weit voranstehen. Aufgrund ihrer Bildung und Beredsamkeit kann man sie mit den zehn attischen Rednern vergleichen.

Drei Dinge fallen auf: 1) Die beiden Männer – es handelt sich um einen namentlich nicht benannten Vater mit seinem Sohn – erfüllen die Erwartungen an Gebildete nahezu perfekt: Sie gehören zur Oberschicht und bekleiden würdevolle Ämter (γένει μὲν καὶ ἀξιώματι πολὺ προὔχοντε ἁπάντων), sie sind gebildet, da sie nach der Schullaufbahn auch die Rhetorik erlernt haben (παιδείᾳ δὲ καὶ λόγων δυνάμει), und verfolgen einen ethisch ansprechenden Lebensstil, was durch ἄνδρε ἀρίστω angezeigt wird. 2) Der Hinweis auf die zehn attischen Redner liefert einen Maßstab zur Beurteilung ihres Könnens, wie er höher nicht sein könnte, handelt es sich doch um den Kanon der besten Redner, die die Grundlage für die Rhetorikausbildung bildeten und allgemein aufgrund ihres hervorragenden Attisch geschätzt waren. 3) Die Wirkung der beiden Männer auf ihr Umfeld ist so enorm – wenig später wird erwähnt, dass bei ihren Reden die ganze Stadt zusammenkommt und staunend zuhört (*Scyth.* 11) –, dass der Hinweis auf die ‚vielen anderen rechtschaffenen und braven Leute' sich mit der positiven erzieherischen Wirkung der beiden Repräsentanten in Verbindung bringen lässt, deren Bildung in Wort und Tat auf das Umfeld abzufärben scheint. Schließlich wird über die Vater-Sohn-Beziehung im Zusammenhang mit dem Lob der Rhetorik das Bild des Rhetorikunterrichts mit einem funktionierenden Lehrer-Schüler-Verhältnis zumindest indirekt mitgeführt.

Dass diese Begebenheit nun nicht von Athen berichtet wird, das kurz zuvor noch in der erzählten Begegnung von Anacharsis und Toxaris als klassischer Sitz der Bildung aufgerufen wurde, sondern sich in der Provinz ereignet, unterstreicht die Attraktivität und Wirkungsmacht attischer Bildung für die Zweite Sophistik. Doch die Tatsache, dass weder der Ort der Begegnung spezifiziert wird noch die Namen der beiden Redner erwähnt werden oder von einer weiteren Begegnung des Ich-Erzählers mit ihnen berichtet wird, ist ein deutliches Signal für die Fiktivität dieser idealtypischen Polis, in der sich der Ich-Erzähler rhetorisch geschickt verortet, um für seine eigenen künftigen Reden an Autorität zu gewinnen. Gleichwohl kann dieses Idealbild einer funktionierenden rhetorischen Ausbildung bei der Beurteilung von Rednern erinnert werden und hilft, rhetorische Scharlatane zu entlarven. Einem solchen begegnen wir im *Rhetorum Praeceptor*. Der Text beginnt im Stil einer Diatribe, d.h. eines popularphilosophischen Lehrvortrags (vgl. Kap. 3.1.2). Ein ungenannter junger Mann bittet einen ebenfalls anonymen Rednerlehrer um Rat, wie er möglichst schnell ein berühmter Redner werden könne:

> ἐρωτᾷς, ὦ μειράκιον, ὅπως ἂν ῥήτωρ γένοιο καὶ τὸ σεμνότατον τοῦτο καὶ πάντιμον ὄνομα σοφιστὴς εἶναι δόξεις· ἀβίωτα γάρ εἶναί σοι φῇς, εἰ μὴ τοιαύτην τινὰ τὴν δύναμιν περιβάλοιο ἐν τοῖς λόγοις ὡς ἄμαχον εἶναι καὶ ἀνυπόστατον καὶ θαυμάζεσθαι πρὸς ἁπάντων καὶ ἀποβλέπεσθαι, περισπούδαστον ἄκουσμα τοῖς Ἕλλησι δοκοῦντα· καὶ δὴ τὰς ἐπὶ τοῦτο ἀγούσας ὁδοὺς αἵτινές ποτέ εἰσιν ἐθελήσεις ἐκμαθεῖν. (*Rh. Pr.* 1)

> Du fragst mich, mein Junge, wie du denn wohl ein Redner werden und es so aussehen lassen kannst, als verkörpertest du diesen heiligen und über alle Maßen ehrenvollen Namen ‚Sophist'. Dein Leben sei nämlich wertlos, behauptest du, wenn du nicht eine solche Macht des Wortes erwürbest, dass du unbesiegbar würdest und deine Stellung unverrückbar wäre, dass du von allen Griechen bewundert würdest, alle auf dich schauten und dich für einen absolut hörenswerten Star hielten. Und da wirst du nun von mir wissen wollen, welche die Wege sind, die zu diesem Ziel führen.

Die Anonymität des Rednerlehrers eröffnet eine Leerstelle, hinter der man den Sophisten Pollux aus Naukratis vermutet hat, einen etwas älteren Zeitgenossen Lukians. Eine solche Füllung der Leerstelle ist möglich, jedoch nicht zu beweisen, da die Figur des Rednerlehrers ebenso offen für Konkretisierungen ist, wie sie als Typus gezeichnet wird. Wie im *Somnium* wird auch im *Rhetorum Praeceptor* die Metaphorik von zwei entgegengesetzten Ausbildungswegen verwendet, deren literarische Vorlagen Hesiods *Erga* (vv. 287-291) und Prodikos' Erzählung von Herakles am Scheideweg (Xenophon, *Mem.* 2.1.21-34) sind. Der Rednerlehrer entscheidet sich im Interesse des Fragenden dafür, den kurzen und leichten Weg zum Gipfel der Rhetorik darzustellen, wobei die lange ‚Alternative' gegenübergestellt wird. Anstatt den kurzen Weg jedoch selbst zu beschreiben, tritt er diesen Teil (13-25) an einen – ebenfalls anonym bleibenden – zweiten Rednerlehrer ab, ehe er sich am Schluss (26) nochmals kurz zu Wort meldet. Mit der Rede des zweiten Rednerlehrers wird der Traum von einem kurzen Weg zur (rhetorischen) Bildung Wirklichkeit, denn wir erhalten ein Kurzprogramm der rhetorischen Ausbildung, das gerade das Fehlen von Bildung hinter der Rhetorik betont. Hier trennt Lukian rhetorische Bildung von ‚wahrer' Bildung, indem einem Schüler in einer protreptischen, also werbenden Rede eine eintägige Ausbildung zum perfekten und gefeierten Redner schmackhaft gemacht wird.

Aufs Korn genommen wird dabei eine Rhetorik, die Unwissenheit und Unbildung rhetorisch zu kaschieren sucht, wobei zugleich Produzenten, Rezipienten und Protagonisten dieser inhaltsleeren Rhetorik einer satirischen Kritik unterzogen werden. Die wichtigsten ‚Qualitäten' eines erfolgreichen Redners sind „Unbildung, Verwegenheit, Tollkühnheit und Unterschämtheit" (κόμιζε τοίνυν τὸ μέγιστον μὲν τὴν ἀμαθίαν, εἶτα θράσος, ἐπὶ τούτῳ καὶ τόλμαν καὶ ἀναισχυντίαν, 15), ein pompöses Auftreten – möglichst mit einer Entourage von Freunden – sowie eine manierierte Sprache:

> σχήματος μὲν τὸ πρῶτον ἐπιμεληθῆναι χρὴ μάλιστα καὶ εὐμόρφου τῆς ἀναβολῆς, ἔπειτα πεντεκαίδεκα ἢ οὐ πλείω γε τῶν εἴκοσιν Ἀττικὰ ὀνόματα ἐκλέξας ποθὲν ἀκριβῶς ἐκμελετήσας, πρόχειρα ἐπ' ἄκρας τῆς γλώττης ἔχε – τὸ ἄττα καὶ κᾆτα καὶ μῶν καὶ ἀμηγέπη καὶ λῷστε καὶ τὰ τοιαῦτα – καὶ ἐν ἅπαντι λόγῳ καθάπερ τι ἥδυσμα ἐπίπαττε αὐτῶν. ... (17) μετὰ δὲ ἀπόρρητα καὶ ξένα ῥήματα καὶ σπανιάκις ὑπὸ τῶν πάλαι εἰρημένα, καὶ ταῦτα συμφορήσας ἀποτόξευε προχειριζόμενος ἐς τοὺς προσομιλοῦντας. οὕτω γάρ σε ὁ λεὼς ὁ πολὺς ἀποβλέψονται καὶ θαυμαστὸν ὑπολήψονται καὶ τὴν παιδείαν ὑπὲρ αὐτούς, εἰ „ἀποστλεγγίσασθαι" τὸ ἀποξύσασθαι λέγοις, τὸ δὲ ἡλίῳ θέρεσθαι „εἰληθερεῖσθαι," τὸν ἀρραβῶνα δὲ „προνόμιον," τὸν ὄρθρον δὲ „ἀκροκνεφές." (*Rh. Pr.* 16f.)

> Zuallererst musst du dich um dein Äußeres kümmern und um ein hübsches Gewand, dann sollst du fünfzehn oder höchstens zwanzig attische Wörter auswählen, perfekt einüben und immer griffbereit vorne auf der Zunge tragen – Wörter wie ‚manch, drauf, doch wohl nicht etwa, sei ihm wie ihm wolle, mein Teuerster' (τὸ ἄττα καὶ κᾆτα καὶ μῶν καὶ ἀμηγέπη καὶ λῷστε) und dergleichen – und sie wie Puderzucker über jede Rede streuen. ... (17) Dann trage einige abseitige und fremdartige Wörter, die bei den Alten nur selten belegt sind, zusammen und habe sie griffbereit, um sie auf die Anwesenden abzufeuern. Denn dann werden die Blicke der Menge auf dir ruhen, sie werden dich bewundern, und deine Bildung wird ihnen über allen Begriff gehen, wenn du ‚sich abstriegeln' für ‚sich abschaben' sagst und für ‚in der Sonne liegen' ‚ein Sonnenbad nehmen', wenn du die ‚Kaution' ein ‚Angeld' nennst und die ‚Dämmerung' zum ‚Frühlicht' machst."

Die Empfehlungen machen deutlich, wie inhaltsleer der Begriff *paideía* für den zweiten Rednerlehrer ist. Das satirische Streiflicht auf die Produzenten und Rezipienten von effekthaschender Rhetorik, für deren Erfolg Bildung in welcher Form auch immer keine Bedeutung hat, diskreditiert die Rhetorik jedoch nicht generell. Der lange Weg zur Rhetorik, den der erste Rednerlehrer noch beschritten hatte, steht als Alternative im Hintergrund, und *Rhetorum Praeceptor* selbst ist ein perfektes Beispiel für die Früchte, die diese Ausbildung trägt: Die Rede ist streng nach aristotelischen Kategorien (Dihegesis, Pistis, Epilog) aufgebaut und legt zahlreiche intertextuelle Spuren, denen ein *pepaideuménos* nachgehen kann und soll. Ihm wird die feine Ironie nicht entgehen, die die ‚Lehre' des zweiten Rednerlehrers begleitet, er erkennt die Bildung (des ersten Rednerlehrers), die hinter den leeren Worten des zweiten Rednerlehrers aufscheint, und er erfreut sich an der Lektion, die ein Gebildeter einem Ungebildeten mit Hilfe der Rhetorik erteilt.

Ein Traum von Bildung: *paideía*-Diskurse 75

Rhetorum Praeceptor ist eine rhetorische Fingerübung, ein Lehrstück kaiserzeitlicher Rhetorik, die sich selbst zum Thema macht und dabei im Sinne der *paideía* hilft, Unbildung und Scheinrhetorik in der Gesellschaft, wie sie ähnlich in den Schriften *Soloecista, Pseudologista, Adversus Indoctum* und *Lexiphanes* thematisiert wird, zu entlarven. Diese Fertigkeit zu erlangen ist allerdings nicht einfach, und um den ‚Gipfel der Rhetorik' zu erreichen, bedarf es einer schweißtreibenden Ausbildung, die der zweite Rednerlehrer in negativer Überzeichnung wie folgt beschreibt:

> εἶτά σε κελεύσει ζηλοῦν ἐκείνους τοὺς ἀρχαίους ἄνδρας ἕωλα παραδείγματα παρατιθεὶς λόγων οὐ ῥᾴδια μιμεῖσθαι, οἷα τὰ τῆς παλαιᾶς ἐργασίας ἐστίν, Ἡγησίου καὶ τῶν ἀμφὶ Κρίτιον καὶ Νησιώτην, ἀπεσφιγμένα καὶ νευρώδη καὶ σκληρὰ καὶ ἀκριβῶς ἀποτεταμένα ταῖς γραμμαῖς. πόνον δὲ καὶ ἀγρυπνίαν καὶ ὑδατοποσίαν καὶ τὸ λιπαρὲς ἀναγκαῖα ταῦτα καὶ ἀπαραίτητα φήσει· ἀδύνατον γὰρ εἶναι ἄνευ τούτων διανύσαι τὴν ὁδόν. ὃ δὲ πάντων ἀνιαρότατον, ὅτι σοι καὶ τὸν χρόνον πάμπολυν ὑπογράψει τῆς ὁδοιπορίας, ἔτη πολλά, οὐ κατὰ ἡμέρας καὶ τριακάδας, ἀλλὰ κατὰ ὀλυμπιάδας ὅλας ἀριθμῶν, ὡς καὶ προαποκαμεῖν ἀκούοντα καὶ ἀπαγορεῦσαι, πολλὰ χαίρειν φράσαντα τῇ ἐλπιζομένῃ ἐκείνῃ εὐδαιμονίᾳ. (*Rh. Pr.* 9)

> Darauf wird er von dir verlangen, jenen alten Männern [gemeint sind Demosthenes und Platon] nachzueifern, und dir abgedroschene Musterreden vorlegen, die gar nicht leicht zu imitieren sind, genau wie die Werke der alten Bildhauerschule, des Hegesias und der Künstler im Umfeld von Kritios und Nesiotes, gedrängt, sehnig, hart und von präzisester Linienführung. Arbeit, schlaflose Nächte, Wassertrinkerei, Beharrlichkeit: Das wird er als notwendige und unhintergehbare Voraussetzungen bezeichnen, ohne sie könne man den Weg nicht durchstehen. Am allerärgerlichsten ist, daß er dir auch den kompletten Zeitaufwand für die Wanderung darlegen wird, viele Jahre, die er nicht nach Tagen oder Monaten, sondern nach ganzen Olympiaden zählt, so dass du schon beim Zuhören müde wirst und aufgibst und dich von jeder Hoffnung auf Glück ganz verabschiedest.

Die traditionelle rhetorische Ausbildung, die hier karikiert wird, umfasst neben der sprachlich-stilistischen Schulung an den Klassikern, die mit Demosthenes und Platon exemplarisch aufgerufen werden, auch die Nachahmung (μίμησις) von künstlerischen Vorbildern in Stil und Thematik: Hegesias, Kritios und Nesiotes waren berühmte Bildhauer der klassischen Zeit; letzteren beiden wird die Figurengruppe der Tyrannenmörder Harmodios und Aristogeiton zugeschrieben (vgl. auch *Philopseudeis* 18), die ein beliebtes Thema von Deklamationen waren und in den Rhetorikschulen zu den *progymnásmata* („Vorübungen") gehörten. Die nach Olympiaden berechnete lange Dauer der Rhetorikausbildung verweist indirekt auf ihren elitären Status, da sie Personen vorbehalten war, die hierfür Zeit (und natürlich auch das nötige Geld) investieren konnten.

2.3 Der Philosophenschüler: *Hermotimus*

Lohnt es sich, Philosophie zu studieren? Mit Blick auf den Bildungsanspruch der Philosophie in der Zweiten Sophistik müsste die Antwort eindeutig „Ja!" lauten, denn das für das *paideía*-Konzept wichtige Streben nach dem Schönen und Guten im Sinne einer ethischen Ausbildung oblag traditionell der Philosophie. Im *Hermotimus* liegen die Dinge jedoch etwas anders. Hier trifft Lykinos (vgl. Kap. 1) auf den ungefähr 60-jährigen Hermotimos, einen Schüler der Stoa, und beginnt mit ihm ein Gespräch:

> Ὅσον, ὦ Ἑρμότιμε, τῷ βιβλίῳ καὶ τῇ τοῦ βαδίσματος σπουδῇ τεκμήρασθαι, παρὰ τὸν διδάσκαλον ἐπειγομένῳ ἔοικας. ἐνενόεις γοῦν τι μεταξὺ προϊὼν καὶ τὰ χείλη διεσάλευες ἠρέμα ὑποτονθορύζων καὶ τὴν χεῖρα ὧδε μετέφερες ὥσπερ τινὰ ῥῆσιν ἐπὶ ἑαυτοῦ διατιθέμενος, ἐρώτημα δή τι τῶν ἀγκύλων συντιθεὶς ἢ σκέμμα σοφιστικὸν ἀναφροντίζων, ὡς μηδὲ ὁδῷ βαδίζων σχολὴν ἄγοις, ἀλλ' ἐνεργὸς εἴης ἀεὶ σπουδαῖόν τι πράττων καὶ ὃ πρὸ ὁδοῦ σοι γένοιτ' ἂν ἐς τὰ μαθήματα. (*Herm.*1)

> Soll ich raten, Hermotimos? Du bist auf dem Weg zu deinem Professor, nach dem Buch unterm Arm zu urteilen und nach deinen eifrigen, schnellen Schritten! Und bestimmt warst du dabei in tiefe Betrachtungen versunken: die Lippen hast du bewegt und leise irgendetwas vor dich hingemurmelt. Und solche Gesten hast du gemacht, gerade als ob du im Stillen eine Rede entwerfen würdest. War bestimmt eine von den ganz kniffligen Fragen oder so eine trickreiche Knobelei, worüber du da gegrübelt hast. Du gibst wohl nicht mal beim Gehen Ruhe, sondern bist immer eifrig und ernsthaft bei der Sache, wenn du nur im Lernen vorankommst.

Die Gesprächspartner kennen einander, was auf eine Vorgeschichte und frühere Begegnungen verweist. Hermotimos hat ein Buch und damit das Statussymbol eines Intellektuellen bei sich, und er ist „immer eifrig und ernsthaft bei der Sache", was nicht nur seine Arbeitsweise charakterisiert, sondern in Verbindung mit dem Hinweis auf die Vorbereitung einer „Rede" (ῥῆσιν) poetologisch als Hinweis auf die Art der Verhandlung des Themas in diesem Dialog gelesen werden kann, der dramatisch gestaltet ist – *rhésis* ist ein *terminus technicus* des Dramas –, Ernstes mit Heiterem vermischt und so die formalen und inhaltlichen Charakteristika eines Komödischen Dialogs aufweist (vgl. Kap. 4). Hermotimos' Antwort leitet in das Thema des Gesprächs über:

> Νὴ Δί', ὦ Λυκῖνε, τοιοῦτό τι· τὴν γὰρ χθιζὴν συνουσίαν καὶ ἃ εἶπε πρὸς ἡμᾶς, ἀνεπεμπαζόμην ἐπιὼν τῇ μνήμῃ ἕκαστα. χρὴ δὲ μηδένα καιρὸν οἶμαι παριέναι εἰδότας ἀληθὲς ὂν τὸ ὑπὸ τοῦ Κῴου ἰατροῦ εἰρημένον, ὡς ἄρα „βραχὺς μὲν ὁ βίος, μακρὴ δὲ ἡ τέχνη." καίτοι ἐκεῖνος ἰατρικῆς πέρι ταῦτα ἔλεγεν, εὐμαθεστέρου πράγματος· φιλοσοφία δὲ καὶ μακρῷ τῷ χρόνῳ ἀνέφικτος, ἢν μὴ πάνυ τις ἐγρηγορῶς ἀτενὲς ἀεὶ καὶ γοργὸν ἀποβλέπῃ ἐς αὐτήν, καὶ τὸ κινδύνευμα οὐ περὶ μικρῶν – ἢ ἄθλιον εἶναι ἐν τῷ πολλῷ τῶν ἰδιωτῶν συρφετῷ παραπολόμενον ἢ εὐδαιμονῆσαι φιλοσοφήσαντα. (*Herm.* 1)

Ein Traum von Bildung: *paideía*-Diskurse 77

Beim Zeus, Lykinos, du hast schon Recht. Ich habe nämlich gerade die Stunde von gestern repetiert und bin alles durchgegangen, was er gesagt hat. Weißt du, man darf einfach keine Sekunde ungenutzt lassen! Es ist eben wahr, was der Arzt aus Kos gesagt hat: „Die Kunst ist lang, und kurz ist unser Leben!" Und dabei hat er das über die Medizin gesagt, eine vergleichsweise einfache Angelegenheit. Aber die Philosophie erst! Das ist eine unendliche Geschichte! Da darfst du nichts verpassen, du musst dich auf sie konzentrieren, du musst völlig auf sie fixiert sein, sonst wird's nichts! Und dabei geht es um alles oder nichts! Entweder stirbst du nämlich als unbedeutender Wicht im Haufen der anderen Nichtswisser, oder du wirst ein glückseliger Mensch, ein Philosoph!

Hippokrates' Sentenz (460-370 v.Chr.) fungiert als ein erster Bildungsausweis des Sprechers, der sich am Ende selbst als zur Elite gehörig definiert und von den Ungebildeten (τῶν ἰδιωτῶν) abgrenzt. Es gibt aber ein Problem, auf das Hermotimos mit seiner Bemerkung über die ‚unendliche Dauer' des Philosophiestudiums in tragischer Ironie verweist und das ihm im Verlauf des Dialogs auch zum Verhängnis werden wird: Wenn die Philosophie letztlich nicht zu erlernen ist, was bringt dann ein lebenslanges Philosophiestudium? Auffallend ist weiter, dass Hermotimos eine Vorstellung von Philosophie hat, die ein gebildeter Rezipient nicht teilt. Denn im Unterschied zu ihm wissen wir, dass die Philosophie gerade keine τέχνη ist, sondern anders als die Medizin – und hier verliert der vermeintliche Bildungsausweis des Hippokrates-Zitats seine vom Sprecher intendierte Wirkung – zum Kern der Bildungskonzeption der Zweiten Sophistik gehört. Hermotimos ist daher ein Philosophenschüler, der die Philosophie nicht im Sinne der *paideía* betreibt, sondern andere Ziele zu verfolgen scheint. Zudem verhindert die alleinige Konzentration auf die theoretische Philosophie die von einem Gebildeten geforderte verantwortungsvolle Lebensführung. Lykinos, der sich im Verlauf des Gesprächs immer stärker zu einer sokratischen Figur entwickelt, die vom scheinbar unwissenden Fragenden zum Hinterfragenden wird, treibt ihn in die Enge:

> **Λυκῖνος.** Τὰ μὲν ἆθλα, ὦ Ἑρμότιμε, θαυμάσια ἡλίκα εἴρηκας. οἶμαί γε μὴν οὐ πόρρω σε εἶναι αὐτῶν, εἴ γε χρὴ εἰκάζειν τῷ τε χρόνῳ ὁπόσον φιλοσοφεῖς καὶ προσέτι τῷ πόνῳ οἷόν μοι οὐ μέτριον ἐκ πολλοῦ ἤδη ἔχειν δοκεῖς. εἰ γάρ τι μέμνημαι, σχεδὸν εἴκοσιν ἔτη ταῦτά ἐστιν ἀφ' οὗ σε οὐδὲν ἄλλο ποιοῦντα ἑώρακα, ἢ παρὰ τοὺς διδασκάλους φοιτῶντα καὶ ὡς τὸ πολὺ ἐς βιβλίον ἐπικεκυφότα καὶ ὑπομνήματα τῶν συνουσιῶν ἀπογραφόμενον, ὠχρὸν ἀεὶ ὑπὸ φροντίδων καὶ τὸ σῶμα κατεσκληκότα. δοκεῖς δέ μοι ἀλλ' οὐδὲ ὄναρ ποτὲ ἀνιέναι σεαυτόν, οὕτως ὅλος εἶναι ἐν τῷ πράγματι. ταῦτ' οὖν σκοπουμένῳ μοι φαίνῃ οὐκ ἐς μακρὰν ἐπιλήψεσθαι τῆς εὐδαιμονίας, εἴ γε μὴ λέληθας ἡμᾶς καὶ πάλαι αὐτῇ συνών. **Ἑρμότιμος.** Πόθεν, ὦ Λυκῖνε, ὃς νῦν ἄρχομαι παρακύπτειν ἐς τὴν ὁδόν; ἡ δ' Ἀρετὴ πάνυ πόρρω κατὰ τὸν Ἡσίοδον οἰκεῖ καὶ ἔστιν ὁ οἶμος ἐπ' αὐτὴν μακρός τε καὶ ὄρθιος καὶ τρηχύς, ἱδρῶτα οὐκ ὀλίγον ἔχων τοῖς ὁδοιπόροις. **Λυκῖνος.** Οὐχ ἱκανὰ οὖν ἵδρωταί σοι, ὦ Ἑρμότιμε, καὶ ὡδοιπόρηται; **Ἑρμότιμος.** Οὔ φημι. οὐδὲν γὰρ ἐκώλυέ με πανευδαίμονα εἶναι ἐπὶ τῷ ἄκρῳ γενόμενον. τὸ δὲ νῦν ἀρχόμεθα ἔτι, ὦ Λυκῖνε. (*Herm.* 2)

Lykinos: Das ist ja eine tolle Sache, Hermotios, von der du da sprichst! Du hast es ja wohl auch schon fast geschafft, jedenfalls wenn ich an die lange Zeit denke, die du dich schon mit der Philosophie beschäftigst, und erst recht angesichts der Mühe, die du ja wohl investiert hast. Denn wenn ich mich nicht irre, müssen es jetzt doch schon bald zwanzig Jahre sein, dass ich dich mit nichts anderem mehr beschäftigt sehe als mit deinen Professoren, deinen Büchern und deinen Vorlesungsmitschriften. Blass bist du geworden von der Denkerei und völlig ausgemergelt! Man könnte fast glauben, Du entspannst dich nicht mal mehr im Traum, so vertieft bist du in diese Sache! So gesehen kann es doch nicht mehr lange dauern bis zur Glückseligkeit! Oder habe ich was verpasst, und du bist schon angekommen? **Hermotimos**: Ach woher denn, Lykinos! Ich habe mich doch gerade erst auf den Weg gemacht! Die Tugend wohnt weit weg, sagt schon Hesiod, und der Pfad, der zu ihr führt, ist lang, steil und steinig – und nicht wenig schweißtreibend für die Wanderer! **Lykinos**: Und – noch nicht genug geschwitzt, noch nicht genug marschiert? **Hermotimos**: Nein, nein und nochmals nein! Nichts würde mich ja mehr von der völligen Glückseligkeit trennen. Wäre ich erst auf dem Gipfel! Aber so ... Ich fange erst an, Lykinos.

Die Stelle wimmelt von literarischen Anspielungen, womit sich beide als gebildete Gesprächspartner zu etablieren suchen, was Hermotimos jedoch nicht so recht gelingen will. So ist sein Verweis auf Hesiod (*Erga*, vv. 289-90) insofern ungeeignet, als Hesiod den schwierigen Anfang auf dem Weg zum Gipfel der Tugend (ἀρετή) betont, Hermotimos aber schon zwanzig Jahre studiert. Demgegenüber gewinnt Lykinos immer stärker an Kontur und verbindet mit seiner Replik Anspielungen auf die attische Komödie, die Hermotimos verborgen bleiben (zumindest reagiert er nicht auf sie), den literarisch gebildeten Rezipienten des *Hermotimus* jedoch sofort als Verweis auf den zweiten Bestandteil eines lukianischen komischen Dialogs ins Auge springen: Lykinos' Beobachtung, dass Hermotimos blass und ausgemergelt aussieht, ist sprachlich wie inhaltlich an Aristophanes' *Wolken* angelehnt, wo der Bauer Strepsiades einen solchen Vorwurf gegen die Philosophen im Phrontisterion („Denkerbude") des Sokrates erhebt (vv. 184-195). Damit tritt das komische Sprechen des Lykinos in einen Dialog mit dem ‚ernsten' Hermotimos und lässt einen Komödischen Dialog erwarten, an dessen Ende – wie in der aristophanischen Komödie – nichts von der von Hermotimos' vertretenen Einschätzung der Philosophie übrig bleiben wird. Lykinos, der Hermotimos in sokratischer Manier und mit Argumentationstechniken der skeptischen Philosophie immer mehr in Verlegenheit bringt, schließt mit der Feststellung, dass es keinen Philosophen gibt, der einen Schüler sicher und zielstrebig zur Glückseligkeit führen kann:

Λυκῖνος. Τί οὖν; ἔχεις μοί τινα εἰπεῖν ἁπάσης ὁδοῦ πεπειραμένον ἐν φιλοσοφίᾳ καὶ ὃς τά τε ὑπὸ Πυθαγόρου καὶ Πλάτωνος καὶ Ἀριστοτέλους καὶ Χρυσίππου καὶ Ἐπικούρου καὶ τῶν ἄλλων λεγόμενα εἰδὼς τελευτῶν μίαν εἵλετο ἐξ ἁπασῶν ὁδῶν ἀληθῆ τε δοκιμάσας καὶ πείρᾳ μαθὼν ὡς μόνη ἄγει εὐθὺ τῆς εὐδαιμονίας; εἰ γάρ τινα τοιοῦτον εὕροιμεν, παυσόμεθα πράγματα ἔχοντες. Ἑρμότιμος. Οὐ ῥᾴδιον, ὦ Λυκῖνε, τοιοῦτον ἄνδρα εὑρεῖν. (*Herm.* 46)

Lykinos: Solltest du mir nun etwa einen nennen können, der alle Wege in der Philosophie versucht, die verschiedenen Lehrbegriffe des Pythagoras, Plato, Aristoteles, Chrysipp, Epikur und der übrigen vollkommen begriffen und geprüft und am Ende aus allen den Weg ausfindig macht, von welchem er durch Theorie und Erfahrung überzeugt ist, dass es der wahre und einzige sei, der zur Glückseligkeit führt? Denn sobald wir diesen Mann gefunden haben, wollen wir uns weiter keine Mühe geben. **Hermotimos**: So einer, Lykinos, dürfte schwer zu finden sein!

Am Ende muss Hermotimos einsehen, dass es unmöglich ist, das gesamte philosophische Denken und Wissen in nur einer philosophischen Schule zu erlernen, zumal man nicht prüfen kann, ob überhaupt und wenn, welche der philosophischen Schulen die Wahrheit lehrt (64-71). Das stärkste und im Sinne der *paideía* wichtigste Argument des Lykinos kommt aber am Schluss mit dem Verweis auf die mangelnde praktische Ethik, die Hermotimos' Lehrer in ihrem Verhalten trotz jahrzehntelanger philosophischer Betätigung an den Tag legen:

> εἰς τί δ' οὖν ἀποβλέπων φιλοσοφεῖς, ὅταν ὁρᾷς μήτε τὸν διδάσκαλον τὸν σὸν μήτε τὸν ἐκείνου μήτε τὸν πρὸ αὐτοῦ μηδ' ἂν εἰς δεκαγονίαν ἀναγάγῃς μηδένα αὐτῶν σοφὸν ἀκριβῶς καὶ διὰ τοῦτο εὐδαίμονα γεγενημένον; … (80) Καί μοι δὸς ἐνταῦθα ἤδη ἐρέσθαι σε εἰ ἐθέλοις ἂν ἔξω τῶν λόγων τὰ ἄλλα ἐοικέναι τῷ διδασκάλῳ, οὕτω μὲν ὀργίλῳ, οὕτω δὲ μικρολόγῳ, οὕτω δὲ φιλονίκῳ ὢν καὶ φιλήδονος νὴ Δί', εἰ καὶ μὴ τοῖς πολλοῖς δοκεῖ. (*Herm*. 77 u. 80)

> Aber was hältst du dir denn als Vorbild vor Augen beim Philosophieren, wenn du siehst, dass weder dein Professor noch dessen Professor noch der Professor vor ihm noch irgendein anderer vor ihnen, auch wenn du bis ins zehnte Glied zurückgehst, im eigentlichen Sinne weise und also glückselig gewesen ist? … (80) Und lass mich dich hier schon fragen, ob du, unabhängig von der Qualität seiner Lehre, in allem übrigen wie dein Professor sein willst, so jähzornig, so ein Kleingeist, so ein Streithammel, so ein Lustmolch – jawohl: ein Lustmolch, beim Zeus, auch wenn die meisten es nicht merken.

Hier trägt Lykinos den ethischen Anspruch der Lebens- und Persönlichkeitsbildung an die Philosophie heran, den Hermotimos offensichtlich nie für sich oder sein Umfeld in Erwägung gezogen hatte. Die Frage nach Schein und Sein spielt also auch bei der Philosophie die entscheidende Rolle, wobei der Befund (und die Kritik) im Vergleich zum *Rhetorum Praeceptor* noch schlimmer ausfällt, weil sie grundsätzlicher ist: Hatte der Schüler dort noch die Wahl zwischen einem ernsthaften zielführenden Weg und einem unglaubwürdigen, in der Sache unmöglichen Weg zur rhetorischen Bildung, d.h. eine realistische Perspektive, so fehlt diese für den Bereich der Philosophie im *Hermotimus* völlig. Das ist für Hermotimos natürlich kein Trost, es lässt die textexternen Rezipienten aber mit der Frage zurück, ob das Studium der Philosophie tatsächlich keinen Mehrwert darstellt. Für Hermotimos fällt die Antwort eindeutig aus: Am Ende steht seine völlige Abwendung von der Philosophie, Hermotimos tauscht seinen Philosophenbart mit einem roten Mantel, er wirft die bislang geübte Askese zugunsten von Üppigkeit und Schwelgerei über Bord und mutiert von einem Philosophen zu einer dekadenten Figur, die äußerlich ganz dem Redner ähnelt, den Lukian im *Rhetorum Praeceptor* ironisch kritisiert hatte. Dass Lykinos diese Pose und die dahinter stehende Einstellung bei seiner nächsten Begegnung mit Hermotimos – und zu der wird es in der Logik der Fiktion des *Hermotimus* kommen – nicht unkommentiert lassen wird, dürfte klar sein. Zwar hat Lykinos dem Hermotimos kein philosophisches Alternativangebot gemacht – sieht man einmal von seiner Empfehlung einer Hinwendung zur praktischen Ethik (*Herm.* 79 u. 83) ab, die von Lykinos gerade nicht mit einer bestimmten philosophischen Ausbildung verbunden wird –, doch konnte erst das Sich-Einlassen auf eine für ihn neue, ungewohnte ethisch-philosophische Fragestellung eine Wandlung des Hermotimos bewirken. Ob diese nun zum Guten erfolgt oder zum Schlechten, ob Hermotimos nach dem Dialog ein besserer Zeitgenosse geworden ist oder im Sinne der *paideía* einen Rückschritt gemacht hat, wird am Ende des Textes offen gelassen. Den Rezipienten bleibt die sokratische Erkenntnis, dass die Philosophie kein sicheres Wissen vermittelt, sondern ein Bewusstsein für das Nicht-Wissen schafft, das durch die (philosophische) Suche nach der Wahrheit zu Tage tritt. Für diese Suche gibt es keinen Königsweg, zumindest nicht in Lukians Schriften, die entlarven, niederreißen, aber nicht aufbauen – dies bleibt seinen Rezipienten und deren *paideía* überlassen.

2.4 Der ungelehrte Büchernarr und Wahre Geschichten: Grenzen und Grenzüberschreitungen literarischer Bildung

Neben der Rhetorik und der Philosophie ist die Literatur das wichtigste Mittel, sich Bildung anzueignen, ja in gewisser Weise ist sie sogar die *condicio sine qua non* auch für die rhetorische und besonders für die philosophische Bildung, da diese in weiten Teilen schriftlich überliefert und über Lehrschriften vermittelt wurde. So erstaunt es nicht, dass Literatur immer wieder im Fokus der lukianischen Bildungsdiskurse steht, wobei zahlreiche intertextuelle Spuren in die literarische Tradition den Wissensraum markieren, aus dem Lukian schöpft und der den Erwartungshorizont für eine anspruchsvolle Lektüre bildet. Für diese ist eine sehr umfangreiche (imaginäre) Bibliothek die notwendige, aber nicht hinreichende Bedingung, wie die Schrift *Adversus Indoctum* deutlich macht:

> οἴει μὲν γὰρ ἐν παιδείᾳ καὶ αὐτὸς εἶναί τις δόξειν σπουδῇ συνωνούμενος τὰ κάλλιστα τῶν βιβλίων· τὸ δέ σοι περὶ τὰ κάτω χωρεῖ, καὶ ἔλεγχος γίνεται τῆς ἀπαιδευσίας πως τοῦτο. ... (4) τί ἂν πλέον ἐκ τούτου εἰς παιδείαν κτήσαιο, κἂν ὑποβαλόμενος αὐτὰ ἐπικαθεύδῃς ἢ συγκολλήσας καὶ περιβαλόμενος περινοστῇς; πίθηκος γὰρ ὁ πίθηκος, ἡ παροιμία φησί, κἂν χρύσεα ἔχῃ σύμβολα. καὶ σὺ τοίνυν βιβλίον μὲν ἔχεις ἐν τῇ χειρὶ καὶ ἀναγιγνώσκεις ἀεί, τῶν δὲ ἀναγιγνωσκομένων οἶσθα οὐδέν, ἀλλ' ὄνος λύρας ἀκούεις κινῶν τὰ ὦτα. ὡς εἴ γε τὸ κεκτῆσθαι τὰ βιβλία καὶ πεπαιδευμένον ἀπέφαινε τὸν ἔχοντα, πολλοῦ ἂν ὡς ἀληθῶς τὸ κτῆμα ἦν ἄξιον ... (*Ind.* 1 u. 4)

Du glaubst nämlich, die Tatsache, dass du mit Feuereifer die schönsten Bücher erwirbst, werde dir den Ruf verschaffen, in Sachen Bildung jemand von Rang zu sein. Aber das Ergebnis bleibt doch eher flach und gerät unversehens zum Beweis deiner Unbildung. ... (4) Wie könntest du damit deinen Besitz an Bildung vermehren, selbst wenn du dir alles unters Kopfkissen legen oder es zusammenkleben und dich darin einwickeln würdest? ‚Affe bleibt Affe', wie das Sprichwort sagt, ‚auch wenn er Applikationen aus Gold trägt'. Zwar hältst du ein Buch in der Hand und bist ständig am Lesen, aber verstehen tust du nichts von dem, was du liest, sondern du gleichst dem Esel, der die Ohren spitzt und auf die Leier lauscht. Denn wenn der Besitz von Büchern ihren Besitzer schon gebildet machte, dann wäre der Besitz wahrhaftig sein Geld wert ...

Die bloße Kenntnis von Literatur, das reine Wissen reicht – wie auch bei der Rhetorik und Philosophie – nicht aus, um von Bildung zu sprechen, im Gegenteil: Der ungelehrte Büchernarr ist das Paradebeispiel für Bildungsprätention, gegen die sich Lukian zur Wehr setzt. Seine Kritik richtet sich dabei nicht *per se* gegen den Besitz, geschweige den die Lektüre von Büchern – wenig später empfiehlt der Sprecher dem Büchernarren sogar, seine Bibliothek zu verkaufen und einem wahrhaft Gebildeten zur Verfügung zu stellen (24) –, sondern allein gegen die irrige Meinung, Lektüre führe automatisch zu Bildung. Dass dies nicht der Fall ist, zeigt die Betrachtung der Lebensweise des Büchernarren:

πάνυ γοῦν ἤδη βελτίων γεγένησαι διὰ τὴν ὠνήν, ὃς τοιαῦτα μὲν φθέγγῃ — μᾶλλον δὲ τῶν ἰχθύων ἀφωνότερος εἶ — βιοῖς δὲ ὡς οὐδ᾽ εἰπεῖν καλόν, μῖσος δὲ ἄγριον, φασί, παρὰ πάντων ἔχεις ἐπὶ τῇ βδελυρίᾳ· ... (17) δυοῖν δὲ ὄντοιν ἅττ᾽ ἂν παρὰ τῶν παλαιῶν τις κτήσαιτο, λέγειν τε δύνασθαι καὶ πράττειν τὰ δέοντα ζήλῳ τῶν ἀρίστων καὶ φυγῇ τῶν χειρόνων, ὅταν μήτε ἐκεῖνα μήτε ταῦτα φαίνηταί τις παρ᾽ αὐτῶν ὠφελούμενος, τί ἄλλο ἢ τοῖς μυσὶ διατριβὰς ὠνεῖται καὶ ταῖς τίλφαις οἰκήσεις καὶ πληγὰς ὡς ἀμελοῦσι τοῖς οἰκέταις; (*Ind.* 16f.)

Bravo, wirklich, durch den Kauf bist du schon ein besserer Mensch geworden, der du solche Dinge von dir gibst – ach was! Du bist doch stummer als ein Fisch! – und ein unsägliches Leben führst: allen zutiefst verhasst, wie es heißt, wegen deiner Widerlichkeit. ... (17) Und wenn es zwei Dinge sind, die man von den Alten lernen kann, nämlich das Richtige zu sagen und zu tun und dabei den Besten nachzueifern und die Schlechteren zu meiden: Wenn einer aus den Büchern offensichtlich weder für das eine noch für das andere einen Nutzen gezogen hat, was hat er dann anderes gekauft als eine Absteige für Mäuse, eine Behausung für Motten und Schläge für die Diener, die sich nicht richtig um sie kümmern?

Die Argumente ähneln sich: Wie bei der Rhetorik und bei der Philosophie steht auch bei der Literatur der ethische Nutzen im Blickpunkt. Nur wer aus der Beschäftigung mit den Bildungsinhalten etwas für sich und seine Lebensweise gewinnt, wird als Gebildeter anerkannt. Bei der Literatur kommt ein vertieftes Verständnis ihrer Wirkungsweisen, Entstehungszusammenhänge, Gattungstraditionen sowie ihrer formalen und stilistischen Besonderheiten hinzu. Erst die Kenntnis der literarischen Tradition ermöglicht die angemessene Produktion und

Rezeption von zeitgenössischer Literatur, d.h. auch von Lukians Schriften selbst. Ein gutes Beispiel sind die *Verae Historiae*, in deren Vorwort der Verfasser einen hohen literarischen Anspruch formuliert, der die Lektüre zu einem ebenso anspruchsvollen wie vergnüglichen Zeitvertreib werden lässt:

> γένοιτο δ' ἂν ἐμμελὴς ἡ ἀνάπαυσις αὐτοῖς, εἰ τοῖς τοιούτοις τῶν ἀναγνωσμάτων ὁμιλοῖεν, ἃ μὴ μόνον ἐκ τοῦ ἀστείου τε καὶ χαρίεντος ψιλὴν παρέξει τὴν ψυχαγωγίαν, ἀλλά τινα καὶ θεωρίαν οὐκ ἄμουσον ἐπιδείξεται, οἷόν τι καὶ περὶ τῶνδε τῶν συγγραμμάτων φρονήσειν ὑπολαμβάνω· οὐ γὰρ μόνον τὸ ξένον τῆς ὑποθέσεως οὐδὲ τὸ χαρίεν τῆς προαιρέσεως ἐπαγωγὸν ἔσται αὐτοῖς οὐδ' ὅτι ψεύσματα ποικίλα πιθανῶς τε καὶ ἐναλήθως ἐξενηνόχαμεν, ἀλλ' ὅτι καὶ τῶν ἱστορουμένων ἕκαστον οὐκ ἀκωμῳδήτως ᾔνικται πρός τινας τῶν παλαιῶν ποιητῶν τε καὶ συγγραφέων καὶ φιλοσόφων πολλὰ τεράστια καὶ μυθώδη συγγεγραφότων, οὓς καὶ ὀνομαστὶ ἂν ἔγραφον, εἰ μὴ καὶ αὐτῷ σοι ἐκ τῆς ἀναγνώσεως φανεῖσθαι ἔμελλον. (*VH* 1.2)

> Für sie [= die Leser] dürfte es wohl einen angemessenen Ausgleich darstellen, sich mit Werken zu beschäftigen, die zum einen auf geistreiche und witzige Weise Vergnügen bereiten, zum andern aber auch eine anspruchsvolle Betrachtung ermöglichen; und ich hoffe, dass sie über die vorliegenden Bücher ebenso denken. Denn nicht nur das ungewöhnliche Thema und sein unterhaltsamer Zweck sowie die zahlreichen Lügen, die ich glaubwürdig vorgebracht habe, werden sie anlocken, sondern vor allem die Tatsache, dass jedes einzelne Stück meiner Geschichte nicht unwitzige Anspielungen auf alte Dichter, Geschichtsschreiber und Philosophen enthält, die ihrerseits viel Wundersames und Fabelhaftes geschrieben haben: Personen, die ich auch namentlich erwähnt hätte, wenn man sie sich bei der Lektüre nicht von selbst erschließen könnte.

Die *Verae Historiae* halten ihre Rezipienten in ständiger Wachsamkeit, intertextuelle Spuren zu entdecken, mit denen sich der Text in die literarische Tradition einschreibt. Die als erholsame Lektüre angepriesene Entdeckungsreise – ‚Lukian' vergleicht seine Leser mit Athleten, die sich nach dem Training ausruhen müssen (*VH* 1.1) – wird zu einer intellektuellen Herausforderung auf zwei Ebenen: Mit dem Hinweis auf „Personen, die ich auch namentlich erwähnt hätte, wenn man sie sich bei der Lektüre nicht von selbst erschließen könnte" (*VH* 1.2) richten sich die *Verae Historiae* zum einen an eine gebildete Leserschaft, da nur eine solche in der Lage ist, die nicht-markierten intertextuellen Verweise zu erkennen. Damit wird die Lektüre zu einem besonderen literarischen Genuss für den gebildeten Leser, der seine Bildung durch das Erkennen dieser intertextuellen Anspielungen zeigen kann und sich als *pepaideuménos* bestätigt sieht.

Zum anderen werden als eine Art Anleitung für dieses literarische Lesequiz mit Homer, Ktesias aus Knidos (5./4. Jh. v.Chr.) und Jambulos (3. Jh. v.Chr.) drei literarische Vorbilder explizit genannt (*VH* 1.3). Diese Form der markierten Intertextualität ermöglicht auch weniger Gebildeten einen Zugang zur aufgerufenen literarischen Tradition und dient zudem als Beglaubigungsapparat eines von Lügen durchzogenen Textes. Besonders zahlreich sind die Anspielungen auf die homerische *Odyssee*. Dienen die im Vorwort genannten Abenteuer des Odysseus (Fesselung der Winde, Begegnung mit dem Kyklopen, Verwandlung der Gefährten durch die Zauberin Kirke) noch dem Aufbau von Erwartungen an die Ereignisse der *Verae Historiae*, so wird der Seefahrer ‚Lukian' im Verlauf der Reise selbst zu einem neuen Odysseus, der seine eigenen Irrfahrten unternimmt und dabei auch die Insel der Kalypso besucht. Die Homerbezüge kulminieren in der Begegnung ‚Lukians' mit seinem dichterischen Vorbild auf Insel der Seligen (*VH* 2.20), bei der er nicht nur Antworten auf ‚homerische' Fragen nach der Herkunft des Epikers und der Chronologie seiner Werke erhält, sondern auch ein neues homerisches Werk mitnehmen darf, das jedoch am Ende seiner Reise bei einem Schiffbruch verloren geht. Indem jedoch der erste Vers dieses Epos von dem „Kampf der toten Heroen" (Νῦν δέ μοι, ἔννεπε, Μοῦσα, μάχην νεκύων ἡρώων, 2.24) erhalten ist – ‚Lukian' hat ihn als Titelangabe bei der Übergabe zitiert –, schreiben die *Verae Historiae* die homerische Dichtung ebenso kreativ weiter, wie sie sich selbst in diese hineinschreiben: Der Inhalt des neuen Epos wird in den Kapiteln 2.23f. berichtet, wobei sich aus der prosaischen Beschreibung der Ereignisse durch ‚Lukian' und der (vom Text selbst nicht mitgelieferten) poetischen Formgebung durch ‚Homer' ein formales Charakteristikum der hybriden Mischform ergibt, die im *Bis Accusatus*, *Piscator* und *Prometheus es in verbis* als literarische Neuschöpfung Lukians vorgestellt und verhandelt wird (vgl. Kap. 4).

Die skizzierte Programmatik der *Verae Historiae* verweist aus produktionsästhetischer Sicht auf einen Kernpunkt der literarischen Produktion in der Zweiten Sophistik: die kreative nachahmende Darstellung (μίμησις) von Motiven und Themen der literarischen Tradition. Im Unterschied zu einer wirklichkeitsbezogenen Mimesis, die Personen, Gegenstände oder Handlungen der Alltagswelt abzubilden sucht und ihre Qualität an dem aus der Wirklichkeit gewonnenen Wahrscheinlichkeitskriterum bemisst, wird Literatur selbst, werden Textwelten zum primären Gegenstands- und Referenzbereich der Mimesis. Über die ständige Bezugnahme auf Texte reflektiert die Literatur sich selbst und kann neue literarische Formen generieren. Die Rezipienten sind an diesem Prozess aktiv beteiligt, insofern sie erst über das Nachverfolgen der intertextuellen Spuren die (mögliche) Neuheit eines Textes, seine wirkungsästhetische Ausrichtung und die unterschiedlichen Aspekte der auf Literatur bezogen Mimesis erfassen können.

Zu letzteren gehören die sprachlich-stilistische Orientierung an den Klassikern des 5.und 4. Jh. v.Chr., das Aufgreifen von ‚klassischen' Themen und Motiven sowie die spezifische Auseinandersetzung mit einzelnen Texten oder auch Gattungen. In allen Bereichen kann die Mimesis unterschiedlich stark erfolgen, so dass von einer skalaren mimetischen Intensität gesprochen werden muss. Ein Autor der Zweiten Sophistik ist immer auf der Suche nach mimetisch verwertbarem literarischen Material, wobei der literarische Kanon einen wichtigen, aber keinesfalls den einzigen Bezugsraum bietet: Ein *pepaideuménos* wird keinen – ihm ästhetisch bedeutsam erscheinenden – Text als Objekt seiner Mimesis ausschließen, im Gegenteil: Gerade die Einbeziehung von nicht-kanonischen Texten ermöglicht es, den referentiellen Bildungshorizont ständig zu erweitern, die Rezipienten noch stärker in ihrer Bildung (und zur Weiterbildung) herauszufordern und neue Textwelten zur kreativen Nachahmung zu empfehlen. Mimesis von Literatur führt daher in letzter Konsequenz auch zur Rezeption von nicht-kanonischen Texten (unter die auch eigene Schriften zählen können), sofern man sich (und seinen Rezipienten) keine Einschränkungen im kreativen mimetischen Umgang mit Literatur auferlegen will. Je weiter man sich vom Kanon entfernt, desto kleiner und erlesener wird der Kreis der Rezipienten, die die Mimesis erkennen können, und desto anspruchsvoller ist der Text. Das Aufbrechen von kanonischen Textwelten kann daher als ein mögliches Ziel der Mimesis von Literatur gesehen werden, und ein solches ist bei Lukian insofern zu beobachten, als er mit Hilfe kreativer literarischer Nachahmungen neue literarische Formen erfindet, auf die er sich selbstreferentiell bezieht und seine Rezipienten verweist (vgl. Kap. 4). Sichtbar sind aber zunächst die Themen, Motive und im wahrsten Sinne des Wortes ‚Fußstapfen' vornehmlich der kanonischen Literatur. Gleich bei ihrer ersten Station, der Insel der Rebweiber, macht ‚Lukian' mit einem Teil seiner Crew folgende Entdeckung:

προελθόντες δὲ ὅσον σταδίους τρεῖς ἀπὸ τῆς θαλάττης δι᾽ ὕλης ὁρῶμέν τινα στήλην χαλκοῦ πεποιημένην, Ἑλληνικοῖς γράμμασιν καταγεγραμμένην, ἀμυδροῖς δὲ καὶ ἐκτετριμμένοις, λέγουσαν Ἄχρι τούτων Ἡρακλῆς καὶ Διόνυσος ἀφίκοντο. ἦν δὲ καὶ ἴχνη δύο πλησίον ἐπὶ πέτρας, τὸ μὲν πλεθριαῖον, τὸ δὲ ἔλαττον – ἐμοὶ δοκεῖν, τὸ μὲν τοῦ Διονύσου, τὸ μικρότερον, θάτερον δὲ Ἡρακλέους. (*VH* 1.7)

Nachdem wir vom Meer ungefähr drei Stadien durch das Gehölz zurückgelegt hatten, stießen wir auf eine bronzene Stele mit einer ziemlich verwitterten griechischen Inschrift, die lautete: „Bis hierher kamen Herakles und Dionysos." Ganz in der Nähe waren auf einem Felsen zwei Fußspuren zu sehen, von denen die eine ungefähr hundert Fuß lang, die andere hingegen kürzer war – letztere schien mir von Dionysos, erstere aber von Herakles zu stammen.

Ein *pepaideuménos* wird bei der Lektüre dieser Stelle die metapoetische Bedeutung hinter der mythologischen Erklärung erkennen. Gleich zu Beginn des Abenteuers werden literarische Traditionen in die räumlichen Stationen der Reise eingeschrieben und sichtbare Spuren gelegt, die für die textexternen Rezipienten unter anderem Anpielungen auf Herodots Skythenlogos (*Historien* 4.82) und Diodors (1.27.3-6) Schilderung der Gräber von Isis und Osiris enthalten. Damit wird das vermeintlich unbekannte Land ‚lesbar' und als literarisch konnotierter Raum erfahrbar. Wir müssen – und hier liegt die programmatische Bedeutung der Stelle – bei der Weiterreise ‚Lukians' auf die (für uns hinterlassenen) literarischen Fußabdrücke schauen und dabei auch verwitterte, d.h. alte literarische Schriften entziffern, um die Funktionen und Wirkungsabsichten der *Verae Historiae* aufzuspüren.

Zu diesen gehört auf der Ebene von Einzelepisoden etwa die auch aus anderen Lukianischen Schriften bekannte Philosophenkritik (*VH* 1.23-24; 2.17-19) oder die mögliche satirische Gestaltung der Lampenstadt (*VH* 2.4). Betrachtet man die Gesamtkonzeption der *Verae Historiae* so ergibt sich neben dem offensichtlichen Strukturmodell der homerischen *Odyssee* jedoch auch eine mögliche mimetische Bezugnahme auf eine Gattung, die nicht zum literarischen Kanon gehörte, sich zu Lukians Zeit aber einer großen Popularität erfreute: dem Liebesroman. Zentrale Aspekte der Handlungsführung von vier der fünf überlieferten griechischen Liebesromane (Chariton, Xenophon von Ephesos, Achilleus Tatios, Heliodor) – anfängliche Liebesbegegnung, Gefangennahme, Trennung, Bewährung des männlichen Protagonisten im Krieg, gefahrvolle Schiffsreisen zum Teil mit Schiffbruch, Todeserfahrung, Gerichtsverhandlungen, happy ending – finden sich auch in den *Verae Historiae*. Zudem wird mit der Kinyras-Helena-Episode (*VH* 2.25-26) ein Liebesroman *en miniature* erzählt, dem allerdings – ebenso wie der zweiten Liebesgeschichte von Odysseus und Kalypso (*VH* 2.35-36) – kein glückliches Ende zuteil wird. Der Grund hierfür könnte in einer parodistischen Wirkungsabsicht liegen: Liebe als Ziel und treibende Kraft in den Liebesromanen wird zu einer Gefahr für ‚Lukian' und seine Gefährten in den *Verae Historiae*, sexuelle Vereinigung oder Eheschließung bedeutet den Tod oder das Ende der Reise, wie die anfängliche Begegnung mit den Rebweibern (*VH* 1.8), die Ablehnung der Hochzeit mit dem Sohn des Endymion (*VH* 1.21) und die abschließende Episode bei den Eselsschenklerinnen (*VH* 2.46) deutlich machen. Ob die *Verae Historiae* tatsächlich die Absicht einer Gattungsparodie des griechischen Liebesromans verfolgten, muss angesichts fehlender direkter Anspielungen auf die überlieferten Romane offen bleiben. Sie ist aber möglich, da Gattungsparodien mit der verfremdenden Verwendung von typischen Handlungsmustern und formalen sowie inhaltlichen Charakteristika von Textfamilien arbeiten können, ohne dabei konkrete Textbezüge zu verwenden.

Ob mit oder ohne parodistische Wirkungsabsicht: Die *Verae Historiae* überschreiten (Gattungs)Grenzen, eröffnen neue Horizonte und zeigen im Vergleich mit den beiden anderen Bildungsexponenten, dass einem Schriftsteller ein umfassenderes, beinahe grenzloses Themen- und Gestaltungsrepertoire zur Verfügung steht: Literatur kann rhetorische Techniken anwenden und philosophische Konzepte formulieren, ohne sich einem der anderen beiden Bildungszweige verpflichten zu müssen. Vielmehr schafft sie eigene Welten als ein überzeitliches, zuweilen auch unzeitgemäßes, in jedem Fall herausforderndes Bildungsangebot: Das offene, im romantischen Sinn ‚fragmentarische' Ende der *Verae Historiae* regt ebenso zu kreativen Nachahmungen im Sinne der literarischen Mimesis an, wie es die Rezipienten vor die Frage stellt, ob die Aussicht auf weitere Bücher mit ‚Wahren Geschichten' (2.47) nun wahr ist oder – wie der Scholiast zur Stelle meint – die größte aller Lügen in den *Verae Historiae*:

> καὶ τὸ τέλος ψευδέστατον μετὰ τῆς ἀνυποστάτου ἐπαγγελίας. (Schol. ad *VH* 2.47)
> Das Ende ist das Lügenhafteste einer unglaubwürdigen Unternehmung.

2.5 Bildung am Rande der Ökumene

Wie die *Verae Historiae* ihre Leser auf eine Bildungsreise mitnehmen, die keine Grenzen kennt, so erweist sich Bildung auch in anderen lukianischen Schriften als eine kulturell wie räumlich übergreifende Instanz, die auch am Rande der Ökumene und sogar darüber hinaus ausgehandelt wird. Das Geschehen ist oft in ‚bildungsferne' Gebiete verlegt, um nicht nur im traditionellen Zentrum der Bildung, in Athen, über *paideía* zu sprechen. Gerade an den Randgebieten der Ökumene soll und kann sich Bildung immer wieder neu bewähren. Eine besondere Rolle kommt dabei dem Norden und der Gegend um das Schwarze Meer zu, die traditionell als unwegsam und unzivilisiert galten. Dieser Raum wird von Lukian auf zweierlei Weise konturiert: Entweder begibt sich der Erzähler oder eine Figur in den Norden, wo das Geschehen ganz oder zeitweilig spielt, oder der Norden wird über eine Figur aus dem Norden bzw. als Gesprächsthema nach Griechenland und dabei vornehmlich nach Athen transferiert. Beginnen wir im Norden, wohin uns der *Prometheus* mit den einleitenden Worten des Hermes versetzt:

> Ὁ μὲν Καύκασος, ὦ Ἥφαιστε, οὗτος, ᾧ τὸν ἄθλιον τουτονὶ Τιτᾶνα προσηλῶσθαι δεήσει· περισκοπῶμεν δὲ ἤδη κρημνόν τινα ἐπιτήδειον, εἴ που τῆς χιόνος τι γυμνόν ἐστιν, ὡς βεβαιότερον καταπαγείη τὰ δεσμὰ καὶ οὗτος ἅπασι περιφανὴς εἴη κρεμάμενος. (*Prom.* 1)
>
> Das ist der Kaukasus, Hephaistos, wo dieser elende Titan befestigt werden soll. Lass uns schauen, ob es irgendeinen geeigneten Felsen gibt, der frei von Schnee ist, damit die Fesseln besser halten und er für alle sichtbar aufgehängt ist.

Die Eröffnung des Dialogs führt uns zu dem aus Hesiods Epen bekannten kaukasischen Felsen, dessen Unwegsamkeit und Unwirtlichkeit Hermes betont, indem er die Kälte und den Schnee an diesem Ort erwähnt. Doch wie unvertraut und fern diese Landschaft den Rezipienten dieses Stückes im 2. Jh. n.Chr. auch erscheinen mag, so vertraut ist die Art und Weise, wie man sich an diesem Ort verhält bzw. unterhält: Denn Prometheus sucht Hephaistos und Hermes zunächst als Mitstreiter, dann als Zuhörer eines Redeagons zu gewinnen, der um die Frage ‚Ist Prometheus zu Recht verurteilt worden?' kreist. Damit wird eine typische Deklamation, eine fiktive Rede über einen mythischen oder historischen Streitfall in Aussicht gestellt, und Prometheus wird von Hermes als typischer Sophist beschrieben:

> Ἐκπρόθεσμον μέν, ὦ Προμηθεῦ, τὴν ἔφεσιν ἀγωνιῇ καὶ ἐς οὐδὲν δέον· ὅμως δ' οὖν λέγε· καὶ γὰρ ἄλλως περιμένειν ἀναγκαῖον, ἔστ' ἂν ὁ ἀετὸς καταπτῇ ἐπιμελησόμενός σου τοῦ ἥπατος. τὴν ἐν τῷ μέσῳ δὴ ταύτην σχολὴν καλῶς ἂν ἔχοι εἴη εἰς ἀκρόασιν καταχρήσασθαι σοφιστικήν, οἷος εἶ σὺ πανουργότατος ἐν τοῖς λόγοις. (*Prom.* 4)
>
> Dein Begehren, Prometheus, ist zwar unnütz und wird zu nichts führen, aber rede trotzdem. Wir müssen ohnehin noch bleiben, bis der Adler kommt, der sich um

deine Leber kümmern wird. In der Zwischenzeit kann diese Pause trefflich genutzt werden, um eine sophistische Rede zu hören – du bist ja ein ausgezeichneter Redner!

Hermes formuliert die Erwartungen an eine sophistische Deklamation, deren Wirkungsabsicht nicht zuletzt im Zeitvertreib und der Unterhaltung ihrer Zuhörer lag. Zudem wird Prometheus als πανουργότατος ἐν τοῖς λόγοις mit genau den Worten charakterisiert, mit denen Lukian auch anderswo die (gefährliche) Wortgewalt der zeitgenössischen Rhetorik beschreibt (vgl. *Pisc.* 9). Hoch im Norden – so die Fiktion dieses Dialogs – sind dieselben Redner aktiv, die das Publikum aus Athen und den öffentlichen Plätzen der griechischsprachigen Welt kennt. Dabei besteht der besondere Reiz des *Prometheus* in der Integration der Rhetorik – die Prometheus perfekt beherrscht – in den Mythos.

Lukian schreibt nicht nur kulturelle Errungenschaften der Zweiten Sophistik in die Randgebiete der Ökumene ein, um ihren umfassenden Wirkungsanspruch zu unterstreichen, sondern er diskutiert den Wert und das Wesen der griechischen *paideía* mit Hilfe von Personen, die von weit außen, aus eben diesen Randgebieten, stammen. Dass gerade solche Figuren zu Repräsentanten und Verfechtern griechischer *paideía* werden können, unterstreicht die Bedeutung der Bildung und ermöglicht ihre Prüfung in beständiger Auseinandersetzung mit dem vermeintlich ‚Fremden'. Speziell mit Blick auf den Norden muss sich *paideía* besonders in den drei Texten über Skythen *Anacharsis*, *Scytha* und *Toxaris* bewähren, in denen jeweils ein Skythe beschrieben wird, der nach Athen kommt, um sich dort mit der griechischen Bildung vertraut zu machen. Antike Leser kannten die Skythen, die in verschiedenen, zumeist nomadischen Reiterstämmen das Gebiet nördlich des Schwarzen Meeres bewohnten und zu Lukians Zeit noch ein kleines Königreich auf der Krim besaßen, vor allem aus der Literatur. Der *locus classicus* ist das vierte Buch von Herodots *Historien*, wo Lebensweisen, Kriegsführung und (religiöse) Bräuche der Skythen erstmals ausführlich dargestellt werden. Die dort beschriebene Fremdheit der Sitten hat in der antiken Literatur einerseits zu dem negativen Bild vom unzivilisierten und primitiven Skythen geführt, andererseits stellte die herodoteische Schilderung der einfachen, naturverbundenen Lebensweise der Skythen eine Konstrastfolie zur zivilisierten griechischen Welt dar: Einzelne Skythen konnten als ‚edle Wilde' einen unbefangenen und kritischen Blick auf die griechische Kultur werfen und verfügten darüber hinaus über ein besonderes Wissen, das als bereichernd empfunden wurde. Einer von ihnen war Anacharsis, der in der Antike zu den Sieben Weisen gezählt wurde, ein anderer Toxaris, der nach Lukian die erste skythische Bildungsreise nach Athen unternahm:

> Οὐ πρῶτος Ἀνάχαρσις ἀφίκετο ἐκ Σκυθίας Ἀθήναζε παιδείας ἐπιθυμίᾳ τῆς Ἑλληνικῆς, ἀλλὰ καὶ Τόξαρις πρὸ αὐτοῦ, σοφὸς μὲν καὶ φιλόκαλος ἀνὴρ καὶ ἐπιτηδευμάτων φιλομαθὴς τῶν ἀρίστων, οἴκοι δὲ οὐ τοῦ βασιλείου γένους ὢν οὐδὲ τῶν πιλοφορικῶν, ἀλλὰ Σκυθῶν τῶν πολλῶν καὶ δημοτικῶν, οἷοί εἰσι παρ' αὐτοῖς οἱ ὀκτάποδες καλούμενοι, τοῦτο δέ ἐστι, δύο βοῶν δεσπότην εἶναι καὶ ἁμάξης

μιᾶς. οὗτος ὁ Τόξαρις οὐδὲ ἀπῆλθεν ἔτι ὀπίσω ἐς Σκύθας, ἀλλ' Ἀθήνησιν ἀπέθανεν, καὶ μετ' οὐ πολὺ καὶ ἥρως ἔδοξεν καὶ ἐντέμνουσιν αὐτῷ Ξένῳ Ἰατρῷ οἱ Ἀθηναῖοι· (*Scyth.* 1)

> Anarchasis war nicht der erste, der im Streben nach griechischer Bildung aus Skythien nach Athen gekommen ist, sondern Toxaris war vor ihm da, ein weiser Mann und Ästhet, wissbegierig in den höchsten Wissenschaften. Von Haus aus war er weder von königlicher Abkunft noch hatte er einen hohen Rang, sondern er gehörte zu der Menge der einfachen Skythen, die bei ihnen ‚Acht-Füßler" genannt werden, weil sie zwei Ochsen und einen Wagen besitzen. Dieser Toxaris kehrte nicht nach Skythien zurück, sondern starb in Athen und wurde bald danach als Heros verehrt; die Athener opferten ihm als dem 'fremden Arzt'.

Athen als traditioneller Sitz griechischer Bildung ist attraktiv, wird zum Kristallisationspunkt des Bildungsdiskurses und zu einer Art *melting pot*, insofern die dort lehr- und lernbare Bildung nicht statisch ist, sondern sich durch die hinzugereisten Skythen wandelt und dynamisiert. Toxaris, der bei seiner Ankunft in Athen zunächst als armer Wanderskythe mit Pferd und Wagen beschrieben wurde, kommt zu höchsten Ehren aufgrund einer eigentümlichen Mischung von griechischer Bildung, die er sich in Athen angeeignet hat, und einem besonderen (skythischen) Wissen um die Heilkunst. Diese gehört als handwerkliche Fähigkeit (*téchne*) zwar nicht zum Kern der Bildung in der Zweiten Sophistik, stellte aber eine mögliche Erweiterung dar, wie sie u.a. von Plutarch (*Moralia* 122 c-d) und besonders von Galen aus Pergamon propagiert wurde. Galen versuchte, Medizin und *paideía* stärker miteinander zu verknüpfen, was im Laufe der Zeit auch gelang, wie die *Sophistenviten* des Eunap aus dem späten 4. Jh. n.Chr. zeigen. In ihnen werden neben (neuplatonischen) Philosophen und Sophisten auch Ärzte beschrieben, woraus hervorgeht, dass ein umfassend Gebildeter nunmehr auch Kenntnisse in der Medizin vorweisen musste.

Verkörpert Toxaris den Erfolg der griechischen Bildung und ihre Attraktivität auch und gerade für Nicht-Griechen, so wird sie im *Anacharis* – wiederum von einem Skythen – auf eine harte Probe gestellt. Hier lässt Lukian genau das Gegenbild von Toxaris nach Athen kommen: den reichen, angesehenen und im skythischen Sinne hochgebildeten Anacharsis, der seinen Gesprächspartner Solon durch Fragen zu der für ihn ungewöhnlichen griechischen ‚Kultur' des Sports in arge Verlegenheit bringt. Die griechische Bildung wird durch Konfrontation mit dem Fremden zur kritischen Selbstreflexion gezwungen. Zugleich exportiert Anacharsis seine Erfahrung im Umgang mit griechischen Gebildeten (und damit ihr Wissen) in den Norden, indem er Athen wieder verlässt und anders als Toxaris in seine Heimat zurückkehrt. Bildung ist ubiquitär, sie wandelt in Gestalt von äußerlich ganz unterschiedlichen Personen umher und äußert sich im Dialog. Man erkennt sie oft erst auf den zweiten Blick, indem man verweilt und in dem vermeintlich Fremden das Eigene erblickt, so wie es Anacharsis in Athen erlebt:

Ἀλλὰ γὰρ οὗπερ ἕνεκα ἐμνήσθην αὐτοῦ, ἔζη μὲν ἔτι ὁ Τόξαρις, ὁ Ἀνάχαρσις δὲ ἄρτι καταπεπλευκὼς ἀνῄει ἐκ Πειραιῶς, οἷα δὴ ξένος καὶ βάρβαρος οὐ μετρίως τεταραγμένος ἔτι τὴν γνώμην, πάντα ἀγνοῶν, ψοφοδεὴς πρὸς τὰ πολλά, οὐκ ἔχων ὅ τι χρήσαιτο ἑαυτῷ· καὶ γὰρ συνίει καταγελώμενος ὑπὸ τῶν ὁρώντων ἐπὶ τῇ σκευῇ, καὶ ὁμόγλωσσον οὐδένα εὕρισκεν, καὶ ὅλως μετέμελεν αὐτῷ ἤδη τῆς ὁδοῦ, καὶ ἐδέδοκτο ἰδόντα μόνον τὰς Ἀθήνας ἐπὶ πόδα εὐθὺς ὀπίσω χωρεῖν καὶ πλοίῳ ἐπιβάντα πλεῖν αὖθις ἐπὶ Βοσπόρου, ὅθεν οὐ πολλὴ ἔμελλεν αὐτῷ ὁδὸς ἔσεσθαι οἴκαδε ἐς Σκύθας. οὕτως ἔχοντι τῷ Ἀναχάρσιδι ἐντυγχάνει δαίμων τις ἀγαθὸς ὡς ἀληθῶς ὁ Τόξαρις ἤδη ἐν τῷ Κεραμεικῷ. καὶ τὸ μὲν πρῶτον ἡ στολὴ αὐτὸν ἐπεσπάσατο πατριῶτις οὖσα, εἶτα μέντοι οὐ χαλεπῶς ἔμελλε καὶ αὐτὸν γνώσεσθαι τὸν Ἀνάχαρσιν ἅτε γένους τοῦ δοκιμωτάτου ὄντα καὶ ἐν τοῖς πρώτοις Σκυθῶν. ὁ Ἀνάχαρσις δὲ πόθεν ἂν ἐκεῖνον ἔγνω ὁμοεθνῆ ὄντα, Ἑλληνιστὶ ἐσταλμένον, ἐν χρῷ κεκαρμένον, ὑπεξυρημένον τὸ γένειον, ἄζωστον, ἀσίδηρον, ἤδη στωμύλον, αὐτῶν τῶν Ἀττικῶν ἕνα τῶν αὐτοχθόνων; (*Scyth.* 3)

Ich erzähle das, weil Toxaris noch lebte, als Anacharsis nach seiner Ankunft im Hafen Piräus nach Athen ging. Als Fremder und Nicht-Grieche war er ziemlich verwirrt, weil ihm alles unbekannt war; er reagierte ängstlich auf die meisten Geräusche und wusste nicht, was er mit sich anfangen sollte. Er bemerkte das Lachen der Leute beim Anblick seiner Kleidung, fand niemanden, der seine Sprache sprach, und bedauerte schon gänzlich seine Reise. Er beschloss, nur die Stadt Athen anzuschauen und sofort danach die Rückreise anzutreten und sich Richtung Bosporos einzuschiffen, von wo aus der Weg in seine Heimat nicht weit war. In dieser Verfassung begegnete ihm Toxaris wie ein guter Daimon, als er schon auf dem Kerameikos war. Toxaris fiel zuerst die heimatliche Kleidung auf, dann war es für ihn leicht, Anacharsis zu erkennen, weil dieser aus einer höchst angesehenen Familie stammte und zu den führenden Skythen gehörte. Wie hätte Anacharsis hingegen jenen als Landsmann erkennen können, der griechisch gekleidet war, seinen Bart abrasiert hatte, weder Gürtel noch Schwert trug und bereits fließend Griechisch sprach wie ein gebürtiger Athener?

Lukian lässt in Athen zwei gebildete Skythen aufeinandertreffen, einen gräzisierten Toxaris und einen ‚barbarischen', die skythische Bildung vertretenden Anacharsis. Ihre Begegnung ermöglicht ein Gespräch über die Offenheit der griechischen *paideía* und ihre Kraft zur Integration, die auch Fremde aus dem Norden überzeugt. Diesbezüglich gewinnt die Lokalisierung des Gesprächs in *Scytha* an Bedeutung, denn der Dialog zwischen den beiden Skythen wird nicht in Athen erzählt, sondern in Makedonien, wo der Ich-Erzähler – ein Syrer – versucht, seine Zuhörerschaft um gastliche Aufnahme zu bitten:

ὥρα γοῦν εἰδέναι οὗτινός μοι ἕνεκα ὁ Ἀνάχαρσις ἐκ Σκυθίας καὶ Τόξαρις τὰ νῦν ἐς Μακεδονίαν ἥκετον ἔτι καὶ Σόλωνα γέροντα ἄνδρα ἐπαγομένῳ Ἀθήνηθεν. φημὶ δὴ ὅμοιόν τι καὶ αὐτὸς παθεῖν τῷ Ἀναχάρσιδι—καὶ πρὸς Χαρίτων μὴ νεμεσήσητέ μοι τῆς εἰκόνος, εἰ βασιλικῷ ἀνδρὶ ἐμαυτὸν εἴκασα· βάρβαρος μὲν γὰρ κἀκεῖνος καὶ οὐδέν τι φαίης ἂν τοὺς Σύρους ἡμᾶς φαυλοτέρους εἶναι τῶν Σκυθῶν. (*Scyth.* 9)

Es ist nun Zeit zu erfahren, warum Anacharsis und Toxaris aus Skythien mit mir hierher nach Makedonien gekommen sind und ich noch dazu den alten Solon aus Athen mitgebracht habe: Mir ergeht es ähnlich wie dem Anacharsis – seid mir nicht böse, wenn ich mich mit einem Mann von königlichem Geschlecht vergleiche. Denn auch er war ein ‚Barbar‘, und es kann wohl niemand behaupten, dass wir Syrer geringere Menschen seien als die Skythen.

Hier spricht ein Syrer in bestem Attisch über den Wert einer griechischen Bildung, die in Gestalt von zwei Skythen auf Reisen geht, überall auf der Welt verstanden wird und einen gemeinsamen Code für Griechen und ‚Barbaren‘ im Sinne von Menschen, die mit der griechischen Sprache und ihrer Kultur nicht vertraut sind, bereithält. Mit Hilfe der *paideía* werden in den Skythentexten Zentrum und Peripherie in einen fruchtbaren Dialog gebracht, gewohnte Sichtweisen aufgebrochen und neue Perspektiven geschaffen. Zu ihnen gehören der kulturelle Austausch, der ein wesentlicher Bestandteil der Diskursivierung von Wissen ist, und dabei besonders ethische Themen wie Freundschaft (im *Toxaris*) verhandelt, und die Erziehung der Jugend und Seelenbildung, die Anacharsis interessiert (*Anach.* 21-22). Gerade diese Aspekte der *paideía* erhalten ihre Valenz und Allgemeingültigkeit erst durch die kritische Prüfung durch solche Menschen, die eine andere Art von Bildung mitbringen und sich mit ihr in einen ähnlich kritisch-dialogischen Aushandlungsprozess begeben, wie ihn die nordischen Skythen einfordern. Auch tief im Westen, in Gallien, wo der Ich-Erzähler des *Hercules* auf ein Gemälde mit einer für griechische Augen ungewöhnlichen Allegorie der Rhetorik stößt, und im Osten bei der Beschreibung eines Tempels der syrischen Gottheit (*De Syria Dea*) wird die griechische *paideía* des Ich-Erzählers teils auf die Probe gestellt (*Hercules*), teils als bedeutsam erwiesen, weil sie sich mit nicht-griechischen Wissens- und Erfahrungsinhalten verbindet (*De Syria Dea*).

Die positive und für das Lukianische Œuvre produktive Funktion solcher Kulturkontakte – Lukian gewinnt neue Themen im Dialog mit den Rändern der Ökumene und im Fall des *Hercules* auch neue Kraft für den Ich-Erzähler, weitere Reden zu verfassen (*Herc.* 8) – verhindert nicht, dass wir in Lukians Texten auch Gebildete finden, die weiterhin mit den Topoi des barbarischen Nordens operieren: In den *Philopseudeis* betont eine Gruppe von gebildeten Philosophen am Beispiel der Hyperboreer das Magische und Barbarische des Nordens, ohne darin einen Konflikt mit ihrer Bildung zu erkennen. Vielmehr weiß der Gebildete zu differenzieren und kann solche Vorstellungen zur Unterhaltung verwenden, weil sie gerade nichts mit der Wahrheit zu tun haben. Das versteht Tychiades jedoch nicht, der seine Gesprächspartner immer wieder der Lüge bezichtigt und sich dadurch als vermeintlich Gebildeter empört in Szene setzt:

Οὐ παύσεσθε, ἦν δ' ἐγώ, τὰ τοιαῦτα τερατολογοῦντες γέροντες ἄνδρες; εἰ δὲ μή, ἀλλὰ κἂν τῶν μειρακίων τούτων ἕνεκα εἰς ἄλλον τινὰ καιρὸν ὑπερβάλλεσθε τὰς παραδόξους ταύτας καὶ φοβερὰς διηγήσεις, μή πως λάθωσιν ἡμῖν ἐμπλησθέντες δειμάτων καὶ ἀλλοκότων μυθολογημάτων. φείδεσθαι οὖν χρὴ αὐτῶν μηδὲ τοιαῦτα ἐθίζειν ἀκούειν, ἃ διὰ παντὸς τοῦ βίου συνόντα ἐνοχλήσει καὶ ψοφοδεεῖς ποιήσει ποικίλης τῆς δεισιδαιμονίας ἐμπιμπλάντα. (*Philops*. 37)

Wollt ihr alten Männer nicht aufhören, sagte ich, solche Wundergeschichten zu erzählen? Falls nicht, verlegt wegen der Anwesenheit der jungen Leute solch paradoxe und furchterregende Erzählungen doch auf einen anderes Mal, damit sie nicht unversehens mit schrecklichen und unnatürlichen Beschreibungen erfüllt werden. Man muss auf sie Rücksicht nehmen und darf sie nicht daran gewöhnen, Dinge zu hören, die sie ihr ganzes Leben hindurch verstören, beängstigen und mit Aberglauben erfüllen.

In deutlicher Analogie zur Anklage gegen Sokrates wegen seines vermeintlich schlechten Einflusses auf die athenische Jugend weist Tychiades wiederholt auf die Unglaubwürdigkeit und Schädlichkeit der Lügengeschichten hin und wird so zu einem Spielverderber. Das stört natürlich die Runde, was ein gewisser Ion deutlich zum Ausdruck bringt: „Es ist sehr lächerlich von dir, dass du bei Allem den Ungläubigen machen willst" (γελοῖα ποιεῖς ... ἀπιστῶν ἅπασιν, *Philops*. 15). Tychiades hat sich selbst desavouiert, weil er nicht erkennt, dass er ein Haus betreten hat, in dem sich Gebildete für den Moment ihrer Zusammenkunft den Konventionen der Lügenerzählung verpflichtet haben. Er hat nicht verstanden, dass sie aufgrund ihrer Bildung verschiedene Rollen einnehmen, sich spielerisch auch als ‚Lügenfreunde' inszenieren und die Ränder des Bildungskanons ausloten können, indem sie privat über Themen sprechen, über die *pepaideuménoi* – zumindest in der Öffentlichkeit – eigentlich nicht sprechen. Lukians Text lässt völlig offen, ob die Lügenfreunde tatsächlich an die von ihnen erzählten Wundergeschichten glauben. Womöglich ist *Philopseudeis* die dialogische Inszenierung einer rhetorischen Übung, in der Redner einen beliebigen Gegenstand wählen und dazu eine bestimmte, nicht unbedingt von ihnen vertretene Meinung äußern. Der Reiz solcher Reden lag natürlich weniger in der Ernsthaftigkeit des Inhalts als in der Kunst, sie so wirkungsvoll zu erzählen, dass sie beispielsweise als ‚gefährlich für die Jugend' eingestuft werden konnten. Nur ein Vertreter einer starren, unflexiblen Bildung, die bestimmte Verhaltensweisen und Unterhaltungsformen ausschließen möchte, anstatt sie als (produktiven) Teil des Bildungsdiskurses zu begreifen, hat das nicht verstanden.

Die Einbeziehung des Nordens in den Bildungsdiskurs bedeutet natürlich nicht, dass Bildung dort grassiert. Vielmehr ist Bildung zu Lukians Zeit ein elitäres Phänomen, und Gebildete sehen sich im Norden genauso wie in Athen und sonst überall einer Menge von Ungebildeten und Scheingebildeten gegenüber. Gerade vor diesem Hintergrund muss sich Bildung besonders beweisen, indem sie sich nicht nur gegen Scheinbildung behauptet, sondern zugleich einen Missbrauch von Bildung verhindert. Hier kommt die ethische Komponente von Bildung ins Spiel: Bildung ist immer auch Menschenbildung, wie es Paideia im *Somnium* (10) formuliert hatte. Entsprechend ist ethisches Fehlverhalten immer auch als Ausweis von Unbildung zu werten. Ein typischer Fall, der an den Grenzen der Ökumene inszeniert wird, findet sich im *Alexander*. ‚Lukian' berichtet dort von seinem Besuch eines Orakels, das ein gewisser Alexander von Abonuteichos in Paphlagonien am Schwarzen Meer im 2. Jahrhundert n.Chr. mit Hilfe einer orakelnden, menschenköpfigen Schlange namens Glykon errichtet hatte. Das Orakel war berühmt und ist durch Münz- und Votivfunde gut bezeugt. ‚Lukian' möchte diesen Alexander als Scharlatan entlarven, der mit der Dummheit der Menschen und ihrem Aberglauben ein gutes Geschäft macht:

> ὁ δὲ Ἀλέξανδρος ἔμπαλιν τὰ οἴκοι προὔκρινεν, λέγων ὅπερ ἀληθὲς ἦν, πρὸς τὴν τῶν τοιούτων ἀρχὴν καὶ ἐπιχείρησιν ἀνθρώπων δεῖν παχέων καὶ ἠλιθίων τῶν ὑποδεξομένων, οἵους τοὺς Παφλαγόνας εἶναι ἔφασκεν ὑπεροικοῦντας τὸ τοῦ Ἀβώνου τεῖχος, δεισιδαίμονας τοὺς πολλοὺς καὶ ἠλιθίους ... (*Alex.* 9)

> Dagegen zog Alexander seine Vaterstadt vor, indem er behauptete – und es war wahr –, dass man am Beginn einer solchen Unternehmung dumme und einfältige Leute bräuchte. Solche seien, sagte er, die Paphlagonier, die im Norden von Abonuteichos lebten und von denen die meisten abergläubisch und reich seien ...

Alexander sucht sich für sein Orakel planvoll eine bildungsferne Gegend aus und nutzt die Leichtgläubigkeit und die übertriebene Gottesfurcht der Paphlagonier, um sich zu einem Propheten zu erheben. Die dafür nötige größtmögliche Abwertung einer ganzen Stadtbevölkerung wird durch die Lage der Stadt am Rande der Ökumene begründet, wo *paideía* offensichtlich noch keine Wurzeln geschlagen hat. In dieser Einschätzung stimmen Erzähler und Alexander überein, so dass beide für einen Moment auf derselben Seite stehen: Sie grenzen sich als *pepaideuménoi* von den Paphlagoniern ab. Diese Dichotomie zwischen zwei Gebildeten und vielen Ungebildeten steht aber nicht im Mittelpunkt, sondern schafft lediglich die Grundlage für eine Auseinandersetzung zwischen den beiden Gebildeten selbst, um die es in der Folge ausschließlich geht. ‚Lukian' kann Alexander schließlich als Scharlatan entlarven, wobei er nicht dessen Bildung im Sinne einer fundierten Schulbildung oder sein erworbenes Wissen in Literatur und Kultur in Frage stellt – er beschreibt die Ausbildung Alexanders vielmehr in den höchsten Tönen (*Alex.* 4) und seine Handlungsweise als besonders raffiniert (σοφώτατον, 28) –, sondern seinen schlechten, betrügerischen Charakter (τὴν τοῦ τρόπου μιαρίαν, 57) anprangert. Damit wird Alexander zum Negativbeispiel eines ‚Gebildeten', dem die ethische Qualifikation fehlt. Und solche Figuren sind gefährlich, weil sie über weniger Gebildete eine unheilvolle Macht ausüben können. So gelesen ist der *Alexander* eine aufklärerische Schrift, die sich gegen Aberglauben und Scharlatanerie wendet und auf die Gefahren von Unbildung aufmerksam macht. Daher geht der Nutzen der Schrift auch über die punktuelle Entlarvung des historischen Alexander hinaus:

> οἶμαι δὲ ὅτι καὶ τοῖς ἐντυχοῦσι χρήσιμόν τι ἔχειν δόξει ἡ γραφή, τὰ μὲν διεξελέγχουσα, τὰ δὲ ἐν ταῖς τῶν εὖ φρονούντων γνώμαις βεβαιοῦσα. (*Alex.* 61)

> Ich glaube, dass dieses Werk auch denjenigen, denen es in die Hände fällt, nützlich erscheinen wird, weil es einerseits [Falschheit] entlarvt, andererseits die Haltung der rechtschaffenen Leute bestärkt.

Überträgt man diesen Nützlichkeitsanspruch (χρήσιμόν τι, 61) auf andere lukianische Schriften, so tritt die Fokussierung auf den ethischen Aspekt der Bildung klar hervor: ‚Wahre' Bildung besteht nicht im Anhäufen von rhetorischem, philosophischem, historischem oder literarischem Wissen, sondern zeigt sich erst in dessen Verinnerlichung. Daran müssen sich die lukianischen Gesprächspartner messen lassen, und daran scheitern sie zumeist. Zwei Grundfragen sind es daher, die die lukianischen ‚Prüfungen' von Gebildeten in seinen Schriften leiten: 1) Verfügt er quantitativ über das nötige Wissen in seiner Disziplin, um als Experte und ernstzunehmender Gesprächspartner in Frage zu kommen? Und darauf aufbauend: 2) Versteht er sich darauf, dieses Wissen qualitativ im Sinne einer vorbildlichen Lebensführung in Wort und Tat umzusetzen? Nur wenn beide Fragen positiv beantwortet werden, sprechen wir in Lukians Schriften mit bzw. über *pepaideuménoi*. Für Lukian erweist *paideía* ihren Träger als ζῷον πολιτικόν, als Gemeinschaftswesen im aristotelischen Sinn, und bestimmt sein Verhalten in und gegenüber einer Öffentlichkeit.

2.6 Bildung und Identität: Lukians Kosmopoliten

Zu Beginn des *Piscator* drängen die aufgebrachten Gründer der Philosophenschulen an die Oberwelt, um einen gewissen Parrhesiades (‚Freisprech') zu lynchen. Da wir in Athen sind, geht alles jedoch in geordneten Bahnen zu. Es kommt zu einem Gerichtsverfahren, in dem die Philosophie als Hüterin der Bildung und als Wahrerin der Interessen ihrer Klientel den Vorsitz führt:

> **Φιλοσοφία**. Θαρρεῖτε· οὐδὲν μὴ γένηται ἄδικον, Δικαιοσύνης ταύτης συμπαρούσης. ἀνίωμεν οὖν. ἀλλὰ εἰπέ μοι σύ, τί σοι τοὔνομα; **Παρρησιάδης**. Ἐμοί; Παρρησιάδης Ἀληθίωνος τοῦ Ἐλεγξικλέους. **Φιλοσοφία**. Πατρὶς δέ; **Παρρησιάδης**. Σύρος, ὦ Φιλοσοφία, τῶν Ἐπευφρατιδίων. ἀλλὰ τί τοῦτο; καὶ γὰρ τούτων τινὰς οἶδα τῶν ἀντιδίκων μου οὐχ ἧττον ἐμοῦ βαρβάρους τὸ γένος· ὁ τρόπος δὲ καὶ ἡ παιδεία οὐ κατὰ Σολέας ἢ Κυπρίους ἢ Βαβυλωνίους ἢ Σταγειρίτας. καίτοι πρός γε σὲ οὐδὲν ἂν ἔλαττον γένοιτο οὐδ' εἰ τὴν φωνὴν βάρβαρος εἴη τις, εἴπερ ἡ γνώμη ὀρθὴ καὶ δικαία φαίνοιτο οὖσα. (20) **Φιλοσοφία**. Εὖ λέγεις· ἄλλως γοῦν ἠρόμην. ἡ τέχνη δέ σοι τίς; ἄξιον γὰρ ἐπίστασθαι τοῦτό γε. **Παρρησιάδης**. Μισαλαζών εἰμι καὶ μισογόης καὶ μισοψευδὴς καὶ μισότυφος καὶ μισῶ πᾶν τὸ τοιουτῶδες εἶδος τῶν μιαρῶν ἀνθρώπων· πάνυ δὲ πολλοί εἰσιν, ὡς οἶσθα. (*Pisc*. 19f.)

> **Philosophie**: Seid unbesorgt! Es wird kein Unrecht geben, da die Gerechtigkeit unter uns weilt. Lass uns also gehen! Du aber nenne mir deinen Namen. **Parrhesiades**: Ich? Parrhesiades, Sohn Alethions (‚der Wahrheit') und Enkel des Elenxikles (‚der prüfenden Widerlegung'). **Philosophie**: Was ist deine Heimat? **Parrhesiades**: Ich bin Syrer, Philosophie, vom Euphrat. Doch was soll das hier? Weiß ich doch, dass auch einige meiner Gegner hier, was ihre Abstammung betrifft, nicht weniger Barbaren sind als ich. Aber mein Charakter und meine Bildung, die sind nicht nach der Art der Leute aus Solai, Zypern, Babylon oder Stageira. Und

doch sollte das bei dir doch nichts bedeuten, auch nicht, wenn jemand seiner Sprache nach Barbar wäre, solange nur seine Ansichten sich als richtig und gerecht erweisen (20) **Philosophie**: Wahr spricht du! Ich habe planlos gefragt. Was ist dein Metier? Das ist nämlich wissenswert. **Parrhesiades**: Ich hasse Angeber, Betrüger, Lügner, Scharlatane und das ganze Pack von verlogenen Menschen – und davon gibt es viele, wie du weißt!

Mit seiner Antwort legt Parrhesiades der Philosophie nahe, eine Person nicht nach ihrer Herkunft oder ihrer nationalen oder kulturellen Zugehörigkeit zu beurteilen, sondern nach der ‚rechten Gesinnung'. Damit wird der traditionelle Weg, Identitäten zu bestimmen, den die Philosophie mit ihrer Frage nach der Herkunft des Angeklagten noch im Sinn hatte, verlassen: Geburt und Name helfen nicht, diesen Fall zu lösen und die Wirkungsintention von Lukians Dialog zu verstehen, im Gegenteil: Alle Spuren einer solchen Identität – sei sie kulturell oder regional verankert – werden unwichtig und verwischt (vgl. Kap. 1). Diese radikale Abwendung von jeglicher Art der Identitätsgebung ist für Bildungsdiskurse im Lukianischen Œuvre und für die Positionierung des Autors selbst typisch: Lukian wechselt wie ein Proteus beständig seine Sprecher, die sich – wie Parrhesiades – weigern, ihre Identität oder die ihres Autors zu verraten, und Figuren, die selbst als *pepaideuménoi* auftreten oder mit Bildung in Verbindung gebracht werden, sind bis auf wenige historische Ausnahmen (Alexander, Demosthenes, Peregrinus Proteus) in ihrer *vita* blass, typisiert und austauschbar. Bei einigen Figuren verschwindet ihre Identität sogar in dem Maße, in dem ihre Bildung steigt. So verliert der Skythe Toxaris nach dem Tod seinen Namen und wird als „fremder Arzt" ins kulturelle Gedächtnis der Athener eingeschrieben. Über den syrischen Träumer im *Somnium* erhalten wir vor seiner Bildungsreise mehr biographische Informationen als über den ‚berühmten', aber weiterhin anonymen Redner, der er am Ende geworden ist, und auch der Syrer, der im *Bis Accusatus* sowohl vom personifizierten Dialog als auch von der Rhetorik angeklagt wird, bekommt trotz seines auffälligen Aussehens kein Gesicht:

> Ἐγὼ γάρ, ὦ ἄνδρες δικασταί, τουτονὶ κομιδῇ μειράκιον ὄντα, βάρβαρον ἔτι τὴν φωνὴν καὶ μονονουχὶ κάνδυν ἐνδεδυκότα εἰς τὸν Ἀσσύριον τρόπον, περὶ τὴν Ἰωνίαν εὑροῦσα πλαζόμενον ἔτι καὶ ὅ τι χρήσαιτο ἑαυτῷ οὐκ εἰδότα παραλαβοῦσα ἐπαίδευσα. (*Bis Acc.* 27)

> Ich habe mich, verehrte Richter, um ihn gekümmert, als er ein junger Mann war und noch sprach wie ein Barbar und einen Kaftan nach syrischer Art trug. Ich fand ihn durch Ionien irrend ohne Plan, was er mit sich anfangen sollte. Darauf nahm ich mich seiner an und bildete ihn aus.

Wer da ausgebildet wird, erfahren wird nicht. Zwar hat der ‚doppelt Angeklagte' mit Hilfe der Rhetorik sein Äußeres verändert und innerlich (rhetorische) Bildung erlangt, seine Identität ist dadurch aber nicht greifbarer geworden. Vielmehr erkennt die Rhetorik ihren Schützling als *pepaideuménos* selbst nicht wieder, so dass vor ihr (wie vor unseren Augen) weiterhin derselbe anonyme

Syrer steht, den sie in Ionien getroffen hat. Die Reduktion der personalen Identität von Gebildeten zugunsten einer Bildungsidentität ermöglicht eine Fokussierung auf die Bildung selbst, die sich erst im Umgang mit ihr, d.h. in ihrer Verkörperung durch einen *pepaideuménos* zeigt. Um das zu erreichen, bedarf es keiner Individuen, zumal offen gestaltete Figuren die Übertragbarkeit ebenso erleichtern, wie sie die Allgemeingültigkeit der mit ihnen verbundenen Aussagen über *paideía* unterstützen (vgl. Kap. 1). Hinzu kommt, dass Figuren ohne ausgeprägte Identität im Sinne einer diskursiv verhandelten Bildung formbarer sind: Figuren, die selbst Objekte der Aushandlung sind, die sich wie der Syrer im *Bis Accusatus* oder Parrhesiades im *Piscator* in Prozessen bewähren müssen, verkörpern perfekt ein Konzept von Bildung, das stetigen Aushandlungsprozessen unterworfen ist. Und hier zeigt sich eine eigentümliche Zirkularität: Der Syrer, der im *Bis Accusatus* von der Rhetorik als ‚Barbar' aufgenommen und von ihr gräzisiert wurde (εἰς τοὺς Ἕλληνας ἐνέγραψεν, 30), kann nach seiner Ausbildung der griechischen *paideía* neue (Ausdrucks-)Formen geben, auf sie einwirken und ihre Inhalte verändern:

> ἐπεὶ τῶν γε ἄλλων ἕνεκα οὐκ ἂν οἶμαι μέμψαιτό μοι, ὡς θοἰμάτιον τοῦτο τὸ Ἑλληνικὸν περισπάσας αὐτοῦ βαρβαρικόν τι μετενέδυσα, καὶ ταῦτα βάρβαρος αὐτὸς εἶναι δοκῶν· ... (*Bis Acc.* 34)
>
> Wegen der übrigen Dinge kann er [= der Dialog] mich, wie ich glaube, nicht dafür tadeln, dass ich ihm diesen griechischen Mantel ausgezogen und einen barbarischen umgelegt habe, obwohl ich ja selbst ein Barbar zu sein scheine; ...

Ob der Angeklagte nun ein Barbar ist oder nicht, ist unwichtig. Entscheidend ist das Ergebnis, und das ist in diesem Fall der Komödische Dialog (vgl. Kap. 4), mit dem der Syrer den Bildungsdiskurs seiner Zeit um eine weitere Facette bereichert. Die Bildung selbst hat dem Syrer keine Identität verschafft, sie hat ihn vielmehr – ähnlich wie den Parrhesiades – in die Lage versetzt, diese zu verschleiern, zumal sich auf der Ebene des Dialogs – für ein Gerichtsverfahren eigentlich undenkbar – niemand dafür interessiert. Verbindet man diese Figurenzeichnung mit dem oben beobachteten grenz- und kulturüberschreitenden Anspruch griechischer *paideía*, so wird ein weiterer Aspekt sichtbar. Ein wahrhaft Gebildeter ist überall zu Hause, unterliegt keinen regionalen Einschränkungen und wird vor allem durch seine *paideía* charakterisiert. Hinter diesem Ideal verbirgt sich der Kosmopolit, dessen Identität nicht über seinen Namen oder seine Herkunft, geschweige denn über bestimmte Charaktereigenschaften oder Ausbildungen bestimmt werden kann. Ein Kosmopolit braucht keinen Namen, seine Identität ist die eines *pepaideuménos*, und seine Heimat ist die ‚Welt' der Bildung. Sie ermöglicht ein Reisen, ohne zu reisen, sie eröffnet Horizonte jenseits der Grenzen von Himmel und Erde, sie zeigt sich in einem Œuvre, ‚where all the world can be on every stage': Die *Verae Historiae* erzählen von einer Reise zu den Sternen und unbekannten Ländern, im *Icaromenippus* fliegt Menipp zum Mond, und in der *Necyomantia* und den *Dialogi Mortuorum* besuchen wir die

Unterwelt (vgl. 3.3.2). Es gibt keine feste geographische Orientierung in Lukians Werk, und ebenso wie auf der inhaltlichen Ebene Räume, Themen und Grenzen verschwimmen, macht Lukian auch auf der Ebene der Literatur nirgends halt. Er ist in allen Gattungen zuhause und gewinnt durch literarische Kentauren (vgl. Kap. 4) neuen Raum für neue Bewohner.

Ein besonders attraktiver Ort, zumindest für einen Kosmopoliten, ist die lukianische Unterwelt, wo es keine zeitlichen, räumlichen, sprachlichen, kulturellen oder politischen Grenzen gibt. Nirgends sonst – weder in der antiken noch in der modernen (fiktiven oder realen) Welt – treffen so viele Menschen aufeinander, um sich über ihr vergangenes Leben zu unterhalten. Wer die ganze Welt bewohnen, verstehen und erleben will – zumindest die von Menschen gestaltete –, der ist in der Unterwelt richtig. So erstaunt es nicht, dass ausgerechnet die erste literarisch als Kosmopolit bezeugte Figur, der kynische „Weltbürger" (κοσμοπολίτης, vgl. Diogenes Laertius 6.63) Diogenes von Sinope, zu Beginn der *Dialogi Mortuorum* den zwischen Ober- und Unterwelt pendelnden Dioskuren Polydeukes folgende Botschaft an Menipp überbringen läßt:

> Ὦ Πολύδευκες, ἐντέλλομαί σοι, ἐπειδὰν τάχιστα ἀνέλθῃς, – σὸν γάρ ἐστιν, οἶμαι, ἀναβιῶναι αὔριον – ἤν που ἴδῃς Μένιππον τὸν κύνα – εὕροις δ' ἂν αὐτὸν ἐν Κορίνθῳ κατὰ τὸ Κράνειον ἢ ἐν Λυκείῳ τῶν ἐριζόντων πρὸς ἀλλήλους φιλοσόφων καταγελῶντα – εἰπεῖν πρὸς αὐτὸν ὅτι Σοί, ὦ Μένιππε, κελεύει ὁ Διογένης, εἴ σοι ἱκανῶς τὰ ὑπὲρ γῆς καταγεγέλασται, ἥκειν ἐνθάδε πολλῷ πλείω ἐπιγελασόμενον·
> (*DMort.* 1.1)

> He, Polydeukes, ich habe einen Auftrag für dich, wenn du wieder hinaufgehst – ich glaube, morgen bist du doch wieder mit Auferstehen dran –: Solltest du irgendwo Menippos, den Hund, sehen – vielleicht findest du ihn in Korinth beim Kraneion oder im Lykeion, wo er sich über das Gestreite der Philosophen lustig macht –, dann richte ihm doch folgendes aus: „Diogenes fordert dich, Menipp, dringend auf, wenn du dich über die irdischen Angelegenheiten hinreichend lustig gemacht hast, hierher zu kommen, wo du noch viel mehr zu lachen haben wirst;"

Lukian erschafft dem ‚ersten' Weltbürger ein literarisches (Toten)Reich, das einem Kosmopoliten angemessen ist. Allerdings zeigt sich hier eine Spannung zwischen dem Kosmopoliten Diogenes und einem kosmopolitischen *pepaideuménos*. Letzterer wird in Nachfolge des Sokrates, der am Ende der Platonischen *Apologie* den Gang in die Unterwelt als höchste Glückseligkeit bezeichnet hatte, da man sich dort mit Dichtern, Feldherren und „unzähligen anderen Männern und Frauen unterhalten" könne (Platon, *Ap.* 41a1-c4), das affirmativ-herausfordernde Potential der (gebildeten) Unterweltsbewohner erkennen und wertschätzen. Für den Kyniker hingegen liegt die die Attraktivität dieses Ortes in der Potenzierung der dort versammelten negativen menschlichen Einstellungen und Eigenschaften.

Mit Diogenes präsentiert uns Lukian einen Gegenentwurf zum *pepaideuménos* der Zweiten Sophistik. Zwar verbindet beide das Streben nach geistiger Unabhängigkeit, nach Redefreiheit – Diogenes soll auf die Frage nach dem

Schönsten im Leben die „freie Rede" (παρρησία, Diog. Laet. 6.69) genannt haben – und nach der Präsenz in der gesellschaftlichen Öffentlichkeit bestimmte Verhaltensweisen, aber ihre Einstellung zum menschlichen Leben ist grundverschieden: Während das Handeln des *pepaideuménos* verantwortungsvoll und dem Leben (der Mitmenschen) zugewandt ist, wählt der Kyniker eine radikal andere Lebensführung, da ihm alles gleichgültig ist. Die den Kynikern eigene Forderung nach Freiheit von allen materiellen Gütern und sozialen Zwängen – Diogenes selbst soll Kannibalismus und Inzest gutgeheißen und gemeinschaftlichen Besitz von Frauen gefordert haben –, ihre in den anekdotenhaften Biographien oft berichteten nonkonformen Verhaltensweisen und Gesetzesübertretungen (vgl. Diogenes Laertius 6.20-21 zur Falschmünzerei des Diogenes) verhindern die Vereinnahmung dieser Figur für das Bildungskonzept der Zweiten Sophistik. Zugleich stellt die Radikalität ihrer Position der totalen Freiheit und Autarkie eine besondere Herausforderung für jedes Bildungskonzept dar, das auf eine ethisch-soziale Lebensweise ausgerichtet ist: Denn welchen Nutzen hat etwa ein (langes) Philosophiestudium, wenn man auf kurzem Weg lernen kann, dass Glück in Freiheit besteht und Freiheit durch Apathie und Askese erreicht werden kann? Wofür braucht man überhaupt Rhetorik, wenn man eigentlich gar nicht mit anderen sprechen will, zumal das Gespräch keine neuen Erkenntnisse erwarten lässt und den stillen Genuss der totalen Unabhängigkeit stört? Und welchen Nutzen bringen Bücher, aus denen man allenfalls lernen könnte, was man ohnehin schon weiß? Der Erwerb von *paideía* – so soll es Diogenes einmal formuliert haben (Diog. Laert. 6.73) – ist an sich nutzlos und überflüssig, und das nicht zuletzt deshalb, weil sie aus seiner Sicht eine primär soziale Funktion besitzt: „Bildung ist ... Reichtum für die Armen und Schmuck für die Reichen" (τὴν παιδείαν ... τοῖς δὲ πένησι πλοῦτον, τοῖς δὲ πλουσίοις κόσμον, Diog. Laert. 6.68). Diogenes selbst lässt sich nicht vergesellschaften, er gehört weder zu den Armen noch zu den Reichen, und deshalb trifft dieser Satz auf alle möglichen *pepaideuménoi*, jedoch nicht auf ihn und die wahren Kyniker zu.

Mit solchen Aphorismen mischt sich Diogenes natürlich in die Bildungsdiskurse seiner Zeit ein, er gibt Denkanstöße und stellt vermeintlich sichere Erkenntnisse in Frage. Genau das macht ihn nicht nur für Lukian, sondern auch für ein Kapitel über kaiserzeitliche *paideía* und Kosmopolitentum interessant: Während der *pepaideuménos* aufgrund seiner Bildung, seiner umfassenden Interessen und seiner Offenheit für Neues ein Kosmopolit sein will und *überall* auf der Welt zuhause ist, ist der Kyniker ein Kosmopolit, weil er *nirgends* zuhause ist. Beide Lebensentwürfe sind insofern respektabel, als sie den ganzen Menschen, sein ganzes Engagement fordern. Dazu gehört letztlich auch die Aufgabe einer fassbaren Identität: Der Kyniker verkörpert eine Lebensweise, die alle identitätsstiftenden Merkmale hinter sich lassen muss, der *pepaideuménos* kann und will sich immer wieder neu erfinden und drückt seine Weltoffenheit – wie Lukian – in einem Rollenspiel aus, das ihm ermöglicht, Syrer, ‚Freisprech', Lykinos, Tychiades, Menipp zu sein oder auch nicht zu sein.

Mit dem Kyniker Diogenes und dem *pepaideuménos* stehen sich zwei Ideale gegenüber, die sich gegenseitig konturieren. Zugleich liefert der Vergleich beider Lebenswege eine Entscheidungshilfe: Die kaiserzeitliche *paideía* ist schwer zu erwerben, der Weg zur Bildung ist lang, wogegen der Weg zur kynischen Weltentsagung kurz ist, zumal man ihn durch den – im zitierten ersten *Totengespräch* angedeuteten – Selbstmord sogar noch verkürzen kann. Im Rahmen der *paideía* ist ein kurzer Weg schlecht, im Rahmen des Kynismus hingegen gut, wobei festzuhalten ist, dass der Weg der Kyniker kein einfacher ist. Halbheiten, wie der *fast track*-Redner im *Rhetorum Praeceptor* oder ein kynischer Philosoph, der kein asketisches Leben führt, sind für beide Wege inakzeptabel. Lukians literarische Inszenierungen des Diogenes lassen keine Rückschlüsse auf eine auktoriale Bewertung dieser Figur zu: Im *Piscator* erscheint sie als verärgertes Oberhaupt der kynischen Philosophenschule, in den *Dialogi Mortuorum* verlacht sie die Torheiten der Menschen, in den *Verae Historiae* mutiert sie zu einem Spießbürger, der in der Unterwelt seine Freiheit für die Ehe eingetauscht hat und ab und zu im Rausch über die Stränge schlägt (*VH* 2.18). Lukian fühlt sich bei der Gestaltung des Diogenes keinen historischen, biographischen oder literarischen Traditionen verpflichtet, im Gegenteil: Er gibt ihm nicht nur ein ewiges Nachleben in der Unterwelt, das offen ist für neue Kontextualisierungen und Wandlungen, sondern schreibt auch seine Biographie kreativ fort, indem er ihn in *Vitarum Auctio* für einen Spottpreis von nur zwei Obolen (vgl. auch *Pisc.* 23) feilbieten lässt. Einem *pepaideuménos* wird nicht entgehen, dass dieser Verkauf ein ganz besonderer ist, weil er – anders als bei den übrigen Verkäufen in *Vitarum Auctio* – auf die biographisch-literarische Tradition von Schriften über den „Verkauf des Diogenes" (Διογένους Πρᾶσις) Bezug nimmt (vgl. Diog. Laert. 6.29-30). Obwohl wir den genauen Inhalt solcher Werke nicht mehr kennen, wird deutlich, dass der Käufer mit Diogenes nicht nur einen ganz besonderen Sklaven erwirbt, sondern auf einer metapoetischen Ebene ‚hilft', eine literarische Tradition weiterzuführen, in die sich *Vitarum Auctio* einzuschreiben sucht: Diogenes wird von Lukian ein weiteres Mal ‚verkauft' und kann auch künftig weiterverkauft werden, sollte der Käufer mit dem Erwerb nicht zufrieden sein. Damit wechselt diese Figur ihre fiktiven Besitzer ebenso, wie sie die literarische Geschichte ihrer Gestaltung von Ort zu Ort weiterträgt. Die Konstante in der Veränderung ist ihre Eigenschaft als Kosmopolit, die sie überall einsatzfähig und mal als Vorbild, mal als Gegenbild wirksam macht – eine Qualität, die seinen Käufer zunächst irritiert, der nach dem sucht und fragt, was ein Kosmopolit eben nicht besitzt, nach einer fassbaren Identität:

Ἑρμῆς. Οὗτος ὁ τὴν πήραν ἐξηρτημένος, ὁ ἐξωμίας, ἐλθὲ καὶ περίιθι ἐν κύκλῳ τὸ συνέδριον. βίον ἀνδρικὸν πωλῶ, βίον ἄριστον καὶ γεννικόν, βίον ἐλεύθερον· τίς ὠνήσεται; Ἀγοραστής. Ὁ κῆρυξ πῶς ἔφης σύ; πωλεῖς τὸν ἐλεύθερον; Ἑρμῆς. Ἔγωγε. Ἀγοραστής. Εἶτ' οὐ δέδιας μή σοι δικάσηται ἀνδραποδισμοῦ ἢ καὶ προκαλέσηταί σε εἰς Ἄρειον πάγον; Ἑρμῆς. Οὐδὲν αὐτῷ μέλει τῆς πράσεως· οἴεται γὰρ εἶναι παντάπασιν ἐλεύθερος. Ἀγοραστής. Τί δ' ἄν τις αὐτῷ χρήσαιτο ῥυπῶντι

Ein Traum von Bildung: *paideía*-Diskurse 99

καὶ οὕτω κακοδαιμόνως διακειμένῳ; πλὴν εἰ μὴ σκαπανέα γε καὶ ὑδροφόρον αὐτὸν ἀποδεικτέον. **Ἑρμῆς**. Οὐ μόνον, ἀλλὰ καὶ ἢν θυρωρεῖν αὐτὸν ἐπιστήσῃς, πολὺ πιστοτέρῳ χρήσῃ τῶν κυνῶν. ἀμέλει κύων αὐτῷ καὶ τὸ ὄνομα. **Ἀγοραστής**. Ποδαπὸς δέ ἐστιν ἢ τίνα τὴν ἄσκησιν ἐπαγγέλλεται; **Ἑρμῆς**. Αὐτὸν ἐροῦ· κάλλιον γὰρ οὕτω ποιεῖν. **Ἀγοραστής**. Δέδια τὸ σκυθρωπὸν αὐτοῦ καὶ κατηφές, μή με ὑλακτήσῃ προσελθόντα ἢ καὶ νὴ Δία δάκῃ γε. οὐχ ὁρᾷς ὡς διῄρται τὸ ξύλον καὶ συνέσπακε τὰς ὀφρῦς καὶ ἀπειλητικόν τι καὶ χολῶδες ὑποβλέπει; **Ἑρμῆς**. Μὴ δέδιθι· τιθασὸς γάρ ἐστι. **Ἀγοραστής**. Τὸ πρῶτον, ὦ βέλτιστε, ποδαπὸς εἶ; (8) **Διογενής**. Παντοδαπός. **Ἀγοραστής**. Πῶς λέγεις; **Διογενής**. Τοῦ κόσμου πολίτην ὁρᾷς. (*Vit. Auct.* 7f.)

Hermes: Du da mit dem Ranzen und den nackten Schultern, komm her und geh im Kreis im Raum herum! Ich verkaufe einen mutigen, äußerst edlen und freien Mann. Wer will ihn kaufen? **Käufer**: Was sagst du, Herold? Du verkaufst einen freien Menschen? **Hermes**: Ja! **Käufer**: Und du hast keine Angst, dass er dich wegen Entführung anklagen und vor den Areopag ziehen wird? **Hermes**: Es ist ihm egal, ob er verkauft wird. Er glaubt nämlich, unter allen Umständen frei zu sein. **Käufer**: Was für einen Nutzen könnte jemand von so einem schmutzigen Typ in noch dazu übler Verfassung haben? Allenfalls zum Graben oder Wassertragen könnte man ihn brauchen. **Hermes**: Nicht nur das! Du kannst ihn auch zum Türwächter machen; dafür ist er noch weit vertrauenswürdiger als ein Hund, denn schließlich nennt man ihn ‚Hund'. **Käufer**: Woher stammt er und welche Profession hat er? **Hermes**: Das fragst du ihn am besten selbst. **Käufer**: Aber ich fürchte angesichts seines mürrischen und tief runtergezogenen Blicks, dass er mich anbellen wird, wenn ich mich ihm nähere, oder, beim Zeus, womöglich sogar beißt. Siehst du nicht, wie er seinen Knüttel hebt, die Brauen zusammenzieht und zornig-drohend blickt? **Hermes**: Keine Angst, er ist zahm! **Käufer** (zu Diogenes): Zunächst, mein Bester, sag mir, woher du stammst. (8) **Diogenes**: Von überall. **Käufer**: Wie bitte? **Diogenes**: Vor dir steht ein Kosmopolit!

Vertiefende Literatur: Anderson (1993), Baumbach (2004), Baumbach (2013), Bompaire (1958), Borg (2004), Bowersock (1969), Bowie (1970), Goldhill (2001), Hall (1981), Jones (1986), Korenjak (2000), v. Möllendorff (2000a), v. Möllendorff (2000b), v. Möllendorff (2004), Richter (2011), Schmitz (1997), Whitmarsh (2005), Zweimüller (2008)

3 Λουκιανὸς τάδ᾽ ἔγραψα ... Eine Werkschau

Reichweite, Umfang und Konzept von *paideía*, Bildung, sind Themen, die Lukians Werk teils implizit, teils explizit durchziehen (vgl. Kap. 2). Das vorliegende Kapitel soll einerseits den Reichtum Lukianischer Bildungsschriftstellerei demonstrieren, andererseits aber auch vertiefend zeigen, wie eingehend und differenziert Lukian literarische Formen nutzt, um das Wesen der Bildung seiner Zeit zu reflektieren und den Rezipienten in diese Reflexion einzubeziehen. Die im Folgenden gebildeten Kategorien von Darstellungsmedien, Darstellungsverfahren und Leitmotiven sind, mitsamt ihren Untergliederungen, gewiss nicht vollständig, sie erfassen aber zumindest exemplarisch verschiedene Werkebenen und bieten einen Eindruck der schöpferischen Fülle Lukians. In eckigen Klammern werden zu Beginn des jeweiligen Abschnittes diejenigen Werke benannt, die ausführlicher besprochen werden.

3.1 Darstellungsmedien

Eine vollständige Klassifikation der Schriften Lukians mithilfe einer Gattungssystematik ist nicht möglich. Gewiss lassen sich manche Texte als Vertreter festumrissener Gattungen verstehen, im größeren Teil seines Werks aber verwendet Lukian die bekannten Gattungen eher als Werkzeugkasten zur Montage von Texten (vgl. Kap. 4), weshalb er auch nicht an feste Darstellungskonventionen gebunden ist, sondern neue Verfahren der Darstellung erfinden und traditionelle Verfahren ausbauen und verändern kann. Wir sprechen daher im Folgenden nicht von Gattungen, sondern von Medien der Darstellung; der Begriff des ‚Mediums' hat dabei den Vorteil, dass er die Dynamiken sozialer Kommunikation und damit die gezielte Gestaltung des jeweiligen Einzeltextes stärker akzentuiert, während ‚Gattung' traditionell eine eher statische Form der Klassifikation darstellt und mehr an formalen Charakteristika interessiert ist. Mit den folgenden fünf Unterabschnitten, die der Deklamation, der Diatribe und dem Traktat, der Polemik, der Prolalie und schließlich dem Brief gewidmet sind, werden bedeutende Medien kaiserzeitlicher Kommunikation unter Gebildeten in ihrer spezifischen Nutzung durch Lukian präsentiert.

3.1.1 Deklamation
[*Tyrannicida*, *Muscae encomium*, *Phalaris 1* und *2*]

> Ἀνῆλθέν τις ἐς τὴν ἀκρόπολιν ἀποκτενῶν τὸν τύραννον· αὐτὸν μὲν οὐχ εὗρεν, τὸν δ᾽ υἱὸν αὐτοῦ ἀποκτείνας κατέλιπε τὸ ξίφος ἐν τῷ σώματι. ἐλθὼν ὁ τύραννος καὶ τὸν υἱὸν ἰδὼν ἤδη νεκρὸν τῷ αὐτῷ ξίφει ἑαυτὸν ἀπέκτεινεν. αἰτεῖ ὁ ἀνελθὼν καὶ τὸν τοῦ τυράννου υἱὸν ἀνελὼν γέρας ὡς τυραννοκτόνος. (*Tyr*. praef.)

102   Lukian. Ein literarischer Prometheus

In der Absicht, den Tyrannen zu töten, stieg einer zur Akropolis hinauf. Den Tyrannen selbst fand er nicht vor, tötete statt dessen seinen Sohn und ließ das Schwert in der Leiche stecken. Der Tyrann kam hinzu, entdeckte seinen bereits entseelten Sohn und gab sich mit dem gleichen Schwert selbst den Tod. Nun fordert der, der hinaufgestiegen ist und den Sohn des Tyrannen getötet hat, eine Belohnung als Tyrannenmörder.

So lautet das Thema der von Lukian ausgearbeiteten Übungsrede (μελέτη / *declamatio*) *Tyrannicida*, wie es in den Handschriften der Rede vorangestellt ist; ob es von Lukian selbst so formuliert wurde, ist unklar, aber auch gleichgültig, denn so weit hergeholt uns die Frage nach der angemessenen Belohnung für einen Tyrannenmörder gerade im Kontext der kaiserzeitlichen griechischen Welt auch scheinen mag, so gegenwärtig war doch das Thema, das in klassizistischer Manier die typenbildende Beseitigung des athenischen Tyrannen Hipparchos durch Harmodios und Aristogeiton im Jahr 514 v.Chr. aufgriff, in der Rhetorenschule. Seine Abhandlung – gleiches gilt für die Rede des *Enterbten Sohnes* (*Abdicatus*) – gehörte zu den Fortgeschrittenenübungen in der Reihe der so genannten Progymnasmata. Hierbei handelte es sich um eine Reihe rhetorischer Exerzitien in aufsteigender Schwierigkeit, durch die Rhetorikschüler allmählich von der Nacherzählung über die Verfertigung kleinerer Texte wie Bildbeschreibungen (vgl. Kap. 3.2.2) zur Abfassung ganzer Reden geführt wurden. Für solche Deklamationen waren feste Themen besonders beliebt, denn einerseits waren dadurch wichtige Motive und Argumente schon vorstrukturiert, andererseits konnte der Adept durch besondere eigene Ideen Meriten erwerben, und schließlich ließ sich das Basisthema – in diesem Fall: Der Tyrannenmörder verlangt seinen gesetzlichen Lohn, der ihm von einem Widersacher streitig gemacht wird – beliebig ausweiten und variieren. Hier ist beispielsweise mit dem Sohn des Tyrannen eine zweite Figur und damit argumentativ zu berücksichtigende Größe eingeführt. Grundsätzliches Ziel dieser Deklamationen war – neben der Schulung der Stimme – die Stärkung der Kreativität, die Befähigung zur kontrollierten Emotionalisierung des eigenen Sprechens, dann auch die Einübung der – in der kaiserzeitlichen Stasislehre eingehend differenzierten und elaborierten – Argumentationstechnik.

Lukian wäre nicht Lukian, wenn er eine derartige ‚rhetorische Fingerübung' nicht mit einem ironisch-selbstreflexiven Augenzwinkern versehen hätte. Solch subversiver Humor blitzt schon im Verlauf des *Tyrannicida* immer wieder durch, explizit aber wird er in ihrem Finale:

Νῦν μοι ἐννοήσατε οἷα πεποιηκέναι εἰκὸς τὸν τύραννον, οἷα δὲ εἰρηκέναι πρὸ τῆς τελευτῆς· ἐπεὶ γὰρ ὑπ' ἐμοῦ φονευόμενος καὶ τιτρωσκόμενος πολλοῖς τραύμασιν ἐς τὰ φανερὰ τοῦ σώματος, ὡς ἂν μάλιστα λυπήσειν ἔμελλον τὸν γεγεννηκότα, ὡς ἂν ἐκ τῆς πρώτης θέας διασπαράξειν, ὁ μὲν ἀνεβόησεν οἰκτρόν, ἐπιβοώμενος τὸν γεγεννηκότα οὐ βοηθὸν οὐδὲ σύμμαχον – ᾔδει γὰρ πρεσβύτην ὄντα καὶ ἀσθενῆ – ἀλλὰ θεατὴν τῶν οἰκείων κακῶν· ἐγὼ γὰρ ἀπηλλαττόμην ποιητὴς μὲν τῆς ὅλης τραγῳδίας γεγενημένος, καταλιπὼν δὲ τῷ ὑποκριτῇ τὸν νεκρὸν καὶ τὴν σκηνὴν καὶ τὸ ξίφος καὶ τὰ λοιπὰ τοῦ δράματος· ἐπιστὰς δὲ ἐκεῖνος καὶ ἰδὼν υἱὸν ὃν εἶχεν μόνον ὀλίγον ἐμπνέοντα, ἡμαγμένον, ἐμπεπλησμένον τοῦ φόνου καὶ τὰ τραύματα συνεχῆ καὶ πολλὰ καὶ καίρια, ἀνεβόησεν τοῦτο· „Τέκνον, ἀνῃρήμεθα, πεφονεύμεθα, τετυραννοκτονήμεθα ..."... (22) καὶ τέλος ἑωράκατε πάντες τὸν μὲν νεανίαν προκείμενον ... τὸν πρεσβύτην δὲ αὐτῷ περικεχυμένον ... τοῦτο ὑπ' ἐμοῦ γενόμενον μικρότερον ἦν· νῦν δὲ λαμπρότερόν ἐστι τῇ καινότητι. καὶ ὁ μὲν καθελὼν τὴν τυραννίδα πᾶσάν εἰμι ἐγώ· μεμέρισται δὲ ἐς πολλοὺς τὸ ἔργον ὥσπερ ἐν δράματι· καὶ τὰ μὲν πρῶτα ἐγὼ ὑπεκρινάμην, τὰ δεύτερα δὲ ὁ παῖς, τὰ τρίτα δὲ ὁ τύραννος αὐτός, τὸ ξίφος δὲ πᾶσιν ὑπηρέτησεν. (*Tyr.* 20 u. 22)

> Nun stellt euch vor, was der Tyrann vor seinem Ende wahrscheinlich getan, was er gesagt hat! Als ich ihn töten wollte und ihm am ganzen Körper immer neue gut sichtbare Wunden zufügte, auf dass es seinen Erzeuger im Höchstmaß schmerzen, ihm beim ersten Anblick das Herz zerreißen musste, da schrie er voll Jammer auf und brüllte seinen Erzeuger herbei, nicht als Helfer oder Mitkämpfer – er wusste ja, wie alt und schwach er war –, sondern als Zuschauer der Katastrophe seines Geschlechts. Denn ich machte die Bühne frei und hinterließ als Dichter der ganzen Tragödie dem Schauspieler die Leiche, die Szene, das Schwert und den Rest des Dramas. Der kam herbei und erblickte seinen einzigen Sohn kaum mehr atmend, blutüberströmt, ja in seinem Blute schwimmend und mit vielen tödlichen Wunden, eine neben der anderen – da stieß er einen Schrei aus und rief: „Kind, man hat uns erschlagen, gemeuchelt, tyrannengemordet, ..." ... (22) Und zuletzt habt ihr alle den jungen Mann daliegen sehen, ..., den Greis über ihm zusammengesunken und ihrer beider Blut vermischt ... Wäre das von meiner Hand geschehen, wäre es eine geringere Tat gewesen: Jetzt aber strahlt sie hervor durch ihre Originalität. Und derjenige, der die Tyrannis vollständig beseitigt hat, bin ich! Die Tat aber ist auf viele Rollen verteilt, wie im Drama: Protagonist war ich selbst, die zweite Rolle übernahm der Sohn, die dritte der Tyrann selbst – mein Schwert aber diente allen als Requisit.

Der Schmerzensschrei des alten Tyrannen gipfelt in der geradezu monströsen resultativen Perfektform τετυραννοκτονήμεθα („man hat uns tyrannengemordet"). Diese Formulierung wirkt auf Anhieb witzig, fast komödientypisch, und dies liegt an ihrer metaleptischen Natur: Der verzweifelte Tyrann würde den Anschlag auf sich ja kaum als ‚tyrannenmorden' bezeichnen, so dass der Begriff phraseologisch auf die Ebene des Sprechers gehört, dem wir jedoch eine solche sprachwitzige Hintertreibung seines Anliegens in der aktuellen Sprechsituation eigentlich auch nicht unterstellen können, und so bleibt uns als Urheber der Äußerung nur der Autor der ganzen Rede, die sich damit gerade im Augenblick ihrer scheinbar höchsten Emotionalität selbstironisch als eben das erweist, was sie ist: eine Übungsrede über ein traditionelles Thema. Überdies aber sind der Tyrann, sein Sohn, ihr Mörder, die ja auch alle in eigenen Sprechakten zu Wort kommen, Figuren eines Dramas, und ist auch der Tyrannenmörder nach eigener Aussage zugleich der „Dichter der ganzen Tragödie", so ist doch nun klar, dass der Begriff „Tragödie" auf einer zweiten Ebene gar nicht figurativ gemeint ist, sondern wörtlich: Der *Tyrannicida* ist, obschon Deklamation und Übungsrede, gleichzeitig ein kleines (tragikomisches) Drama, und in der Explikation dieser

Verhältnisse endet dieses Meisterstück der Rhetorik, auf deren tödliche Schärfe womöglich die starke Herausstellung des Schwertes metaphorisch abhebt. Wenn der Sprecher daher am Ende vor allem auf die ‚formale' Originalität (καινότης) seines „Werkes" stolz ist – es ist ja nicht die Tatsache des Tyrannenmords als solche, derer er sich rühmt, sondern die Art und Weise seiner Durchführung –, dann dürfen wir diese Wertung auch auf die formale Neuheit des Textes beziehen, der auf seine Weise eine kleine Gattungshybride darstellt (vgl. Kap. 4).

Phalaris ist ebenfalls eine – diesmal sogar historische – Tyrannengestalt, die über Jahrhunderte hinweg fasziniert hat. Er herrschte über das sizilische Akragas 570–555 v.Chr. und fand durch eine Verschwörung gegen ihn und seine Mutter sein Ende. Seit Beginn des 5. Jh. v.Chr. galt Phalaris als das Urbild des Schreckensherrschers, seine Grausamkeit wurde rasch sprichwörtlich und noch bei Cicero wurde er gern als topische Tyrannengestalt angeführt; besonders bekannt waren Geschichten, er habe seine Feinde in einem ehernen Stier rösten lassen und gebratene Säuglinge verspeist. Entsprechend verbüßt er in den *Verae Historiae* 2.23 seine Strafe auf der Insel der Verdammten. Eine Gegentradition bildete das Corpus von 148 fiktiven Briefen des Phalaris, in denen der Tyrann sich als harten, aber gerechten, ja fürsorglichen Herrscher präsentiert. Diese Gegentradition nimmt möglicherweise ihren Ausgangspunkt von zwei dem Tyrann und seinen Gesandten in den Mund gelegten Deklamationen Lukians (*Phalaris 1* und *Phalaris 2*), allerdings nicht vor der zweite Hälfte des 3. Jh. n.Chr., und reicht dann bis ins 4. / 5. Jh. n.Chr. Auch Phalaris eignete sich also gut als Gegenstand paradoxer Enkomiastik (vgl. Kap. 2). Erneut verknüpft Lukian die gekonnte Ausführung der Deklamation mit der Andeutung einer metatextuellen Reflexion. Die Besonderheit der ersten *Phalaris*-Deklamation besteht nämlich darin, dass es sich um ein (apologetisches) Selbstlob handelt, womit die rhetorischen Schwierigkeiten auf die Spitze getrieben werden. Entsprechend ist sich ‚Phalaris' ganz unhistorisch der Tatsache bewusst, dass er gegen eine kritische Tradition anredet, und eröffnet seine Rede, die seine Gesandten bei der Weihung des besagten ehernen Stiers in Delphi vorlesen, mit einem entsprechenden Hinweis:

> Ἔπεμψεν ἡμᾶς, ὦ Δελφοί, ὁ ἡμέτερος δυνάστης Φάλαρις ἄξοντας τῷ θεῷ τὸν ταῦρον τοῦτον καὶ ὑμῖν διαλεξομένους τὰ εἰκότα ὑπέρ τε αὐτοῦ ἐκείνου καὶ ὑπὲρ τοῦ ἀναθήματος. ὧν μὲν οὖν ἕνεκα ἥκομεν, ταῦτά ἐστιν· ἃ δέ γε πρὸς ὑμᾶς ἐπέστειλεν <τάδε>· Ἐγώ, φησίν, ὦ Δελφοί, καὶ παρὰ πᾶσι μὲν τοῖς Ἕλλησι τοιοῦτος ὑπολαμβάνεσθαι ὁποῖός εἰμι, ἀλλὰ μὴ ὁποῖον ἡ παρὰ τῶν μισούντων καὶ φθονούντων φήμη ταῖς τῶν ἀγνοούντων ἀκοαῖς παραδέδωκεν, ἀντὶ τῶν πάντων ἀλλαξαίμην ἄν, μάλιστα δὲ παρ' ὑμῖν, ὅσῳ ἱεροί τέ ἐστε καὶ πάρεδροι τοῦ Πυθίου καὶ μόνον οὐ σύνοικοι καὶ ὁμωρόφιοι τοῦ θεοῦ. ἡγοῦμαι γάρ, εἰ ὑμῖν ἀπολογησαίμην καὶ πείσαιμι μάτην ὠμὸς ὑπειλῆφθαι, καὶ τοῖς ἄλλοις ἅπασι δι' ὑμῶν ἀπολελογημένος ἔσεσθαι. καλῶ δὲ ὧν ἐρῶ τὸν θεὸν αὐτὸν μάρτυρα, ὃν οὐκ ἔνι δή που παραλογίσασθαι καὶ ψευδεῖ λόγῳ παραγαγεῖν· ἀνθρώπους μὲν γὰρ ἴσως ἐξαπατῆσαι ῥᾴδιον, θεὸν δέ, καὶ μάλιστα τοῦτον, διαλαθεῖν ἀδύνατον. (*Phal. 1* 1)

> Unser Herrscher Phalaris, ihr Delpher, hat uns geschickt, um dem Gott diesen Stier zu bringen und euch das Gebührende zu seiner eigenen Person und zu der Weihgabe mitzuteilen. Das ist es also, weswegen wir hier sind. Was er uns aber für euch aufgetragen hat, ist Folgendes: Ich, sagt er, ihr Delpher, würde alles dafür geben, sowohl bei allen Griechen so angesehen zu werden, wie ich bin, aber nicht so, wie mich das Gerede meiner Hasser und Neider den Ohren der Ahnungslosen eingeblasen hat, als auch vor allem bei euch, weil ihr heilig seid und Beiwohner des Pythiers und gerade nur nicht Mitbewohner und Hausgenossen des Gottes. Denn ich meine, dass ich, wenn ich mich vor euch verteidigen und euch überzeugen kann, dass ich grundlos im Ansehen der Verrohtheit stehe, auch bei allen übrigen durch eure Vermittlung von allen Vorwürfen freigesprochen sein werde. Für das, was ich jetzt vorbringen will, rufe ich den Gott selbst als Zeugen an, den man ja nicht betrügen und durch verlogene Reden täuschen kann; denn es mag ja vielleicht einfach sein, Menschen zu hintergehen, einem Gott aber, und diesem besonders, verborgen zu bleiben ist unmöglich.

Aus der Perspektive der binnenfiktionalen Verhältnisse könnte man sagen, dass Phalaris' Ruf in der griechischen Welt nicht der allerbeste ist und er davon Kenntnis hat. Für einen Leser und Hörer der Kaiserzeit schiebt sich aber zusätzlich das Wissen um die oben skizzierte literarische Tradition darüber: Phalaris' schlechter Ruf hat hier nicht mehr nur eine räumliche, sondern auch eine historische, genauer: eine literarhistorische Ausdehnung. Insofern zieht auch dieser Text von Beginn an eine metatextuelle Ebene ein, auf der er den gebildeten fiktionalen Rückgriff in eine weit zurückliegende Vergangenheit mit dem Bewusstsein verschränkt, in der eigenen Zeit mit ihrem Wissensstand verfasst zu sein.

Die zweite Rede, *Phalaris 2*, wird von einem Delpher gehalten, der seine Landsleute protreptisch dazu bewegen möchte, die Weihgabe des Tyrannen zu akzeptieren. Sie antwortet gewissermaßen auf die erste Rede – damit bilden die beiden Deklamationen ein Redepaar –, außerdem aber auf eine nur (*Phal. 2* 6) erwähnte apotreptische Rede eines anderen Delphers. Der Sprecher von *Phalaris 2* vertritt einen eher pragmatischen Standpunkt:

> Καὶ τὰ μὲν τῶν ἄλλων ἐχέτω ὅπῃ βούλεται· ἡμῖν δὲ ἀναγκαῖον, οἶμαι, τὰ ἡμέτερα αὐτῶν εἰδέναι, ... ὅτι μὲν δὴ ἐν κρημνοῖς τε οἰκοῦμεν αὐτοὶ καὶ πέτρας γεωργοῦμεν, οὐχ Ὅμηρον χρὴ περιμένειν δηλώσοντα ἡμῖν, ἀλλ' ὁρᾶν πάρεστι ταῦτα. καὶ ὅσον ἐπὶ τῇ γῇ, βαθεῖ λιμῷ ἀεὶ συνῆμεν ἄν, τὸ δ' ἱερὸν καὶ ὁ Πύθιος καὶ τὸ χρηστήριον καὶ οἱ θύοντες καὶ οἱ εὐσεβοῦντες, ταῦτα Δελφῶν τὰ πεδία, ταῦτα ἡ πρόσοδος, ἐντεῦθεν ἡ εὐπορία, ἐντεῦθεν αἱ τροφαί – χρὴ γὰρ τἀληθῆ πρός γε ἡμᾶς αὐτοὺς λέγειν ... (12) καὶ μὴν ἐξ ἐκείνου μὲν τοῦ παλαιοῦ ἔθους, τοῦ ἀνέδην καὶ πᾶσιν ἐξεῖναι, ὁρᾶτε ὅσων ἀγαθῶν ἐμπέπλησται τὸ ἱερόν, ἁπάντων ἀνατιθέντων καὶ ὑπὲρ τὴν ὑπάρχουσαν δύναμιν ἐνίων δωρουμένων τὸν θεόν. (13) εἰ δ' ὑμᾶς αὐτοὺς δοκιμαστὰς καὶ ἐξεταστὰς ἐπιστήσετε τοῖς ἀναθήμασιν, ὀκνῶ μὴ ἀπορήσομεν τῶν δοκιμασθησομένων ἔτι, ... (*Phal. 2* 8 u. 12f.)

> Und die Angelegenheiten der anderen mögen stehen, wie sie wollen; für uns aber, glaube ich, ist es dringend notwendig, auf unsere eigenen Angelegenheiten zu schauen, ... Dass wir also auf Klippen wohnen und Felsen beackern, da brauchen

wir nicht auf Homer zu warten, der uns das erklären wird, sondern das können wir selbst sehen. Und was unseren Boden betrifft, so würden wir allzeit brennenden Hunger leiden, aber das Heiligtum, der Pythier, das Orakel, die Opfernden, die Frommen: *Das* sind die fruchtbaren Ebenen der Delpher, das die Einkünfte, von daher kommt Wohlstand, von daher Nahrung – denn uns selbst gegenüber wollen wir doch ehrlich sein ... (12) Und seht ihr nun, wieviele Güter durch jenen alten Brauch, jedem ohne Unterschied offenzustehen, unser Heiligtum füllen, wieviele Stifter von Weihgeschenken, von denen einige weit über ihre Verhältnisse den Gott beschenken! (13) Wenn ihr euch selbst zu offiziellen Prüfern und Untersuchern der Weihgaben einsetzt, dann, daran besteht kein Zweifel, werden wir bald Mangel an Leuten haben, die sich prüfen lassen wollen, ...

Faktisch wird damit die ganze ältere Phalaris-Tradition *ad acta* gelegt, in die sich die beiden Reden einschreiben. Ihre Richtigkeit oder Unrichtigkeit, um die es doch zu Beginn der ersten Deklamation so ausdrücklich ging, sollte, so der Sprecher (*Phal. 2* 6f.), aus guten Gründen keiner der Beratenden überprüfen wollen. Somit ist auch die vorangegangene Apologie des Phalaris selbst bedeutungslos. Vielmehr fordert das Hier und Jetzt eine Entscheidung, und da sie nicht auf der Grundlage der Ausführungen des Phalaris getroffen werden kann, weil man nicht weiß, ob er lügt oder nicht, muss sie anders verantwortet werden – nämlich mit Blick auf den Nutzen, den die Empfänger der Weihgabe aus ihr ziehen. Damit ist schließlich auch hier eine metatextuelle Konnotation gegeben. Denn die deklamatorischen Beteuerungen des Tyrannen werden ebenso wie die Anklagen gegen ihn nicht etwa bestritten oder widerlegt, sondern einfach durchgestrichen und markieren das rhetorische Deklamationswesen mithin als wirklichkeitsfremdes, inhaltsleeres Posieren. Das aber entspricht genau der skeptischen Einstellung gegenüber der Deklamation, die schon in der Antike immer wieder zum Ausdruck gebracht wird.

Als Untergattung der Deklamation kann man das Enkomion ansehen, ebenfalls eine beliebte Herausforderung der kaiserzeitlichen epideiktischen Rhetorik. Lukian lässt nicht nur die Gesprächspartner des Dialogpaares *Imagines / Pro Imaginibus* darüber reflektieren, wie man eigentlich am besten loben und Lob entgegennehmen solle, sondern führt dies auch in seinem umfangreichen und das klassische Genre der *laudatio* (vgl. Kap. 2) formal sprengenden *Demosthenis Encomium* paradigmatisch vor. Seiner Feder entstammt – neben einer genretypischen „Lobrede auf das Vaterland" (*Patriae Encomium*) – auch eine Lobrede aus der Sparte der paradoxen Enkomia, also der (ebenfalls wirklichkeitsfremden) *laudationes* auf Gegenstände, die man üblicherweise nicht schätzt: den Tod, das Viertagesfieber, die Armut, das Exil. Mit seiner „Lobrede auf eine Fliege" (*Muscae Encomium*) hat Lukian daher formal ein schwieriges Genre, für das anspruchsvolle Regeln galten, als Ausgangspunkt gewählt. Denn paradoxe Lobreden forderten den rednerischen Scharfsinn, die argumentative Findigkeit und den darstellerischen Esprit besonders heraus, konnten also ebenfalls als eine Form der rhetorischen Übung, aber auch der rhetorischen Unterhaltung gelten. Den rhetoriktheoretischen Forderungen nach Ernst, nach Einflechtung von Götter-

und Heldensagen, Versen und Sprichwörtern tut Lukian umfänglich Genüge und nutzt gerade ein solches Sprichwort als metatextuelles Schlusswort:

πολλὰ δ' ἔτι ἔχων εἰπεῖν καταπαύσω τὸν λόγον, μὴ καὶ δόξω κατὰ τὴν παροιμίαν ἐλέφαντα ἐκ μυίας ποιεῖν. (*Musc. Enc.* 12)

Ich hätte noch vieles zu sagen, werde aber jetzt aufhören, damit ich nicht, wie das Sprichwort sagt, aus einer Fliege einen Elefanten zu machen scheine.

Auch hier gerät der deklamatorische Text zum reflexiven Kommentar: Das Lob einer Fliege, eines kleinen Tieres, sollte im Sinne ästhetischer Angemessenheit selbst nicht lang sein. Dieser Forderung genügt der Text in der Tat nicht nur als ganzer, sondern auch in seinen einzelnen Teilen, die das jeweilige *laudandum* stets eher benennen, als dass sie es lang ausführten.

Vertiefende Lektüre: Billerbeck/Zubler (2000), Russell (1983)

3.1.2 Diatribe und Traktat
[De Luctu, De Sacrificiis, De Saltatione, Quomodo Historia Conscribenda sit]

Die Kyniker propagierten ein einfaches, bedürfnisloses, ambitionsfreies Leben und setzten daher ihre persönliche Lebensführung den Blicken der Öffentlichkeit aus: Nahrungsaufnahme, Ausscheidung, ja selbst sexuelle Akte vor aller Augen zu praktizieren stellte nicht zuletzt auch eine Form der Provokation dar: Die Mitbürger sollten – in Verschärfung der Sokratischen Praxis der zumindest halböffentlichen Befragung – gezwungen werden, über ihr Leben und ihre Werte nachzudenken und die Grundlagen ihrer eigenen Moral zu reflektieren. Zu diesem Zweck wandten sich Kyniker auch mit Ansprachen an die Öffentlichkeit. Der Kyniker Dion von Borysthenes gilt als Erfinder der so genannten Diatribe (διατριβή), einer belehrenden Rede, in der Kyniker – und nach ihnen auch Vertreter der übrigen philosophischen Schulen – ihre Umwelt mit lebensnahen, pragmatischen, volkstümlichen Einlassungen zu Fragen alltäglicher Lebenspraxis konfrontierten. Dabei ging es mehr darum, die Zuhörer zu bewegen, von ihnen als selbstverständlich erachtete Werte und vermeintlich sicheres Wissen zu hinterfragen, und deren innere Widersprüchlichkeit aufzuweisen, als ihnen eine neue Doktrin nahezubringen; hierin ist die Diatribe dem Sokratischen Gespräch mit seinen Widerlegungsstrategien verwandt, das Lukian in den Dialogen seines Lykinos (vgl. Kap. 1) imitiert, wenngleich die Diatribe deutlich stärker der Unterhaltung ihrer Rezipienten verpflichtet ist und sich zu diesem Zweck der Ironie und des direkten Spotts bedient, fremde Rede einbezieht, die intendierten Zuhörer direkt attackiert und in ihre schlichte und leicht nachvollziehbare Abfolge der Argumente Dichterzitate und Sprichwörter einbezieht.

Lukian lässt Vertreter des Kynismus in seinem Werk häufig zu Wort kommen; manche Texte sind geradezu kynisch dominiert – *Charon*, *Demonax*, *Dialogi Mortuorum*, um nur einige zu nennen –, andere stehen ihnen in ihrer Geisteshaltung recht nahe. Echte Diatriben sind in seinen Schriften gleichwohl selten; zu ihnen zählen *De Luctu* und *De Sacrificiis*, und in *De Saltatione* setzt sich Lykinos zumindest mit einem Kyniker auseinander, dem er die Vorzüge der von jenem verachteten Pantomime darlegt – so dreht er den Spieß der Diatribe geradezu um.

In *De Luctu* und *De Sacrificiis* wendet sich der anonyme Sprecher gegen die Lebenspraxis der Trauer um Verstorbene und des Opfers an die Götter. Nach einem leicht ironischen Überblick über die im Mythos kolportierten Unterweltsvorstellungen kommt in *De Luctu* die Rede auf die mit dem Leichenbegängnis verbundenen Rituale:

> Ταῦτα οὕτως ἰσχυρῶς περιελήλυθε τοὺς πολλοὺς ὥστε ἐπειδάν τις ἀποθάνῃ τῶν οἰκείων, πρῶτα μὲν φέροντες ὀβολὸν εἰς τὸ στόμα κατέθηκαν αὐτῷ, μισθὸν τῷ πορθμεῖ τῆς ναυτιλίας γενησόμενον, οὐ πρότερον ἐξετάσαντες ὁποῖον τὸ νόμισμα νομίζεται καὶ διαχωρεῖ παρὰ τοῖς κάτω, καὶ εἰ δύναται παρ' ἐκείνοις Ἀττικὸς ἢ Μακεδονικὸς ἢ Αἰγιναῖος ὀβολός, οὐδ' ὅτι πολὺ κάλλιον ἦν μὴ ἔχειν τὰ πορθμεῖα καταβαλεῖν· οὕτω γὰρ ἂν οὐ παραδεξαμένου τοῦ πορθμέως ἀναπόμπιμοι πάλιν εἰς τὸν βίον ἀφικνοῦντο. (11) Μετὰ ταῦτα δὲ λούσαντες αὐτούς, ὡς οὐχ ἱκανῆς τῆς κάτω λίμνης λουτρὸν εἶναι τοῖς ἐκεῖ, καὶ μύρῳ τῷ καλλίστῳ χρίσαντες τὸ σῶμα πρὸς δυσωδίαν ἤδη βιαζόμενον καὶ στεφανώσαντες τοῖς ὡραίοις ἄνθεσι προτίθενται λαμπρῶς ἀμφιέσαντες, ἵνα μὴ ῥιγῷεν δῆλον ὅτι παρὰ τὴν ὁδὸν μηδὲ γυμνοὶ βλέποιντο τῷ Κερβέρῳ. (*Luct.* 10f.)

> Das sitzt so fest in den Köpfen der meisten, dass wenn einer ihrer Verwandten stirbt, sie ihm als erstes eilends einen Obolos in den Mund legen, als Lohn für den Fährmann bei der Überfahrt, ohne vorher herauszufinden, welche Währung üblich ist und gilt und ob bei ihnen der attische, der makedonische oder der äginetische Obolos zum Zahlen taugt, und sie bedenken auch nicht, dass es viel schöner wäre, wenn sie kein Fährgeld zum Bezahlen hätten: Dann würde sie der Fährmann nämlich nicht ins Boot lassen, und sie kämen, hinaufgeschickt, wieder ins Leben zurück. (11) Danach wäscht man sie, als ob der See da unten denen dort nicht fürs Bad genügte, und salben ihren Leichnam – dessen Gestank sich allmählich aufdrängt – mit dem herrlichsten Parfumöl, krönen sie mit den Blüten der Jahreszeit und stellen ihn in prächtigen Kleidern aus, offensichtlich damit sie auf dem Weg nicht frieren und der Kerberos sie nicht etwa nackt sieht.

Besonderen Spott erntet die Totenklage. Sie sei offensichtlich weder auf den Toten noch auf den Klagenden selbst gezielt, sondern auf das rechte gesellschaftliche Ansehen der Hinterbliebenen. Am Tod, so führt der Sprecher aus, gibt es nichts, was zu beklagen wäre, und das Alter sei nicht so erfreulich, dass man den Toten unbedingt wünschen müsste, es erreicht zu haben. Hierfür lässt der Sprecher den Verstorbenen selbst das Wort ergreifen und seine trauernden Verwandten verhöhnen. Als letzte Zielscheibe dienen schließlich verschiedene Arten der Bestattung und die Sitte des Leichenschmauses:

τότε δὴ τότε ῥαψῳδοῦνται πρὸς ἁπάντων δύο τοῦ Ὁμήρου στίχοι·
καὶ γάρ τ᾽ ἠΰκομος Νιόβη ἐμνήσατο σίτου· [Hom. *Il.* 24.602]
καὶ
γαστέρι δ᾽ οὔπως ἐστὶ νέκυν πενθῆσαι Ἀχαιούς. [Hom. *Il.* 19.225]
οἱ δὲ ἅπτονται μέν, αἰσχυνόμενοι δὲ τὰ πρῶτα καὶ δεδιότες εἰ φανοῦνται μετὰ τὴν τελευτὴν τῶν φιλτάτων τοῖς ἀνθρωπίνοις πάθεσιν ἐμμένοντες. Ταῦτα καὶ πολὺ τούτων γελοιότερα εὕροι τις ἂν ἐπιτηρῶν ἐν τοῖς πένθεσι γιγνόμενα διὰ τὸ τοὺς πολλοὺς τὸ μέγιστον τῶν κακῶν τὸν θάνατον οἴεσθαι. (*Luct.* 24)

> Dann, ja dann werden von allen zwei Verse Homers rezitiert:
> „Denn auch Niobe mit den schönen Haaren gedachte des Essens."
> und
> „Nicht ziemt es sich, dass Griechen einen Toten mit dem Magen betrauern."
> Sie greifen zu, obwohl sie sich erst genieren und Angst haben, man könnte von ihnen meinen, dass sie nach dem Tod der Liebsten immer noch menschliche Bedürfnisse empfinden. Dies und noch viel Lächerlicheres kann man finden, wenn man genau betrachtet, was bei der Trauer geschieht, nur weil die meisten den Tod für das größte aller Übel halten.

Das eigentliche Ziel der Diatribe wird also im Schlusssatz erreicht: Den Tod halten die Menschen für ein Übel, stattdessen bringt er ein Ende aller menschlichen Leiden, müsste also willkommen geheißen werden. Der Sprecher bedient sich der genannten typischen Mittel der Diatribe, um einen möglichst starken und lebendigen Effekt gegen die menschliche Angst vor dem Tod zu erzielen.

Ganz vergleichbar operiert *De Sacrificiis*. Auch hier steigt der Sprecher mit einer polemischen, gleich auf den Kern des Themas abzielenden Einleitung ein:

Ἃ μὲν γὰρ ἐν ταῖς θυσίαις οἱ μάταιοι πράττουσι καὶ ταῖς ἑορταῖς καὶ προσόδοις τῶν θεῶν καὶ ἃ αἰτοῦσι καὶ ἃ εὔχονται καὶ ἃ γιγνώσκουσι περὶ αὐτῶν, οὐκ οἶδα εἴ τις οὕτως κατηφής ἐστι καὶ λελυπημένος ὅστις οὐ γελάσεται τὴν ἀβελτερίαν ἐπιβλέψας τῶν δρωμένων. καὶ πολύ γε, οἶμαι, πρότερον τοῦ γελᾶν πρὸς ἑαυτὸν ἐξετάσει πότερον εὐσεβεῖς αὐτοὺς χρὴ καλεῖν ἢ τοὐναντίον θεοῖς ἐχθροὺς καὶ κακοδαίμονας, οἵ γε οὕτω ταπεινὸν καὶ ἀγεννὲς τὸ θεῖον ὑπειλήφασιν ὥστε εἶναι ἀνθρώπων ἐνδεὲς καὶ κολακευόμενον ἥδεσθαι καὶ ἀγανακτεῖν ἀμελούμενον. (*Sacr.* 1)

> Was diese Hohlköpfe bei den Opfern tun, bei den Festen und den Prozessionen für die Götter, und was sie verlangen und worum sie bitten und was sie über sie denken – ich weiß nicht, ob einer so deprimiert und betrübt sein kann, dass er nicht lachen muss, wenn er die Dummheit all dieser Verrichtungen betrachtet. Jedenfalls wird er, glaube ich, noch viel eher als zu lachen bei sich überlegen, ob man diese Leute fromm nennen soll oder im Gegenteil Götterfeinde und besessene Verrückte, die so niedrig und unedel vom Göttlichen denken, dass es der Menschen bedürfe, sich an Schmeicheleien freue und verärgert sei, wenn man es vernachlässige.

Sofort spürbar ist erneut der spöttische Grundton, aber auch der scheinbar stark auf Mündlichkeit abgestellte, jedoch differenzierte und zugleich klimaktische Stil, der zunächst das Verhalten gegenüber den Göttern in zwei inhaltlichen

Dreiergruppen ausdifferenziert – in der ersten: Substantive (θυσίαις, ἑορταῖς, προσόδοις); in der zweiten: Prädikate (αἰτοῦσι, εὔχονται, γιγνώσκουσι) –, dann erst das Auslachen als Reaktion einführt, um es sogleich durch eine Beschimpfung zu überbieten. Zugleich bietet der Sprecher aber auch eine metaphysische Grundaussage: Das Göttliche existiert in völliger Unabhängigkeit von den Menschen und darf nicht mit menschlichen Maßstäben gemessen werden. Ganz wie in *De Luctu* lässt der Sprecher daraufhin gängige Vorstellungen vom Himmel mit einem ironischen Unterton Revue passieren, um im nächsten Schritt die Opferrituale in den Blick zu nehmen, und auch hier endet der Text mit einem Blick auf die nicht besser beurteilten Bräuche anderer Völker.

Nur am Rande sei hier darauf hingewiesen, dass diese beiden Texte, die im eigentlichen Sinne als Diatriben kynischen Stils angesehen werden können, sich gerade mit den für die menschliche Vorstellungswelt so zentralen Jenseitsorten Himmel und Unterwelt beschäftigen, genau wie der Kyniker Menipp in der *Necyomantia* in den Hades hinabsteigt und im *Icaromenippus* in den Himmel fliegt. Gerade bei einer solchen Gegenüberstellung wird das eigentliche Ziel der Diatribe augenfällig: Während es bei den Jenseitsreisen um eine kritische Erkenntnis der Richtigkeit oder Unrichtigkeit metaphysischer Vorstellungen geht, zielt die Diatribe auf eine unmittelbare Verhaltensänderung, verfolgt also ein ethisches Ziel, das wie in vielen anderen Texten Lukians am ehesten in einer Aufforderung zur Eigenverantwortung besteht. Dem Rezipienten wird nicht erklärt, an welchen positiven Werten er sein Verhalten ausrichten soll, ihm wird auch nicht dargelegt, wie man ‚richtig' trauert oder die Götter ‚richtig' verehrt. Vielmehr wird ihm, gewissermaßen als Methode der Lebensführung, eine unablässig kritische Haltung anempfohlen, eine grundständige Rationalität und Skepsis.

Die Diskussion über den Wert pantomimischer Darbietungen in *De Saltatione* ist nicht nur umfangreicher als solche genuinen Diatriben, sondern verfolgt auch ein komplexeres Darstellungsziel. Lykinos' Gegner Kraton – sein Name soll wohl an den bedeutenden Kyniker Krates des 4. Jahrhunderts v.Chr. erinnern – gibt sich als Gegner des Theaters und vor allem des in der Kaiserzeit vom Publikum geliebten Pantomimus. Hierbei handelte es sich um eine Darbietung von Tanzvirtuosen, die eine von einem Chor gesungene, instrumental begleitete Geschichte gestisch und tänzerisch umsetzten. Während Kraton in typisch kynischem Widerstand gegen alles, was die Allgemeinheit favorisiert, die Auffassung vertritt, es handle sich beim Pantomimus um einen verweichlichenden Zeitvertreib, der eines freien Mannes und *pepaideuménos* unwürdig sei, argumentiert Lykinos, in dieser *téchne* finde Bildung, παιδεία, ihren vollendeten Ausdruck:

> Καὶ περὶ μὲν αὐτῆς ὀρχήσεως τοσαῦτα· τὸ γὰρ πάντα ἐπεξιόντα μηκύνειν τὸν λόγον ἀπειρόκαλον. ἃ δὲ τὸν ὀρχηστὴν αὐτὸν ἔχειν χρὴ καὶ ὅπως δεῖ ἠσκῆσθαι καὶ ἃ μεμαθηκέναι καὶ οἷς κρατύνειν τὸ ἔργον, ἤδη σοι δίειμι, ὡς μάθης οὐ τῶν ῥᾳδίων καὶ τῶν εὐμεταχειρίστων οὖσαν τὴν τέχνην, ἀλλὰ πάσης παιδεύσεως ἐς τὸ ἀκρότατον ἀφικνουμένην, οὐ μουσικῆς μόνον ἀλλὰ καὶ ῥυθμικῆς καὶ μετρικῆς, καὶ τῆς σῆς φιλοσοφίας μάλιστα, τῆς τε φυσικῆς καὶ τῆς ἠθικῆς· τὴν γὰρ διαλεκ-

τικὴν αὐτῆς περιεργίαν ἄκαιρον αὐτῇ νενόμικεν. οὐ μὴν οὐδὲ ῥητορικῆς ἀφέστηκεν, ἀλλὰ καὶ ταύτης μετέχει, καθ' ὅσον ἤθους τε καὶ πάθους ἐπιδεικτική ἐστιν, ὧν καὶ οἱ ῥήτορες γλίχονται. οὐκ ἀπήλλακται δὲ καὶ γραφικῆς καὶ πλαστικῆς, ἀλλὰ καὶ τὴν ἐν ταύταις εὐρυθμίαν μάλιστα μιμουμένη φαίνεται, ὡς μηδὲν ἀμείνω μήτε Φειδίαν αὐτῆς μήτε Ἀπελλῆν εἶναι δοκεῖν. (*Salt.* 35)

Soviel sei zum Tanz selbst gesagt. Denn die Darlegung dadurch auszudehnen, dass man jedes Detail ausführt, ist geschmacklos. Was aber nun der Tänzer selbst können muss, welchen Grad der Geübtheit er erreichen, was er wissen und womit er sein Tun untermauern muss, das will ich dir jetzt darlegen, damit du einsiehst, dass diese Kunst nicht zu den einfachen und leicht zu handhabenden gehört, sondern in jedem Bereich von Bildung zu äußerster Perfektion vordringt, nicht nur im Bereich der Musik, sondern auch in dem der Rhythmik und der Metrik, und ganz besonders in deinem Bereich, der Philosophie: sowohl der Physik als auch der Ethik; denn die Dialektik hält sie für nutzlose und unzeitige Haarspalterei. Indes steht sie nicht einmal von der Rhetorik weit ab, sondern hat auch an ihr Anteil, insofern sie Charaktere und Emotionen präsentiert (ἐπιδεικτική), wonach auch die Redner streben. Und auch von Malerei und Skulptur ist sie nicht unberührt, sondern das in diesen Künsten so bedeutende Streben nach Proportion ahmt sie ganz offensichtlich intensiv nach (μιμουμένη), so dass weder Phidias noch Apelles ihr überlegen zu sein scheinen.

Mit den Begriffen ἐπιδεικτική (Präsentation) und μιμουμένη (Nachahmung) greift Lykinos auf essentielle Verfahren der *paideía* zurück (vgl. Kap. 2), zu deren Archegetin die Tanzkunst hier erhoben wird. Der vollendete Tänzer erschaffe ein Kunstwerk von perfekter körperlicher, seelischer und intellektueller Konstitution, er mache die Zuschauer klüger – indem er Kenntnisse der Mythologie und Literatur vermittle – und moralisch besser, da er die Identifikation mit den ‚guten Figuren' provoziere; so entstehe insgesamt eine „rundum harmonische Sache" (παναρμόνιον χρῆμα, *Salt.* 72). Die Propagierung einer umfänglichen Harmonie der gesamten Persönlichkeit als eines Leitbegriffs von Bildung zielt höher als die Diatriben *sui generis*. Lykinos verfolgt keinen im engeren Sinne pro- oder apotreptischen Zweck: Der Rezipient soll nicht selbst Tänzer werden. Vielmehr liegt ihm daran, ein omnipräsentes Unterhaltungsspektakel zu einer Quasi-Allegorie der kulturellen Leitidee zu stilisieren und so essentielle Charakteristika dieser Idee stärker und eindrucksvoller zu profilieren; von besonderem Interesse für den Historiker der kaiserzeitlichen Bildungskultur ist dabei die Konzentration auf körperliche Qualitäten, die keineswegs ausschließlich als Metaphern für geistig-seelische Fähigkeiten gelesen werden dürfen. *De Saltatione* verleugnet daher zwar nicht seine generische Herkunft aus der Diatribe, an die der kynische Gesprächspartner und ganz grundsätzlich auch das Thema Theater erinnern – eine Diatribe gegen den Besuch des Theaters als einer moralisch fragwürdigen Institution ist leicht vorstellbar –, ist aber selbst gerade in ihren positiven Setzungen und Bestimmungen bereits eher eine argumentative Abhandlung, ein Traktat, und impliziert damit eine komplexere Kommunikation mit ihrem Rezipienten.

Noch stärker als Traktat anzusehen ist schließlich *Quomodo Historia Conscribenda sit*. Dieser Text ist als einzige aus der Antike erhaltene eigen- und vollständige Abhandlung über die Theorie der Geschichtsschreibung stets auf großes Interesse gestoßen, obwohl er sich letztlich auf die Erklärung einiger essentieller Charakteristika beschränkt. Er nimmt die Partherkriege (161–166 n.Chr.; vgl. Kap. 5) des römischen Kaisers Lucius Verus und die sich ihnen, wie es in Lukians Ausführungen den Anschein hat, intensiv zuwendende zeitgenössische Geschichtsschreibung zum Anlass, sich kritisch mit Aufgaben und Möglichkeiten der Historiographie auseinanderzusetzen. Der Beginn des Traktats ist in seinem anekdotischen Charakter (s. 3.2.3), seiner starken Bildhaftigkeit und in dem Bemühen, schon mit dem ersten Satz die Aufmerksamkeit des Rezipienten zu gewinnen, gleichwohl noch von entschieden diatribischer Natur:

Ἀβδηρίταις φασὶ Λυσιμάχου ἤδη βασιλεύοντος ἐμπεσεῖν τι νόσημα, ὦ καλὲ Φίλων, τοιοῦτο· πυρέττειν μὲν γὰρ τὰ πρῶτα πανδημεὶ ἅπαντας ἀπὸ τῆς πρώτης εὐθὺς ἐρρωμένως καὶ λιπαρεῖ τῷ πυρετῷ, περὶ δὲ τὴν ἑβδόμην τοῖς μὲν αἷμα πολὺ ἐκ ῥινῶν ῥυέν, τοῖς δ' ἱδρὼς ἐπιγενόμενος, πολὺς καὶ οὗτος, ἔλυσεν τὸν πυρετόν. ἐς γελοῖον δέ τι πάθος περιίστη τὰς γνώμας αὐτῶν· ἅπαντες γὰρ ἐς τραγῳδίαν παρεκίνουν καὶ ἰαμβεῖα ἐφθέγγοντο καὶ μέγα ἐβόων· μάλιστα δὲ τὴν Εὐριπίδου Ἀνδρομέδαν ἐμονῴδουν καὶ τὴν τοῦ Περσέως ῥῆσιν ἐν μέλει διεξῄεσαν, καὶ μεστὴ ἦν ἡ πόλις ὠχρῶν ἁπάντων καὶ λεπτῶν τῶν ἑβδομαίων ἐκείνων τραγῳδῶν,

σὺ δ' ὦ θεῶν τύραννε κἀνθρώπων Ἔρως,

καὶ τὰ ἄλλα μεγάλῃ τῇ φωνῇ ἀναβοώντων καὶ τοῦτο ἐπὶ πολύ, ἄχρι δὴ χειμὼν κρύος δὲ μέγα γενόμενον ἔπαυσε ληροῦντας αὐτούς. αἰτίαν δέ μοι δοκεῖ τοῦ τοιούτου παρασχεῖν Ἀρχέλαος ὁ τραγῳδός, εὐδοκιμῶν τότε, μεσοῦντος θέρους ἐν πολλῷ τῷ φλογμῷ τραγῳδήσας αὐτοῖς τὴν Ἀνδρομέδαν, ὡς πυρέξαι τε ἀπὸ τοῦ θεάτρου τοὺς πολλοὺς καὶ ἀναστάντας ὕστερον ἐς τὴν τραγῳδίαν παρολισθαίνειν, ἐπὶ πολὺ ἐμφιλοχωρούσης τῆς Ἀνδρομέδας τῇ μνήμῃ αὐτῶν καὶ τοῦ Περσέως ἔτι σὺν τῇ Μεδούσῃ τὴν ἑκάστου γνώμην περιπετομένου. (2) Ὡς οὖν ἕν, φασίν, ἑνὶ παραβαλεῖν, τὸ Ἀβδηριτικὸν ἐκεῖνο πάθος καὶ νῦν τοὺς πολλοὺς τῶν πεπαιδευμένων περιελήλυθεν, οὐχ ὥστε τραγῳδεῖν – ἔλαττον γὰρ ἂν τοῦτο παρέπαιον ἀλλοτρίοις ἰαμβείοις, οὐ φαύλοις κατεσχημένοι. ἀλλ' ἀφ' οὗ δὴ τὰ ἐν ποσὶ ταῦτα κεκίνηται – ὁ πόλεμος ὁ πρὸς τοὺς βαρβάρους καὶ τὸ ἐν Ἀρμενίᾳ τραῦμα καὶ αἱ συνεχεῖς νῖκαι – οὐδεὶς ὅστις οὐχ ἱστορίαν συγγράφει· μᾶλλον δὲ Θουκυδίδαι καὶ Ἡρόδοτοι καὶ Ξενοφῶντες ἡμῖν ἅπαντες, καί, ὡς ἔοικεν, ἀληθὲς ἄρ' ἦν ἐκεῖνο τό „Πόλεμος ἁπάντων πατήρ", εἴ γε καὶ συγγραφέας τοσούτους ἀνέφυσεν ὑπὸ μιᾷ τῇ ὁρμῇ. (*Hist. Conscr.* 1f.)

Die Abderiten – so wird berichtet, mein lieber Philon – hat zur Regierungszeit des Königs Lysimachos eine Krankheit von besonderer Art befallen: zuerst erkrankten alle an einem Fieber, das gleich vom ersten Tag an heftig und anhaltend war; um den siebenten Tag setzte dann bei den einen starkes Nasenbluten ein, bei anderen erfolgte reichlicher Schweißausbruch und daraufhin ging das Fieber herunter. Ganz komisch hat sich aber die Krankheit auf ihren Geisteszustand ausgewirkt: alle waren nämlich wie verrückt auf die Tragödie und deklamierten in Jamben und zwar in höchster Lautstärke; hauptsächlich trugen sie die Solo-Arien der

Andromeda des Euripides vor und rezitierten abwechselnd Teile aus dem Monolog des Perseus; die ganze Stadt war voll von diesen bleichen und abgezehrten Siebentags-Tragöden, die

,Du, über Götter und Menschen grausamer Herrscher, Eros'

und so fort mit lauter Stimme brüllten, und das lange Zeit, bis der Winter und ein starker Frost einsetzten und ihrem Geplärr ein Ende machten. Schuld an alledem war, glaube ich, der damals berühmte tragische Schauspieler Archelaos, der mitten im Sommer bei glühender Hitze ihnen die *Andromeda* vorgespielt hatte, so dass sie fast alle fieberkrank aus der Aufführung kamen und nachher, als sie sich davon wieder erholt hatten, unversehens der Tragödie verfielen; am meisten hatte sich ihnen die *Andromeda* eingeprägt, und auch Perseus mit der Medusa ging ihnen ständig im Kopf herum. (2) Wenn ich nun einen Vergleich wagen darf: eine solche ,Abderitische' Krankheit hat auch jetzt bei vielen Gebildeten um sich gegriffen – nicht dass sie etwa Tragödien deklamierten; sie wären gar nicht einmal so verrückt, wenn sie Jambenpoesie, die ein anderer verfasst hat und die dazu nicht verächtlich ist, fasziniere – nein, seitdem sich hier bei uns so große Ereignisse abgespielt haben – ich denke dabei an den Krieg gegen die Barbaren, die Niederlage in Armenien und die ununterbrochene Reihe von Siegen – seitdem gibt es keinen, der nicht Geschichte schriebe – ja, wir haben plötzlich lauter Historiker vom Format eines Thukydides, Herodot und Xenophon, und das Wort ,Der Krieg ist der Vater aller Dinge' scheint sich zu bewahrheiten, wenn er tatsächlich mit einem Schlag so viele Historiker hervorgebracht hat. (Übers. Homeyer 1965)

Die Tatsache, dass der Sprecher sogleich im Anschluss an diese Passage eine weitere Anekdote, diesmal vom kynischen Philosophen Diogenes in Korinth, erzählt, lässt vermuten, dass auch mit der Erwähnung der thrakischen Stadt Abdera eine philosophische Anspielung verbunden sein könnte. Man denkt daher hier daran, dass der Philosoph Demokrit aus dieser Stadt stammte, und dass ihm – in unserer Überlieferung zum ersten Mal – in der Augustus-Epistel des Horaz (*Epist.* 2.1.194) der Beiname ,lachend' verliehen wurde, und zwar gerade im Zusammenhang mit volkstümlichen römischen Theaterspielen. Wenn Demokrit also schon in Rom lachen würde, wie dürfte es ihn erst erheitern, solche verrückten Vorgänge wie den hier geschilderten in seiner eigenen Heimatstadt zu sehen. Schon mit dem ersten Wort macht Lukian mithin per Anspielung klar, dass es sich um eine satirisch auf einen Vorfall im Theater gemünzte Anekdote handeln wird. Es wird dann eine merkwürdige Seuche (Fieber, Nasenbluten, Schweißausbrüche, Auszehrung) geschildert, die nach einiger Zeit wieder abklingt: Sobald dem Rezipienten klar wird, dass die Anekdote der Verspottung von Historikern dienen soll, und Thukydides namentlich erwähnt wird, dürfte er ziemlich sicher an die berühmte Beschreibung der athenischen Pest im zweiten Buch des Thukydideischen Geschichtswerkes denken. Aber hier handelt es sich um eine Tragödienpest, die als Folie für die reale unkontrollierte Ausbreitung minderwertiger historiographischer Werke dient: Dem Gebildeten jener Zeit wird es nicht schwer gefallen sein, hiermit eine bestimmte Richtung der griechischen Historiographie zu assoziieren, die sogenannte ‚mimetische' oder ‚tragische' Geschichtsschreibung, die Geschehnisse nicht aus auktorialer Distanz berichtete, sondern den Leser auch emotional an ihnen teilhaben ließ; ihr hellenistischer Archeget war der samische Historiker Duris (4. Jh. v.Chr.). Dass es gerade die *Andromeda* des Euripides ist, welche die Seuche auslöst, dürfte zum einen in der biographischen Tradition begründet liegen, die Thukydides und (den auch in der Kaiserzeit noch sehr beliebten) Euripides in enge Verbindung miteinander brachte, zum anderen womöglich im Plot jener Tragödie: So wie dort Perseus die Prinzessin Andromeda vor der Bedrohung durch das Seeungeheuer rettet, will Lukian die gebildeten Leser vor den monströsen Werken der Historiker der Partherkriege schützen. Ebenso traditionell ist aber auch der Spott auf die Hyperaffektivität Euripideischer Tragödien. Lukian schließt die Anekdote mit einem berühmten Zitat aus Heraklit – „Der Krieg ist der Vater aller Dinge" (Diels-Kranz B 53) –, dessen Fortsetzung lautet: „... die einen erweist er als Götter, die anderen als Menschen, die einen macht er zu Sklaven, die anderen zu Freien" – und noch wieder andere, so dürfen wir hier ergänzen, macht er zu Historikern, die hier offensichtlich unter die dem Heraklit verhassten Vielwisser eingereiht werden. Diese Pointe bildet einen Ringschluss mit dem Anfang insofern, als Heraklit in Analogie zu Demokrit, dem lachenden Philosophen, wegen seiner pessimistischen Grundhaltung als der ‚weinende Philosoph' galt.

Diese kurze Analyse, die sich noch um Anspielungen auf Platon und Aristoteles erweitern ließe, zeigt bereits, dass der Sprecher als Gebildeter auftritt, der die Verfahren der kombinatorischen Mimesis vollendet beherrscht. Auch jene Historiker, gegen die er polemisiert – dies weniger ein diatribischer Zug als ein generelles Charakteristikum des Bildungsdiskurses (s. Kap. 3.1.3) –, werden ausdrücklich als Gebildete identifiziert. Erneut steht also der Gebildete als solcher zur Diskussion. Dazu passt gut, dass die Abderiten der Anekdote zunächst als Rezipienten eines Kunstwerkes gezeichnet werden, die sich unangemessen verhalten, indem sie überemotional reagieren: Der Gebildete soll ja das bewunderte Kunstwerk nicht nachplappern, schon gar nicht nachplärren, sondern verstehen und würdigen. Entsprechend erscheinen die Historiker als Autoren, die auf ein bestimmtes Ereignis (den Krieg) falsch, nämlich mit hektischer und stümperhafter Betriebsamkeit und Begeisterung statt mit kritischer Besonnenheit und Bemühen um Wahrheitsfindung reagieren. Es bleibt allerdings im Verhältnis von Anekdote und Anwendung insofern ein erklärungsbedürftiger Rest, als der reale Krieg mit der Aufführung einer Tragödie gleichgesetzt wird. Ist hier nicht Unvergleichbares miteinander verglichen? Die Lösung dieses Problems liegt in der Bemerkung des Sprechers verborgen, man habe jetzt „lauter Historiker vom Format eines Thukydides, Herodot und Xenophon" (μᾶλλον δὲ Θουκυδίδαι καὶ Ἡρόδοτοι καὶ Ξενοφῶντες ἡμῖν ἅπαντες, *Hist. Conscr.* 2). Offensichtlich prangert Lukian hier die misslungene Imitation der historischen Klassiker durch ihre kaiserzeitlichen Kollegen anlässlich des neuen Krieges im Osten an. In der Tat ist es leicht denkbar, dass ein kaiserzeitlicher Gebildeter, der aus aktuellem Anlass als Historiker zur Feder griff, sich an den Vorbildern des literarischen Kanons orientierte, dass er also den Krieg gewissermaßen nur durch die Brille der großen Vorgänger – die ja alle ebenfalls einen denkwürdigen, in ihrer prätentiösen Meinung sogar jeweils den denkwürdigsten Krieg beschrieben hatten – sehen und historiographisch umsetzen konnte. Es wäre dann die Doppelfunktion des kaiserzeitlichen Gebildeten als geschulter Rezipient einerseits und imitierender Autor und Redner andererseits, die der Sprecher hier ins Bild gesetzt hätte, und das Motiv der Krankheit der Abderiten – ihre unangemessene Reaktion als Tragödienpublikum – zielte auf die bloß kopierende, aber nicht wirklich transformierende Imitation der Klassiker durch die zeitgenössischen Historiker.

Die Anekdote zeigt aber noch etwas anderes. Wenn der Sprecher nämlich zur Illustration des plötzlichen Aufsprießens einer ganzen Historikerbrut den Bericht von einer Seuche heranzieht, die ausbricht, ihren Höhepunkt erreicht und dann wieder zum Erliegen kommt, dann sagt er damit nichts anderes, als dass er der Meinung ist, auch die Historikerpest werde nach einer Zeit schon wieder zum Erliegen kommen. Damit kommt aber auch seiner eigenen Schrift keine besondere Bedeutung mehr zu, es bedarf ihrer nicht, weil sich die Sache von selbst regeln wird. Das erklärt, warum wir hier anstelle neuester Einsichten in das Wesen von Historiographie eher einer generellen Prophylaxe begegnen, für deren Zwecke der Sprecher theoretische Überlegungen, die er in der entsprechenden Tradition fand, mimetisch zusammengeführt und miteinander verbunden hat.

<u>Vertiefende Lektüre</u>: Free (2015), Hahn (1989), Homeyer (1965), Lada-Richards (2007), Porod (2013)

3.1.3 Polemik
[Calumniae non temere credendum, Alexander sive Pseudomantis, De Morte Peregrini]

Der Erwerb und die Demonstration von *paideia* war ein natürlicher Nährboden für Polemik, und das aus mehreren Gründen. War einerseits Bildung eine Voraussetzung für die Teilhabe an gesellschaftlicher Macht, so musste es Anliegen jedes Gebildeten sein, möglichst viele Konkurrenten frühzeitig und wirkungsvoll auf hintere Plätze zu verweisen, auch wenn er auf den Wettbewerb mit ihnen nicht verzichten konnte und viele unter ihnen respektieren, ja bewundern mochte. Dafür genügte es nicht, nur selbst besser zu sein als die anderen, sondern man musste gleichzeitig auch die anderen unter Beschuss nehmen. Ebenso hatten *pepaideuménoi*, also diejenigen, die in den Genuss klassizistischer Bildung gekommen waren, ein Interesse daran, die Masse (οἱ πολλοί) von Bildung im engeren Sinne fernzuhalten. Sie war ein dankbares Publikum für Bildungsdemonstration, und das sollte sie auch bleiben; dafür benötigte sie zwar durchaus ein elementares Bildungswissen, vor allem jedoch passiver Natur. Andererseits sollte jemand, der über Reichtum und Macht verfügte, nicht schon allein deshalb den Anspruch erheben können, auch als Gebildeter zu gelten. Schließlich ging es innerhalb des dynamischen Bildungsdiskurses (vgl. Kap. 2) um die Konstitution von Kanones, also um die Festlegung dessen, was im einzelnen als Maßstab zu gelten hatte – auch hier konnte es nicht schaden, andere Ansichten und Zugriffe zu desavouieren und zugleich andere bildungsdefinitorische Ansprüche abzuwenden. Sehr eindringlich betraf dies den Bereich attizistischer Sprachrichtigkeit. Wenn wir einzelnen Szenarien, wie Lukian sie entwirft, glauben wollen, dann gab es keine lebensweltliche Situation, in der der Sprachgebrauch des Gebildeten nicht von seinen Kollegen misstrauisch geprüft worden wäre, und schon ein einzelner, auch nur vermeintlich falsch verwendeter Begriff konnte zu Hohngelächter führen.

Aber Bildung betraf ja nicht nur die Sprache allein, sondern wurde als Persönlichkeitsformung aufgefasst. Entsprechend zielte Polemik auch, wie in *Adversus Indoctum* anschaulich nachzulesen ist, auf die gesamte Lebensführung und gern unter die Gürtellinie und war im Bildungsbetrieb der Epoche omnipräsent, zumal sie auch über eine lange literarische Tradition in Iambus und Komödie verfügte; ebenso ist sie uns bereits im Zusammenhang mit der kynischen Diatribe begegnet (s. Kap. 3.1.2). Entsprechend manifestiert sie sich in unterschiedlichen Umfängen, vom Seitenhieb über kürzere Ausführungen bis hin zu vollständigen Texten. Solche Texte, ψόγοι, waren auch Gegenstand der rhetorischen Theorie und wurden als Seitenstück zur Lehre vom Enkomion, der Lobrede (s. Kap. 3.1.1), behandelt, das heißt: Die Polemik bedient sich derselben Topik wie die Lobrede, nutzt sie aber als Fundstellen für Kritik. Diese rhetorische Einbettung etabliert wiederum das ‚polemische Dreieck' von Sprecher, Objekt und Adressaten, denn die Polemik richtet sich zwar auf eine verhasste Person, wendet sich aber, und zwar öffentlich, an ein weiteres Publikum, das der Polemiker von der Richtigkeit seiner Ausführungen überzeugen möchte. Gerade in dem Punkt der Öffentlichkeit der Kritik unterscheidet sich die Polemik von der Verleumdung, διαβολή, eine Differenzierung, die Lukian selbst in seinem Traktat über die Verleumdung eindringlich reflektiert:

> καὶ γὰρ ἀπαρρησίαστος καὶ δειλὸς ἅπας ὁ τοιοῦτος ἄνθρωπος οὐδὲν ἐς τοὐμφανὲς ἄγων, ἀλλ' ὥσπερ οἱ λοχῶντες ἐξ ἀφανοῦς ποθεν τοξεύων, ὡς μηδὲ ἀντιτάξασθαι δυνατὸν εἶναι μηδὲ ἀνταγωνίσασθαι, ἀλλ' ἐν ἀπορίᾳ καὶ ἀγνοίᾳ τοῦ πολεμίου διαφθείρεσθαι, ὃ μέγιστόν ἐστι σημεῖον τοῦ μηδὲν ὑγιὲς τοὺς διαβάλλοντας λέγειν. ἐπεὶ εἴ τίς γε τἀληθῆ κατηγοροῦντι ἑαυτῷ συνεπίσταται, οὗτος, οἶμαι, καὶ εἰς τὸ φανερὸν ἐλέγχει καὶ διευθύνει καὶ ἀντεξετάζει τῷ λόγῳ, ὥσπερ οὐδεὶς ἂν ἐκ τοῦ προφανοῦς νικᾶν δυνάμενος ἐνέδρᾳ ποτὲ καὶ ἀπάτῃ χρήσαιτο κατὰ τῶν πολεμίων. (*Cal.* 9)

> Und diese so gar nicht freimütige und feige Sorte Mensch betreibt nichts offen, sondern sie schießen wie Leute in einem Hinterhalt aus dem Verborgenen, so dass es keine Möglichkeit gibt, ihnen geordnet entgegenzutreten und gegen sie zu kämpfen, sondern man in auswegsloser Not und ohne den Feind zu kennen zu-

grundegeht: Das alles ist das klarste Zeichen dafür, dass Verleumder nichts sagen, was Hand und Fuß hat. Denn wenn einer ganz von der Wahrheit seiner Anklagen überzeugt ist, dann, glaube ich, formuliert der seine Vorwürfe, Korrekturen und Prüfungen auch öffentlich, so wie niemand, der auf offenem Feld siegen kann, jemals sich des Hinterhalts und der Täuschung gegen die Feinde bedient.

Der Polemiker, anders als der Verleumder, geht seinen Feind, den πολέμιος, direkt und öffentlich an. Er ist daher tapfer und freimütig, scheut den Blick der anderen nicht, und so erhebt seine Kritik schon von daher den Anspruch, als wahrhaftig angesehen zu werden. Von der Beschimpfung unterscheidet sich der Polemiker dadurch, dass er bei aller Drastik seiner Ausführungen doch ein konkretes Thema hat, auf das er sich einschießt und das ihm am Herzen liegt, von der Satire dadurch, dass er einen individualisierbaren Gegner attackiert, nicht aber allgemeine Umstände geißeln will. Gleichwohl sind die Grenzen der Polemik auch zur Satire fließend, gerade bei Lukian, der nämlich in den meisten Fällen seinen Gegner in der Anonymität belässt. Zwar lässt sich dies auch als probates Mittel ansehen, den Feind mundtot zu machen, der sich ja nun schlecht wehren kann, gäbe er dann doch zu, sich in dem bösartigen Zerrbild wiedererkannt zu haben. Aber zugleich formt die Kritik mittels der Anonymisierung aus dem kritisierten Individuum einen Typus, und so erschließt sich die Polemik über den unmittelbaren Anlass hinaus ein satirisches Potential. Schön lässt sich diese Strategie im *Rhetorum Praeceptor* beobachten, ebenso in dem geschichtstheoretischen Traktat *Quomodo Historia Conscribenda sit*, in dem einige Historiker, die nach Ansicht des Sprechers als historische Totalversager einzuschätzen sind, mit Namen genannt werden – Namen, deren Träger bislang nicht identifiziert werden konnten und die mit einiger Wahrscheinlichkeit erfunden sind. Falls sie verschlüsselt auf Zeitgenossen anspielten, so war diesen durch die Anonymisierung der Mund verschlossen, und zugleich konnte aus der Kritik an ihren Werken eine generelle Satire auf die zeitgenössische Historiographie entwickelt werden.

Stärker folgt Lukian seinem eigenen Konzept von nicht-verleumderischer Polemik in seinen Schriften *Alexander sive Pseudomantis* und *De Morte Peregrini*. Seine Kontrahenten in diesen Texten werden nicht nur beide namentlich benannt, sondern sind auch als historische Persönlichkeiten bekannt. Lukians Attacke gegen Alexander, den falschen Propheten aus Abonuteichos (vgl. Kap. 2), operiert inhaltlich ähnlich aggressiv wie die anonyme Verhöhnung des Büchernarren in *Adversus Indoctum*, formal ist sie insofern interessant, als sie das rhetorische Argumentationsschema des ψόγος geradezu lehrbuchmäßig übernimmt: Einer Einleitung folgen Attacken, die auf Alexanders Abkunft, Erziehung, Bildung und Taten eingehen und schließlich, nach einem für ihn unvorteilhaften Vergleich mit Epikur – den wiederum Alexander wiederholt geschmäht und angegriffen hatte –, in einen Epilog münden, in dem insbesondere der Nutzen, den die Allgemeinheit aus den vorstehenden Darlegungen ziehen könne, betont wird. Die Polemik verbindet raffiniert historische Tatsachen mit Vorwürfen, die sich eher aus einem allgemeinen textuellen Repertoire des Spotts und der Invektive speisen, also aus der attischen Alten Komödie, Iambikern wie Archilochos und Hipponax, den attischen Rednern des 4. Jahrhunderts v.Chr., die sozusagen Schemata liefern, die dann individuell gefüllt werden. Auf diese Weise wird Historisches mit Fiktivem unauflöslich verquickt und stärkt sich wechselseitig. Zugleich bleibt Lukian in seinem textuellen Engagement eher kühl und gelassen, vermittelt den Eindruck von Objektivität, wodurch die Besonderheit des *Alexander* gegenüber dem rhetorischen Schema besonders ausgestellt wird: nämlich dass Lukian seine Aktivitäten gegen den Priester nicht auf die Abfassung einer Polemik beschränkte, sondern auf höchst emotionale Weise handgreiflich wurde. Die Schilderung dieser Aktion ist spannungswirksam ans Ende des Textes verlegt (vgl. Kap. 1). Tatsächlich setzt Lukian hier in die Tat um, was er in *Calumniae non temere credendum*, wie eben zitiert, theoretisch fordert, nämlich dem attackierten Feind ins Auge zu schauen und die Konfrontation nicht zu scheuen, ja, wie im Schlussteil des Berichts (*Alex.* 56) als Höhepunkt erzählt, selbst vor eigener Todesgefahr nicht zurückzuschrecken. Durch die Kombination mit einem der seltenen Bruchstücke Lukianischer Lebensgeschichte (vgl. Kap. 1) gewinnt die im Übrigen so topische Polemik hohe Brisanz und Authentizität, formal entfaltet sich die Polemik in einen kleinen Roman.

Auch im Falle der Selbstverbrennung des Peregrinus Proteus im Jahr 165 n.Chr. in Olympia behauptet der Erzähler in seinem Bericht an Kelsos, selbst dabei gewesen zu sein. Der Kyniker Peregrinus war eine Zeitlang Angehöriger einer christlichen Sekte gewesen und hatte sich mehrfach in öffentlichen Reden gegen die römische Herrschaft in Griechenland geäußert. Seine Selbstverbrennung sollte seine philosophische Lebensverachtung demonstrieren, der Sprecher, misstrauisch gegenüber ostentativen Gesten, interpretierte die Aktion allerdings als selbstüberhöhendes Theaterspiel. Wie Loukianós bei Alexander, so mischte sich auch der Sprecher dieses Textes ins Geschehen ein (*Peregr.* 39; vgl. Kap. 1) und weitete durch seine Aktionen die Peregrinus-Polemik zu einem satirischen Hieb gegen die allgemeine Leichtgläubigkeit. Neben seinen polemischen Absichten verfolgt Lukian aber in diesem Text offensichtlich auch das Ziel einer formalen Weiterentwicklung der Textsorte Polemik. Er integriert nämlich in den Bericht von den Vorgängen zwei Reden, zum einen eine Lobrede auf Peregrinus aus dem Munde seines kynischen Kollegen Theagenes (*Peregr.* 4-6), zum anderen eine hierauf antwortende Tadelrede aus dem Munde eines anonym bleibenden Kritikers (*Peregr.* 7-30), dessen Verhältnis zum eigentlichen Sprecher des Textes nicht aufgeklärt wird. Die Topoi der Tadelrede werden nun auf diese beiden Reden verteilt und ergeben sich im Falle der Lobrede aus der maßlosen Übertreibung, mit der Peregrinus gewürdigt wird. Der Sprecher des Textes hält sich vergleichsweise zurück, der anonyme Tadler übernimmt weite Teile der Polemik, so dass sie, indem der Sprecher sie nur, quasi historisch getreu, wiedergibt, einen besonderen Anspruch auf Wahrhaftigkeit erhebt. Zugleich entsteht durch die intensive Einbeziehung von Reden eine besondere Pointe daraus, dass eben die ‚Regeln' für die Polemik in der rhetorischen Lehre niedergelegt sind und sich zudem weitgehend aus der Umkehrung der Regeln für Lobreden ableiten; hier wird also die Theorie quasi in der polemischen Praxis inszeniert.

Vertiefende Lektüre: Caster (1938), Clay (1992), v. Möllendorff (2010), Pilhofer (2005), Victor (1997), Zweimüller (2008)

3.1.4 Prolalie
[*Dipsades, Bacchus, Electrum*]

Kaiserzeitliche Redner eröffneten ihre öffentlichen Deklamationen meist mit einer kürzeren, informelleren Vorrede, einer προλαλιά. Sie diente dem Aufwärmen ihrer später stark beanspruchten Stimme, zugleich der Einstimmung des Publikums, das dem Redner möglicherweise zum ersten Mal gegenübersaß. Während die Deklamationen (s. Kap. 3.1.1) thematisch oft stark gebunden waren, konnten die Redner Thema und Gestaltung der Prolalie frei wählen und scheinen sich keineswegs verpflichtet gesehen zu haben, eine inhaltlich unmittelbar einschlägige Beziehung zu der folgenden Deklamation herzustellen. Jedenfalls wissen wir in keinem Fall, welche längere Epideixis durch welche der neun erhaltenen Prolalien Lukians (vgl. auch Kap. 1) eingeleitet wurde, selbst wenn es durchaus Versuche der Verknüpfung gegeben hat, so etwa des *Hercules* mit dem ersten und des *Bacchus* mit dem zweiten Buch der *Verae Historiae* oder einer zweiteiligen Vortragsfassung dieses Werks; man könnte auch denken, dass *Herodotus* als Einleitung der ja in Herodoteischem Stil geschriebenen *De Syria Dea* diente, doch lässt sich leicht in beide Richtungen argumentieren: Da der *Herodotus* sowohl Herodots Auftritt in Olympia als auch die dortige Präsentation eines Bildes des Aëtion beschreibt, könnte er einen Vortrag an jener berühmten Kultstätte nahelegen, und dies könnte zum Thema der *De Syria Dea* mit ihrer Beschreibung eines berühmten Heiligtums eben nicht im Zentrum, sondern am Rande der griechischen Welt passen – oder eben auch gerade nicht.

Im Sinne der traditionellen rhetorischen Aufgaben der Einleitung die Aufmerksamkeit des Publikums zu wecken und sein Wohlwollen zu erlangen, präsentieren acht Prolalien ihren Zuhörern jeweils eine kleine ungewöhnliche Erzählung. Sieben von ihnen entwerfen dabei ein eindrucksvolles und reiches Bild, entweder einer mythisch-historischen Situation – *Bacchus:* Dionysos' Kriegszug gegen die Inder; *Electrum:* Phaethons Sturz in den Po und die Bernsteintränen seiner Schwestern; *Zeuxis:* Antiochos' Einsatz von Elefanten im Krieg gegen die Galater – oder als Ekphrasis (s. 3.2.2) eines Kunstwerks – *Hercules:* Beschreibung eines merkwürdigen Herakles-Bildes in Gallien; *Zeuxis:* Beschreibung des originellen Kentaurengemäldes des Malers; *Herodotus:* Beschreibung von Aëtions Gemälde der Hochzeit Alexanders und Roxanes – oder eines erstaunlichen Anblicks (*Prometheus es in verbis:* Ptolemaios zeigt Monstrositäten im Theater von Alexandria; *Somnium:* Der Traum von Paideía und Téchne). Die *Dipsades* berichten von den giftigsten Schlangen der Welt in der libyschen Wüste. Nur der *Harmonides* fällt aus der Reihe und erzählt völlig unparadox von dem gleichnamigen Auleten, der seinen Lehrer Timotheos erklären lässt, wie man unfehlbar berühmt wird.

Je ‚abseitiger' die kleine Erzählung ist, desto gespannter darf das Publikum sein, wie, und vor allem wie elegant der Redner von ihr zur obligatorischen Werbung in eigener Sache kommt. Im *Harmonides* ist das schnell geschehen. Wenn Timotheos dem Harmonides den Rat gibt, vor allem vor den Berühmtesten und Angesehensten aufzutreten, weil sie seinen Ruhm am zuverlässigsten verbreiten könnten, liegt es nahe, solche Qualitäten auch dem aktuellen Publikum zu unterstellen. Aber wie gelangt man von Giftschlangen und Tränen aus Bernstein zur Selbstanpreisung und zum Lob der Zuhörer?

> Τὸ δὲ δὴ πάντων ἑρπετῶν δεινότατον ὧν ψάμμος τρέφει ἡ διψὰς ἐστιν, ὄφις οὐ πάνυ μέγας, ἐχίδνῃ ὅμοιος, τὸ δῆγμα βίαιος, τὸν ἰὸν παχύς, ὀδύνας μὲν ἀλέκτους ἐπάγων εὐθύς ... τὸ δὲ μάλιστα καταπονοῦν καὶ κατατρῦχον αὐτοὺς ἐκεῖνό ἐστιν, ὁμώνυμον πάθος τῷ ἑρπετῷ. διψῶσι γὰρ εἰς ὑπερβολήν, καὶ τὸ παραδοξότατον, ὅσῳπερ ἂν πίνωσι, τοσούτῳ μᾶλλον ὀρέγονται τοῦ ποτοῦ, καὶ ἡ ἐπιθυμία πολὺ πλέον ἐπιτείνεται αὐτοῖς. οὐδ' ἂν σβέσειάς ποτε τὸ δίψος, οὐδ' ἢν τὸν Νεῖλον αὐτὸν ἢ τὸν Ἴστρον ὅλον ἐκπιεῖν παράσχῃς, ἀλλὰ προσεκκαύσεις ἐπάρδων τὴν νόσον, ὥσπερ ἂν εἴ τις ἐλαίῳ πῦρ κατασβεννύοι. ... (9) Ταυτὶ οὐ μὰ Δία πρὸς Νίκανδρον τὸν ποιητὴν φιλοτιμούμενος διεξῆλθον, οὐδ' ὅπως ὑμεῖς μάθοιτε ὡς οὐκ ἀμελές γεγένηταί μοι φύσεις τῶν Λυβικῶν ἑρπετῶν εἰδέναι ... ἀλλά μοι δοκῶ – καὶ πρὸς Φιλίου μὴ δυσχεράνητε τὴν εἰκόνα θηριώδη οὖσαν – ὅμοιόν τι καὶ αὐτὸς παθεῖν πρὸς ὑμᾶς οἷον ἐκεῖνοι πάσχουσι πρὸς τὸ ποτὸν οἱ δηχθέντες ὑπὸ τῆς διψάδος ... εἴη μόνον μὴ ἐπιλιπεῖν τὰ παρ' ὑμῶν ἐπιρρέοντα μηδὲ χυθεῖσαν τὴν σπουδὴν τῆς ἀκροάσεως κεχηνότα ἔτι καὶ διψῶντα καταλιπεῖν. (*Dips*. 4 u. 9)

> Aber von allen Kriechtieren, die die Sandwüste nährt, ist das mit Abstand gefährlichste die Durstnatter, eine nicht sehr dicke Schlange, der Viper ähnlich, von mörderischem Biss und zähem Gift, das sofort nicht enden wollende Schmerzen verursacht ... Was sie [sc. die Gebissenen] aber am meisten quält und martert, ist jenes Leiden, von dem sie ihren Namen trägt. Denn sie empfinden übermäßigen Durst, und was das merkwürdigste ist, je mehr sie trinken, desto größeren Durst haben sie. Und ihre Gier, zu trinken, will gar kein Ende nehmen. Diesen Durst vermag man nicht zu löschen, auch nicht, wenn man den Nil selbst oder die Donau zum Austrinken anböte, sondern durch die Zufuhr von Wasser entflammt man die Krankheit noch mehr, wie wenn einer Feuer mit Öl löschen wollte. ... (9) Dies alles habe ich euch, bei Zeus, nicht erzählt, um dem Dichter Nikander Konkurrenz zu machen, und auch nicht, um euch zu zeigen, wie sehr ich mich bemüht habe, Wissen über libysche Kriechtiere zu erwerben ..., sondern – und bitte seid so gut und verargt mir nicht das tierische Bild – es kommt mir so vor, als ginge es mir bei euch ganz ähnlich wie es denen beim Trinken geht, die von der Durstnatter gebissen worden sind ... Möge nur nicht der Beifall, der mir von euch zufließt, jemals versiegen oder euer Eifer, mich zu hören, versickern und mich mit offenem Mund und durstig zurücklassen.

Der Sprecher zögert die Auflösung des kleinen Rätsels kunstvoll hinaus, indem er mehr als ausführlich über die Durstnatter (*coluber dipsas*) und ihr Verhalten in ihrem Lebensraum berichtet und noch eigens leugnet, er tue das aus reinem Sachinteresse. Umso überraschender kommt das *tertium comparationis*: die heiße Sehnsucht des Sprechers nach seinem Publikum, mit dem er offensichtlich so vertraut ist, dass er sich einen so freundschaftlich-ironischen Vergleich erlauben kann. Denn nicht nur setzt er sein Publikum mit einem gefährlichen Tier gleich – was ja angesichts dessen, was ein kaiserzeitliches Publikum einem schlechten Performer antun konnte, gar nicht so weit hergeholt ist –, sondern man kann das Motiv des Tierbisses, der den Gebissenen in den Wahnsinn treibt, auch mit dem Motiv der Tollwut (s. 3.3.4) verknüpfen, wie es im *Nigrinus*, im *Hermotimus* und in den *Philopseudeis* verwendet wird, wo der Biss falscher Bildungsprätendenten das Opfer zu Aufgeblasenheit und Hochmut verführt: Werden hier leise Zweifel am Bildungsgrad des Publikums geäußert? Wie wir diese Frage auch beantworten mögen: *Dipsades* macht deutlich, dass es in den Prolalien nicht zuletzt um eine Vorabdefinition des Verhältnisses von Sprecher und Zuhörern geht, vor allem um die Anerkennung der einzigartigen Qualität wie der Glaubwürdigkeit des Vortragenden.

Gerade den umgekehrten Weg schlägt der Sprecher in *Electrum* ein. Hier will er sich während einer Flussfahrt auf dem Po bei den Schiffsleuten erkundigt haben, ob die Erzählungen von den Bernstein weinenden Schwestern des Phaethon und von den Schwänen, die in ihrer Todesstunde wunderschön zu singen begännen, denn wahr seien, und nur Gelächter geerntet haben:

> Πολλὰ τοιαῦτα ἐξαπατηθῆναι ἔστι πιστεύοντας τοῖς πρὸς τὸ μεῖζον ἕκαστα ἐξηγουμένοις. ὥστε κἀγὼ νῦν δέδια ὑπὲρ ἐμαυτοῦ μὴ ὑμεῖς ἄρτι ἀφιγμένοι, καὶ τοῦτο πρῶτον ἀκροασάμενοι ἡμῶν, ἤλεκτρά τινα καὶ κύκνους ἐλπίσαντες εὑρήσειν παρ' ἡμῖν, ἔπειτα μετ' ὀλίγον ἀπέλθητε καταγελῶντες τῶν ὑποσχομένων ὑμῖν τοιαῦτα πολλὰ κειμήλια ἐνεῖναι τοῖς λόγοις. ἀλλὰ μαρτύρομαι, ὡς ἐμοῦ τοιαῦτα μεγαλαυχουμένου περὶ τῶν ἐμῶν οὔτε ὑμεῖς οὔτε ἄλλος πω ἀκήκοεν, οὐδ' ἂν ἀκούσειέν ποτε. ἄλλοις μὲν γὰρ οὐκ ὀλίγοις ἐντύχοις ἂν Ἠριδανοῖς τισι καὶ οἷς οὐκ ἤλεκτρον, ἀλλὰ χρυσὸς αὐτὸς ἀποστάζει τῶν λόγων, πολὺ τῶν κύκνων τῶν ποιητικῶν λιγυρωτέροις· τὸ δὲ ἐμὸν ὁρᾶτε ἤδη ὁποῖον ἁπλοϊκὸν καὶ ἄμυθον, οὐδέ τις ᾠδὴ πρόσεστιν. (*Electr*. 6)

Man kann auf viele solche Dinge hereinfallen, wenn man denen glaubt, die alles und jedes beim Erzählen aufbauschen. Daher fürchte auch ich jetzt für mich, dass ihr, die ihr hier neu seid und mich überdies zum erstenmal hören werdet, bei mir auf Bernstein und Schwäne hofft, dann aber schon bald geht und die auslacht, die euch solche Schmuckstücke in meinen Reden versprachen. Ich gebe hier zu Protokoll, dass weder ihr noch sonst jemand jemals von mir solche Prahlereien über meine Reden gehört hat und auch niemals hören wird. Denn man mag vielleicht auf andere Eridanosse in gar nicht geringer Zahl stoßen, denen nicht Bernstein, sondern sogar Gold von den Worten tropft und deren Stimmen viel heller tönen als die der Dichterschwäne; schaut dagegen doch nur, wie einfach und unpoetisch meine Erzählung ist, ganz ohne jeden Gesang.

Wie der Sprecher in *Prometheus es in verbis* behauptet, seine ‚Sprachprodukte' seien nur aus zerbrechlichem, billigem Ton, so bezeichnet er hier seine Deklamationen als einfach und unpoetisch und hofft, sein Publikum, das ihn noch nicht kennt, habe keine besonderen Erwartungen gehegt. Im griechischen Begriff des ‚Unpoetischen', *ámython*, schwingt auch die Konnotation des ‚Nonfiktionalen', eben ‚Nicht-Mythischen' mit, während die vor Bernstein und Gold glänzenden, also stilistisch aufwendigeren Vorträge anderer Redner sich einer solchen grundständigen Wahrhaftigkeit nicht rühmen dürfen. Über eine stilistisch-ästhetische Differenzierung hinaus greift der Sprecher also mit der Gegenüberstellung von einfacher und wahrer Erzählung einerseits, glänzender und unwahrer Erzählung andererseits einen metaliterarischen Diskurs auf, der eine lange Tradition besitzt und auch spätere Literaturdebatten immer wieder bestimmen soll, einen Diskurs, der um das Begriffspaar ‚Wahrheit' und ‚Lüge', ἀλήθεια und ψεῦδος, herum aufgestellt ist und zwischen Affirmation und Negation des Relevanzanspruchs von Literatur um die Festlegung ihrer adäquaten Gegenstände und ihrer gesellschaftlichen Wirksamkeit kreist. Am ausführlichsten hat Lukian diese weite Thematik in den *Verae Historiae* entfaltet; Diskussionen solcher Fragen finden wir bereits bei Homer und Hesiod, sie beschäftigen die Sophisten, Platon, die Allegoriker und die Ethiker. Die Prolalien dienen also durchaus auch dem Zweck, dem Publikum einen Stoß in Richtung rezeptiver Aufmerksamkeit und reflektierter Wahrnehmung zu geben; und wenn der Sprecher sich auch scheinbar von den mythischen Erzählungen abwendet, so hat er sie im gleichen Atemzug eben doch auch schon wiedergegeben und kann so Lust am Fabulieren mit kritischer Distanzierung verbinden – eine raffinierte Vorgehensweise, wie sie etwa auch Tychiades in den *Philopseudeis* zur Anwendung bringt.

Selbstironie als Mittel, dem Sprecher von vornherein die Sympathien seines Publikums zu sichern, ist mithin ein weiteres Anliegen der Prolalien. Gut zu sehen ist das beispielsweise im *Bacchus*. Hier beschreibt der Sprecher zunächst ausführlich den Anblick des bunten und paradoxen Heereszuges, den Dionysos gegen die Inder führt, und bezeichnet ihn – quasi im impliziten Widerspruch zur Selbstprädikation des Sprechers in *Electrum* – gleich eingangs als ‚bakchischen Mythos' (μῦθον Βακχικόν, *Bacch.* 1). Die Inder lachen über Dionysos' verrücktes Heer, bis sie von ihm überwältigt und gefangen abgeführt werden:

> Ἀλλὰ τί πρὸς τὸν Διόνυσον ὁ Διόνυσος οὗτος; εἴποι τις ἄν. ὅτι μοι δοκοῦσι – καὶ πρὸς Χαρίτων μή με κορυβαντιᾶν ἢ τελέως μεθύειν ὑπολάβητε, εἰ τἀμὰ εἰκάζω τοῖς θεοῖς – ὅμοιόν τι πάσχειν οἱ πολλοὶ πρὸς τοὺς καινοὺς τῶν λόγων τοῖς Ἰνδοῖς ἐκείνοις, οἷον καὶ πρὸς τοὺς ἐμούς· οἰόμενοι γὰρ σατυρικά τε καὶ γελοῖά τινα καὶ κομιδῇ κωμικὰ παρ' ἡμῶν ἀκούσεσθαι – τοιαῦτα γὰρ πεπιστεύκασιν, οὐκ οἶδ' ὅ τι δόξαν αὐτοῖς ὑπὲρ ἐμοῦ – οἱ μὲν οὐδὲ τὴν ἀρχὴν ἀφικνοῦνται, ὡς οὐδὲν δέον παρέχειν τὰ ὦτα κώμοις γυναικείοις καὶ σκιρτήμασι σατυρικοῖς καταβάντας ἀπὸ τῶν ἐλεφάντων, οἱ δὲ ὡς ἐπὶ τοιοῦτό τι ἥκοντες ἀντὶ τοῦ κιττοῦ σίδηρον εὑρόντες οὐδ' οὕτως ἐπαινεῖν τολμῶσι τῷ παραδόξῳ τοῦ πράγματος τεθορυβημένοι. ἀλλὰ θαρρῶν ἐπαγγέλλομαι αὐτοῖς, ὅτι ἢν καὶ νῦν ὡς πρότερόν ποτε τὴν τελετὴν ἐθελήσωσιν ἐπιδεῖν πολλάκις καὶ ἀναμνησθῶσιν οἱ παλαιοὶ συμπόται κώμων κοινῶν

τῶν τότε καιρῶν καὶ μὴ καταφρονήσωσιν τῶν Σατύρων καὶ Σιληνῶν, πίωσι δὲ ἐς κόρον τοῦ κρατῆρος τούτου, ἐμβακχεύσειν καὶ αὐτοὺς καὶ πολλάκις μεθ' ἡμῶν ἐρεῖν τὸ εὐοῖ. (*Bacch.* 5)

Aber – so mag einer fragen – was hat denn dieser Dionysos mit Dionysos zu tun? Dass es mir so vorkommt – und bei den Chariten, glaubt nicht, ich sei verrückt oder völlig betrunken, wenn ich meine Verhältnisse mit den Göttern vergleiche! –, als gehe es den meisten mit neuartigen Reden, meinen zumal, wie jenen Indern: Sie denken, sie würden Satyrisches, Witziges, ganz und gar Komisches von mir zu Gehör bekommen – davon sind sie völlig überzeugt, keine Ahnung, was sie für eine Vorstellung von mir haben –, und so kommen die einen gar nicht erst, da es sich wirklich nicht lohnt, von den Elefanten herunterzusteigen und sich weibische Umzüge und satyrisches Rumgehopse anzuhören, die anderen, die genau deshalb da sind, finden statt Efeu Eisen und wagen es dann auch so nicht, meine Rede zu loben, verwirrt von der Merkwürdigkeit der Sache. Aber ich kündige ihnen voller Selbstvertrauen an, dass sie, wenn sie auch jetzt wie früher schon oft die Mysterienweihe sehen wollen, als alte Mitzecher der damaligen schönen Stunden gedenken, die Satyrn und Silene nicht verachten und diesen Mischkrug bis zur Neige leeren, auch selbst noch in bakchantischen Rausch geraten und immer wieder gemeinsam mit mir „Euoi!" rufen werden.

Bei diesem Auftritt – wie es aussieht: im Rahmen eines (möglicherweise größeren) Gastmahls – stilisiert sich der Sprecher zu einem authentischen Teil der symposiastischen Situation. Wie man von einem Teilnehmer an einem solchen Trinkfest erwarten darf, ja erwarten muss, dass er mittrinkt und sich auf die fröhliche Feierstimmung einlässt, so muss er, als gleichzeitiger Zuhörer einer Epideixis, auch bereit sein, sich auf einen Vortrag, der ihn als gleichzeitig witzigkomisch und doch auch seriös verunsichert, unvoreingenommen einzulassen. In dieser Charakterisierung seines Vortrags als zugleich heiter und ernst schwingt sicher ein impliziter Hinweis auf die literarische Hybride als besonderer Lukianischer Kreation mit (vgl. Kap. 4). Zugleich macht sie deutlich, dass Beredtheit, Eleganz, Witz, Paradoxie und narrative Faszination nicht nur Oberflächenqualitäten sind, die der Rezipient zur Seite räumen muss, um zum tiefer liegenden Ernst zu gelangen, sondern dass sie entschiedenen Anteil an der Erzeugung von Lust an Literatur haben. Diese Lust – sie wird im gleichen Atemzug mit der erhebenden Schau der Eingeweihten im Mysterienkult verglichen und so nobilitiert – wird durch mitreißende inhaltliche wie gestalterische Sprachmächtigkeit erweckt, die daher sogar behaupten kann, sich göttlicher Inspiration zu verdanken. So jedenfalls legt es der Sprecher, der sich als alter Mann präsentiert, in einer abschließenden, ebenso prätentiösen wie selbstironischen kleinen Erzählung dar, in der es um drei Quellen in einem indischen Hain geht, „die erste dem Satyr, die andere dem Pan, die dritte dem Silenus heilig" (*Bacch.* 6):

Ἃ μὲν οὖν πάσχουσιν οἱ παῖδες ἐπειδὰν πίωσιν, ἢ οἷα οἱ ἄνδρες τολμῶσι κατεχόμενοι τῷ Πανί, μακρὸν ἂν εἴη λέγειν· ἃ δ' οἱ γέροντες ποιοῦσιν, ὅταν μεθυσθῶσιν τοῦ ὕδατος, οὐκ ἀλλότριον εἰπεῖν· ἐπειδὰν πίῃ ὁ γέρων καὶ κατάσχῃ αὐτὸν ὁ Σιληνός, αὐτίκα ἐπὶ πολὺ ἄφωνός ἐστι καὶ καρηβαροῦντι καὶ βεβαπτισμένῳ ἔοικεν, εἶτα ἄφνω φωνή τε λαμπρὰ καὶ φθέγμα τορὸν καὶ πνεῦμα λιγυρὸν ἐγγίγνεται αὐτῷ καὶ λαλίστατος ἐξ ἀφωνοτάτου ἐστίν, οὐδ' ἂν ἐπιστομίσας παύσειας αὐτὸν μὴ οὐχὶ συνεχῇ λαλεῖν καὶ ῥήσεις μακρὰς συνείρειν. συνετὰ μέντοι πάντα καὶ κόσμια ... (*Bacch.* 7)

Was nun den Jugendlichen passiert, wenn sie trinken, oder was die Männer sich alles trauen, wenn sie erst von Pan besessen sind, das zu erzählen würde wohl einige Zeit in Anspruch nehmen. Was aber die Alten tun, wenn das Wasser sie in Rausch versetzt, das gehört doch ganz hierher. Wenn ein Alter trinkt und Silen sich seiner bemächtigt, dann wird er sofort ganz stumm und macht den Eindruck, als hätte er einen schweren Kopf und sich den Gaumen zu sehr befeuchtet, dann plötzlich erhebt sich seine Stimme glanzvoll, ihr Klang ist rund und voll, sein Atem geht leicht, und so stumm er gerade noch war, so geschwätzig ist er jetzt, und selbst wenn du ihm den Mund verstopfen würdest, könntest du ihn nicht davon abbringen, unentwegt zu schwatzen und lange Reden zu schwingen. Indes, alles, was er sagt, ist voller Vernunft und Anstand ...

Prolalien dienten also dem Sprecher, insgesamt betrachtet, einerseits als klassische *teaser*, um das Publikum gespannt und dem folgenden Vortrag geneigt zu machen, andererseits leisteten sie aber noch mehr: Sie definierten die Rollen von Sprecher und Publikum sowie ihr Verhältnis zueinander und unterbreiteten zugleich ein metarhetorisches Reflexionsangebot.

<u>Vertiefende Lektüre</u>: Branham (1985), Laplace (1996), Nesselrath (1990), Schröder (1999)

3.1.5 Brief
[*Nigrinus, Saturnalia*]

Echte wie fiktive Briefe machen einen nicht unbeträchtlichen Teil der antiken Literaturproduktion aus, sowohl eingelegt in größere Werke als auch in Gestalt ganzer Kommunikationen, die zu Corpora zusammengestellt wurden. Neben den berühmten Platonischen Briefen – von denen einige sicher authentisch sind – oder den Sendschreiben Epikurs kennt die Kaiserzeit erfundene Briefe von und an Alexander, Hippokrates, Euripides, Anacharsis, Phalaris, Demosthenes, Diogenes und viele andere. Auch in Lukians Textcorpus sind, im Anschluss an die echten Briefe in seinem Œuvre, 42 pseudepigraphische (also fälschlich unter seinem Namen verfasste) Briefe eingefügt worden, nämlich neun Briefe des Anacharsis, ein Brief der Pythagoreer und 33 Briefe des sizilischen Tyrannen Phalaris (den Lukian in seinen beiden Deklamationen *Phalaris A* und *B* hat zu Wort kommen lassen: s. 3.1.1); der beste Textzeuge dieser Briefe ist der *Codex Laurentianus* 57.51 aus dem 11. Jh. n.Chr., für ihre Edition verweist der Herausgeber der Oxford Classical Texts, M.D. Macleod, auf Rudolf Herchers *Epistolographi Graeci*, Paris 1873, da er sie für entschieden nicht Lukianisch hält.

Lukian setzt den Brief teilweise ebenfalls innerhalb größerer Textzusammenhänge ein, etwa wenn er in den *Verae Historiae* (2.35) Odysseus von der Insel der Seligen aus einen Brief an Kalypso schreiben lässt, in dem er sein Bedauern formuliert, sie ‚damals' verlassen zu haben, oder wenn der nicht zum Hochzeitsmahl geladene Stoiker Hetoimokles – man beachte den sprechenden Namen: „Steht bereit, wenn man ihn ruft" – der Festgesellschaft ein hochnotpeinliches Schreiben verlesen lässt, in dem er seiner Verärgerung Ausdruck verleiht (*Symposium* 22–27). Hier ermöglicht das Medium des Briefes die Einbeziehung weiterer figuraler Stimmen, ohne dafür eigene Auftritte arrangieren zu müssen, seine Verwendung ist also eher technischer Natur. Größeren Umfang haben Briefe, die gewissermaßen umgekehrt den Rahmen für ausführlichere Berichte abgeben. So ist die Narration vom Tod des Peregrinus Proteus Gegenstand eines Schreibens an einen gewissen, nicht näher zu identifizierenden Kronios, wie die epistolare Eingangsformel zeigt. Ganz vergleichbar scheint das Procedere im *Alexander*, wo die Nacherzählung des Geschehens einem Kelsos gewidmet ist, der, wie die beiden einleitenden Paragraphen zeigen, offensichtlich um einen solchen Bericht gebeten hatte. Ob es sich hier allerdings um eine (echte oder fiktive) briefliche Mitteilung handelt, ist mehr als fraglich, da eine brieftypische Begrüßung fehlt (zu denkbaren Gründen vgl. Kap. 1). Wie im Falle des Peregrinus könnte man sich den Bericht genauso gut mündlich gegeben denken, wie es in den *Philopseudeis* und im *Symposium* geschieht, wo der jeweils angesprochene Philokles bzw. Philon nur kurz repliziert. Auch hier würde die Wahl des Briefmediums eher der Variation der Rahmenhandlung zu dienen, ohne darüber hinaus besondere Wirkung zu entfalten.

Etwas anders gelagert ist die Wahl des Briefes im *Nigrinus*. Die Erzählung von der Begegnung des Loukianós mit dem Philosophen ist als Bericht in einen Brief an jenen Nigrinos selbst integriert, und die beiden Texte sind durch eine je eigene Überschrift – Πρὸς Νιγρῖνον ἐπιστολή / *Brief an Nigrinos*, dann Νιγρίνου φιλοσοφία / *Die Philosophie des Nigrinos* – klar voneinander getrennt, so dass der zweite Teil als eigenständige Schrift erscheint, die in der Sendung an Nigrinos von Loukianós nur mit einem Begleitschreiben versehen wird:

> Λουκιανὸς Νιγρίνῳ εὖ πράττειν. Ἡ μὲν παροιμία φησίν, Γλαῦκα εἰς Ἀθήνας, ὡς γελοῖον ὂν εἴ τις ἐκεῖ κομίζοι γλαῦκας, ὅτι πολλαὶ παρ' αὐτοῖς εἰσιν. ἐγὼ δ' εἰ μὲν δύναμιν λόγων ἐπιδείξασθαι βουλόμενος ἔπειτα Νιγρίνῳ γράψας βιβλίον ἔπεμπον, εἰχόμην ἂν τῷ γελοίῳ γλαῦκας ὡς ἀληθῶς ἐμπορευόμενος· ἐπεὶ δὲ μόνην σοι δηλῶσαι τὴν ἐμὴν γνώμην ἐθέλω, ὅπως τε νῦν ἔχω καὶ ὅτι μὴ παρέργως εἴλημμαι πρὸς τῶν σῶν λόγων, ἀποφεύγοιμ' ἂν εἰκότως καὶ τὸ τοῦ Θουκυδίδου λέγοντος ὅτι ἡ ἀμαθία μὲν θράσος, ὀκνηροὺς δὲ τὸ λελογισμένον ἀπεργάζεται· δῆλον γὰρ ὡς οὐχ ἡ ἀμαθία μοι μόνη τῆς τοιαύτης τόλμης, ἀλλὰ καὶ ὁ πρὸς τοὺς λόγους ἔρως αἴτιος. ἔρρωσο. (*Nigr*. praef.)

> Loukianós wünscht Nigrinos alles Gute. Das Sprichwort sagt: Eine Eule nach Athen, denn es ist lächerlich, Eulen dorthin zu tragen, weil es bei ihnen schon so viele davon gibt. Und so würde auch ich mich lächerlich machen, wenn ich, nur

um meine Beredsamkeit vorzuführen, eine Abhandlung verfasste und dem Nigrinos schickte: Ich wäre wirklich ein Eulenhändler. Weil ich dir aber nur meine innere Verfassung klarmachen will, wie es mir jetzt geht und dass ich von deinen Ausführungen nicht nur oberflächlich ergriffen bin, werde ich sicher sogar dem Verdikt des Thukydides entgehen, dass Dummheit tollkühn, Vernunft aber zögerlich macht. Offensichtlich ist ja nicht Dummheit allein an meinem so gewagten Unterfangen schuld, sondern auch meine Liebe zu klugen Worten. Bleib gesund!

Damit gewinnt der Brief deutlich mehr Eigenständigkeit als in den bisher zitierten Beispielen. Um den in ihm annoncierten Gegenstand recht zu verstehen, muss man erst den folgenden Dialog lesen, in dem die Bekehrung einer ungenannten Person zur Philosophie durch Nigrinos vorgeführt wird. Jetzt meint der Bekehrte, er müsse dem Nigrinos die Tatsächlichkeit und Intensität seiner Bekehrung vorführen, doch führt er sich damit nur selbst als jemanden vor, der für sein Wohlverhalten gelobt werden will, und den Nigrinos als jemanden, der solche Schmeicheleien eben auch erwartet. Dieser Brief legt also, so kurz er ist, die Charaktere beider Beteiligter offen und rückt damit den folgenden Text in ein durchaus ungünstiges, ironisches Licht.

Mit einem komplexen epistolaren Ensemble konfrontieren uns schließlich die *Saturnalia* (Τὰ πρὸς Κρόνον). Hierbei handelt es sich um eine Zusammenstellung von sieben Texten und Textkonvoluten, die thematisch um das Fest der *Saturnalia* (Κρόνια) kreisen, das im Dezember gefeiert wurde und durch die vielfältige Inszenierung der Freizügigkeit, des Überflusses und einer verkehrten Welt, in der die Herren die Sklaven bedienten, charakterisiert war; das Fest erinnerte an die vorolympischen Zeiten der Götterherrschaft des Saturn (Kronos), der goldenen schlaraffischen Zeit, in der den Menschen alles ohne Arbeit und Mühe zufiel. Dem bunten, karnevalesken Treiben des Festes mag die Buntheit der hier zusammengeführten Texte entsprechen: Auf einen Dialog zwischen dem Gott Kronos und seinem Priester (1) folgt ein Saturnalienedikt des Kronosolon – der wohl mit dem Priester des Dialoges identisch zu denken ist – (2), dann eine Abfolge von drei Gesetzessammlungen für die ‚tollen Tage' (‚Erste Gesetze', 3; ‚Zweite Gesetze', 4; ‚Gastmahlsgesetze', 5) und schließlich zwei Briefwechsel, der eine zwischen dem Gott und einem als ‚Ich' (Ἐγώ) bezeichneten Schreiber (6a und 6b), der andere zwischen Kronos und den ‚Reichen' (7a und 7b). Dass die *Saturnalia* also gerade aus sieben Teilen bestehen, wird man unmittelbar mit der gleichen Zahl der kaiserzeitlichen Festtage in Verbindung bringen dürfen. Jede Partie entspricht dann einem Tag, und das Ensemble ist daher vielleicht tatsächlich als kontinuierliche festtägliche Epideixis geplant gewesen.

Wirkliche Briefe sind dabei natürlich nur (6) und (7), allerdings wenden sich das Edikt und die Gesetzessammlung ebenfalls seitens eines Absenders an bestimmte Empfänger und fügen sich daher zumindest gut in die epistolare Atmosphäre der beiden abschließenden Stücke; und ein Dialog ist letztlich nur die mündliche Vollform eines Briefwechsels (der wiederum in der antiken Brieftheorie gern als ‚halbiertes Gespräch' definiert wurde). Karnevalesk wirken die familiarisierenden, ja partiell beinahe profanierenden Zusammenstellungen der jeweiligen Unterredungspartner im Dialog (Gott und ein Priester, der ihm zum Teil unziemliche Fragen stellt) und in den Briefwechseln. Hier frappiert zum einen die völlig aus dem Rahmen fallende prätentiöse Bezeichnung des einen Partners als ‚Ich', ja als ‚hochgeehrtes Ich' (Ἐγὼ ὁ τιμιώτατος), immerhin gegenüber einem Gott: Kronos scheint das in seiner Antwort ironisch aufzugreifen, da er sie in paradoxer Wendung an das „hochgeehrte Ich" (ἐμοὶ τῷ τιμιωτάτῳ) richtet. Ebenso fällt die Widerborstigkeit auf, mit der die ‚Reichen' den sozialutopischen Vorstellungen und Anweisungen des Festgottes begegnen. Der saturnalische Rahmen lässt den modernen Rezipienten zögern, ob im Hintergrund des Textes eine Gesellschaftskritik steht, die eigentlich eine gerechtere Verteilung der Güter propagiert, oder ob – wahrscheinlicher – dies eher eine Inszenierung utopistischer Redefreiheit und festlicher Lizenz in der verkehrten Welt darstellt. Das Medium Brief ermöglicht jedoch – gerade in der Unwahrscheinlichkeit der Zusammenstellung der Briefpartner – die Konfrontation unterschiedlicher Meinungen und damit die Formulierung zumindest eines sozialkritischen Potentials über die Dauer des Festes hinaus, in Gestalt der Publikation.

<u>Vertiefende Lektüre</u>: Lechner (2015/2016), Slater (2013)

3.2 Darstellungsverfahren

Die folgenden fünf Darstellungsverfahren – Personifikation und Allegorese, Ekphrasis, Anekdoten und kleine Erzählungen, exzentrische Perspektivierung und extreme Dramatisierung – stehen quer zur vorangehenden Beschreibung der Darstellungsmedien, denn sie finden unterschiedslos in ihnen allen und miteinander kombiniert Verwendung. Gerade diese Liste ist nicht erschöpfend; insbesondere sind verschiedene Verfahren der Dialogisierung hier ausgespart und werden im Zusammenhang von Kap. 4 näher behandelt. Keines dieser Darstellungsverfahren hat Lukian unmittelbar erfunden, was vor dem Hintergrund einer mimetischen Poetik auch nicht zu erwarten wäre. Sie hier einzeln zu behandeln ist einerseits der relativen Häufigkeit ihres Einsatzes geschuldet, andererseits der Eindringlichkeit ihrer Ausarbeitung und Gestaltung, die sie als für Lukians literarische Arbeit besonders typisch erscheinen lässt.

3.2.1 Personifikation und Allegorie
[*Bis Accusatus, Piscator, Somnium, Pro Imaginibus, De Mercede Conductis*]

Eines der eindrücklichsten Charakteristika von Lukians Œuvre besteht in der großen Quantität und Diversität seiner Figuren. Neben den unterschiedlich häufig auftretenden auktorial konnotierten Maskenfiguren (vgl. Kap. 1) finden sich gänzlich anonyme Sprecher (etwa der Aggressor in *Adversus Indoctum*) sowie bloße Namensträger (gern einfach ‚Philon' o.ä.), diese meist als Sparringpartner eines Gesprächs, in dem sie selbst zwar meist nur kleine, ganz unerwartet aber auch ausführlichere Rollen spielen (wie die Mitunterredner des Lykinos im *Navigium* oder des Tychiades in den *Philopseudeis*). Daneben gibt es zahlreiche aus Mythos und (auch zeitgenössischer) Geschichte (bspw. Peregrinus Proteus oder Panthea in *Pro Imaginibus*) bekannte Gestalten, die, wie in den Corpora der *Dialogi Minores*, ganze Gespräche und Gesprächssequenzen tragen können, und schließlich Typenfiguren als Stellvertreter etwa der Rhetorik (z. B. *Lexiphanes*) oder der Philosophie (etwa der kynischen Schule). Manche Figuren scheinen als verschlüsselte Anspielungen auf Zeitgenossen zu fungieren (wie der verhöhnte Redner im *Rhetorum Praeceptor*), wenn sich das auch in keinem einzigen Fall mit Sicherheit entscheiden lässt. Fiktive Figuren wie Mikyllos im *Gallus* oder Lukios im *Asinus* treten neben aus Anspielungskollagen konstruierte Fantasmagorien wie die Weinstockfrauen oder die Korkfüßler in den *Verae Historiae*. Eingelegte Erzählungen – wie im *Toxaris* – präsentieren uns wieder andere, oft reich gestaltete Figuren; schließlich seien die 30 *Dialogi Meretricii* mit ihren 35 jeweils nur einmal auftretenden, dennoch immer plastischen Figuren, davon 27 Frauen, genannt.

In dieser lebendigen figuralen Fülle bilden Personifikationen – also die Belebung von Gegenständen, Eigenschaften oder abstrakten Konzepten zu agierenden Figuren – eine weitere und eigene Klasse; Lukian fand instruktive Vorbilder für sie in der attischen Alten Komödie, beispielsweise in Aristophanes' *Frieden*, *Lysistrate* oder *Plutos*. Manche bleiben als Gestalt eher blass, wie *Philosophía* im *Piscator*, oder auch *Díke* (Recht) im *Bis Accusatus*, deren Sträuben, auf der Erde als Richterin zu fungieren, und deren umständliche Befragung des Pan und des Merkur nach der moralischen Qualität der Einwohner Attikas immerhin ein wenig mehr figurale Präsenz bewirkt. Die für derartige Figuren typische wesensgemäße Statik und eingeschränkte Reichweite innerhalb der Handlung gilt letztlich auch für Paideía und Téchne im *Somnium*: Zwar werden ihnen umfangreiche Reden in den Mund gelegt, in denen sie sich gewissermaßen selbst programmatisch entfalten können, doch verschwinden sie – als Gestalten eines Traums – genauso plötzlich, wie sie aufgetreten sind. Dieser Statik entspricht ihre metadiskursive Qualität: Sie repräsentieren übergeordnete Normen und verfügen entsprechend über ein starkes affirmatives oder prohibitives Potential: Man kann sich nur für oder gegen sie erklären, aber sie können nicht umgestimmt, auf andere Werte verpflichtet oder zu einem alternativen Handeln überredet werden. Gerade Dike aus dem *Bis Accusatus* ist, so betrachtet, eine signifikante figurale Wahl, berichtet doch Hesiod, dass sie aus Unmut über das Treiben der Menschen die Erde verlassen habe, die mithin seither rechtlos sei. Nun kehrt sie – höchst ungern: *Bis Acc.* 5 – zurück, von Zeus davon überzeugt, die Menschen seien durch die Philosophen gebessert worden und sogar den noch ungerechten Zeitgenossen des Sokrates überlegen, jedenfalls doch zumindest einige von ihnen (*Bis*

Acc. 6f.). Zwar wird auf diese Weise scheinbar ein optimistisches Bild der zeitgenössischen Gesellschaft entworfen, doch darf der Auftritt solcher Figuren nicht darüber hinwegtäuschen, dass ihr Einsatz wie bei den tragischen Göttern am Kran dramaturgisch gewollt prekär ist: Die von ihnen gebotenen Lösungen sind oktroyiert, erwachsen eben gerade nicht aus einer in der dramatischen und argumentativen Handlung gewonnenen Einsicht und sind daher von fraglicher Gesellschaftstauglichkeit.

Vor diesem Hintergrund ist die Gestaltung der Panthea im Dialogpaar *Imagines / Pro Imaginibus* besonders geglückt (vgl. Kap. 1). Panthea (wörtlich: All-Göttin), die historische Geliebte (*amica*) des von 161 bis 169 n.Chr. regierenden Kaisers Lucius Verus, ist nicht nur Gegenstand der bloßen Bewunderung von Lykinos und Polystratos, sondern inspiriert die beiden auch zu einer bildungsgesättigten Beschreibung ihrer Schönheit, ihres Charakters und ihres Intellekts (*Imagines*), die sie dann aber als unangemessene Lobrede in einer langen Reflexion über die Art und Weise richtigen Lobens ablehnt. Es liegt angesichts all dessen nahe, sie in Fortführung des archaisch-klassischen Ideals der *kalokagathía* (der Einheit von körperlicher und seelisch-geistiger Schönheit) als Verkörperung der Bildung selbst anzusehen. Hier greift nun Lukians Kunstgriff, sie in keinem der beiden Texte selbst auftreten zu lassen: Auch ihre Zurückweisung des Lobes wird dem Lykinos nur durch Polystratos als Sprachrohr und Bote verkündet. Ihre Absenz, die umso auffälliger ist, als es in beiden Dialogen ja ausschließlich um sie geht, lässt sie gleichsam als abstrakte Figur erscheinen, und nicht ohne Grund vermag Lykinos sie nur vermittels eines Rückgriffs auf klassische Statuen idealisierter Weiblichkeit zu beschreiben. So wird Panthea selbst, obgleich *realiter* eine historische Person, zu einer idealen Statue, deren allein in der Sprache gegebene Lebendigkeit sie darüber hinaus zur Personifikation erhebt. Ja, man könnte sogar die Auffassung vertreten, dass ihre Abstraktion zu einem Objekt, einer Statue, gewissermaßen die Voraussetzung darstellt, um aus ihr in einem zweiten Schritt eine Personifikation zu erschaffen.

In Erweiterung des Verfahrens der Personifikation gestaltet Lukian überdies ganze Szenen, in denen der Auftritt (bisweilen gleich einer Vielzahl) von Personifikationen zum allegorischen, also vollständig und umfänglich metaphorisierten, eigenständigen Szenenbild gerinnt: so in den Tyche- und Theater-Allegorien in der *Necyomantia*, im Herakles-Gemälde im *Hercules*, in der Gemäldebeschreibung in *Calumniae non temere credendum*, auf dem ‚Gipfel der Rhetorik' im *Rhetorum praeceptor* sowie am Ende von *De Mercede Conductis* als Höhepunkt der Schilderung der Leiden, die einen griechischen Gebildeten in einem reichen römischen Haushalt erwarten:

> Βούλομαι δ' ὅμως ἔγωγε ... εἰκόνα τινὰ τοῦ τοιούτου βίου σοι γράψαι, ὅπως εἰς ταύτην ἀποβλέπων εἰδῇς εἴ σοι παριτητέον ἐστὶν εἰς αὐτήν. ἡδέως μὲν οὖν Ἀπελλοῦ τινος ἢ Παρρασίου ἢ Ἀετίωνος ἂν ἐδεήθην ἐπὶ τὴν γραφήν· ... Καὶ δὴ γεγράφθω προπύλαια μὲν ὑψηλὰ καὶ ἐπίχρυσα καὶ μὴ κάτω ἐπὶ τοῦ ἐδάφους, ἀλλ' ἄνω τῆς γῆς ἐπὶ λόφου κείμενα, καὶ ἡ ἄνοδος ἐπὶ πολὺ καὶ ἀνάντης καὶ ὀλίσθου

ἔχουσα, ὡς πολλάκις ἤδη πρὸς τῷ ἄκρῳ ἔσεσθαι ἐλπίσαντας ἐκτραχηλισθῆναι διαμαρτόντος τοῦ ποδός. ἔνδον δὲ ὁ Πλοῦτος αὐτὸς καθήσθω χρυσοῦς ὅλος, ὡς δοκεῖ, πάνυ εὔμορφος καὶ ἐπέραστος. ὁ δὲ ἐραστὴς μόγις ἀνελθὼν καὶ πλησιάσας τῇ θύρᾳ τεθηπέτω ἀφορῶν εἰς τὸ χρυσίον. παραλαβοῦσα δ' αὐτὸν ἡ Ἐλπίς, εὐπρόσωπος καὶ αὔτη καὶ ποικίλα ἀμπεχομένη, εἰσαγέτω σφόδρα ἐκπεπληγμένον τῇ εἰσόδῳ. τοὐντεῦθεν δὲ ἡ μὲν Ἐλπὶς ἀεὶ προηγείσθω, διαδεξάμεναι δ' αὐτὸν ἄλλαι γυναῖκες, Ἀπάτη καὶ Δουλεία, παραδότωσαν τῷ Πόνῳ, ὁ δὲ πολλὰ τὸν ἄθλιον καταγυμνάσας τελευτῶν ἐγχειρισάτω αὐτὸν τῷ Γήρᾳ ἤδη ὑπονοσοῦντα καὶ τετραμμένον τὴν χρόαν. ὑστάτη δὲ ἡ Ὕβρις ἐπιλαβομένη συρέτω πρὸς τὴν Ἀπόγνωσιν. ἡ δὲ Ἐλπὶς τὸ ἀπὸ τούτου ἀφανὴς ἀποπτέσθω, καὶ μηκέτι καθ' οὓς εἰσῆλθε τοὺς χρυσοῦς θυρῶνας, ἔκ τινος δὲ ἀποστρόφου καὶ λεληθυίας ἐξόδου ἐξωθείσθω γυμνὸς προγάστωρ ὠχρὸς γέρων, τῇ ἑτέρᾳ μὲν τὴν αἰδῶ σκέπων, τῇ δεξιᾷ δὲ αὐτὸς ἑαυτὸν ἄγχων. ἀπαντάτω δ' ἐξιόντι ἡ Μετάνοια δακρύουσα εἰς οὐδὲν ὄφελος καὶ τὸν ἄθλιον ἐπαπολλύουσα. (*Merc. Cond.* 42)

> Doch will ich dir ... ein Bild eines solchen Lebens zeichnen, damit du es dir anschauen und dir überlegen kannst, ob du eintreten sollst. Gern hätte ich die Hilfe eines Apelles, eines Parrhasios oder eines Aëtion für meine Zeichnung in Anspruch genommen; ... So sollen nun auf der Leinwand große, vergoldete Propyläen erscheinen, die nicht unten in der Ebene liegen, sondern weit oberhalb auf einem Hügel, und der Aufstieg dauert lange und ist steil und schlüpfrig, so dass die Wanderer, wenn sie sich schon fast am Gipfel wähnen, oft noch einen Fehltritt tun und abstürzen. Drinnen sitze Reichtum höchstpersönlich, ganz aus Gold, wie es scheint, und von vollendet liebreizender Gestalt, sein Liebhaber aber, der mit Mühe den Anstieg bewältigt hat und sich dem Tor nähert, soll voller Staunen auf das Gold starren. Ihn heiße Hoffnung willkommen, eine Frau mit ebenfalls hübschem Gesicht und in einem bunten Kleid, und führe ihn, der noch ganz verblüfft am Eingang steht, hinein. Von hier an gehe Hoffnung zwar stets voraus, es sollen ihn aber andere Frauen übernehmen, Betrug und Knechtschaft, und ihn der Plackerei überantworten. Die traktiert den Armen lange Zeit und überantwortet ihn schließlich dem Alter: Da kränkelt er aber schon und ist welk und blass. Zuletzt packt ihn Gewalt und treibt ihn in die Arme der Verzweiflung. Von diesem Augenblick an fliege Hoffnung davon und werde unsichtbar, und er werde hinausgeworfen, und zwar nicht mehr durch die goldene Vorhalle, durch die er hereinkam, sondern durch einen versteckten Hinterausgang: ein nackter, fettleibiger, blässlicher Greis, der mit der einen Hand seine Scham bedeckt, während er sich mit der Rechten selbst an die Gurgel geht. Bei seinem Abgang komme ihm Reue entgegen, unter nutzlosen Tränen, die den Armen noch mehr vernichten.

Die Allegorie dient hier als reine Zusammenfassung dessen, was vorher in ausführlicher und detailreicher Satire erzählt worden ist. Sie steht insofern zum Realismus dieser Satire nicht quer, als sie ausdrücklich als Gemälde deklariert wird, auf dessen zu imaginierende Materialität – die Leinwand – eigens hingewiesen wird. Auffällig ist allerdings die Formulierung, der Adressat der Schrift solle darüber nachdenken, ob er dieses Gemälde betreten wolle. Diese paradoxe metaleptische Wendung bindet die Allegorie, die in einer so wirklichkeitsnahen Satire atmosphärisch sonst geradezu als Vollbremsung wirken könnte, gelungen in die Dynamik der vorangegangenen Erzählung ein.

Vertiefende Lektüre: Borg (2002): 37-102, Kurz (1982), Schmidt (1897)

3.2.2 Ekphrasis
[*Calumniae non temere credendum, Hercules, Hippias, De Domo, Imagines*]

Ein groß angelegtes allegorisches Gemälde, diesmal angeblich tatsächlich eines des Apelles, schließt in der Eingangspartie des Traktats *Calumniae non temere credendum* eine längere Anekdote über eine Verleumdungskampagne gegen den Maler ab, die diesen beinahe sein Leben gekostet hätte:

> ὁ δὲ Ἀπελλῆς ὧν παρεκινδύνευσε μεμνημένος τοιᾷδέ τινι εἰκόνι ἠμύνατο τὴν διαβολήν. (5) ἐν δεξιᾷ τις ἀνὴρ κάθηται τὰ ὦτα παμμεγέθη ἔχων μικροῦ δεῖν τοῖς τοῦ Μίδου προσεοικότα, τὴν χεῖρα προτείνων πόρρωθεν ἔτι προσιούσῃ τῇ Διαβολῇ. περὶ δὲ αὐτὸν ἑστᾶσι δύο γυναῖκες, Ἄγνοιά μοι δοκεῖ καὶ Ὑπόληψις· ἑτέρωθεν δὲ προσέρχεται ἡ Διαβολή, γύναιον ἐς ὑπερβολὴν πάγκαλον, ὑπόθερμον δὲ καὶ παρακεκινημένον, οἷον δὴ τὴν λύτταν καὶ τὴν ὀργὴν δεικνύουσα, τῇ μὲν ἀριστερᾷ δᾷδα καιομένην ἔχουσα, τῇ ἑτέρᾳ δὲ νεανίαν τινὰ τῶν τριχῶν σύρουσα τὰς χεῖρας ὀρέγοντα εἰς τὸν οὐρανὸν καὶ μαρτυρόμενον τοὺς θεούς. ἡγεῖται δὲ ἀνὴρ ὠχρός καὶ ἄμορφος, ὀξὺ δεδορκὼς καὶ ἐοικὼς τοῖς ἐκ νόσου μακρᾶς κατεσκληκόσι. τοῦτον οὖν εἶναι τὸν Φθόνον ἄν τις εἰκάσειε. καὶ μὴν καὶ ἄλλαι τινὲς δύο παρομαρτοῦσι προτρέπουσαι καὶ περιστέλλουσαι καὶ κατακοσμοῦσαι τὴν Διαβολήν. ὡς δέ μοι καὶ ταύτας ἐμήνυσεν ὁ περιηγητὴς τῆς εἰκόνος, ἡ μὲν Ἐπιβουλή τις ἦν, ἡ δὲ Ἀπάτη. κατόπιν δὲ ἠκολούθει πάνυ πενθικῶς τις ἐσκευασμένη, μελανείμων καὶ κατεσπαραγμένη, Μετάνοια <οἶμαι> αὕτη ἐλέγετο· ἐπεστρέφετο γοῦν εἰς τοὐπίσω δακρύουσα καὶ μετ' αἰδοῦς πάνυ τὴν Ἀλήθειαν προσιοῦσαν ὑπέβλεπεν. (*Cal.* 4f.)

In Gedenken an seine Gefahren schob Apelles mit folgendem Gemälde der Verleumdung einen Riegel vor. (5) Rechts sitzt ein Mann mit sehr großen Ohren – es fehlt nicht viel, und sie glichen denen des Midas – und reicht Verleumdung die Hand, die soeben von weitem heranschreitet. Ihm zur Seite stehen zwei Frauen, Unwissenheit und Vermutung; von der anderen Seite her nähert sich Verleumdung, eine wunderschöne Frau, erhitzt und in Aufruhr; gleichsam Zeichen des Wahnsinns und des Zorns zeigend. Mit einer brennenden Fackel in der Linken zerrt sie mit der anderen Hand einen Jüngling an den Haaren her, der die Hände zum Himmel streckt und die Götter zu Zeugen ruft. Es führt sie an ein blasser und hässlicher Mann mit scharfem Blick wie solche, die von einer langen Krankheit ausgezehrt sind. Man darf annehmen, dass es sich bei ihm um Neid handelt. Ja, und noch zwei andere Frauen begleiten Verleumdung, hetzen sie auf, unterstützen sie und hübschen sie auf. Laut den Hinweisen des Erklärers des Bildes handelt es sich bei der einen um Nachstellung, bei der anderen um Täuschung. Hinter ihnen folgt eine Frau im tiefschwarzen und ganz zerfetzten Trauergewand: Reue, glaube ich, wurde sie genannt; jedenfalls wandte sie sich unter Tränen immer wieder nach hinten um und blickte voller Scham zu Wahrheit auf, die heranschreitet.

Wie in *De Mercede Conductis*, so hat auch der Sprecher dieses Textes in das Bild mithilfe der plötzlichen Wendung ins Vergangenheitstempus im letzten Satz ein Moment der Intensivierung und Rezipientennähe integriert. Nun klingt es so, als hätte die im Bild dargestellte Handlung gerade in dem Augenblick stattgefunden, als der Sprecher es betrachtete, als wäre es sozusagen vor seinen Augen lebendig geworden. Hinzu kommt, dass er zweimal, in *Cal.* 2 und 6, ausdrücklich darauf hinweist, dass sein Text die Vorgänge um die Verleumdung genauso anschaulich machen werde wie das Bild. Beide Medien verfolgen hier den gleichen Zweck und kooperieren eng miteinander. Weitere ausführliche Bildbeschreibungen finden sich in den Prolalien *Herodotus* (Alexanders Hochzeit mit Roxane) und *Zeuxis* (Hippokentaurengemälde): Gerade letztere zielt ebenfalls auf eine Analogie von Text und Bild ab (vgl. Kap. 4). Konzeptuell geht Lukian dabei über ein bloßes rhetorisches Interesse an der Erzeugung lebhafter visueller Vorstellungen weit hinaus. So scheint ihm im *Hercules* der Entwurf eines paradoxen allegorischen *Gemäldes* das passendste Verfahren zur Darstellung gerade der *Sprache* und der Verführungsmacht der *Beredsamkeit* zu sein: ein gealterter Herakles, der an einer an seiner Zunge befestigten Kette aus Gold und Bernstein (s. 3.1.4) eine fröhliche Menschenmenge hinter sich herzieht. Mehr noch: Das Miteinander von Sprache und (im weitesten Sinne) visuellen Medien stellt er sich als ein echtes Zusammenwirken vor, eine wechselseitige Ergänzung, die auf bedeutsamen ästhetischen Gemeinsamkeiten beruht. Diese werden am stärksten in der Architektur sichtbar. Während nämlich Lukian Gemälde primär semantisch zu lesen scheint – sie generieren, wie Texte, konkrete Bedeutungen –, nimmt er bei der Beschreibung von Bauwerken vor allem deren Formqualitäten in den Blick. So zeichnet sich eine von Hippias errichtete Badeanlage durch Qualitäten aus, die nicht nur in der Architektur als vollendet gelten:

> τὰ δὲ ἐποικοδομηθέντα τῷ τε τοῦ τόπου μεγέθει σύμμετρα καὶ τῷ εὐλόγῳ τῆς κατασκευῆς ἁρμοδιώτατα καὶ τὸν τῶν φώτων λόγον φυλάττοντα. (*Hipp.* 4)
>
> Die Gebäude entsprechen in ihrer Größe der Größe des Platzes, sie harmonieren aufs beste mit dem klugen Maß der gesamten Zurichtung und bewahren die rechte Proportion der Fenster.

Kluges Maß, Symmetrie, Harmonie, Proportion sind wesentliche Größen der Architektur wie auch von Texten, wie der Sprecher der meisterhaften ästhetik- und intermedialitätstheoretischen Epideixis *De Domo* hervorhebt. Auch hier sind es „Kunst, Schönheit, Ergötzen, Ebenmaß, Proportion" (*Dom.* 5), die zur überwältigenden Wirkung des herrlichen Saals beitragen, in dem der Sprecher seine Rede hält. Genau dies, eine schöne Rede in einem schönen Saal, wird aber jetzt zum intermedialen Ideal erhoben:

> Ἐμοὶ γοῦν δοκεῖ καὶ συνεξαίρεσθαι οἴκου πολυτελείᾳ ἡ τοῦ λέγοντος γνώμη καὶ πρὸς τοὺς λόγους ἐπεγείρεσθαι, καθάπερ τι καὶ ὑποβαλλούσης τῆς θέας· σχεδὸν γὰρ εἰσρεῖ τι διὰ τῶν ὀφθαλμῶν ἐπὶ τὴν ψυχὴν καλόν, εἶτα πρὸς αὐτὸ κοσμῆσαν ἐκπέμπει τοὺς λόγους. (*Dom.* 4)

Ich jedenfalls meine, dass die Pracht des Saales auch die geistigen Fähigkeiten des Redners erhebt und zum Reden erweckt, als ob das Schauen gleichsam etwas in Gang setze: Denn durch die Augen fließt geradezu etwas Schönes in die Seele, das dann die Worte in eine ihm entsprechende Ordnung bringt und herausgehen lässt.

Anblick und Rede gehen hier eine ästhetische, nicht semantische Verbindung miteinander ein. Es geht weniger darum, *von* der Schönheit des Anblicks zu sprechen, als im Anblicken so zu sprechen, dass die spezifische Schönheit des Geschauten mit der spezifischen Schönheit des Gesprochenen korrespondiert:

> Τὰ δὴ τοσαῦτα καὶ τοιαῦτα τίς οὐκ ἂν ἡσθείη βλέπων ἢ τίς οὐκ ἂν προθυμηθείη καὶ παρὰ τὴν δύναμιν ἐν αὐτοῖς λέγειν, εἰδὼς αἴσχιστον ὂν ἀπολειφθῆναι τῶν ὁρωμένων; ἐπαγωγότατον γάρ τι ἡ ὄψις τῶν καλῶν, οὐκ ἐπ' ἀνθρώπων μόνον, ἀλλὰ καὶ ἵππος ἥδιον ἂν οἶμαι δράμοι κατὰ πρανοῦς πεδίου καὶ μαλακοῦ, προσηνῶς δεχομένου τὴν βάσιν καὶ ἠρέμα ὑπείκοντος τῷ ποδὶ καὶ μὴ ἀντιτυποῦντος τῇ ὁπλῇ· ἅπαντι γοῦν τότε χρῆται τῷ δρόμῳ καὶ ὅλον ἐπιδοὺς ἑαυτὸν τῷ τάχει ἁμιλλᾶται καὶ πρὸς τοῦ πεδίου τὸ κάλλος. (*Dom.* 10)

> Wen würden solche Herrlichkeiten, in solcher Zahl, nicht beglücken, wer würde sich nicht wünschen, sich selbst zu übertreffen und an einem solchen Ort zu sprechen, obwohl ihm klar ist, welche Schande es bedeutet, hinter all dem, was sich dem Auge darbietet, zurückzubleiben? Denn Schönes anzuschauen wirkt im Höchstmaß anziehend. Und das gilt nicht nur für Menschen, sondern auch ein Pferd, meine ich, läuft lieber über einen leicht abfallenden und weichen Grasboden, der seinen Tritt sanft auffängt, seinem Fuß sachte nachgibt und nicht hart gegen den Huf schlägt. Jedenfalls greift es dann im Lauf weit aus, und in seiner völligen Hingabe an die Geschwindigkeit wetteifert es sogar mit der Schönheit des Bodens.

Die gelungenste Ekphrasis bestünde also gerade darin, keine Ekphrasis mehr zu sein, sondern ein rein ästhetisches, nicht semantisches Komplement zum Anblick: Das Pferd steht ja auch nicht etwa in einem Abbildungsverhältnis zum Grasboden, sondern es nobilitiert ihn durch seinen hingegebenen Galopp, gerade wie auch der Boden erst diese Höchstleistung des Pferdes ermöglicht. Ästhetische Vollendung wäre dann nur in der mündlichen rhetorischen Performanz bei gleichzeitiger Präsenz eines visuellen Gegenübers möglich, jedes Medium für sich allein bliebe defizitär:

> ... ὅστις δὲ μετὰ παιδείας ὁρᾷ τὰ καλά, οὐκ ἄν, οἶμαι, ἀγαπήσειεν ὄψει μόνῃ καρπωσάμενος τὸ τερπνὸν οὐδ' ἂν ὑπομείναι ἄφωνος θεατὴς τοῦ κάλλους γενέσθαι, πειράσεται δὲ ὡς οἷόν τε καὶ ἐνδιατρῖψαι καὶ λόγῳ ἀμείψασθαι τὴν θέαν. (3) ἡ δὲ ἀμοιβὴ οὐκ ἔπαινος τοῦ οἴκου μόνον – τοῦτο μὲν γὰρ ἴσως ἐκείνῳ τῷ νησιώτῃ μειρακίῳ ἔπρεπε, τὴν Μενελάου οἰκίαν ὑπερεκπεπλῆχθαι καὶ πρὸς τὰ ἐν οὐρανῷ καλὰ τὸν ἐλέφαντα καὶ τὸν χρυσὸν αὐτῆς ἀπεικάζειν, ἅτε μηδὲν ἐν γῇ καλόν τι ἄλλο ἑωρακότι – ἀλλὰ καὶ τὸ εἰπεῖν ἐν αὐτῷ καὶ τοὺς βελτίστους συγκαλέσαντα λόγων ἐπίδειξιν ποιήσασθαι μέρος τοῦ ἐπαίνου καὶ τοῦτο γένοιτο ἄν. Καὶ τὸ πρᾶγμα ὑπερήδιστον, οἶμαι, οἴκων ὁ κάλλιστος ἐς ὑποδοχὴν λόγων ἀναπεπτα-

μένος καὶ ἐπαίνου καὶ εὐφημίας μεστὸς ὤν, ἠρέμα καὶ αὐτὸς ὥσπερ τὰ ἄντρα συνεπηχῶν καὶ τοῖς λεγομένοις παρακολουθῶν καὶ παρατείνων τὰ τελευταῖα τῆς φωνῆς καὶ τοῖς ὑστάτοις τῶν λόγων ἐμβραδύνων, μᾶλλον δὲ ὡς ἄν τις εὐμαθὴς ἀκροατὴς διαμνημονεύων τὰ εἰρημένα καὶ τὸν λέγοντα ἐπαινῶν καὶ ἀντίδοσιν οὐκ ἄμουσον ποιούμενος πρὸς αὐτά· οἷόν τι πάσχουσι πρὸς τὰ αὐλήματα τῶν ποιμένων αἱ σκοπιαὶ ἐπαυλοῦσαι, τῆς φωνῆς ἐπανιούσης κατὰ τὸ ἀντίτυπον καὶ πρὸς αὐτὴν ἀναστρεφούσης· οἱ δὲ ἰδιῶται νομίζουσι παρθένον τινὰ εἶναι τὴν ἀμειβομένην τοὺς ᾄδοντας ἢ βοῶντας, ἐν μέσοις που τοῖς κρημνοῖς κατοικοῦσαν καὶ λαλοῦσαν ἐκ τῶν πετρῶν ἔνδοθεν. (*Dom.* 2f.)

… Wer hingegen das Schöne als gebildeter Mensch anschaut, der würde, glaube ich, sich nicht damit zufrieden geben wollen, die lieblichen Früchte nur mit den Augen zu pflücken, und es nicht ertragen, sprachloser Betrachter der Schönheit zu sein, sondern er wird sich nach Möglichkeit bemühen, bei ihr zu verweilen und dem Anblick durch das Wort zu entsprechen. (3) Diese Entsprechung besteht nun nicht bloß in einem Lob des Saales – denn das hätte sich vielleicht sogar für jenen jungen Burschen aus der Inselprovinz gehört: vom Palast des Menelaos völlig verblüfft zu sein und das Elfenbein und das Gold darin mit den Schönheiten am Himmel zu vergleichen, hatte er doch auf der Erde noch nie etwas anderes Schönes gesehen –, sondern auch darin, in ihm zu sprechen und unter Einsatz der vollendetsten Rhetorik aufzutreten: Auch das sollte wohl ein Bestandteil des Lobes sein. Ich meine, etwas Herrlicheres kann es nicht geben: Der schönste aller Säle, aufgetan zum Empfang von Reden und voll des Lobes und des Preises, gibt wie eine Höhle seinen Widerhall dazu, begleitet das Gesagte, lässt die Stimme länger ausklingen und verweilt auf jedem Satzende, ja mehr noch, er verhält sich wie ein aufmerksamer Zuhörer, der alles, was der Redner sagt, im Gedächtnis behält, ihm applaudiert und seine Worte – eine keinesfalls banausische Gegenleistung – nachspricht, genau wie die Felsen, die sich am Flötenspiel der Hirten beteiligen, indem dessen Klang sich an ihnen bricht und auf sich selbst zurückfällt; die Laien aber glauben, es sei ein Mädchen, das den Singenden oder Rufenden antworte, ein Mädchen, das irgendwo in den Schluchten hause und vom Inneren der Felsen aus spreche.

Wie in einer theatralen *performance* sind Aufführungsraum und Publikum nicht nur Hintergrund und passive Empfänger, sondern weiten sich zu Resonanzräumen im emphatischen Sinne, zu ästhetischen Ko-Akteuren; jedes rein schriftliche Erzeugnis muss dahinter weit zurückbleiben. Zu steigern ist das naturgemäß nur noch durch die Konfrontation mit der Schönheit eines lebenden Menschen oder gar mit göttlicher Schönheit. Lykinos' Reaktion auf den Anblick der schönen Panthea im Dialog *Imagines* macht deutlich, dass das ekphrastische Sprechen über ein Kunstwerk ebenso wie seine höhere Entwicklungsstufe, das ästhetisch vollendende Sprechen in Gegenwart eines Kunstwerks, im Rahmen antiker Klassifizierung als ein Modus der Lobrede (vgl. Kap. 3.1.1) aufgefasst wird, wie es in *Dom.* 3 ausdrücklich formuliert ist: „… in ihm zu sprechen und unter Einsatz der vollendetsten Rhetorik aufzutreten: Auch das sollte wohl ein Bestandteil des Lobes sein" (τὸ εἰπεῖν ἐν αὐτῷ καὶ τοὺς βελτίστους συγκαλέσαντα λόγων ἐπίδειξιν ποιήσασθαι μέρος τοῦ ἐπαίνου καὶ τοῦτο γένοιτο ἄν).

Diese Form des Ausdrucks von Bewunderung und Anerkennung, wie sie dem Gebildeten aufgegeben ist, findet in *Imagines* ihre Umsetzung darin, dass gerade das, was üblicherweise Gegenstand des ekphrastischen Lobes ist – die klassische Kunst und Literatur –, hier zum bloßen Medium des Lobes geradezu degradiert wird, wie man wohl sagen muss, wenn Lykinos nicht davor zurückscheut, die bedeutenden und einmaligen weiblichen Skulpturen des Praxiteles, des Alkamenes, des Kalamis und des Phidias mit der Macht seiner Rede gewissermaßen zu zerschlagen und als ‚Puzzlesteine' für eine imaginäre Idealstatue der Panthea zu verwenden (*Im.* 4-6); und auch die renommierten Maler Polygnotos, Euphranor, Apelles und Aëtion wären wenig begeistert gewesen, hätte man sie gezwungen, die Arbeit an jener Statue untereinander aufzuteilen (*Im.* 8). Tatsächlich wird mit dieser Beschreibungstechnik zugleich aber die behauptete Inkommensurabilität von Pantheas Schönheit ästhetisch umgesetzt: Denn die Idee, Pantheas sprechenden Namen durch die Kombination ‚aller' idealen weiblichen Götterstatuen ins Visuelle umzusetzen, mag höchsten Esprit bezeugen, doch spiegelt ihre sprachliche Umsetzung die faktische Unvorstellbarkeit eines solchen Bildes. Die skulpturalen Einzelteile werden nämlich nur zusammengesetzt, aber nicht – wie es im *Zeuxis* (vgl. Kap. 4) verlangt ist – harmonisch zusammengefügt:

> Καὶ μὴν ἤδη σοι ὁρᾶν παρέχει γιγνομένην τὴν εἰκόνα, ὧδε συναρμόζων, τῆς ἐκ Κνίδου ἡκούσης μόνον τὴν κεφαλὴν λαβών· οὐδὲν γὰρ τοῦ ἄλλου σώματος γυμνοῦ ὄντος δεήσεται· τὰ μὲν ἀμφὶ τὴν κόμην καὶ μέτωπον ὀφρύων τε τὸ εὔγραμμον ἐάσει ἔχειν ὥσπερ ὁ Πραξιτέλης ἐποίησεν, καὶ τῶν ὀφθαλμῶν δὲ τὸ ὑγρὸν ἅμα τῷ φαιδρῷ καὶ κεχαρισμένῳ, καὶ τοῦτο διαφυλάξει κατὰ τὸ Πραξιτέλει δοκοῦν· τὰ μῆλα δὲ καὶ ὅσα τῆς ὄψεως ἀντωπὰ παρ' Ἀλκαμένους καὶ τῆς ἐν κήποις λήψεται, καὶ προσέτι χειρῶν ἄκρα καὶ καρπῶν τὸ εὔρυθμον καὶ δακτύλων τὸ εὐάγωγον εἰς λεπτὸν ἀπολῆγον παρὰ τῆς ἐν κήποις καὶ ταῦτα. τὴν δὲ τοῦ παντὸς προσώπου περιγραφὴν καὶ παρειῶν τὸ ἁπαλὸν καὶ ῥῖνα σύμμετρον ἡ Λημνία παρέξει καὶ Φειδίας· ἔτι καὶ στόματος ἁρμογὴν αὐτὸς καὶ τὸν αὐχένα, παρὰ τῆς Ἀμαζόνος λαβών· ἡ Σωσάνδρα δὲ καὶ ὁ Κάλαμις αἰδοῖ κοσμήσουσιν αὐτήν, καὶ τὸ μειδίαμα σεμνὸν καὶ λεληθὸς ὥσπερ τὸ ἐκείνης ἔσται· καὶ τὸ εὐσταλὲς δὲ καὶ κόσμιον τῆς ἀναβολῆς παρὰ τῆς Σωσάνδρας, πλὴν ὅτι ἀκατακάλυπτος αὕτη ἔσται τὴν κεφαλήν. τῆς ἡλικίας δὲ τὸ μέτρον ἡλίκον ἂν γένοιτο, κατὰ τὴν ἐν Κνίδῳ ἐκείνην μάλιστα. καὶ γὰρ καὶ τοῦτο κατὰ τὸν Πραξιτέλη μεμετρήσθω. Τί σοι, ὦ Πολύστρατε, δοκεῖ; καλὴ γενήσεσθαι ἡ εἰκών; (*Im.* 6)

Nun, jetzt lässt er [sc. der Logos] dich zusehen, wie das Bild entsteht. Er fügt es so zusammen, dass er von der Aphrodite von Knidos nur den Kopf nimmt; vom übrigen Körper, der ja nackt ist, wird er nichts benötigen. Das Haar, die Stirn und die feine Linie der Augenbrauen wird er sie so tragen lassen, wie Praxiteles sie gemacht hat, und den weichen Blick der Augen mit ihrem Strahlen und ihrer Anmut, auch den wird er so bewahren, wie Praxiteles es sich vorgestellt hat. Die Rundung der Wangen und die Partie um Nase und Mund wird er von Alkamenes und seiner Aphrodite in den Gärten nehmen, und dazu noch die Unterarme, die wohlproportionierten Handgelenke und die geschmeidigen, sich verjüngenden Finger: auch dies von der in den Gärten. Den Umriss des ganzen Gesichts, die Zartheit seiner Wangen und das Ebenmaß der Nase werden die Lemnierin und

Phidias liefern; letzterer außerdem auch den harmonischen Zusammenschluss der Lippen und den Nacken: Das nimmt er von der Amazone. Die Sosandra und Kalamis werden sie mit Scham und Bescheidenheit schmücken, und ihr Lächeln wird ernst und nur angedeutet sein, so wie jene lächelt; auch die schlichte Ordnung ihres Kleides stammt von der Sosandra, davon abgesehen, dass unsere hier unverschleiert bleibt. Das passende Maß ihrer Jahre wird in weitgehender Übereinstimmung mit jenem Modell von Knidos gewählt: Denn auch dies soll nach Praxiteles festgelegt sein. Wie findest du das, Polystratos? Wird es ein schönes Bild?

Die ästhetische Äquivalenz von Anblick und Sprache, die der Sprecher in *De Domo* einfordert, wird hier plakativ verfehlt. Denn die Synthetisierung jener idealen Einzelteile leistet der Logos, rein parataktisch arbeitend, gerade eben nicht. Genau dieses Versagen der sprachlichen Leistung stellt dann aber paradoxerweise die Angemessenheitsrelation zum Anblick der schönen Panthea her, der den Betrachter eigentlich verstummen lassen müsste – wie es dem Lykinos tatsächlich auch geschehen ist:

Λυκῖνος. Ἀλλ' ἦ τοιοῦτόν τι ἔπασχον οἱ τὴν Γοργὼ ἰδόντες οἷον ἐγὼ ἔναγχος ἔπαθον, ὦ Πολύστρατε, παγκάλην τινὰ γυναῖκα ἰδών· αὐτὸ γὰρ τὸ τοῦ μύθου ἐκεῖνο, μικροῦ δέω λίθος ἐξ ἀνθρώπου σοι γεγονέναι πεπηγὼς ὑπὸ τοῦ θαύματος. ... Καὶ μὴν εὖ εἰδέναι χρή σε, ὡς κἂν ἐκ περιωπῆς μόνον ἀπίδῃς εἰς αὐτήν, ἀχανῆ σε καὶ τῶν ἀνδριάντων ἀκινητότερον ἀποφανεῖ. ... (2) **Πολύστρατος**. Παύου, ὦ Λυκῖνε, τεράστιόν τι κάλλος ἀναπλάττων, ἀλλ' εἰπέ, τίς ἡ γυνή ἐστιν. (*Im.* 1f.)

Lykinos: Ja, so muss es den Leuten beim Anblick der Gorgo ergangen sein, Polystratos – ich habe die herrlichste aller Frauen gesehen und war so starr vor Staunen, dass nicht viel fehlte und ich wäre, wie im Mythos, zu Stein geworden. ... In der Tat musst du dir darüber klar sein, dass sie dich, wenn du sie auch nur von weitem erblickst, verstummen und starr wie ein Standbild dastehen lassen wird. ... (2) **Polystratos**: Lykinos, hör auf, monströse Schönheiten zu erfinden, sondern sag mir lieber, wer die Frau ist.

Eine „monströse Schönheit" (τεράστιόν τι κάλλος) – das gerade ist das Statuenpuzzle, das Lykinos anschließend erschafft, und dieser Akt dient als sich selbst entlarvender Ersatz des in Gegenwart des göttlichen Schönen eigentlich eintretenden Schweigens; anders gesagt: Besteht Pantheas Wirkung darin, ihren gebildeten Betrachter zur Statue erstarren zu lassen, so kann dessen gebildete, also rhetorisch elaborierte Reaktion nur darin bestehen, umgekehrt sie zur Statue zu machen, deren Schönheit jedoch sprachlich nur beschworen, nicht aber erzeugt werden kann. Im Angesicht der Gorgo zu sprechen und ihr, die im Mythos ja ursprünglich eine wunderschöne Frau war, eine im Sinne von *De domo* angemessene Rede an die Seite zu stellen, ist unmöglich: Hier liegt die Grenze des intermedialen Ideals einer wechselseitigen Erhöhung von Text und Bild. Es geht in *Imagines* daher weniger um Pantheas Lob als um die experimentelle Weiterführung und Ausreizung der in *De domo* entworfenen ästhetischen Konzepte.

<u>Vertiefende Lektüre</u>: Bretzigheimer (1992), Laplace (1996), v. Möllendorff (2004), Pretzler (2009), Webb (2009)

3.2.3 Anekdoten und kleine Erzählungen
[*Pro Imaginibus, De Syria Dea, Toxaris*]

Die schöne Panthea war, scheint es, wirklich erschrocken über das vehemente Lob ihrer Schönheit und Bildung, das ihr Polystratos und Lykinos in *Imagines* gespendet hatten. Solche Ehrungen könne sie nicht annehmen, lässt sie in *Pro Imaginibus* über Polystratos dem Lykinos ausrichten.

Ἠξίου δέ σε μηδὲ ἀξυνετωτέραν αὐτὴν ἡγεῖσθαι τοῦ Ἀλεξάνδρου, ὃς τοῦ ἀρχιτέκτονος ὑπισχνουμένου τὸν Ἄθω ὅλον μετασχηματίσειν καὶ μορφώσειν πρὸς αὐτόν, ὡς τὸ ὄρος ἅπαν εἰκόνα γενέσθαι τοῦ βασιλέως, ἔχοντα δύο πόλεις ἐν ταῖν χεροῖν, οὐ προσήκατο <τὴν> τερατείαν τῆς ὑποσχέσεως, ἀλλ' ὑπὲρ αὐτὸν ἡγησάμενος τὸ τόλμημα ἔπαυσεν τὸν ἄνθρωπον οὐ πιθανῶς κολοσσοὺς ἀναπλάττοντα καὶ τὸν Ἄθω κατὰ χώραν ἐᾶν ἐκέλευσεν μηδὲ κατασμικρύνειν ὄρος οὕτω μέγα πρὸς μικροῦ σώματος ὁμοιότητα. ἐπῄνει δὲ τὸν Ἀλέξανδρον τῆς μεγαλοψυχίας καὶ ἀνδριάντα μείζω τοῦτον τοῦ Ἄθω ἔλεγεν αὐτοῦ ἀνεστάναι ἐν ταῖς τῶν ἀεὶ μεμνησομένων διανοίαις· οὐ γὰρ μικρᾶς εἶναι γνώμης ὑπεριδεῖν οὕτω παραδόξου τιμῆς. (*Pr. Im.* 9)

Sie bat weiterhin darum, du möchtest sie auch nicht für unvernünftiger als Alexander halten, der den monströsen Vorschlag seines Architekten nicht annahm, der darin bestanden hatte, dem Athos eine ganz neue Gestalt zu geben, und zwar die Alexanders, auf dass der Berg als Ganzes zu einem Bild des Königs würde, wie er zwei Städte in den Händen halte. Statt dessen setzte er, weil er dies für eine Verwegenheit hielt, die das ihm gebührende Maß überstieg, den Bemühungen des Mannes, Kolossalbilder jenseits aller Wahrscheinlichkeit zu entwerfen, ein Ende und ordnete an, den Athos an seinem Platz zu lassen und einen so gewaltigen Berg nicht bloß deshalb zu verkleinern, um ihn einem so kleinen Menschenleib ähneln zu lassen. Sie lobte Alexanders Seelengröße und vertrat die Ansicht, er habe sich damit ein Standbild errichtet, das den Athos noch überrage, nämlich im ewigen Angedenken der Menschheit: Denn es zeuge von nicht geringer Einsicht, über das Angebot einer so unglaublichen Ehrung einfach hinwegzugehen.

Lukian durchflicht nahezu alle seine Texte mit – modern, nicht antik gesprochen – Anekdoten. Sie dienen – dem Witz und dem Epigramm verwandt – dem treffenden Vergleich, der Pointierung, der Erklärung und Illustration, zugleich immer auch der Auflockerung und Verlebendigung gerade auch argumentativer Passagen. Unabhängig davon, ob er sie einem Traditionsbestand entnimmt oder – was nicht selten der Fall sein dürfte – für den jeweiligen Zweck erfindet, haben seine Anekdoten stets ein gemeinsames Merkmal: Sie sind in einer oft unbestimmt gelassenen Vergangenheit situiert. Werden sie, wie im obigen Zitat, doch einmal zeitlich näher bestimmt, spielen sie in den Referenzepochen der Bildungskultur (vgl. Kap. 2) und bereichern auf diese Weise unser Verständnis von der Spannweite und damit der Bedeutung von Bildungswissen für Lukian und seine Zeitgenossen. Es umfasst mehr als nur wichtige Autoren, Texte, Künstler und Kunstwerke sowie umfangreiche historische Kenntnisse: Hinzu tritt eine Alltagsepisteme, wie sie sich in Sprichwörtern, praktischem Knowhow, *on-dits* und Geschichten aus der unerschöpflichen Rubrik des ‚Vermischten' manifestiert – eine Episteme, die auf die Bewältigung der Anforderungen des täglichen Lebens ausgerichtet ist und das insofern besonders wirkungsvoll tun kann, als sie abstraktes Wissen interessant macht, pointiert, an menschliches Handeln bindet und so leichter erinnerbar werden lässt. Darin steht die Anekdote der Geschichtsschreibung nahe, womöglich gar in Konkurrenz zu ihrem Versuch systematischer Durchdringung historischen Geschehens, und vielleicht ist das der Grund, weshalb Lukians historiographischer Traktat *Quomodo Historia Conscribenda sit* mit zwei Anekdoten beginnt und mit einer endet, die alle drei historisch lokalisiert sind. Eine Anekdote wie die oben zitierte erklärt dem Bildungsbeflissenen, was er *tun* (oder womöglich *lassen*) muss, um in seinem eigenen Alltag ein zweiter Alexander der Große zu werden, auch wenn er kein Krieger und Heerführer ist. Als Beispiel praktischer Ethik besitzt die kleine Geschichte zudem einen doppelten Boden. Denn indem Panthea sie benutzt, um ihre Bescheidenheit zu demonstrieren, erhebt sie zugleich selbst den Anspruch, wie Alexander zu sein. So zu handeln, mag ein Zeichen der Bescheidenheit sein – dieses Vorbild für sich zu reklamieren, ist es nicht, und so ermöglicht uns die Anekdote einen unmittelbaren Einstieg in die Thematik des Textes, nämlich die Reflexion darüber, wie man richtig lobt und wie man Lob richtig entgegennimmt.

Mit zunehmender Länge und abnehmender Funktionalität von Pointierung und Charakterisierung geht die Anekdote in das Darstellungsverfahren der eingelegten Erzählung über. In *De Syria Dea*, einem in Stil und Sprache herodoteisch gehaltenen ‚Reiseführer' durch das Heiligtum der Astargate im syrischen Hierapolis, beansprucht die eingelegte Gründungsgeschichte (17-27) mehr als ein Sechstel des Gesamttextes.

> Τοσάδε μὲν ἀμφὶ τῶν οἰκιστέων τοῦ ἱροῦ μυθολογέουσιν. ἤδη δὲ ἐρέω καὶ τοῦ νηοῦ πέρι θέσιός τε ὅκως ἐγένετο καὶ ὅστις μιν ἐποιήσατο. λέγουσι τὸν νηὸν τὸν νῦν ἐόντα <μὴ ἔμμεναι τὸν τὴν ἀρχὴν γεγενημένον,> ἀλλ' ἐκεῖνον μὲν κατενεχθῆναι χρόνῳ ὕστερον, τὸν δὲ νῦν ἐόντα Στρατονίκης ἔμμεναι ποίημα, γυναικὸς τοῦ Ἀσσυρίων βασιλέως. Δοκέει δέ μοι ἡ Στρατονίκη ἐκείνη ἔμμεναι, τῆς ὁ πρόγονος ἠρήσατο, τὸν ἤλεγξεν τοῦ ἰητροῦ ἐπινοίῃ· ὡς γάρ μιν ἡ συμφορὴ κατέλαβεν, ἀμηχανέων τῷ κακῷ αἰσχρῷ δοκέοντι κατ' ἡσυχίην ἐνόσεεν, ἔκειτο δὲ ἀλγέων οὐδέν, καί οἱ ἥ τε χροιὴ πάμπαν ἐτρέπετο καὶ τὸ σῶμα δι' ἡμέρης ἐμαραίνετο. ὁ δὲ ἰητρὸς ὡς εἶδέ μιν ἐς οὐδὲν ἐμφανὲς ἀρρωστέοντα, ἔγνω τὴν νοῦσον ἔρωτα ἔμμεναι. ἔρωτος δὲ ἀφανέος πολλὰ σημήια, ὀφθαλμοί τε ἀσθενέες καὶ φωνὴ καὶ χροιὴ καὶ δάκρυα. μαθὼν δὲ ταῦτα ἐποίησεν· ... (*D. Syr.* 17)

> Das also berichtet die Tradition über die Gründer des Heiligtums. Nun möchte ich auch über die Erbauung des Tempels sprechen, wie er entstand und wer ihn gemacht hat. Man sagt, der jetzige Tempel sei nicht derjenige, der anfangs entstanden sei, sondern jener sei später mit der Zeit verfallen, der jetzige aber sei das Werk der Stratonike, der Gemahlin des Königs der Assyrer. Mir scheint Stratonike jene Frau zu sein, in die der Königssohn sich verliebte, den die Klugheit des Arztes entlarvte. Als ihn nämlich das Unglück überfiel, wusste er sich mit diesem

Übel, das ihm ehrenrührig schien, nicht zu helfen und wurde, ohne darüber zu reden, krank. Ohne Schmerzen lag er da, wurde immer blasser, und sein Körper war von Tag zu Tag mehr geschwächt. Als der Arzt ihn ohne erkennbaren Grund so krank sah, wurde ihm klar, dass die Krankheit die Liebe war. Denn von geheimer Liebe zeugten viele Zeichen, die stumpfen Augen, die schwache Stimme, die blasse Hautfarbe, die Tränen. Als er das verstanden hatte, tat er Folgendes: ...

Um Sicherheit zu erlangen, ließ er alle Palastbewohner am Bett des jungen Mannes vorbeidefilieren, der solange ruhig blieb, bis seine Stiefmutter Stratonike herantrat, die Gattin des Seleukos, eines Nachfolgers Alexanders des Großen. Da fing der Puls des Prinzen an zu rasen, und so war dem Arzt die Lage klar. Wie sollte er diese unangenehme Wahrheit aber nun seinem Herrn beibringen? Er nahm den König beiseite und enthüllte ihm, der Prinz sei in seine, des Arztes, Ehefrau verliebt und fragte den Monarchen, was er an seiner Stelle tun würde. Der beschwor ihn, er solle seine Gemahlin dem Prinzen überlassen: Wäre er an seiner Stelle, würde er dasselbe tun. Hierauf hatte der Arzt nur gewartet. Nun konnte er den König beim Wort nehmen – und tatsächlich, dieser trat aus Liebe Königin und Königsherrschaft an seinen Sohn ab und zog sich zurück.

Dieser Geschichte – sie ist mit ihren mehrfachen Pointen, ihrer fehlenden Anbindung an den Kontext und ihrem Allerweltscharakter entschieden keine Anekdote – folgt die Erzählung von Kombabos, dem Erbauer des Tempels. Stratonike wollte einen Tempel für Hera errichten lassen. Ihr Gemahl rüstete sie zu diesem Zweck mit Geld und Gefolge aus und stellte ihr einen seiner Vertrauten, einen Mann namens Kombabos, an die Seite. Dieser fürchtete, dass, wenn er so lange mit der Königin allein gelassen würde, der König bald eifersüchtig auf ihn werden würde, konnte sich gleichwohl dem ehrenvollen Auftrag nicht entziehen. So kam er auf den ebenso klugen wie drastischen Einfall, sich selbst zu entmannen, seine abgeschnittenen Genitalien in einem kostbaren kleinen Schrein zu bergen und diesen dem König anzuvertrauen, mit der Bitte, seinen kostbarsten Schatz für ihn bis zu seiner Wiederkehr aufzuheben. In der Tat verliebte sich die Königin während des Tempelbaus in Kombabos. Obwohl er standhaft blieb, kamen entsprechende Gerüchte dem König zu Ohren, der daraufhin Kombabos an den Hof zurückberief und kurzen Prozess mit ihm machen wollte. Der jedoch bat den König, den in seine Obhut gegebenen Schrein zu öffnen – und wurde unter Tränen der Rührung wieder in Gnaden aufgenommen. Kombabos vollendete den Tempelbau und blieb als Verwalter des Heiligtums vor Ort.

Diese Erzählung leistet vieles von dem, was wir von einer Anekdote erwarten. Sie besitzt eine Pointe, sie charakterisiert den Erbauer des Tempels unvergesslich, treffend und scharf. Sie operiert jedoch nicht mit der nötigen Reduktion, sondern lässt die einzelnen Akteure immer wieder ausgiebig zu Wort kommen und entwickelt einen eigenen dramatischen Plot mit Retardierungen und Peripetien: Mit all dem wie mit ihrer großen Länge verlässt sie daher den Bereich dessen, was man noch Anekdote zu nennen bereit wäre.

Das gesamte Ensemble von Gründungserzählungen bildet nicht einfach nur einen spannenden, der Abwechslung dienenden narrativen Block. Vielmehr stellt es einen wesentlichen funktionalen Baustein innerhalb des argumentativen Anliegens des Textes dar, das darin besteht, neben der Propagierung eines aus griechischer Sicht exotischen Heiligtums am Rande der *Oikuméne* auch dessen stärkere Anbindung an eine griechische religiöse Episteme zu leisten. Das tut der Periheget, indem er an verschiedensten Stellen Hinweise auf Dionysos als weitere Gründungsgottheit des Tempels unterbringt. Am auffälligsten sind hier zwei gewaltige, 500 bis 600 m hohe Phalloi im Eingangsbereich des Heiligtums, die gemäß einer Inschrift Dionysos zur Ehrung seiner Stiefmutter Hera aufgestellt haben soll, für die ja wiederum Stratonike mit Hilfe des Kombabos den Tempel errichtet hatte. Diese Phalloi treten in komisch-hyperbolische Beziehung zu jenem Kästchen, das Kombabos' kastrierten Phallos enthält, den Garanten für den Abschluss der Arbeiten am Hera-Tempel. Man gewinnt den Eindruck, dass der Periheget durch die auffälligen und unglaublichen, offensichtlich quantitativ entschieden übertriebenen phallischen Markierungen der Gründungserzählungen seinen Leser zu einem ironischen Blick auf diskursive Strategien der Generierung und Konsolidierung von (männlicher) Macht anregt. Ursprungserzählungen dienten in der griechischen Welt gerade auch der Kaiserzeit dem Zweck, regionale Zentren gegenüber einem übergeordneten imperialen Diskursraum zu nobilitieren, indem sie ihnen die Würde historischer Tiefe und Tradition verliehen; der diskursive Zusammenhang mit der klassizistischen Bildungskultur und ihrer Wiederbelebung alter Größe ist evident. Dies konnte gerade auch durch die Verschiebung apokrypher, oft regionaler Wissensbestände ins epistemische Zentrum geschehen (vgl. Kap. 2). Mag die Erzählung von Kombabos und Stratonike auch in einem ganz anderen Zusammenhang entstanden sein, mag Kombabos ursprünglich auch eine Gestalt anderer religiöser Kontexte gewesen sein: Er tritt hier in eine Verbindung mit der zentralen Gottheit Dionysos und erhöht damit Rang und Bedeutung des hierapolitischen Heiligtums.

Von einem anderen Rand der Oikumene stammt Toxaris, der im *Anacharsis* als bereits seit längerem in Athen sozialisierter Skythe auftritt; er gehört damit, auch wenn außerhalb des Lukianischen Œuvres gänzlich unbekannt und daher wohl Lukians Erfindung, in die archaische oder frühklassische Zeit, in der laut Herodot (*Hist.* 4.46 u. 77) auch Anacharsis lebte. Auch Toxaris' Gespräch mit Mnesippos im *Toxaris* ist als Ganzes zumindest virtuell in eine Referenzepoche kaiserzeitlicher Bildung zu datieren, und ebenfalls stammen alle von den beiden Gesprächspartnern vorgetragenen Geschichten über die Freundschaft aus der Gegenwart der Gesprächspartner (*Tox.* 10). In der Illustration des Freundschaftsideals – aus philosophisch-ethischer Perspektive auch für den Gebildeten ein hochrelevantes Thema – erschöpft sich die Reihung von insgesamt zehn Geschichten jedoch nicht: Diesen Zweck hätte sicher auch jeweils eine einzige Erzählung erfüllt. Vielmehr sind zwei weitere Aspekte womöglich noch wichtiger. Einerseits nämlich setzen sich Mnesippos und Toxaris immer wieder über die

Plausibilität und Glaubwürdigkeit der erzählten Geschehnisse auseinander, so dass der Leser den Eindruck gewinnt, es gehe hier durchaus auch um die Frage, wie man mit Geschichten, deren Wahrheitsgehalt nicht vollständig objektivierbar ist, umzugehen habe, wenn man sie zur Grundlage eines ethischen Wertes und, daraus resultierend, eines lebensweltlichen Verhaltens machen soll. Zum anderen erweist sich schließlich, dass solche Fragen womöglich am Kern des Problems vorbeisteuern. Denn nachdem alle Geschichten erzählt sind, können – da es sich (anders als bei den Gespenstergeschichten der *Philopseudeis*) um Erzählungen von ethischer Relevanz handelt – die beiden Erzähler nicht auseinandergehen, als seien sie einfach stille Genießer gewesen. Vielmehr schließen sie selbst Freundschaft:

> **Μνήσιππος.** Ἀλλὰ μήτε αἵματος, ὦ Τόξαρι, μήτε ἀκινάκου δεώμεθα τὴν φιλίαν ἡμῖν βεβαιώσοντος· ὁ γὰρ λόγος ὁ παρὼν καὶ τὸ τῶν ὁμοίων ὀρέγεσθαι πολὺ πιστότερα τῆς κύλικος ἐκείνης ἣν πίνετε, ἐπεὶ τά γε τοιαῦτα οὐκ ἀνάγκης ἀλλὰ γνώμης δεῖσθαί μοι δοκεῖ. **Τόξαρις.** Ἐπαινῶ ταῦτα, καὶ ἤδη ὦμεν φίλοι καὶ ξένοι, ἐμοὶ μὲν σὺ ἐνταῦθα ἐπὶ τῆς Ἑλλάδος, ἐγὼ δὲ σοὶ εἴ ποτε ἐς τὴν Σκυθίαν ἀφίκοιο. (*Tox.* 63).
>
> **Mnesippos**: Wir wollen weder Blut, Toxaris, noch Säbel für die Bekräftigung unserer Freundschaft in Anspruch nehmen. Denn unser heutiges Gespräch, unser ähnliches Streben sind viel vertrauenswürdiger als jener Kelch, den ihr trinkt, da ja solche Dinge meiner Meinung nach keinen Zwang, sondern die rechte Anschauung verlangen. **Toxaris**: Dem kann ich nur zustimmen, und so wollen wir nun Freunde und Gastfreunde sein, hier in Griechenland du für mich, und wenn du einmal nach Skythien kommen solltest, ich für dich.

Keine Wahrheitsschwüre sind erforderlich, sondern das „Streben nach Gleichem" (τὸ τῶν ὁμοίων ὀρέγεσθαι), die „Übereinstimmung der Gesinnungen", damit Freundschaft möglich ist. Diese Übereinstimmung stellt sich offensichtlich erst im Laufe der Erzählungen ein, die immer neue Facetten freundschaftlicher Beziehungen vorführen; daraus scheint dann ein Grad an Übereinstimmung abgeleitet zu werden, der genügt, um persönliche Konsequenzen aus dem Erzählen fremder Geschehnisse zu ziehen. Zugleich erweist sich dabei, dass Rand und Zentrum in so wesentlichen Wertekonzepten übereinstimmen, dass Geschichten den Raum der *paideía* zu axiologischer Homogenität formen können (vgl. Kap. 2), und in dieser Gestaltungskraft zeigen sie sich dem bloßen Argument überlegen.

Vertiefende Lektüre: ní Mheallaigh (2014), Wehrli (1973)

3.2.4 Exzentrische Perspektivierung
[*Icaromenippus, Contemplantes, Verae Historiae*]

Lukians Texte führen ihre gebildeten Rezipienten nahezu überall hin, an verschiedenste Orte des römischen Reichs, an dessen Ränder, in entlegene Länder wie Indien oder zu utopischen Räumen wie dem ‚anderen Kontinent', aber auch in die Unterwelt und in den Himmel (vgl. Kap. 2). Der ‚Blick zurück' aus diesen Räumen auf den kulturellen Raum der *paideía* ist von Neugier, Staunen und Verstehen geprägt: Die unvertraute Perspektive vom ‚anderen Ort' aus bringt neue Erkenntnisse, ein gesteigertes Selbstverständnis, ein Gefühl für die Begrenztheit des früheren, im Alltag absolut gesetzten Lebensraumes; sie trägt insofern zu einer ästhetischen Überformung der Lebenswelt bei, als sie ihr einen Hintergrund und angemessenere Proportionen verschafft. Im *Icaromenippus* betrachtet der Protagonist, nachdem er es mit Hilfe eigens montierter Flügel bis zum Mond geschafft hat, die Erde von oben:

> διόπερ ὡς οἷόν τε ἀναβὰς ἐπὶ τὴν σελήνην τῷ λόγῳ συναποδήμει τε καὶ συνεπισκόπει τὴν ὅλην τῶν ἐπὶ γῆς διάθεσιν. (12) καὶ πρῶτόν γέ μοι πάνυ μικρὰν δόκει τινὰ τὴν γῆν ὁρᾶν, πολὺ λέγω τῆς σελήνης βραχυτέραν, ὥστε ἐγὼ ἄφνω κατακύψας ἐπὶ πολὺ ἠπόρουν ποῦ εἴη τὰ τηλικαῦτα ὄρη καὶ ἡ τοσαύτη θάλασσα· καὶ εἴ γε μὴ τὸν Ῥοδίων κολοσσὸν ἐθεασάμην καὶ τὸν ἐπὶ τῇ Φάρῳ πύργον, εὖ ἴσθι, παντελῶς ἄν με ἡ γῆ διέλαθεν· νῦν δὲ ταῦτα ὑψηλὰ ὄντα καὶ ὑπερανεστηκότα καὶ ὁ Ὠκεανὸς ἠρέμα πρὸς τὸν ἥλιον ὑποστίλβων διεσήμαινέ μοι γῆν εἶναι τὸ ὁρώμενον. ἐπεὶ δὲ ἅπαξ τὴν ὄψιν ἐς τὸ ἀτενὲς ἀπηρεισάμην, ἅπας ὁ τῶν ἀνθρώπων βίος ἤδη κατεφαίνετο, οὐ κατὰ ἔθνη μόνον καὶ πόλεις, ἀλλὰ καὶ αὐτοὶ σαφῶς οἱ πλέοντες, οἱ πολεμοῦντες, οἱ γεωργοῦντες, οἱ δικαζόμενοι, τὰ γύναια, τὰ θηρία, καὶ πάνθ' ἁπλῶς ὁπόσα τρέφει ζείδωρος ἄρουρα. (*Icar.* 11f.)

> Steige daher gleichsam auf zum Mond, mache die Reise im Kopf mit mir zusammen und betrachte gemeinsam mit mir die ganze Gestaltung der Erde. (12) Und so stelle dir vor, zuerst einmal eine sehr kleine Erde zu sehen, will sagen, eine viel weniger ausgedehnte als der Mond, so dass ich mich, als ich mich abrupt vorbeugte und hinabzugte, ganz ratlos fragte, wo denn unsere so hohen Berge und unser so weites Meer hin seien. Und hätte ich nicht den Koloss der Rhodier entdeckt und den Turm auf der Insel Pharos, dann, sei gewiss, wäre mir die Erde völlig entgangen. So aber ließen sie, deren Höhe alles überragte, und der Okeanos, der ruhig zur Sonne emporglitzerte, mich verstehen, dass es sich bei dem Anblick um die Erde handelte. Und als ich dann erst einmal meinen Blick scharfgestellt hatte, da erschien vor meinen Augen auch schon das ganze Leben der Menschen, nicht nur in der Größenordnung von Völkern und Städten, sondern auch in aller Deutlichkeit sie selbst, die Seereisenden, die Kriegführenden, die Ackernden, die Richtenden, die Frauen, die Tiere, überhaupt einfach alles, „was nährt die lebensspendende Erde".

Menipps neue Perspektive ordnet sich also entlang einer Sichtachse zwischen dem Mond einerseits und zwei gewaltigen, übergroßen Bauwerken andererseits, die wiederum auf eine Ebene mit der größten irdischen Naturerscheinung, dem

Okeanos, gestellt werden. Diese übertriebene Behauptung, die Bauwerke seien faktisch höher als die höchsten Berge, führt den Rezipienten zu der Vermutung, dass damit Menipps Reise und auch sein Blick über die Erde hinweg ethisch zweifelhaft sind: Die Übertrumpfung der Natur durch Bauwerke steht immer im Verdacht, eine Form von Selbstüberhebung und Verletzung der dem Menschen gesetzten Grenzen, Hybris, zu sein. Da Gleiches für eine Reise zu den Göttern gilt, mag zwar der Menipp antreibende Erkenntnisdrang ehrenwert sein, seine Methoden und damit dann wohl auch seine Wahrnehmungen sind aber nicht *a priori* zur Gänze akzeptabel. Wenn daher Menipp im Folgenden das Treiben der Menschen ‚von oben herab' betrachtet und als Mischtrank, als dissonanten Chor (*Icar.* 17) oder als wimmelnden Ameisenhaufen (*Icar.* 19) verlacht, dann wird deutlich, dass die abgehobene Schau auch zu ethischer Fragwürdigkeit führt, zu einer Verächtlichkeit, die mancher menschlichen Aktivität gegenüber angemessen sein mag. Andererseits wird sie der Vielfalt, Buntheit und Multiperspektivität des Lebens nicht wirklich gerecht, sondern führt zu einer zwar genauen, aber eben monoperspektivischen und sich selbst verabsolutierenden Sichtweise.

Auch in den *Contemplantes* geht es, wie es zunächst scheint, um die Dramatisierung des kritischen, lustfeindlichen Blicks auf das menschliche Treiben. Der Totenfährmann Charon nimmt sich einen freien Tag, um die Menschen zu beobachten und zu verstehen, warum sie so unglücklich sind, das Leben verlassen zu müssen. Gemeinsam mit Hermes türmt er den Olymp, den Pelion, den Ossa, schließlich den Oita und den Parnass übereinander, um bessere Sicht zu haben, und lässt sich dann von seinem Freund über das Gesehene informieren. Raffiniert kombiniert Lukian hier die zwei extremen exzentrischen Sichten auf die Welt, den Blick aus dem Himmel – den wir aus dem *Icaromenippus* kennen – und den aus der Unterwelt: Der Blick von oben verspricht Übersicht über das menschliche Chaos, Charon ist aber ein Betrachter, der im Grunde der Meinung ist, alles Notwendige über die Menschen längst zu wissen, weil er ihr (immer gleiches) Ende kennt. Das plakative Unverständnis, das er dem menschlichen Tun daher entgegenbringt, entspricht ganz der kynischen Sichtweise, wie sie uns schon in den Diatriben entgegengetreten ist (vgl. Kap. 3.1.2). Dabei lässt sich, anders als im Falle von Menipps kosmischer Reise, die Einnahme eines höheren Standpunktes nicht als Hybris missbilligen, da die Protagonisten selbst Götter sind. Nichtsdestoweniger erinnert das Auftürmen der Berge an den mythischen Aufstand der Giganten, und auch wenn Hermes eine solche Parallele in *Cont.* 3 ausdrücklich zurückweist, bleibt doch ein Beigeschmack zumindest von Arroganz – einer Arroganz, die sich im späteren Gespräch bestätigt. Denn dort kann sich insbesondere Charon nicht genug über die Sinn-, Ziel- und Gedankenlosigkeit der Menschen ereifern, und keine Strafmaßnahme ist ihm genug. Als Hermes ihm etwa den samischen Tyrannen Polykrates zeigt und darauf hinweist, er sei jetzt noch im Glück, werde aber in Kürze verraten und gekreuzigt werden, ist Charon hocherfreut:

> ἄγαμαι Κλωθοῦς γεννικῆς· καῖε αὐτούς, ὦ βελτίστη, καὶ τὰς κεφαλὰς ἀπότεμνε
> καὶ ἀνασκολόπιζε, ὡς εἰδῶσιν ἄνθρωποι ὄντες. (*Cont.* 14)
>
> Ein Hoch auf die edle Klotho! Brenne sie, meine Beste, köpfe sie, kreuzige sie, damit sie endlich einsehen, dass sie Menschen sind!

Hier geht es nicht um Belehrung und um intransigente kynische Kritik, sondern um die brutal-radikale Hervorhebung der menschlichen Sterblichkeit aus der sicheren Position dessen, dem in dieser Hinsicht nichts geschehen kann. Der irdische Kyniker nämlich bezieht die Glaubwürdigkeit seiner Forderungen aus dem eigenen Verzicht auf die Annehmlichkeiten des Lebens, auf Genüsse, auf Macht. Diese Kasteiung ist der Preis dafür, dass er anderen als ethisches Vorbild dienen kann, er muss sich nicht den Vorwurf machen lassen, Wasser zu predigen und Wein zu trinken. Gerade diese Voraussetzung gilt jedoch für Hermes und Charon als Götter eben nicht. Sie legen sich keinerlei Entbehrungen auf, aus denen sie diskursive Autorität gewinnen würden, sondern stehen dem menschlichen Leben, seinen Sorgen und seinen Ambitionen, wesensfremd gegenüber. Es ist von daher ein Leichtes für sie, das irdische Treiben zu verspotten, umso mehr aus ihrer neuen abgehobenen Perspektive. Eher als Kyniker sind sie also Menschenverächter, und hieraus resultiert entschieden ein Autoritätsverlust. Dieser wird noch unterstrichen durch einen eher prätentiösen als seriösen Gebrauch literarischer Anspielungen auf Homer, Herodot und Platon. So versucht Charon beispielsweise in *Cont.* 22, durch von ihm geklitterte Homerverse nachzuweisen, auch Homer habe kynische Lebensideale vertreten und etwa die Bestattung als überflüssig angesehen: Beides wird in Homers Epen natürlich nicht behauptet, und so erweist sich, dass jedenfalls Charon Bildung benutzt, um sich eine fragwürdige ethische Autorität anzumaßen. Die extreme Perspektivierung ermöglicht also auch in diesem Dialog einen freieren, unbegrenzteren Blick auf die Welt, sie verleitet zugleich aber auch zu Hochmut und Arroganz. Wenn daher Paideía im *Somnium* ihren jungen Adepten im Traum über die Welt fliegen und bejubelt werden lässt, dürfte auch da ein selbstironischer Seitenhieb impliziert sein.

Entsprechendes findet sich in abgeschwächter Form an anderen Stellen. So zieht es auch der fragwürdige Philosoph Nigrinos (vgl. Kap. 3.1.5) vor, das unsittliche Treiben Roms wie ein Theaterstück – diese Metapher verwenden bereits Hermes und Charon (*Cont.* 5) – nur aus der Distanz des abgehobenen Zuschauerrunds zu betrachten:

> Οὕτω δὴ βουλευσάμενος καὶ καθάπερ ὁ Ζεὺς τὸν Ἕκτορα ὑπεξαγαγὼν ἐμαυτὸν
> ἐκ βελέων, φασίν, „ἔκ τ' ἀνδροκτασίης ἔκ θ' αἵματος ἔκ τε κυδοιμοῦ," τὸ λοιπὸν
> οἰκουρεῖν εἱλόμην καὶ βίον τινὰ τοῦτον γυναικώδη καὶ ἄτολμον τοῖς πολλοῖς δοκοῦντα προτιθέμενος αὐτῇ φιλοσοφίᾳ καὶ Πλάτωνι καὶ ἀληθείᾳ προσλαλῶ, καὶ
> καθίσας ἐμαυτὸν ὥσπερ ἐν θεάτρῳ μυριάνδρῳ σφόδρα που μετέωρος ἐπισκοπῶ
> τὰ γιγνόμενα, τοῦτο μὲν πολλὴν ψυχαγωγίαν καὶ γέλωτα παρέχειν δυνάμενα,
> τοῦτο δὲ καὶ πεῖραν ἀνδρὸς ὡς ἀληθῶς βεβαίου λαβεῖν. (*Nigr.* 18)

Das waren meine Überlegungen, und wie Zeus den Hektor, so entzog ich mich selbst den Geschossen, wie es bei Homer heißt, „aus Männermord, aus Blutvergießen und aus Schlachtgetümmel", und beschloss, in Zukunft das Haus zu hüten. Während ich nun dieses Leben hier, das der Welt weibisch und risikolos vorkommt, nach außen hin zur Schau stelle, pflege ich drinnen Zwiesprache mit der Philosophie selbst, mit Platon, mit der Wahrheit, und indem ich hier meinen Platz einnehme wie in einem Theater mit zehntausend Sitzen, beobachte ich von ganz weit oben alles, was so vor sich geht, und manchmal vermag mir das einige Ablenkung und Anlass zum Lachen zu bieten, manchmal wieder bietet es aber auch Gelegenheit, einen Mann auf seine tatsächliche innere Festigkeit zu prüfen.

Auch der Möchtegern-Philosoph Hermotimos vergleicht seinen Weg zur Glückseligkeit mit einer Bergtour, die ihn am Ende auf den Gipfel der Tugend bringen soll, von wo aus er auf den Haufen der Laien voller Genugtuung herabblicken will (*Herm.* 3-8); doch erwartet ihn am Ende des Dialogs die bittere Einsicht, dass ihn sein auf eine solch arrogante und herablassende Hoffnung gerichteter Lebensweg gänzlich in die Irre geführt hat; ein vergleichbares Bild wird im *Rhetorum Praeceptor* (6-15) eingeführt und in vielen Einzelheiten elaboriert.

Gleichwohl dient das Darstellungsverfahren der extremen Perspektivierung nicht immer dem Ziel der Erzeugung ethischer Ambivalenz. Zwar wird bei Lukian niemand, der eine solche extreme Position eingenommen hat, am Ende wirklich klüger oder besser. Das gilt selbst für die Eselperspektive des Lukios im *Asinus*, der sich, aus einem Esel zurückverwandelt, nur als lächerlich und sexuell defizitär erweist (vgl. Kap. 3.3.2). Doch außerhalb ethischer Zusammenhänge kann es durchaus Konsequenzen geben. So finden andere Mondreisende als Menipp auf Selenes Oberfläche erstaunliche optische Wunder vor:

καὶ μὴν καὶ ἄλλο θαῦμα ἐν τοῖς βασιλείοις ἐθεασάμην· κάτοπτρον μέγιστον κεῖται ὑπὲρ φρέατος οὐ πάνυ βαθέος. ἂν μὲν οὖν εἰς τὸ φρέαρ καταβῇ τις, ἀκούει πάντων τῶν παρ' ἡμῖν ἐν τῇ γῇ λεγομένων, ἐὰν δὲ εἰς τὸ κάτοπτρον ἀποβλέψῃ, πάσας μὲν πόλεις, πάντα δὲ ἔθνη ὁρᾷ ὥσπερ ἐφεστὼς ἑκάστοις· τότε καὶ τοὺς οἰκείους ἐγὼ ἐθεασάμην καὶ πᾶσαν τὴν πατρίδα, εἰ δὲ κἀκεῖνοι ἐμὲ ἑώρων, οὐκέτι ἔχω τὸ ἀσφαλὲς εἰπεῖν. ὅστις δὲ ταῦτα μὴ πιστεύει οὕτως ἔχειν, ἄν ποτε καὶ αὐτὸς ἐκεῖσε ἀφίκηται, εἴσεται ὡς ἀληθῆ λέγω. (*VH* 1.26)

Im Königspalast habe ich noch ein weiteres Wunder gesehen: Dort liegt ein großer Spiegel über einem nicht sehr tiefen Brunnen. Wenn jemand in den Brunnen steigt, dann hört er alles, was auf der Erde gesagt wird; wenn er aber in den Spiegel schaut, kann er alle Städte und Völker so sehen, als ob er darüber stünde. Auch ich konnte dort meine Familie und das ganze Heimatland betrachten, ob aber jene mich ebenfalls sahen, kann ich nicht mit Sicherheit sagen. Wer nicht glaubt, dass es sich so verhält, kann ja irgendwann selbst dorthin reisen und wird herausfinden, dass ich die Wahrheit sage.

Spiegel und Brunnen in Kombination ermöglichen hier, quasi als Teleskop und Richtmikrofon, eine andere Schau auf die irdischen Verhältnisse. Diese erscheinen den Reisenden der *Verae Historiae* nämlich nicht klein und unwesentlich, sondern offensichtlich in der jeweils gewählten Einstellung und damit wirklichkeitsgetreu. Und diese Reise zum Mond entsprang keiner Hybris, sondern wurde den Seefahrern durch einen Sturm oktroyiert. Der Spiegel und der Brunnen stehen daher im Text als Symbole der Mimesis, einer unverzerrten und nicht-satirischen Darstellung der Wirklichkeit, und das heißt im Kontext der *Verae Historiae*: der referentiellen Textwelt des *pepaideuménos*, von der es ja im Vorwort heißt, sie bilde den allusiven Bezugsrahmen für jedes Detail des Reiseberichts (*VH* 1.2). Diese textweltlichen mimetischen Spiegel nun bringen neue *paideía*-Literatur hervor, wie ja auch am Ende der *Verae Historiae* eine Fortsetzung in Aussicht gestellt wird, die Lukian nie verfasst hat und womöglich der Bildungskompetenz seines Lesers überantwortet. Die Einnahme extremer Sichten bedeutet weniger eine ethische oder eine epistemische Bereicherung als vielmehr einen ästhetischen Gewinn.

Vertiefende Lektüre: Bachtin (1971), Fusillo (1988), Jónsson (1995), v. Möllendorff (2000a)

3.2.5 Extreme Dramatisierung
[*Vitarum Auctio, Juppiter Tragoedus, Fugitivi*]

Bei der Schilderung von Massenszenen erreicht Lukian einen sehr hohen Grad an Eindringlichkeit und Anschaulichkeit. Lykinos' Erzählung von den turbulenten Ereignissen um die zum Hochzeitsmahl bei Aristainetos versammelten Philosophen im *Symposium*, die beinahe slapstick-artig in der Zertrümmerung der Örtlichkeiten und schmerzhaften Handgreiflichkeiten endet, oder der Bericht von der Selbstverbrennung des Peregrinus in *De Morte Peregrini* und von den Leiden armer griechischer Gelehrter beim römischen Gastmahl (*Merc. Cond.* 14-18) mögen hier als eindrucksvolle Beispiele dienen. Einige der Dialoge inszenieren aber auch ohne narrative Vermittlung derart personenreiche Gespräche, dass man sich fragen kann, ob sie nicht tatsächlich ursprünglich kleine Dramolette gewesen sind (vgl. Kap. 4.3 u. 5). Neben dem *Piscator* – hier wird überdies sogar ein Ortswechsel hinauf zum Areopag vorgenommen (*Pisc.* 15) – ließe sich das etwa auch für die Szenen des Verkaufs der philosophischen Schulen (*Vitarum Auctio*) überlegen. Auch wenn sich diese Frage nicht mit Sicherheit beantworten lässt, so ist Lukian doch jedenfalls daran gelegen, einen lebhaften szenisch-räumlichen Eindruck zu bewirken:

> **Ζεύς**. Σὺ μὲν διατίθει τὰ βάθρα καὶ παρασκεύαζε τὸν τόπον τοῖς ἀφικνουμένοις, σὺ δὲ στῆσον ἐξῆς παραγαγὼν τοὺς βίους, ἀλλὰ κοσμήσας πρότερον, ὡς εὐπρόσωποι φανοῦνται καὶ ὅτι πλείστους ἐπάξονται· σὺ δέ, ὦ Ἑρμῆ, κήρυττε καὶ συγκάλει. **Ἑρμῆς**. Ἀγαθῇ τύχῃ τοὺς ὠνητὰς ἤδη παρεῖναι πρὸς τὸ πωλητήριον. ἀποκηρύξομεν δὲ βίους φιλοσόφους παντὸς εἴδους καὶ προαιρέσεων ποικίλων. εἰ δέ τις τὸ παραυτίκα μὴ ἔχει τἀργύριον καταβαλέσθαι, εἰς νέωτα ἐκτίσει καταστήσας

ἐγγυητήν. **Ζεύς**. Πολλοὶ συνίασιν· ὥστε χρὴ μὴ διατρίβειν μηδὲ κατέχειν αὐτούς. πωλῶμεν οὖν. (2) **Ἑρμῆς**. Τίνα πρῶτον ἐθέλεις παραγάγωμεν; **Ζεύς**. Τουτονὶ τὸν κομήτην, τὸν Ἰωνικόν, ἐπεὶ καὶ σεμνός τις εἶναι φαίνεται. **Ἑρμῆς**. Οὗτος ὁ Πυθαγορικὸς κατάβηθι καὶ πάρεχε σεαυτὸν ἀναθεωρεῖσθαι τοῖς συνειλεγμένοις. **Ζεύς**. Κήρυττε δή. **Ἑρμῆς**. Τὸν ἄριστον βίον πωλῶ, τὸν σεμνότατον. τίς ὠνήσεται; τίς ὑπὲρ ἄνθρωπον εἶναι βούλεται; τίς εἰδέναι τὴν τοῦ παντὸς ἁρμονίαν καὶ ἀναβιῶναι πάλιν; **Ἀγοραστής**. Τὸ μὲν εἶδος οὐκ ἀγεννής. τί δὲ μάλιστα οἶδεν; **Ἑρμῆς**. Ἀριθμητικήν, ἀστρονομίαν, γεωμετρίαν, τερατείαν, μουσικήν, γοητείαν. μάντιν ἄκρον βλέπεις. **Ἀγοραστής**. Ἔξεστιν αὐτὸν ἀνακρίνειν; **Ἑρμῆς**. Ἀνάκρινε ἀγαθῇ τύχῃ. (*Vit. Auct.* 1f.)

> **Zeus**: Du ordne die Stufen und bereite den Platz für die Ankommenden vor, und Du hol die Leben her und stelle sie der Reihe nach auf, aber mach sie vorher ein bisschen hübscher, damit sie gut gelaunt aussehen und möglichst viele Leute anlocken. Und Du, Hermes, mach die Ankündigung und ruf sie zusammen! **Hermes**: Zum Glück sind die Käufer schon bei der Verkaufsstätte. Wir werden hier Philosophenleben aller Art und verschiedenster Schulen versteigern. Sollte einer jetzt gerade kein Geld dabeihaben, dann kann er es am nächsten Ersten zahlen, wenn er einen Bürgen stellt. **Zeus**: Da kommen viele zusammen. Die sollten wir also nicht hinhalten und warten lassen. Jetzt wird verkauft! (2) **Hermes**: Wen, wünschst du, sollen wir als ersten vorführen? **Zeus**: Hier den Langhaarigen, den Ionier, der macht ja auch einen ehrwürdigen Eindruck. **Hermes**: Das Pythagoräerleben da – steig mal runter und lass dich von der Gesellschaft anschauen! **Zeus**: Ruf ihn zur Versteigerung aus! **Hermes**: Ich verkaufe hier ein erstklassiges Leben, ein hochehrwürdiges. Wer bietet? Wer will sich über den Menschen erheben? Wer will die Harmonie des Alls erkennen und wiedergeboren werden? **Käufer**: Vom Aussehen her nicht unedel. Was kann er denn am besten? **Hermes**: Arithmetik, Astronomie, Aufschneideristik, Geometrie, Musik, Betrügerei. Du siehst hier einen Seher erster Güte. **Käufer**: Kann man ihn mal testen? **Hermes**: Teste ihn – viel Erfolg!

Zeus' Regieanweisung ist gerade so ausführlich, dass sich ein Rezipient, der schon einmal einen Sklavenmarkt gesehen hatte, die Szenerie bildhaft vorstellen konnte. Die Verkaufstribüne wird aufgeschlagen, die zum Verkauf stehenden Philosophen werden aufgereiht, der Verkauf wird laut ausgerufen, die Käufer strömen herbei, und Hermes als Auktionator kommt mit ihnen ins Gespräch; im Folgenden entspinnen sich, ursprünglich vielleicht zwischen einzelnen Darstellern oder im Rollenspiel eines talentierten Redners, kürzeste Dialoge zwischen potentiellem Käufer und Verkaufsobjekt.

Im *Juppiter Tragoedus* geht die Dramatisierung noch weiter. Auch hier treten zahlreiche sprechende Personen auf (drei Menschen, zehn Götter), auch hier findet zumindest ein Perspektivwechsel statt, so dass schließlich sozusagen auf zwei Bühnenebenen gespielt wird:

> **Ζεύς**. Τί οὖν ἔτι [χρὴ] ποιεῖν λοιπόν, ὦ θεοί, ἢ ἀκροάσασθαι ἐπικύψαντας αὐτῶν; ὥστε ἀφαιρείτωσαν αἱ Ὧραι τὸν μοχλὸν ἤδη καὶ ἀπάγουσαι τὰ νέφη ἀναπεταννύτωσαν τὰς πύλας τοῦ οὐρανοῦ. Ἡράκλεις, ὅσον τὸ πλῆθος ἐπὶ τὴν ἀκρόασιν ἀπ-

ηντήκασιν. (34) ὁ δὲ Τιμοκλῆς οὗτος οὐ πάνυ μοι ἀρέσκει ὑποτρέμων καὶ ταραττόμενος· ἀπολεῖ πάντα οὗτος τήμερον· δῆλος γοῦν ἐστιν οὐδὲ ἀντάρασθαι τῷ Δάμιδι δυνησόμενος. ἀλλ' ὅπερ ἡμῖν δυνατώτατον, εὐχώμεθα ὑπὲρ αὐτοῦ σιγῇ ἐφ' ἡμείων, ἵνα μὴ Δᾶμίς γε πύθηται. (*JTr.* 33f.)

Zeus: Was bleibt uns anderes übrig, ihr Götter, als uns vorzubeugen und ihnen zuzuhören? Deshalb sollen die Horen endlich den Riegel entfernen, die Wolken wegschieben und die Tore des Himmels aufstoßen. Beim Herakles, was für eine Menge Leute hat sich zur Anhörung eingefunden! (34) Der Timokles da gefällt mir aber gar nicht, so zittrig und verstört; er wird heute noch alles verderben! Jedenfalls ist klar, dass er dem Damis nicht Paroli bieten kann. Aber so gut wir können, wollen wir bei uns für ihn beten, aber still, damit Damis das nicht mitkriegt.

In der Tat erinnert das hier suggerierte Bild an eine Theaterszenerie, genauer: an einen Agon der Tragödie oder Komödie, allerdings mit hochgradig selbst betroffenen Zuschauern, wenn die Götter, durch strategische Überlegungen und ihre seitens der Parzen eingeschränkten Machtbefugnisse am Eingreifen verhindert, der Debatte zwischen dem Stoiker Timokles und dem Epikureer Damis über die Frage, ob es die Götter überhaupt gebe, tatenlos zuhören müssen. Aber auch das vorangehende Gezänk der Götter, wer in der Versammlung vorne sitzen dürfe, ist insofern lebhaft gestaltet, als der Rezipient angeregt wird, sich ein Herumgeschubse auf Ratsbänken vorzustellen. Theatralik entsteht schließlich auch dadurch, dass Zeus – wie im Titel des Dialogs aufgegriffen – große Teile seiner Gesprächsbeiträge meist in tragischen Trimetern, bisweilen auch in daktylischen Hexametern leistet. Sie mögen parodistisch sein, nichtsdestoweniger jedoch sind es mehrheitlich dramatische Verse, und so konnte sich ein Rezipient in den ersten Abschnitten des Textes beinahe im Theater fühlen. Wenn Zeus dann für seine Rede an die Götter in *JTr.* 15 zunächst einmal ausdrücklich Anleihen bei den Philippischen Reden des Demosthenes macht, sieht sich der Rezipient ebenfalls atmosphärisch in eine Massenszenerie versetzt, nämlich die eines Redeagons vor der athenischen Volksversammlung. Diese Mischung dreier öffentlicher Großereignisse – Theater, Gericht, Volksversammlung – bildet einen idealen Hintergrund für die thematische Hybridität des Dialogs, in dem sich Komödie und philosophischer Disput mischen (vgl. Kap. 4).

Die lebhafteste Dramatisierung findet sich in den *Fugitivi*. Nicht nur wird in *Fug.* 24 ein Ortswechsel vom Himmel auf die Erde thematisiert, sondern auch das Figurenpersonal ist mehr als heterogen, das Auf- und Abtreten von Figuren wird genauestens indiziert, wieder lässt Hermes einen öffentlichen Aufruf erschallen, und in *Fug.* 31-33 kommt es sogar zu Handgreiflichkeiten zwischen den Herren und ihren entlaufenen Philosophensklaven, die unter komödientypischen Schmerzensschreien (*Fug.* 33) wieder nach Hause abgeführt werden.

Schaut man sich die hier genannten Texte an, so fällt auf, dass in allen die Diskussionen und die Lebensführung von Philosophen das wesentliche oder wenigstens ein wesentliches Thema sind. Das ist auf den ersten Blick unerwartet.

Denn der Philosoph wirkt ja, anders als der Rhetor, zwar nicht gerade im Verborgenen, aber eben doch eher in intimeren Zirkeln und kleineren Gesprächskreisen, wie es uns ausführlich und eingehend im *Nigrinus* und im *Hermotimus* vorgeführt wird. Hier nun wird er geradezu ans Licht der Öffentlichkeit gezerrt, seine Lebensführung und seine Ansichten werden den Blicken und den Ansichten der Vielen ausgesetzt, und das bedeutet keine kleine Schwierigkeit für ihn, der es üblicherweise gewohnt ist, mit komplexen, erst allmählich zu entwickelnden Argumenten umzugehen; vgl. hierzu die Ausführungen in *Prom. Es* 6 und Kap. 4.1. Stattdessen soll er sich nun auf eine vielköpfige, eher ahnungslose und vor allem auf ein Spektakel wartende Menge einstellen. Sein Scheitern ist damit vorprogrammiert. Das Mitleid der Rezipienten wird sich gleichwohl in Grenzen halten. Denn es handelt sich stets um zeitgenössische Vertreter der Profession, die den Namen ‚Philosoph' nicht wirklich zu verdienen scheinen – entweder weil sie nicht klug genug oder weil sie nicht ehrlich und anständig genug sind. Es ist dieses Verhalten, dass bloßgestellt und öffentlich – im Sinne einer *shame culture*, in der die soziale Ordnung nicht zuletzt durch die Scheu vor öffentlich sichtbarer Missbilligung von Verhalten aufrecht erhalten wird – getadelt wird, aber mehr noch: sich vor aller Augen selbst entlarven soll. Und dieser grundsätzlich unfreundliche Blick trifft letztlich auch die ‚alten' Philosophen, die in *Vitarum Auctio* und im *Piscator* einen Massenauftritt haben: Sie sind dort Menschen zweiter Klasse, die von dem keineswegs vertrauenswürdigen Auktionator Hermes an den Meistbietenden, der mit allgemeinsten Versprechungen geködert wird, versteigert werden; und im *Piscator* zeigt sich ihre Lebensfremdheit und – freundlich formuliert – Naivität darin, wie wenig sie die Scheinheiligkeit ihrer Nachfolger durchschaut haben.

<u>Vertiefende Lektüre</u>: Bellinger (1928), Coenen (1977), Hahn (1989)

3.3 Leitmotive

In der älteren Forschung, noch bis in die 70er Jahre des vergangenen Jahrhunderts hinein, wurde es Lukian gern zum Vorwurf gemacht, dass er sich bestimmter Motive und Ideen mehrfach bedient habe. Zielführender ist es, diese Motive als leitend für sein Verständnis von Bildung und Gebildeten zu verstehen und eher auf die oft feinen Variationen dieser Motive zu schauen, als ihre Wiederholung zu kritisieren. Auch diese Liste – sie umfasst ‚Prozess', ‚Weg und Reise', ‚Traum' und ‚Krankheit, Verwundung und Heilung' – ist nicht erschöpfend, sondern als exemplarisch zu verstehen. Das konzeptuelle Motiv des Hippokentauren, mit dem Lukian seine literarische Kreation der Hybride aus Komödie und philosophischem Dialog ins Bild gesetzt hat, wird in Kap. 4 vorgestellt.

3.3.1 Prozess
[*Eunuchus, Piscator, Bis Accusatus, Verae Historiae*]

Die grundsätzlich agonale und polemische Kultur der *paideía* legt es nahe, dass es auch im Alltag des Gebildeten immer wieder zu Konfrontationen kam, die öffentlich ausgetragen wurden und von daher natürlich Kommentare und Urteile derer zur Folge hatten, die solchen Streitereien beiwohnten. Lukians Werk ist übervoll von Schilderungen solcher Zusammenstöße, die auch durchaus formaleren Charakter annehmen konnten. Einen solchen Fall schildert der *Eunuchus*. Die konkrete Ausgangssituation mag erfunden oder jedenfalls überspitzt dargestellt sein, das Szenario aber ist offensichtlich real und in zeitgenössische bildungspolitische Kontexte eingebettet. Zwei Philosophen, Diokles und Bagoas, streiten darum, wer den soeben frei gewordenen und aufgrund seiner hohen Besoldung begehrten Lehrstuhl für peripatetische Philosophie – Kaiser Hadrian hatte mehrere philosophische Professuren in Athen und Rom installiert – übernehmen soll. Hierfür gab es ein öffentliches Prüfverfahren (Dokimasie: vgl. *Eun.* 3) vor einer – offensichtlich aus Honoratioren und anerkannten *pepaideuménoi* gebildeten – Kommission, die sowohl die intellektuelle Befähigung der Kandidaten als auch ihren Lebenswandel zu prüfen hatte. Hier führt Diokles plötzlich einen unerwarteten Schlag unter die Gürtellinie seines Gegners:

> ἐπὶ δὲ ἅλις μὲν εἶχον βλασφημιῶν, ἅλις δὲ ἐλέγχων, τὸ τελευταῖον ἤδη ὁ Διοκλῆς ἔφη μηδὲ τὴν ἀρχὴν θεμιτὸν εἶναι τῷ Βαγώᾳ μεταποιεῖσθαι φιλοσοφίας καὶ τῶν ἐπ' αὐτῇ ἀριστείων εὐνούχῳ γε ὄντι, ἀλλὰ τοὺς τοιούτους οὐχ ὅπως τούτων ἀποκεκλεῖσθαι ἠξίου, ἀλλὰ καὶ ἱερῶν αὐτῶν καὶ περιρραντηρίων καὶ τῶν κοινῶν ἁπάντων συλλόγων, δυσοιώνιστόν τι ἀποφαίνων καὶ δυσάντητον θέαμα, εἴ τις ἔωθεν ἐξιὼν ἐκ τῆς οἰκίας ἴδοι τοιοῦτόν τινα. καὶ πολὺς ἦν ὁ περὶ τούτου λόγος, οὔτε ἄνδρα οὔτε γυναῖκα εἶναι τὸν εὐνοῦχον λέγοντος, ἀλλά τι σύνθετον καὶ μικτὸν καὶ τερατῶδες, ἔξω τῆς ἀνθρωπείας φύσεως. (*Eun.* 6)

> Als sie einander endlich genügend geschmäht und Vorwürfe gemacht hatten, sagte schließlich Diokles, es sei schon grundsätzlich gar nicht erlaubt, dass Bagoas mit Philosophie Umgang und Anteil an den mit ihr verbundenen Ehrenstellen habe, denn er sei ein Eunuch, und so forderte er, solche Leute sollten nicht nur hiervor ausgeschlossen bleiben, sondern auch sogar von den Opfern und kultischen Reinigungen und überhaupt von allen Versammlungen, indem er sie als Anblick übler Vorbedeutung bloßstellte, wenn jemand sie morgens beim Verlassen des Hauses zu Gesicht bekäme. Und darüber ließ er sich lang und breit aus, indem er behauptete, ein Eunuch sei weder Mann noch Frau, sondern irgendeine Zusammensetzung und Mischung, ein Monster, das außerhalb der menschlichen Natur stehe.

Bagoas wehrt sich nach Kräften, und wenn er auch seine für einen zeitgenössischen Philosophen untypische und nun für ihn nachteilige Bartlosigkeit durch das Bonmot entkräften kann, dass, wenn die Bartlänge eines Philosophen ausschlaggebendes Kriterium für die Bewertung der Qualität seines Philosophierens sei, dann wohl am besten ein Ziegenbock den Lehrstuhl erhalten solle (*Eun.* 9), so gerät er doch in ärgere Bedrängnis, als sich einer der Umstehenden einmischt und die Kommission davon in Kenntnis setzt, dass Bagoas schon einmal *in flagranti* beim Ehebruch erwischt worden sei, es mit seinem Eunuchentum also nicht weit her sein könne. Tatsächlich kippt die Diskussion vollständig in diese Richtung und wird dadurch beendet, dass man den Fall dem Kaiser in Rom vorlegen will:

> Καὶ νῦν ἅτερος μὲν πρὸς τὴν τῶν λόγων ἐπίδειξιν, ὥς φασιν, γυμνάζεται καὶ παρασκευάζεται καὶ κατηγορίαν συγκροτεῖ καὶ τὸ τῆς μοιχείας ἔγκλημα ὑποκινεῖ, ἐναντιώτατον αὐτῷ καὶ οὗτος κατὰ τοὺς φαύλους τῶν ῥητόρων τοῦτο ποιῶν καὶ εἰς τοὺς ἄνδρας τὸν ἀντίδικον ἐκ τοῦ ἐγκλήματος καταλέγων· τῷ Βαγώᾳ δὲ ἕτερα, ὥς φασι, μέλει καὶ ἀνδρίζεται τὰ πολλὰ καὶ διὰ χειρὸς ἔχει τὸ πρᾶγμα καὶ τέλος κρατήσειν ἐλπίζει ἢν ἐπιδείξῃ ὡς οὐδὲν χείρων ἐστὶν τῶν τὰς ἵππους ἀναβαινόντων ὄνων. (*Eun.* 13)

> Und jetzt trainiert der eine für seinen Auftritt, wie es heißt, bereitet sich vor, schmiedet seine Anklage zusammen und legt ihr den Vorwurf des Ehebruchs zugrunde, betreibt also das genaue Gegenteil seiner früheren Absichten, wobei er im Stile schlechter Redner in seiner Anklage die Position des Gegners vor den Richtern vertritt. Bagoas hingegen, heißt es, hat andere Sorgen, markiert ständig den starken Mann, tut nichts anderes mehr und hofft, er werde am Ende Erfolg haben, wenn er nur zeigen könne, dass er um keinen Deut schwächer sei als die Eselhengste, die Pferdestuten bespringen.

So führt – was bei Lukian selten ist – dieser Prozess nicht zu einem Urteil, allerdings ist ein solches auch letztlich hinfällig geworden: Keiner der beiden Kanndidaten ist würdig, den Lehrstuhl zu vertreten, denn keiner von ihnen erweist sich als wirklicher Gebildeter, bei dem Intellekt, Charakter und Körper – man denke an den Tänzer (vgl. Kap. 3.1.2) – in harmonischem Einklang stehen sollten; man kann nur hoffen, dass der um Entscheidung gebetene Kaiser keinen von beiden berufen wird. Von besonderem Interesse sind dieser Streit und seine Zuständigkeitsverlagerung nach Rom auch deshalb, weil sie – vgl. den ausdrücklichen Hinweis in *Eun.* 7 – die Auseinandersetzung zwischen den Sophisten Polemon von Laodikea und Favorinos von Arles (2. Jh. n.Chr.; ein ausführlicher Bericht über sein Leben und seine Karriere bei Philostrat, *Vitae Sophistarum* 1.8ff.) zu persiflieren scheint, deren wechselseitige Beleidigungen und Schmähschriften in den 20er Jahren des 2. Jh. n.Chr. Kaiser Hadrian vorgelegt wurden. Polemon hetzte in der Tat gegen Favorinos' Eunuchentum, das ihn geschlechtlich uneindeutig machte und damit auch seine soziale Einordnung erschwerte. Der Sophist aus Laodikea hatte eine physiognomische Schrift verfasst, in der er klare Kennzeichen für Männlichkeit und Weiblichkeit zusammenstellte, wobei das Gegenteil maximaler Virilität – die Polemon in Lebenshaltung und Auftreten selbst zu verkörpern suchte – eben nicht Weiblichkeit, sondern minimale Männlichkeit war: Für sie stand Favorinos, der als so genannter kongenitaler Eunuch Merkmale beiderlei Geschlechts trug, jedoch über keine Testikeln verfügte.

Herausragende Vertreter der *paideía* strebten nach Einzigartigkeit und damit nach Alleinstellungsmerkmalen jedweder Art, weshalb Favorinos, selbst wenn sein Eunuchentum ihn in Männeraugen desavouierte, als Persönlichkeit dennoch faszinierte, was ihm zusammen mit seinen exorbitanten rhetorischen Fähigkeiten und seiner philosophischen Expertise einen hohen Bekanntheitsgrad eintrug. Tatsächlich wird im Streitfall des *Eunuchus* also eine Frage verhandelt, die innerhalb der agonalen Bildungskultur eine überraschend große Rolle spielte und nicht nur diskutiert, sondern quasi-instanziell verhandelt werden konnte.

Auch in rein fiktionalen Texten Lukians nimmt das Prozess-Motiv breiten Raum ein. Im *Piscator* verteidigt sich Parrhesiades (vgl. Kap. 1) gegen die Vorwürfe der alten Philosophen, die hierfür eigens aus der Unterwelt emporsteigen, er schmähe die Philosophie. Vor dem auf den Areopag verlegten Gericht der personifizierten Philosophía – mit ihren Beisitzerinnen Alétheia (Wahrheit), Sophrosýne (vernünftige Mäßigkeit), Dikaiosýne (Gerechtigkeit), Areté (Tugend) und interessanterweise auch Paideía (*Pisc.* 16) – verteidigt sich Parrhesiades erfolgreich: Nicht gegen die Philosophie oder die rechten Philosophen opponiere er, sondern gegen die Schein-Philosophen, die ihre philosophischen Positionen nicht in ihrer Lebensführung verwirklichten. Unter Zustimmung der früheren Kläger wird er von Philosophía freigesprochen:

> Εὖ ἔχει· πρόσιθι Παρρησιάδη· ἀφίεμέν σε τῆς αἰτίας, καὶ ἁπάσαις κρατεῖς, καὶ τὸ λοιπὸν ἴσθι ἡμέτερος ὤν. (*Pisc.* 39)
>
> Also gut. Tritt heran, Parrhesiades. Wir sprechen dich von der Klage frei, du siegst mit allen Stimmen, und wisse, dass du von nun an zu uns gehörst.

Unter der Hand findet hier eine antidoktrinäre Neudefinition von Philosophie statt. Nicht die Vertretung der Lehrmeinung einer der etablierten Schulen macht den Philosophen aus, sondern Wahrheitsliebe, Aufrichtigkeit und die Kongruenz zwischen theoretischem Anspruch und ethischer Lebenspraxis. Daran müssten letztlich auch die alten Philosophen gemessen und neu bewertet werden.

Genauso muss sich im *Bis Accusatus* der Syrer (vgl. Kap. 1) gegen die Klagen der Rhetorik und des Dialogos verteidigen, die ihm – so die Rhetorik – vorwerfen, er habe sie für den Dialogos verlassen, nachdem sie ihm doch zu Ruhm verholfen habe, und – so der Dialogos – er habe ihm die Komödie ins Haus geholt und seine ernste und zurückgezogene Lebensweise zerstört. Auch hier wird ein Gerichtsverfahren inauguriert, diesmal, auf persönlichen Befehl des Zeus, durch Hermes und mit Dike (Recht) als Richterin:

> Ἀκούετε λεῴ· ἀγορὰν δικῶν ἀγαθῇ τύχῃ καταστησόμεθα τήμερον Ἐλαφηβολιῶνος ἑβδόμῃ ἱσταμένου. ὁπόσοι γραφὰς ἀπήνεγκαν, ἥκειν εἰς Ἄρειον πάγον, ἔνθα ἡ Δίκη ἀποκληρώσει τὰ δικαστήρια καὶ αὐτὴ παρέσται τοῖς δικάζουσιν· οἱ δικασταὶ ἐξ ἁπάντων Ἀθηναίων· ὁ μισθὸς τριώβολον ἑκάστης δίκης· ἀριθμὸς τῶν δικαστῶν κατὰ λόγον τοῦ ἐγκλήματος. ὁπόσοι δὲ ἀποθέμενοι γραφὴν πρὶν εἰσελθεῖν ἀπέθανον, καὶ τούτους ὁ Αἰακὸς ἀναπεμψάτω. ἢν δέ τις ἄδικα δεδικάσθαι οἴηται, ἐφέσιμον ἀγωνιεῖται τὴν δίκην· ἡ δὲ ἔφεσις ἐπὶ τὸν Δία. (*Bis Acc.* 12)

Höre, Volk, wir werden heute, am siebten Tag des beginnenden Elaphebolion, mit gutem Erfolg einen Gerichtstag abhalten. Wer Klagen eingereicht hat, möge sich zum Areopag begeben, wo Dike die Gerichtshöfe zulosen und selbst sich den Parteien zur Verfügung stellen wird. Die Richter werden aus allen Athenern gelost. Der Richterlohn für jedes Verfahren beträgt drei Obolen. Die Zahl der Richter wird je nach Klage festgesetzt. Wer eine Klage eingereicht hat und verstorben ist, bevor er zum Prozess erscheinen konnte, den soll Aiakos nach oben schicken. Wenn einer meint, ein ungerechtes Urteil erhalten zu haben, kann er Berufung einlegen. Berufungsinstanz ist Zeus.

Ganze zwölf Abschnitte sind danach der tatsächlichen dramatischen Durchführung von fünf Einzelverfahren gewidmet: Die Trunksucht (Μέθη) klagt gegen die philosophische Schule der Akademie (letztere hält beide Plädoyers, da ihre Gegnerin nur lallen kann), die Schule der Stoa klagt gegen die Lust (Ἡδονή), die ihren Anwalt Epikur vorschickt, und kündigt nach ihrer Niederlage an, sie werde bei Zeus Berufung einlegen, dann die Tugend (Ἀρετή) gegen den Luxus (Τρυφή) – die Verhandlung wird vertagt, bis Zeus den vorgenannten Prozess entschieden hat –, die Geldwechselbank (Ἀργυραμοιβική) gegen den Kyniker Diogenes, der sie einfach davonprügelt, und zuletzt die Malerei (Γραφική) gegen den Skeptiker Pyrrhon, der einfach nicht erscheint, weil er die philosophische Position vertritt, dass es keine wahren Urteile gebe. Während es in den ersten drei Fällen jeweils darum geht, dass der oder die Beklagte dem Kläger einen Anhänger abspenstig gemacht hat, beschweren sich Geldwechselbank und Malerei, dass die Beklagten sie, also den von ihnen verkörperten Beruf, im Stich gelassen hätten. Keines der fünf Verfahren gleicht dem anderen: Klagegegenstand, Verfahrensverlauf oder Ergebnis werden variiert. Schließlich werden auch die Klagen gegen den Syrer verhandelt; er gewinnt beide Prozesse mit nur einer fehlenden Stimme.

Wird man Epikurs Argumentation der Wahlfreiheit jedes Menschen schnell akzeptieren, so vermögen die Argumente des Syrers allerdings weit weniger zu überzeugen. Die Rhetorik habe sich aufgeputzt und aufgedonnert und sich also wie eine Hetäre verhalten – deshalb habe er sie verlassen; doch was er der Rhetorik vorwirft, gerade dessen hat er sich nach eigenem Eingeständnis beim Dialogos schuldig gemacht, den er recht herausgeputzt und mit lauter komödiantischen Personen zusammengebracht haben will. Dieser offensichtlichen Beliebigkeit der Argumentation entspricht letztlich die Beliebigkeit des Urteils, und so geht es Lukian wohl in diesem Dialog gar nicht so sehr um eine wirkliche Rechtfertigung seiner literarischen Kreation, der kentaurischen Hybride aus philosophischem Dialog und Komödie (vgl. Kap. 4), als vielmehr um ihre wirkungsvolle Präsentation. Tatsächlich ist der *Bis Accusatus* selbst ein solcher hybrider Text: Er spielt an mehreren Orten (im Himmel, auf dem attischen Land und auf der Akropolis), ist personen- und situationenreich und verhandelt schließlich seriöse Themen – philosophische Lebensentscheidungen, literarische Neuschöpfungen – auf witzige und burleske Weise. Hier – wie im *Piscator*, wo sich Dialog und Komödie zur Philosophensatire verbünden – dient das ausgearbeitete Motiv des Gerichtsverfahrens als äußerst geeignete Trägerstruktur für das Gebäude des komödischen Dialogs: Im Prozess, der von seinem Wesen her nie eine reine Farce sein kann, sondern in dem es stets um ein existentielles Anliegen geht, kreuzen sich philosophischer Dialog und komisches Drama.

Als letztes und entscheidendes Gericht erwartet jeden Menschen schließlich die Überprüfung und Beurteilung seines Lebens in der Unterwelt, vor dem Tribunal des Rhadamanthys und seinen Beisitzern. Dort gibt es keine Möglichkeit, seine Schuld zu vertuschen: Nicht nur findet sich jede Untat als unauslöschlicher Fleck auf der *post mortem* sichtbaren Seele, sondern der Richter kann auch ganz unerwartete Zeugen beiziehen, etwa das Bett und die Lampe des Tyrannen Megapenthes im *Cataplus*. In einer mit dem *Bis Accusatus* vergleichbaren Motivfolge werden die Reisenden der *Verae Historiae* (2.7-10) beim Betreten der Insel der Seligen zunächst Zeugen von Prozessen mythischer Figuren – Darf Aias trotz seines Selbstmordes bleiben? Steht die schöne Helena eher dem Menelaos oder dem Theseus zu? Hat Alexander oder Hannibal das höhere Anrecht auf einen Ehrenplatz beim ewigen Symposion der Seligen? –, dann werden sie selbst befragt:

> τέταρτοι δὲ ἡμεῖς προσήχθημεν· καὶ ὁ μὲν ἤρετο τί παθόντες ἔτι ζῶντες ἱεροῦ χωρίου ἐπιβαίημεν· ἡμεῖς δὲ πάντα ἑξῆς διηγησάμεθα. οὕτω δὴ μεταστησάμενος ἡμᾶς ἐπὶ πολὺν χρόνον ἐσκέπτετο καὶ τοῖς συνέδροις ἐκοινοῦτο περὶ ἡμῶν. Συνήδρευον δὲ ἄλλοι τε πολλοὶ καὶ Ἀριστείδης ὁ δίκαιος ὁ Ἀθηναῖος. ὡς δὲ ἔδοξεν αὐτῷ, ἀπεφήναντο, τῆς μὲν φιλοπραγμοσύνης καὶ τῆς ἀποδημίας, ἐπειδὰν ἀποθάνωμεν, δοῦναι τὰς εὐθύνας, τὸ δὲ νῦν ῥητὸν χρόνον μείναντας ἐν τῇ νήσῳ καὶ συνδιαιτηθέντας τοῖς ἥρωσιν ἀπελθεῖν. ἔταξαν δὲ καὶ τὴν προθεσμίαν τῆς ἐπιδημίας μὴ πλέον μηνῶν ἑπτά. (*VH* 2.10)

> Als vierte wurden wir vor den Richter geführt. Rhadamanthys fragte uns, wie es komme, dass wir lebendig zum heiligen Ort gelangt seien. Wir erzählten alles der Reihe nach. Darauf ließ er uns beiseite treten, musterte uns lange Zeit prüfend und beriet gemeinsam mit seinen Beisitzern über uns. Neben vielen anderen übte auch der Athener Aristeides, der Gerechte, dieses Amt aus. Als er zu einem Entschluss gekommen war, verkündeten sie, dass wir wegen Umtriebigkeit und unserer Reise nach unserem Tod Rechenschaft ablegen sollten. Jetzt dürften wir für eine bestimmte Zeit auf der Insel bleiben, das Leben der Heroen teilen und müssten dann abreisen. Sie setzten die Dauer des Aufenthalts auf nicht mehr als sieben Monate fest.

φιλοπραγμοσύνη (Umtriebigkeit) und ἀποδημία (Reise) sind hier offensichtlich als Hendiadyoin zu verstehen: Die Reise, die binnenfiktional zum ‚anderen Kontinent' führen soll, metafiktional eine Fahrt durch das Meer der literarischen Motive und Anspielungen darstellt, wird hier vom Unterweltsrichter nicht günstig bewertet; die Formulierung δοῦναι τὰς εὐθύνας (Rechenschaft ablegen) lässt sich zwar auch neutral verstehen, die Implikation einer drohenden Bestrafung schwingt jedoch deutlich mit. Gleichwohl scheint der Vorwurf der Umtriebigkeit (φιλοπραγμοσύνη) doch recht unspezifisch zu sein, was wiederum Rhadamanthys' Zögern entspricht, der die Reisenden lang – und offensichtlich ohne konkretes Ergebnis – prüfend mustert (ἡμᾶς ἐπὶ πολὺν χρόνον ἐσκέπτετο). Dieses Zögern resultiert daraus, dass die Reisenden eben nicht tot sind, man über den Zustand ihrer Seele also noch nichts Definitives sagen kann, denn die Seelenflecken werden erst nach dem Verlust des Körpers sichtbar. Schlimme Sünder wie Megapenthes bieten keinen schönen Anblick:

> **Ῥαδάμανθυς.** ... ἀλλὰ καὶ ἀπόδυθι τὴν πορφυρίδα, ἵνα τὸν ἀριθμὸν ἴδωμεν τῶν στιγμάτων. παπαῖ, ὅλος οὗτος πελιδνὸς καὶ κατάγραφος, μᾶλλον δὲ κυάνεός ἐστιν ἀπὸ τῶν στιγμάτων. (*Cat.* 28)
>
> **Rhadamanthys:** ... Nun zieh schon auch das Purpurgewand aus, damit wir die Zahl deiner Flecken sehen. Oh weh, der ist ja ganz dunkel und zerkratzt, ja mehr noch, ganz schwarz vor lauter Flecken.

Das Leben hinterlässt seine Spuren wie die Bildung. Hermes vergleicht im *Bis Accusatus* den Einfluss der Philosophie mit dem Vorgang des Färbens:

> ἐπεὶ γὰρ αὐτοὺς μετέβαπτεν ἡ σοφία παραλαβοῦσα, ὁπόσοι μὲν εἰς κόρον ἔπιον τῆς βαφῆς, χρηστοὶ ἀκριβῶς ἀπετελέσθησαν ἀμιγεῖς ἑτέρων χρωμάτων, καὶ πρός γε τὴν σὴν ὑποδοχὴν οὗτοι ἑτοιμότατοι· ὅσοι δὲ ὑπὸ τοῦ πάλαι ῥύπου μὴ εἰς βάθος παρεδέξαντο ὁπόσον δευσοποιὸν τοῦ φαρμάκου, τῶν ἄλλων ἀμείνους, ἀτελεῖς δὲ ὅμως καὶ μιξόλευκοι καὶ κατεστιγμένοι καὶ παρδαλωτοὶ τὴν χρόαν. εἰσὶ δ' οἳ καὶ μόνον ψαύσαντες ἔκτοσθεν τοῦ λέβητος ἄκρῳ τῷ δακτύλῳ καὶ ἐπιχρισάμενοι τῆς ἀσβόλου ἱκανῶς οἴονται καὶ οὗτοι μεταβεβάφθαι. (*Bis Acc.* 8)
>
> Sobald nämlich die Weisheit sie in ihre Obhut genommen und umgefärbt hat, sind am Ende diejenigen, die vom Färbemittel bis zur Sättigung getrunken haben, brauchbar bis ins Detail, ohne Beimischung anderer Farben, und diese sind aufs beste vorbereitet, dich [sc. das Recht] bei sich zu empfangen. Alle diejenigen aber, die aufgrund ihrer früheren Verschmutzung das Mittel nicht dauerhaft bis in die Tiefe aufgenommen haben, sind zwar besser als die anderen, aber doch nicht vollkommen, haben noch weiße Stellen, sind fleckig und gescheckt wie Leopardenfelle. Dann gibt es noch diejenigen, die den Färbekessel nur von außen und mit der Fingerspitze berührt und sich dabei ein bisschen rußig gemacht haben – trotzdem meinen auch sie, hinreichend umgefärbt zu sein.

Nimmt man diese Passagen zusammen, so drängt sich die Überlegung auf, dass auch der intensive Kontakt mit der Bildung, mit Rhetorik, Philosophie, Kunst und Literatur die menschliche Seele verändert, so dass sie nach dem Tode sichtbare Spuren aufweist (in *Cataplus* wie in *Bis Accusatus* ist von Flecken, στίγματα, die Rede). Rhadamanthys wartet also nur auf das Ableben der Reisenden, um dann zu sehen, ob ihre Bildungsreise durch die Welt der Literatur letztlich nur Umtriebigkeit war, die auf ihren Seelen hässliche Flecken hinterlassen hat, oder zu einer reinen und tiefen Färbung geführt hat (vgl. Kap. 2). Die inhärente Ernsthaftigkeit des Prozessmotivs erweist sich bei genauerer Lektüre auch hier.

Vertiefende Lektüre: Gleason (1995), Lentano (2011), v. Möllendorff (2000a)

3.3.2 Weg und Reise
[*Navigium, Asinus, Verae Historiae*]

Das Motiv der Wege und Fahrten über Land, hinab in die Unterwelt oder hinauf zu den Göttern findet sich bei Lukian häufig (vgl. Kap. 3.2.4). Oft steht es eher implizit im Hintergrund des zufälligen Aufeinandertreffens zweier Gesprächspartner, so insbesondere immer wieder in den *Dialogi Deorum* und den *Dialogi Marini*, aber auch in den *Philopseudeis*, dem *Hermotimus*, dem *Nigrinus* und anderen. Hier fungiert ‚die Straße', gar die Kreuzung, als selbst kaum Regeln unterworfener Ort der ungeplanten Begegnung von Menschen (und Göttern) unterschiedlicher sozialer Sphären, die in ebenso unterschiedlichen Geschäften unterwegs sind, und damit als diskursiv freier, jedenfalls verpflichtungsfreier Raum der, mit Michail Bachtin zu sprechen, Familiarisierung, der ein vorurteilsfreieres, ergebnisoffeneres und daher ehrlicheres Gespräch zulässt, als es in geschlossenen, bestimmten sozialen Sphären zugehörigen Räumen der Fall ist. Schon Platon verwendet, etwa im *Phaidros*, die Weg-Situation für seine Sokratischen Gespräche in vergleichbarer Weise.

Stärker in den Vordergrund tritt der (gemeinsam im Gespräch zurückgelegte) Weg im *Navigium*. Während sich alle Freunde an die Abmachung halten, ihren persönlichen Traum vom Glück zu erzählen, verweigert sich Lykinos radikal: Solche Träume seien (*Nav.* 46) zum Scheitern verurteilte Versuche, sich der Lebenswirklichkeit und ihren Alltagsforderungen zu entziehen. Wie die Stadt kein besonderes, sondern nur ein natürliches Ziel des Weges ist, den die Freunde zurücklegen, so bietet also auch das Gespräch letztlich keinen Erkenntnisfortschritt, sondern nur das Nebeneinander von Behauptung und Verneinung, von träumerischem Spiel und (selbstgerechter) Vernunft. Dieser Weg führt vom Piräus – dem Ort des Träumens und Staunens – nach Hause in die Stadt, wo der triste Alltag wartet, genau wie das Gespräch von beglückender Phantasie zu rationaler Ernüchterung führt. Nimmt man das Motiv des Weges jedoch als eigenständiges und zeichenhaftes Element des Textes, das zu seiner Sinnkonstitution beiträgt, so wird man vielleicht zurückhaltend sein, Lykinos rückhaltlos rechtzugeben. Wie auf der Straße alle gleichberechtigt sind, so kann es auch hier kein abschließendes Urteil geben: Lykinos hat das letzte Wort, weil man am Ende des Weges angekommen ist, nicht aber, weil sein Beitrag der gewichtigste wäre. Das so eindringlich hervorgehobene Weg-Motiv dient insofern womöglich dem Zweck einer Warnung, Lykinos' Predigt nicht zu leichthin zu vertrauen (vgl. Kap. 1). Denn ihr steht gegenüber das Eingangsmotiv des Schiffes, das symbolisch die späteren Phantasiereisen vorwegnimmt und zugleich auch für die Reise als Gegenentwurf zur bloßen Selbstbescheidung steht: Die Reise kann fremde Länder erschließen, neues Wissen, Prosperität, und sie ist zudem eine Quelle der literarischen Produktivität, als Raum des Abenteuers und der Vorstellungskraft, selbst wenn das in diesem Text nur eine Idee bleibt.

In die Unterwelt führen mehrere Lukianische Dialoge, eine besondere Betonung liegt auf dem Weg hinab in der *Necyomantia*, in der Menipp in die Unterwelt reist. Dabei geht es ihm genauso um die Erkenntnis der letzten Dinge wie bei seiner Reise in den Himmel, die Gegenstand des *Icaromenippus* ist. In beiden Fällen handelt es sich also nicht um einen natürlichen Weg mit einem nicht besonders ausgezeichneten Ziel wie im *Navigium*, sondern um eine stark gerichtete und mit einem deutlichen Erkenntniswunsch angetretene Reise, nämlich wie man ein ideales Leben führen könne in der *Necyomantia*, und wie die Welt beschaffen sei im *Icaromenippus*. Ersteres muss dort, wo über die Taten der Menschen gerichtet wird, am besten erfahren werden können, letzteres dort, wo man den besten Überblick über menschliches Treiben gewinnt. Wie schon gezeigt (vgl. Kap. 3.2.4), sind aber auch an diesen ‚letzten Orten' die erhofften Erkenntnisse nicht zu gewinnen. Hier scheinen vielmehr der Weg selbst und die Stationen der Reise das eigentliche Ziel zu sein, ebenso wie die Vorbereitungen für die Reise. Doch auch sie verändern das Wesen, den Charakter des Reisenden nicht eigentlich und jedenfalls nicht positiv: Menipp zumindest erregt in beiden Fällen nach seiner Rückkehr bei seinen Freunden wegen seiner neuen Abgehobenheit zwar auch Neugier, vor allem aber spöttische Befremdung.

Dies gilt *mutatis mutandis* auch für die Griechenlandreise des in einen Esel verwandelten Loukios im *Asinus*. Sie ist eher ein Leidensweg, und ihre Stationen sind allein Ergebnis des Zufalls und der Reisepläne der wechselnden Besitzer des Esels, bis er schließlich das Glück hat, auf einen Korb mit Rosen zu treffen, die ihm die Rückverwandlung ermöglichen. Ganz wie im *Navigium* ist hier also ein ethisch tragfähiges und sinnstiftendes Ergebnis nicht möglich, und tatsächlich muss Loukios erfahren, dass er nicht jeden von den Vorzügen seiner menschlichen gegenüber seiner tierischen Gestalt zu überzeugen vermag. So macht er, wieder Mensch geworden, einer reichen Frau, die ihn als Esel begehrt hatte, die Aufwartung:

> ἐπεὶ δὲ ἦν βαθεῖα νὺξ ἤδη καὶ καθεύδειν ἔδει, κἀγὼ δ' ἐπανίσταμαι καὶ ὡσπερεὶ μέγα τι ἀγαθὸν ποιῶν ἀποδύομαι καὶ ἵσταμαι γυμνὸς <ὡς> δῆθεν ἔτι μᾶλλον ἀρέσων ἐκ τῆς πρὸς τὸν ὄνον συγκρίσεως. ἡ δὲ ἐπειδὴ εἶδέ με πάντα ἀνθρώπινα ἔχοντα, προσπτύσασά μοι, Οὐ φθερῇ ἀπ' ἐμοῦ, ἔφη, καὶ τῆς ἐμῆς οἰκίας ... Ἐγώ, ἔφη, μὰ Δί' οὐχὶ σοῦ, ἀλλὰ τοῦ ὄνου τοῦ σοῦ ἐρῶσα τότε ἐκείνῳ καὶ οὐχὶ σοὶ συνεκάθευδον, καὶ ᾤμην σε καὶ νῦν κἂν ἐκεῖνό γε μόνον τὸ μέγα τοῦ ὄνου σύμβολον διασῴζειν καὶ σύρειν· σὺ δέ μοι ἐλήλυθας ἐξ ἐκείνου τοῦ καλοῦ καὶ χρησίμου ζῴου ἐς πίθηκον μεταμορφωθείς. καὶ καλεῖ εὐθὺς ἤδη τοὺς οἰκέτας καὶ κελεύει με τῶν νώτων μετέωρον κομισθῆναι ἔξω τῆς οἰκίας, ... ἅμα δὲ τῷ ὄρθρῳ γυμνὸς ὢν ἔθεον ἐπὶ ναῦν καὶ λέγω πρὸς τὸν ἀδελφὸν τὴν ἐμαυτοῦ ἐν γέλωτι συμφοράν. (*Asin.* 56)

> Als es nun tiefe Nacht und Zeit zum Schlafen war, da stand ich auf, zog mich, als ob ich eine besondere Leistung vollbrächte, aus und präsentierte mich [sc. der Frau] nackt, da ich ihr natürlich nun noch mehr gefallen musste, gerade im Vergleich mit dem Esel. Sie hingegen, als sie mich mit meiner ganzen menschlichen Ausstattung sah, spuckte vor mir aus und sagte: „Weg von mir und hinaus aus

> meinem Haus!" ... „Ich," sagte sie, „habe mich, bei Zeus, nicht in dich, sondern in deinen Esel verliebt und damals mit ihm, nicht mit dir geschlafen, und ich hatte gedacht, du würdest auch jetzt doch wohl noch jenes einzigartige dicke Eselssymbol behalten haben und mit dir schleppen. Und jetzt stehst du da vor mir, von jenem schönen und nützlichen Lebewesen in einen Affen verwandelt." Sofort ruft sie die Diener und befiehlt, mich auf den Rücken aus dem Haus zu schaffen. ... Mit dem Morgengrauen rannte ich nackt, wie ich war, zum Schiff und erzählte unter Lachen meinem Bruder, was mir passiert war.

Am Ende des Weges – Loukios kehrt mit seinem Bruder nach Hause zurück – bleibt alles beim Alten, man kann über das ganze Geschehen herzlich lachen, Loukios hat sich nicht verändert. Vergleicht man Apuleius' ungleich ausführlichere lateinische Romanversion – *Metamorphosen / Der Goldene Esel* –, so zeigt sich, dass die Akzente auch anders hätten gesetzt werden können. Dort ist es das moralische Laster der Neugierde, das Lucius, den Esel, immer wieder in neue Schwierigkeiten bringt, und seine Reise endet nicht folgenlos zuhause, sondern mit seinem Aufstieg zu den höchsten Weihen von Isis und Osiris.

Dem alten Motiv des Wissenserwerbs und der charakterlichen Entwicklung durch Reisen, ja selbst wohl der Metapher des Lebensweges als einer zielgerichteten Reise hin zu einem erfüllten Lebensende scheint Lukian also eher kritisch gegenüberzustehen. Während Himmels- und Unterweltsreisen am Ende nicht die gewünschten Erkenntnisse bringen und zudem entschieden parodistisch angelegt sind, wird durch die Wege, die Menschen auf der Erde zurücklegen, letztlich nichts wirklich verändert, ja, selbst die erhofften Bewährungen bleiben zumeist aus. Das gilt auch für die unglaubliche Reise der *Verae Historiae*, dessen Proöm dem Leser gleich im letzten Satz einen entsprechenden Rezeptionshinweis gibt:

> διόπερ καὶ αὐτὸς ὑπὸ κενοδοξίας ἀπολιπεῖν τι σπουδάσας τοῖς μεθ' ἡμᾶς, ἵνα μὴ μόνος ἄμοιρος ὦ τῆς ἐν τῷ μυθολογεῖν ἐλευθερίας, ἐπεὶ μηδὲν ἀληθὲς ἱστορεῖν εἶχον – οὐδὲν γὰρ ἐπεπόνθειν ἀξιόλογον – ἐπὶ τὸ ψεῦδος ἐτραπόμην πολὺ τῶν ἄλλων εὐγνωμονέστερον· κἂν ἓν γὰρ δὴ τοῦτο ἀληθεύσω λέγων ὅτι ψεύδομαι. ... γράφω τοίνυν περὶ ὧν μήτε εἶδον μήτε ἔπαθον μήτε παρ' ἄλλων ἐπυθόμην, ἔτι δὲ μήτε ὅλως ὄντων μήτε τὴν ἀρχὴν γενέσθαι δυναμένων. διὸ δεῖ τοὺς ἐντυγχάνοντας μηδαμῶς πιστεύειν αὐτοῖς. (*VH* 1.4)

> Da ich aber auch selbst aus Eitelkeit danach strebte, der Nachwelt etwas zu hinterlassen, und nicht als einziger der dichterischen Freiheit beraubt sein wollte, griff ich zur Lüge, zumal ich ohnehin nichts Wahres zu erzählen hatte, denn ich hatte nichts Nennenswertes erlebt. Meine Lügen sind jedoch edler als die der anderen. Denn wenigstens darin sage ich die Wahrheit, dass ich lüge. ... Ich schreibe über Dinge, die ich weder selbst gesehen noch durchlitten noch von anderen erfahren habe – Dinge, die es in Wahrheit gar nicht gibt und die es auch nicht geben kann. Daher dürfen meine Leser ihnen auch unter gar keinen Umständen Vertrauen schenken.

Hält man dieses Werk einfach für den Bericht über eine phantastische Reise, mit Zügen einer Parodie des antiken Reiseromans, so bleibt es beim obigen Befund:

Die Reisenden mögen die unfassbarsten Dinge erleben, monströse Völker auf dem Mond bestaunen, viele Monate im Magen eines Riesenfischs zubringen, auf der Insel der Seligen mit den großen Gestalten der menschlichen Kultur und Geschichte plaudern, die Insel der Träume, die Stadt der Lampen und eine Käseinsel besuchen, ja sich mit begehrlichen Weinstockfrauen und blutrünstigen Eselsfüßlerinnen herumschlagen und sogar über eine Wasserbrücke einen gewaltigen Spalt im Meer überqueren – am Ende gelangen sie doch bloß auf den großen Kontinent jenseits des Weltmeers, wo sie nur weitere, vorgeblich in späteren Büchern zu behandelnde Erlebnisse erwarten. All das hat sie aber nicht im geringsten verändert oder auch nur nachhaltig beeinflusst, die Reise zeitigt keinerlei Folgen und vermittelt auch dem Leser keine Erkenntnisse oder Einsichten, ist reine *kenodoxía*, wie im Proöm angekündigt.

Dafür mag der narrative Aufwand, der hier getrieben wird, dann doch reichlich hoch scheinen. Zu erwägen ist daher die Deutung des Textes als einer Allegorie der Reise des Gebildeten, des *pepaideuménos*, durch die Literatur, die ja Quelle und Inspiration seiner Bildung darstellt (vgl. Kap. 2). Dafür spricht, dass eine weitere Ankündigung des Proöms – jedes Detail der folgenden Erzählung stelle eine Anspielung auf die Texte der alten Dichter, Historiker und Philosophen dar (*VH* 1.2) – bei genauerem Hinsehen tatsächlich eingelöst wird. Was den Reisenden auch immer begegnen mag, es ist eine spielerische, die Grenzbezirke zwischen Wahrheit und Lüge, Realität und Fiktion, auslotende Umschreibung und Neukombination von Motiven älterer Werke. Der Leser, der sich der Herausforderung stellt, diese Anspielungsrätsel – das Proöm spricht mehrdeutig von *ainíttesthai* – zu lösen und zu rekonstruieren, ja sich selbst womöglich eigene Fortsetzungen einfallen zu lassen, mag am Ende tatsächlich von einer intellektuellen Entwicklung profitieren:

> Ὥσπερ τοῖς ἀθλητικοῖς καὶ περὶ τὴν τῶν σωμάτων ἐπιμέλειαν ἀσχολουμένοις οὐ τῆς εὐεξίας μόνον οὐδὲ τῶν γυμνασίων φροντίς ἐστιν, ἀλλὰ καὶ τῆς κατὰ καιρὸν γινομένης ἀνέσεως – μέρος γοῦν τῆς ἀσκήσεως τὸ μέγιστον αὐτὴν ὑπολαμβάνουσιν – οὕτω δὴ καὶ τοῖς περὶ τοὺς λόγους ἐσπουδακόσιν ἡγοῦμαι προσήκειν μετὰ τὴν πολλὴν τῶν σπουδαιοτέρων ἀνάγνωσιν ἀνιέναι τε τὴν διάνοιαν καὶ πρὸς τὸν ἔπειτα κάματον ἀκμαιοτέραν παρασκευάζειν. (*VH* 1.1)

> Athleten und solche Menschen, die sich mit der Pflege ihrer Körper beschäftigen, denken nicht nur an das eigene Wohlergehen oder an Leibesübungen, sondern auch an die Erholung zur rechten Zeit als den ihrer Meinung nach wichtigsten Teil der Wettkampfvorbereitung. Ich glaube, dass auch diejenigen, die sich mit Literatur befassen, nach ausgiebigem Studium ernster Werke Entspannung suchen und ihren Geist auf künftige Anstrengungen vorbereiten sollten.

Vielleicht ist für Lukian, der in ethisch-moralischer Hinsicht ja den eher zurückhaltenden, keiner besonderen charakterlichen Entwicklung bedürfenden Pragmatismus der Selbstverantwortlichkeit vertritt, die Fahrt durch die Meere der Wörter, der Motive, der Literatur, kurz: des Geschriebenen, die einzige Reise, die dem Lebensweg des Gebildeten, der nicht nur liest, sondern auch selbst (weiter)-schreibt, als Erweiterung seines ästhetischen Horizonts Erfüllung verspricht.

<u>Vertiefende Lektüre</u>: Georgiadou/Larmour (1998), ní Mheallaigh (2014), v. Möllendorff (2000a), Rütten (1997), Whitmarsh (2010)

3.3.3 Traum
[*Verae Historiae, Gallus, Somnium*]

> Καὶ μετ' ὀλίγον ἐφαίνετο πλησίον ἡ τῶν ὀνείρων νῆσος, ἀμυδρὰ καὶ ἀσαφὴς ἰδεῖν· ἔπασχε δὲ καὶ αὐτή τι τοῖς ὀνείροις παραπλήσιον· ὑπεχώρει γὰρ προσιόντων ἡμῶν καὶ ὑπέφευγε καὶ πορρωτέρω ὑπέβαινε. καταλαβόντες δέ ποτε αὐτὴν καὶ εἰσπλεύσαντες εἰς τὸν Ὕπνον λιμένα προσαγορευόμενον πλησίον τῶν πυλῶν τῶν ἐλεφαντίνων, ᾗ τὸ τοῦ Ἀλεκτρυόνος ἱερόν ἐστιν, περὶ δείλην ὀψίαν ἀπεβαίνομεν· παρελθόντες δὲ ἐς τὴν πόλιν πολλοὺς ὀνείρους καὶ ποικίλους ἑωρῶμεν. ... (33) εἰσιόντι δὲ εἰς τὴν πόλιν ἐν δεξιᾷ μέν ἐστι τὸ Νυκτῷον – σέβουσι γὰρ θεῶν ταύτην μάλιστα καὶ τὸν Ἀλεκτρυόνα· ἐκείνῳ δὲ πλησίον τοῦ λιμένος τὸ ἱερὸν πεποίηται – ἐν ἀριστερᾷ δὲ τὰ τοῦ Ὕπνου βασίλεια. οὗτος γὰρ δὴ ἄρχει παρ' αὐτοῖς σατράπας δύο καὶ ὑπάρχους πεποιημένος, Ταραξιωνά τε τὸν Ματαιογένους καὶ Πλουτοκλέα τὸν Φαντασίωνος. ἐν μέσῃ δὲ τῇ ἀγορᾷ πηγή τίς ἐστιν, ἣν καλοῦσι Καρεῶτιν· καὶ πλησίον ναοὶ δύο, Ἀπάτης καὶ Ἀληθείας· ἔνθα καὶ τὸ ἄδυτόν ἐστιν αὐτοῖς καὶ τὸ μαντεῖον, οὗ προεστήκει προφητεύων Ἀντιφῶν ὁ τῶν ὀνείρων ὑποκριτής, ταύτης παρὰ τοῦ Ὕπνου λαχὼν τῆς τιμῆς. (*VH* 2.32f.)

Nach kurzer Zeit zeigte sich in der Nähe die Insel der Träume; sie erschien undeutlich und verschwommen und hatte etwas den Träumen sehr Ähnliches an sich: Denn als wir näher kamen, wich sie zurück, entfloh und enteilte in größere Ferne. Als wir sie irgendwann doch erreichten, liefen wir in den Hafen ein, der Schlaf genannt wird, und landeten in der Nähe der elfenbeinernen Tore – dort, wo der Tempel des Hahns steht. Gegen Abend gingen wir an Land. Als wir in die Stadt kamen, sahen wir viele bunte Träume. ... (33) Wenn man die Stadt betritt, befindet sich auf der rechten Seite der Tempel der Nacht. Denn die Nacht und den Hahn, dessen Heiligtum in der Nähe des Hafens steht, verehren sie von den Göttern am meisten. Zur Linken liegt der Palast des Schlafes. Dieser herrscht bei ihnen und hat zwei Satrapen oder Vertreter ernannt: Schreckmann, der Sohn von Eitelmann, und Reichmann, Einbildungs Sohn. Mitten auf dem Marktplatz entspringt eine Quelle, die Schlafsucht genannt wird. In der Nähe stehen zwei Tempel, der des Trugs und der der Wahrheit. Dort befinden sich auch ihr Heiligstes und das Orakel, dem als Prophet Antiphon, der Traumdeuter, vorsteht, der dieses Amt vom Schlaf erhalten hat.

Auf der unglaublichen Fahrt, die der Sprecher der *Verae Historiae* schildert, gelangen die Reisenden auch zur Insel der Träume. Hier treffen sie auf ein höchst geordnetes Staatswesen mit Hafen, Stadtmauer, Toren, Tempeln, Regierungsbezirk, einer Amtshierarchie, ausgedehnten Ländereien; sie werden freundlichst bewirtet, schlafen dreißig Tage und Nächte lang und verlassen die Insel, von einem Donnerschlag geweckt, unbehelligt wieder. Wie insgesamt in den *Verae*

Historiae ist auch diese Episode durchsetzt, ja geradezu zusammengesetzt aus Anspielungen auf Traummotive und -darstellungen in älterer Literatur, übrigens nicht nur archaischer und klassischer, sondern auch frühkaiserzeitlicher Texte, und im Falle der Satrapen Taraxion und Plutokles sogar auf Ovids *Metamorphosen*, während die Erwähnung des Antiphon einen historischen Träger dieses Namens, wahrscheinlich aus der attischen Stadt Rhamnous, in die Erzählung integriert, dessen Traumbuch in der Kaiserzeit eingehend rezipiert wurde.

Dieser Homogenität des Staatswesens steht die Heterogenität seiner Bewohner diametral gegenüber. Hier gibt es die unterschiedlichsten Träume, große und kleine, arme und reiche, prächtige und unansehnliche. Manche sind den Reisenden sogar bekannt, so dass sie wie alte Bekannte begrüßt werden. Kurz: Diese Insel, wäre sie nicht von Träumen bewohnt, wäre eigentlich ein recht präzises Abbild einer ganz normalen Polis der menschlichen Welt. Umgekehrt ähnelte damit also unser Leben dem eines Traumes, und das ist in der Tat ein Vorwurf, den wir in Lukians Werk nicht selten erhoben sehen: Dass sich Menschen unausgegorenen Hoffnungen, falschen Ängsten, unsinnigen Wünschen hingeben – wie Lykinos es seinen Freunden im *Navigium* vorwirft (vgl. Kap. 3.3.2) – und darüber ihr Leben wie im Schlaf verschwenden, statt sich *Rechenschaft* über ihr Tun und Lassen abzulegen, ihre Ziele *vernünftig* zu definieren und *verantwortlich* zu verfolgen: dies alles subsumierbar unter den Begriff des *Lógos*, der bei Lukian in einigen Texten, wenn auch nicht als wirkliche Personifikation, so doch aber als diskursive Figur auftritt, beispielsweise im *Juppiter Confutatus* (6), in *De Mercede Conductis* (4), im *Nigrinus* (35-37) und dann mit besonderer Eigenständigkeit im *Hermotimus* (63) und in *De Domo* (14). Womöglich mit gutem Grund befindet sich das Orakel des Antiphon, wie es aussieht, in der Nähe des Marktes, also mitten im Stadtzentrum; und scheint uns sein Beruf als Deuter der Träume der Einwohner zunächst abstrus und auf der Insel der Träume fehl am Platz, so könnte seine ‚Existenz' doch auch so verstanden werden, dass Menschen ohne Deuter und Ratgeber weniger ihrer Träume als ihrer Lebensführung sich oft hilflos fühlen und sich daher potentiell falschen Lehrern und Propheten allzu schnell anvertrauen. Es ist gerade diese zweifache Unsicherheit – den eigenen Wünschen und fremden Verführern ausgesetzt zu sein –, der vor allem die Figur des Lykinos (vgl. Kap. 1) mit ihrer Forderung nach Selbstverantwortung entgegentritt.

Darin dürfte auch der Grund liegen, dass die Reisenden als erstes auf den Tempel des Alektryon, des Hahns, stoßen, der sogar zweimal erwähnt und damit eigens hervorgehoben wird. Denn es ist der Hahn, der (wie der *lógos*) den Träumer zu wecken pflegt und ihn damit von unnützen Wunschbildern, aber auch von Albträumen befreit und ihn zum nützlichen Tagwerk schickt. In den Bericht über die Insel der Träume finden sich also auch Meta-Instanzen des Umgangs mit Träumen integriert, als Figuren der hermeneutischen Ambivalenz (der Deuter als Vertreter von Wahrheit oder Lüge) und der Hinwendung zum verantwortlichen Handeln (der Hahn als Erwecker).

Daher erstaunt es nicht, dass der Hahn im *Gallus* sogar als Dialogpartner auftritt. Er hat seinen Herrn, den Schuster Mikyllos, schon um Mitternacht aus einem wundervollen Traum von Reichtum und Macht geweckt. Ist Mikyllos zuerst noch wütend, so belehrt ihn der Hahn im Laufe ihres Gesprächs in bester diatribischer Apotreptik über den Unsinn des Strebens nach Gold und lässt ihn zur Abschreckung am Ende einen Blick in die Häuser der von nächtlichen Ängsten gepeinigten Reichen werfen. Die Autorität, Mikyllos' Goldsucht als völlig fehl am Platz kritisieren zu dürfen, ja behaupten zu können, dass niemand glücklicher sei als er (*Gall.* 15), bezieht der Hahn aus seiner Enthüllung, er sei in seiner jetzigen Gestalt das Ergebnis zahlreicher Seelenwanderungen, und ursprünglich habe er als Euphorbos im Trojanischen Krieg gekämpft, habe dann den Leib des Pythagoras bewohnt, sei darauf Aspasia gewesen, dann der Kyniker Krates, Bettler, König, Satrap und verschiedene Tiere, aber am häufigsten und liebsten Hahn. Aus diesen vielen Leben zieht er die Erkenntnis, dass Reiche schlechter dran sind als Arme, weil sie ständig um ihren Reichtum bangen müssen. Somit wird hier der Hahn, indem er sich des *lógos* bedient, seiner Aufgabe als Erwecker aus verführerischen und nichtigen Träumen völlig gerecht. Irritieren muss den Leser jedoch, was der Hahn über sein früheres Tun in der Gestalt des Pythagoras berichtet:

> **Μίκυλλος**. ἐκεῖνο δέ μοι εἰπέ, τί σοι ἐπῆλθε νόμον ποιήσασθαι μήτε κρεῶν μήτε κυάμων ἐσθίειν; ... **Ἀλεκτρυών**. Οὐδὲν ὑγιὲς οὐδὲ σοφὸν ἦν, ἀλλ᾽ ἑώρων ὅτι εἰ μὲν τὰ συνήθη καὶ ταὐτὰ τοῖς πολλοῖς νομίζοιμι, ἥκιστα ἐπισπάσομαι τοὺς ἀνθρώπους ἐς τὸ θαῦμα, ὅσῳ δ᾽ ἂν ξενίζοιμι, τοσούτῳ σεμνότερος ᾤμην αὐτοῖς ἔσεσθαι. διὰ τοῦτο καινοποιεῖν εἱλόμην ἀπόρρητον ποιησάμενος τὴν αἰτίαν, ὡς εἰκάζοντες ἄλλος ἄλλως ἅπαντες ἐκπλήττωνται καθάπερ ἐπὶ τοῖς ἀσαφέσι τῶν χρησμῶν. (*Gall.* 18)

> **Mikyllos:** Aber das sag mir doch, was du dir dabei gedacht hast, als du als Gesetz festlegtest, man dürfe weder Fleisch noch Bohnen essen? ... **Hahn:** Das war nichts besonders Schlaues, sondern ich sah, dass ich die Menschen, wenn ich nur das Altbekannte und die gleichen Regeln wie die der Masse gesetzlich festlegte, am wenigsten zum Staunen brächte; um so mehr ich Fremdartiges vorschrieb, für desto ehrwürdiger würde ich ihnen gelten. Deshalb entschied ich mich für ganz neuartige Regelungen und machte aus dem Grund ein großes Geheimnis, weil sie, wenn jeder eine andere These vortrüge, ganz irritiert sein würden wie bei den unklaren Orakeln.

Spätestens der Vergleich mit den deutungsbedürftigen Orakeln lässt aufmerken. Pythagoras, so enthüllt der Hahn, gehörte also zu den Verführern der Menschen, die ihr Leben in falsche Bahnen lenkten, wie es unklare Orakel und irreleitende Träume tun können. Zwar scheint sich der Hahn seiner früheren Lügen zu schämen, doch kann Mikyllos sicher sein, dass seine Ratschläge jetzt guten Zielen dienen? Träumt Mikyllos dies alles womöglich nur? Dafür spräche ja die reale Unwahrscheinlichkeit eines sprechenden Hahnes ebenso wie die abschließende zauberische Leichtigkeit, mit der eine ausgerissene Feder des Hahns Mikyllos die Häuser der Reichen öffnet; zumal wenn der Dialog damit endet, dass der Hahn die Morgendämmerung ankündigt und damit den Zeitpunkt, an dem er in der Realität krähen wird, mag dem Leser der Verdacht kommen, dass sein Leseakt eine Teilhabe am Traum des Mikyllos darstellte. Damit wäre er der Düpierte – denn er hat sich bis dahin doch wohl der Fiktion des Textes bedenkenlos hingegeben und an ihr seine Freude gehabt; so ist er nun um keinen Deut besser als Mikyllos selbst mit seiner Lust an Träumen von Reichtum und sieht sich aufgefordert, die ‚Botschaft' des Hahns in ihrer berückenden ethischen Schlichtheit nicht einfach zu glauben, sondern genauso kritisch zu prüfen, wie es die Gefolgsleute des Pythagoras hätten tun sollen – eine Botschaft, die womöglich erst nach dem Tod ihre tiefere Wahrheit entfaltet: Im *Cataplus* tritt Mikyllos, soeben gestorben, erneut auf, nun als vergnügter Toter, dem, da er vorher schon arm war, nun auch in der Unterwelt nichts abgeht.

Von hier führt der Weg unmittelbar zu ‚Lukians' Traum von der schönen *Paideía* und ihren Versprechungen im *Somnium* sowie zu den zahlreichen auktorial konnotierten Masken Lukians (vgl. Kap. 1), die man in den diversen Metempsychosen des Hahns gespiegelt sehen könnte. Den vielen Rollen, die das Leben mitsamt den dazugehörigen Versprechungen bereithält, muss man ebenso aufmerksam und kritisch begegnen wie den Verheißungen der Träume und ihrer Deuter, und womöglich gefällt sich der Sprecher des *Somnium* auch in der Rolle des Verführers:

> Καὶ τοίνυν κἀγὼ τοῦτον <τὸν> ὄνειρον ὑμῖν διηγησάμην ἐκείνου ἕνεκα, ὅπως οἱ νέοι πρὸς τὰ βελτίω τρέπωνται καὶ παιδείας ἔχωνται, καὶ μάλιστα εἴ τις αὐτῶν ὑπὸ πενίας ἐθελοκακεῖ καὶ πρὸς τὴν ἥττω ἀποκλίνει, φύσιν οὐκ ἀγεννῆ διαφθείρων. ἐπιρρωσθήσεται εὖ οἶδ' ὅτι κἀκεῖνος ἀκούσας τοῦ μύθου, ἱκανὸν ἑαυτῷ παράδειγμα ἐμὲ προστησάμενος, ... (*Somn.* 18)

> Und so habe auch ich euch diesen Traum zu dem Zweck erzählt, dass sich die jungen Leute Besserem zuwenden und sich an die Bildung halten, und vor allem dann, wenn einer von ihnen aus Armut üble Pläne hegt, auf die schiefe Bahn gerät und sein gutes Naturell verdirbt. Ich bin sicher, dass gerade er sich durch meine Geschichte bestätigt und gestärkt fühlen wird, wenn er sich mich als gutes Beispiel nimmt, ...

Vertiefende Lektüre: v. Möllendorff (2000a), Walde (2001)

3.3.4 Verwundung, Krankheit und Heilung
[Imagines, Nigrinus, Hermotimus, Lexiphanes]

Der Anblick der schönen kaiserlichen Geliebten Panthea, die, mit einem aufgerollten Buch in der Hand und ins Gespräch vertieft, an ihm vorbeiging, hat Lykinos, als wäre es Medusa mit ihrem Schlangenhaupt gewesen, wie versteinert gelassen (vgl. Kap. 3.2.2) – ein mythisches Bild, das sogleich überführt wird in den Vergleich mit einem sogenannten Stein des Herakles, einem Magneten. Letzterer Vergleich steht der sokratischen Figur Lykinos (vgl. Kap. 1) gut zu Gesicht: Platon lässt ihn nämlich auch Sokrates im Dialog *Ion* verwenden, zur Erklärung der Faszination durch Kunst, die sich wie eine magnetisierte Kette von den Musen bis hin zum Rezipienten zieht und alle am künstlerischen Prozess Beteiligten unauflöslich miteinander verbindet. Damit gibt Lykinos bereits zu Beginn der *Imagines* einen leisen Hinweis darauf, wie er Panthea im Folgenden verstanden wissen will: als eine personifizierte Muse der Bildung (vgl. Kap. 3.2.1). Umso mehr irritiert dann deren viel stärker ausgearbeitete Verbildlichung als eine Medusa, denn diese tötet ja alle Lebendigkeit des Betrachters ab, und Perseus konnte sich ihrer nur erwehren, indem er sie im Spiegel ansah und ihr den Kopf abschlug. Auch die Klassik als Inspirationsepoche der kaiserzeitlichen Bildung wird *qua* Mimesis wie durch einen Spiegel betrachtet – aber hier beginnt man zu ahnen, dass jene Klassik für ihre Adepten nicht nur schön und aller Mühen wert, sondern auch so überwältigend und unerreichbar sein kann, dass ihre Nachahmer die Angst, ihr nicht gleichkommen zu können und also verstummen zu müssen – eine ‚Einflussangst', der sich alle traditionszugewandten, in einem weiteren Sinne ‚klassizistischen' Epochen ausgesetzt sehen –, immer wieder aufs Neue überwinden müssen.

Die Körperlichkeit der Reaktion auf Schönheit ist ein Motiv, das sich in der griechischen Literatur häufig findet. Ob Sappho beschreibt, wie ihr beim Anblick der schönen Braut die Haut glüht, das Herz pocht, die Ohren dröhnen, die Augen sich verdunkeln und die Zunge zu brechen scheint (*fr.* 31), oder ob Platon darlegt, wie beim Anblick des Geliebten Flügel zu wachsen scheinen (*Phaidros*) oder das protreptische Wort des philosophischen Lehrers wie der Biss einer Schlange schmerzt (*Symposion*), ob Homers Odysseus in Tränen ausbricht, wenn er den Aoiden Demodokos zur Leier vom Kampf um Troja singen hört (*Odyssee*), oder ob noch in Longos' Hirtenroman Daphnis beim Anblick der badenden Chloe an einem schmerzhaften Bienenstich zu leiden meint: Wenn Lukian dieses Motiv übernimmt und noch um den Aspekt der Bildung – als einer ethischen und intellektuellen Schönheit – erweitert, wird daraus deutlich, dass die Konfrontation mit *paideía* kein rein intellektueller Vorgang ist, sondern den ganzen Menschen – Geist, Seele und Körper – affiziert und beeinflusst.

In dieser starken und ganzheitlichen Wirkung der Bildung steckt die Gefahr, dass falsche Vermittlung und Aneignung sowie die Orientierung an den falschen Vorbildern fatale Folgen für den Gebildeten haben kann. Lukian führt das besonders plakativ und spöttisch im *Lexiphanes* für die Rhetorik, für die Philosophie im *Hermotimus* vor. Beide Male ist es der sokratische Lykinos, der seine Gesprächspartner durch eine Radikalkur zur Vernunft bringt. Als der ‚Wörterzeiger' Lexiphanes ihm ein hyperattizistisches ‚Symposion' in vermeintlich Platonischer Tradition zu Gehör bringt, in dem es vor fehlerhaften Manierismen und zusammenhanglos gebrauchten attischen Spezialwörtern so sehr wimmelt, dass

Λουκιανὸς τάδ᾽ ἔγραψα ... Eine Werkschau   165

der heutige Übersetzer, der sich an diesen Text wagt, ihn im Grunde nur in seiner eigenen Sprache neu schreiben kann, ruft Lykinos den Arzt Sopolis zur Hilfe, der mittels eines Emetikums drastische Therapiemaßnahmen ergreift:

> βοηθηθέα γοῦν τῷ ἀνδρὶ πάσῃ μηχανῇ καὶ – κατὰ θεὸν γὰρ τῶν χολωντῶν τινὶ φάρμακον τουτὶ κερασάμενος ἀπῄειν, ὡς πιὼν ἐμέσειε – φέρε πρῶτος αὐτὸς πῖθι, ὦ Λεξίφανες, ὡς ὑγιὴς ἡμῖν καὶ καθαρὸς γένοιο τῆς τοιαύτης τῶν λόγων ἀτοπίας κενωθείς. ἀλλὰ πείσθητί μοι καὶ πῖθι καὶ ῥᾴων ἔσῃ. ... (21) πρῶτον τουτὶ τὸ μῶν, εἶτα μετ᾽ αὐτὸ ἐξελήλυθεν τὸ κᾆτα, εἶτα ἐπ᾽ αὐτοῖς τὸ ἦ δ᾽ ὅς καὶ ἀμηγέπη καὶ λῷστε καὶ δήπουθεν καὶ συνεχὲς τὸ ἄττα. βίασαι δ᾽ ὅμως, καὶ κάθες εἰς τὴν φάρυγγα τοὺς δακτύλους. οὐδέπω τὸ ἴκταρ ἐμήμεκας οὐδὲ τὸ σκορδινᾶσθαι οὐδὲ τὸ τευτάζεσθαι οὐδὲ τὸ σκύλλεσθαι. πολλὰ ἔτι ὑποδέδυκε καὶ μεστή σοι αὐτῶν ἡ γαστήρ. ἄμεινον δέ, εἰ καὶ κάτω διαχωρήσειεν ἂν ἔνια· ἡ γοῦν σιληπορδία μέγαν τὸν ψόφον ἐργάσεται συνεκπεσοῦσα μετὰ τοῦ πνεύματος. ἀλλ ἤδη μὲν καθαρὸς οὑτοσὶ πλὴν εἴ τι μεμένηκεν ὑπόλοιπον ἐν τοῖς κάτω ἐντέροις. σὺ δὲ τὸ μετὰ τοῦτο παραλαβὼν αὐτόν, ὦ Λυκῖνε, μεταπαίδευε καὶ δίδασκε ἃ χρὴ λέγειν. (*Lex.* 20f.)

> Dem Mann muss auf jede Weise geholfen werden und – es ist Gottes Fügung, dass ich gerade zu einem meiner Gallenpatienten aufgebrochen war, für den ich dieses Mittel hier gemischt hatte, damit er es trinke und sich erbreche – los, Lexiphanes, vertraue du selbst als erster darauf, dass du, wenn du dich erst einmal dieses Wörtersalats entleert hast, wieder gesund und gereinigt vor uns stehen wirst. Nun komm, gehorche mir, vertraue mir und du wirst dich leichter fühlen. ... (21) Da schlüpft zuerst das μῶν [etwa nicht] heraus, dann das κᾆτα [und dann], dann gleich danach das ἦ δ᾽ ὅς [sagte er], das ἀμηγέπη [irgendwie], das λῷστε [mein Bester], das δήπουθεν [doch wohl], und direkt hinterher das ἄττα [irgendetwas]. Trotzdem, noch mal kräftig, steck die Finger in den Hals! Das ἴκταρ [zugleich] hast du noch nicht ausgespuckt, auch nicht das σκορδινᾶσθαι [sich recken], das τευτάζεσθαι [sich beschäftigen], das σκύλλεσθαι [belästigen]. Da steckt noch viel unten drin, dein Bauch ist voll davon. Besser, wenn einiges nach unten durchmarschiert: Die σιληπορδία [Übermut] wird ziemlich rumsen, wenn sie rausrauscht. So, da ist der Mann doch schon durch und durch sauber, es sei denn, da steckte noch ein kleiner Rest in den tieferen Eingeweiden. Du nimm dich jetzt hiernach seiner an, Lykinos, bilde ihn um und bring ihm bei, was man sagen muss.

Wer wie der verlogene Rednerlehrer im *Rhetorum Praeceptor* meint, gesunder Attizismus als Teil klassischer Bildung bestehe vor allem einfach darin, möglichst viele rein attische Sonderwörter zu verwenden, vergiftet sich mit dieser Sonderernährung den Verstand und infiziert seine Sprache. Lexiphanes muss nun neu lernen, das Wesentliche qualitätsvoller Sprache und Darstellung zu erkennen. Dazu muss er, im Sinne einer ausgewogenen Ernährung, einer strammen Diät (στερρὰ τροφή, *Lex.* 23), diverse Kanonautoren lesen und aus ihnen die schönsten Blüten pflücken (τὰ κάλλιστα ἄνθη ἀπανθίζεσθαι, *Lex.* 22). Damit sind gerade nicht einzelne Wörter gemeint – sie qualifiziert Lykinos abschätzig als ‚Wortwindblumen' (ἀνεμῶναι τῶν λόγων, *Lex.* 23) –, sondern die besondere

Qualität, die spezifische Schönheit eines vorbildlichen Autors, und was daraus für sein eigenes Schreiben und Sprechen zu lernen ist ebenso wie das, was unnachahmlich bleibt.

Ein gesunder Körper ist, wie ein gesunder Geist, kein Selbstzweck, sondern dient einem funktionalen Ziel, nämlich der Beste zu sein. Entsprechend richtet sich auch das Bemühen um Bildung auf das Ziel gesellschaftlichen Erfolgs, und innerhalb der literarrhetorischen ‚Disziplinen' der Bildung darauf, selbst für spätere Zeiten kanonisch und Gegenstand von Mimesis zu werden. Aber selbst die Philosophen, die solch äußerem Erfolg doch abhold sein sollten, hätscheln ihre eigenen Wünsche, wie Hermotimos, der Titelheld des gleichnamigen Dialogs, deutlich formuliert. Für ihn ging es in den 20 Jahren seiner philosophischen Ausbildung stets darum, am Ende seines Weges den ‚Gipfel der Glückseligkeit' (vgl. Kap. 3.2.4) zu erreichen:

> νῦν δὲ ἐνάρχονται μὲν οὐκ ὀλίγοι μάλα ἐρρωμένως καὶ προσέρχονται ἐπὶ ποσόν, οἱ μὲν ἐπὶ πάνυ ὀλίγον, οἱ δὲ ἐπὶ πλέον· ἐπειδὰν δὲ κατὰ μέσην τὴν ὁδὸν γένωνται πολλοῖς τοῖς ἀπόροις καὶ δυσχερέσιν ἐντυγχάνοντες ἀποδυσπετοῦσί τε καὶ ἀναστρέφουσιν ἀσθμαίνοντες καὶ ἱδρῶτι ῥεόμενοι, οὐ φέροντες τὸν κάματον. ὅσοι δ' ἂν εἰς τέλος διακαρτερήσωσιν οὗτοι πρὸς τὸ ἄκρον ἀφικνοῦνται καὶ τὸ ἀπ' ἐκείνου εὐδαιμονοῦσιν θαυμάσιόν τινα βίον τὸν λοιπὸν βιοῦντες, οἷον μύρμηκας ἀπὸ τοῦ ὕψους ἐπισκοποῦντές τινας τοὺς ἄλλους. (*Herm.* 5)

> Jetzt aber machen sich gar nicht wenige voller Selbstvertrauen auf den Weg und kommen auch ein ganzes Stück voran, die einen nicht ganz so weit, die anderen ein bißchen weiter: Doch auf der Mitte des Weges, wenn sie dann auf viele Engpässe und Hindernisse stoßen, geben sie auf und machen kehrt, keuchend schweißüberströmt, weil sie nicht mehr können. Aber wer bis zum Ende durchhält, der gelangt auf den Gipfel. Und von diesem Augenblick an lebt er für den Rest seines Lebens in Herrlichkeit und Glückseligkeit und kann von oben auf die anderen wie auf Ameisen herunterschauen.

Hermotimos' Wunsch, am Ende seiner Mühen auf die anderen herabsehen zu können, zeigt bereits den Misserfolg seiner so lange währenden Bildung, und so fällt es Lykinos nicht schwer, ihn in die Enge zu argumentieren, bis Hermotimos einsehen muss, nichts erreicht und so viele Lebensjahre verschenkt zu haben. Doch ist er zur Umkehr bereit:

> ἄπειμι γοῦν ἐπ' αὐτὸ τοῦτο, ὡς μεταβαλοίμην καὶ αὐτὸ δὴ τὸ σχῆμα. ὄψει γοῦν οὐκ εἰς μακρὰν οὔτε πώγωνα ὥσπερ νῦν λάσιον καὶ βαθὺν οὔτε δίαιταν κεκολασμένην, ἀλλὰ ἄνετα πάντα καὶ ἐλεύθερα. τάχα δὲ καὶ πορφυρίδα μεταμφιάσομαι, ὡς εἰδεῖεν ἅπαντες ὅτι μηκέτι μοι τῶν λήρων ἐκείνων μέτεστιν. ὡς εἴθε γε καὶ ἐξεμέσαι δυνατὸν ἦν ἅπαντα ἐκεῖνα, ὁπόσα ἤκουσα παρ' αὐτῶν, καὶ εὖ ἴσθι, οὐκ ἂν ὤκνησα καὶ ἐλλέβορον πιεῖν ... δοκῶ δέ μοι οὐκ ἀλόγως ἂν καὶ ξυρήσασθαι τὴν κεφαλὴν ὥσπερ οἱ ἐκ τῶν ναυαγίων ἀποσωθέντες ἐλεύθεροι, ἅτε καὶ σωτήρια τήμερον ἄξων τοσαύτην ἀχλὺν ἀποσεισάμενος τῶν ὀμμάτων. φιλοσόφῳ δὲ εἰς τὸ λοιπὸν κἂν ἄκων ποτὲ ἐν ὁδῷ βαδίζων ἐντύχω, οὕτως ἐκτραπήσομαι καὶ περιστήσομαι ὥσπερ τοὺς λυττῶντας τῶν κυνῶν. (*Herm.* 86)

Ich fange jetzt jedenfalls erst einmal damit an, dass ich auch und vor allem mein äußeres Erscheinungsbild ändere. Nur kurze Zeit, und du wirst mich ohne langen und buschigen Bart sehen und auch nicht mehr so kümmerlich und unterernährt, sondern ganz locker und lässig! Ja, ich werde bald sogar einen purpurnen Mantel anziehen, damit alle sehen können, dass ich mit jenem öden Geschwätz nichts mehr zu tun habe. Ach, wenn es mir doch auch möglich wäre, alles das, was ich von ihnen gehört habe, wieder zu erbrechen – und du kannst sicher sein, ich würde nicht zögern, dafür sogar Nieswurz zu trinken ... Vielleicht wäre es auch passend, wenn ich mir, wie diejenigen, die aus einem Schiffbruch gerettet wieder ins Leben zurückgekehrt sind, die Haare abschnitte, um sie als Zeichen des Dankes für meine Rettung aus dem Nebel darzubringen, der vor meinen Augen lag. Und sollte ich in Zukunft noch einmal unfreiwilligerweise einem Philosophen auf der Straße begegnen, dann werde ich zur Seite gehen und einen Bogen um ihn machen wie um einen tollwütigen Hund.

Allein die Tatsache, dass Hermotimos keinen körperlichen Heilungsprozess durchläuft wie Lexiphanes, kann den Leser argwöhnen lassen, dass seine Bekehrung womöglich doch nur oberflächlich ist. Tatsächlich klingt zwar sein Verzicht auf die Einnahme von reinigendem Nieswurz wie eine rationale Einsicht, dass es damit wohl nicht getan wäre. Hermotimos spricht aber ausschließlich über die Veränderungen seines Äußeren, nicht über die anstehenden Bemühungen, die verkehrten Lehren aus seinem Kopf zu bringen, und das Motiv des auffälligen purpurnen Mantels lässt uns ahnen, dass Hermotimos, wie schon mit seinem alten Philosophenkostüm, so auch in Zukunft doch nur vor aller Augen plakatieren will, etwas zu sein, das er in Wirklichkeit nicht ist. Lexiphanes' Einsicht, umlernen zu müssen, geht ihm ab, und wenn er von nun an den tollwütigen Philosophen aus dem Weg gehen wird, so scheint er nicht zu ahnen, dass er womöglich längst gebissen und unheilbar angesteckt wurde.

Dies führt uns schließlich zu einem der in ihrer Deutung umstrittensten Dialoge Lukians, dem *Nigrinus*. Wenn der *Hermotimus* eine Abwendung von der Philosophie, jedenfalls von einer falsch verstandenen und betriebenen Philosophie, inszeniert, so scheint es auf den ersten Blick, als gehe es im *Nigrinus* gerade umgekehrt um eine Bekehrung zur Philosophie. Jedoch ist schon die generische Anlage des Textes – ein Dialog, der als Beilage eines Briefes des Loukianós (vgl. Kap. 1) an Nigrinos die Begegnung des Absenders mit dem Adressaten reinszeniert – in ihrer selbstbespiegelnden Verschachtelung irritierend (vgl. Kap. 3.1.5). Und vollends hat viele Interpreten die offensichtliche Selbstinszenierung des Nigrinos gleich eingangs des Dialoges, zwischen Bildnissen alter Philosophen, wissenschaftlichen Geräten, ein Buch in der Hand, fernab des Getriebes der Stadt Rom (*Nigr.* 2 u. 18), misstrauisch gemacht: Soll man wirklich annehmen, Lukian kolportiere (und propagiere damit) eine heftige Attacke philosophischer Protreptik? Ließe sich eine solche Annahme mit den eher harmlosen Inhalten der Ausführungen des Nigrinos vereinbaren?

Daher leuchtet es ein, hinter der Gesamtanlage des Textes eher eine Warnung vor philosophischer Protreptik zu sehen, selbstironisch an einer auktorial konnotierten Figur exemplifiziert. In diese Richtung weisen auch die in diesem Text gehäuften Körpervergleiche. So ist Loukianós eigentlich aufgrund eines schlimmen Augenleidens nach Rom gereist (*Nigr.* 2); wenn er das aufgesetzte Gehabe des Nigrinos nicht durchschaut, liegt das vielleicht an seiner fortgesetzten geistigen Blindheit, von der er nur glaubt, Nigrinos habe sie geheilt (*Nigr.* 4):

> προϊὼν δὲ ἐς τόδε περιήχθην, ὅπερ ἀρτίως ἡμῖν ἐπεκάλεις· γαῦρός τε γὰρ ὑπὸ τοῦ λόγου καὶ μετέωρός εἰμι καὶ ὅλως μικρὸν οὐκέτι οὐδὲν ἐπινοῶ· δοκῶ γάρ μοι ὅμοιόν τι πεπονθέναι πρὸς φιλοσοφίαν, οἷόνπερ καὶ οἱ Ἰνδοὶ πρὸς τὸν οἶνον λέγονται παθεῖν, ὅτε πρῶτον ἔπιον αὐτοῦ· θερμότεροι γὰρ ὄντες φύσει πιόντες ἰσχυρὸν οὕτω ποτὸν αὐτίκα μάλα ἐξεβακχεύθησαν καὶ διπλασίως ὑπὸ τοῦ ἀκράτου ἐξεμάνησαν. οὕτω σοι καὶ αὐτὸς ἔνθεος καὶ μεθύων ὑπὸ τῶν λόγων περιέρχομαι. (*Nigr.* 5)

Und so geriet ich allmählich in jenen Zustand, den du mir eben vorgeworfen hast: Seine Worte haben mich stolz gemacht, ich gehe wie auf Wolken und bin unfähig, an etwas Kleines zu denken. Ich habe den Eindruck, mir ist mit der Philosophie etwas ähnliches passiert wie angeblich den Indern mit dem Wein, als sie ihn zum erstenmal tranken: Da sie ja schon von Natur aus hitziger sind, gerieten sie, als sie ein so starkes Getränk zu sich nahmen, gleich ganz außer sich und wurden von dem ungemischten Trank doppelt verrückt. Genau so laufe ich herum, begeistert und betrunken von seiner Rede.

Auch Trunkenheit – die sich mit verdächtiger Arroganz dem noch nicht zur Philosophie bekehrten Pack gegenüber paart, einer Arroganz, die sich Loukianós bei Nigrinos abgeschaut hat (*Nigr.* 1 u. 18) – scheint kein Zustand zu sein, der sich für eine den Prinzipien ethischer Kontrolle gehorchende Lebensführung eignet; man fühlt sich an Hermotimos' Euphorie erinnert, und auch wenn die Hinwendung zur Philosophie schon im Platonischen Höhlengleichnis eine Umkehr und Abkehr vom früheren Leben voraussetzt, so fragt man sich doch, ob nicht wenigstens eine Zeitlang anhaltende Verstörung und Trauer über den Verlust des früheren Lebens eine vielversprechendere Voraussetzung für ein wirkliches Umlernen wären; so schildert uns Xenophon jedenfalls die erfolgreiche Konversion des Euthydemos unter dem Einfluss des Sokrates (Xen., *Mem.* 4.2.39f.). Die schnellen Umwendungen des Hermotimos und des Loukianos lassen eher Konformismus als Selbsterkenntnis argwöhnen. Tatsächlich hat Nigrinos' Protreptikos jedoch bei seinem Gesprächspartner tiefen Eindruck hinterlassen:

> εἰ γάρ τι δεῖ κἀμὲ ἤδη φιλοσόφων προσάψασθαι λόγων, ὧδε περὶ τούτων ὑπείληφα· (36) δοκεῖ μοι ἀνδρὸς εὐφυοῦς ψυχὴ μάλα σκοπῷ τινι ἁπαλῷ προσεοικέναι. τοξόται δὲ πολλοὶ μὲν ἀνὰ τὸν βίον καὶ μεστοὶ τὰς φαρέτρας ποικίλων τε καὶ παντοδαπῶν λόγων, οὐ μὴν πάντες εὔστοχα τοξεύουσιν, ἀλλ' οἱ μὲν αὐτῶν σφόδρα τὰς νευρὰς ἐπιτείναντες εὐτονώτερον τοῦ δέοντος ἀφιᾶσιν· καὶ ἅπτονται μὲν καὶ οὗτοι τῆς ὁδοῦ, τὰ δὲ βέλη αὐτῶν οὐ μένει ἐν τῷ σκοπῷ, ἀλλ' ὑπὸ τῆς σφοδρότητος διελθόντα καὶ παροδεύσαντα κεχηνυῖαν μόνον τῷ τραύματι τὴν ψυχὴν ἀπέλιπεν. ἄλλοι δὲ πάλιν τούτοις ὑπεναντίως· ὑπὸ γὰρ ἀσθενείας τε καὶ ἀτονίας οὐδὲ ἐφικνεῖται τὰ βέλη αὐτοῖς ἄχρι πρὸς τὸν σκοπόν, ἀλλ' ἐκλυθέντα

καταπίπτει πολλάκις ἐκ μέσης τῆς ὁδοῦ· ἢν δέ ποτε καὶ ἐφίκηται, ἄκρον μὲν ἐπιλίγδην ἅπτεται, βαθεῖαν δὲ οὐκ ἐργάζεται πληγήν· οὐ γὰρ ἀπ' ἰσχυρᾶς ἐμβολῆς ἀπεστέλλετο. (37) ὅστις δὲ ἀγαθὸς τοξότης καὶ τούτῳ ὅμοιος, πρῶτον μὲν ἀκριβῶς ὄψεται τὸν σκοπόν, εἰ μὴ σφόδρα μαλακός, εἰ μὴ στερρότερος τοῦ βέλους. γίγνονται γὰρ δὴ καὶ ἄτρωτοι σκοποί. ἐπειδὰν δὲ ταῦτα ἴδῃ, τηνικαῦτα χρίσας τὸ βέλος οὔτε ἰῷ, καθάπερ τὰ Σκυθῶν χρίεται, οὔτε ὀπῷ, καθάπερ τὰ Κουρήτων, ἀλλ' ἠρέμα δηκτικῷ τε καὶ γλυκεῖ φαρμάκῳ, τούτῳ χρίσας εὐτέχνως ἐτόξευσε· τὸ δὲ ἐνεχθὲν εὖ μάλα ἐντόνως καὶ διακόψαν ἄχρι τοῦ διελθεῖν μένει τε καὶ πολὺ τοῦ φαρμάκου ἀφίησιν, ὃ δὴ σκιδνάμενον ὅλην ἐν κύκλῳ τὴν ψυχὴν περιέρχεται. τοῦτό τοι καὶ ἥδονται καὶ δακρύουσι μεταξὺ ἀκούοντες, ὅπερ καὶ αὐτὸς ἔπασχον, ἡσυχῇ ἄρα τοῦ φαρμάκου τὴν ψυχὴν περιθέοντος. ... οὕτω δὴ καὶ φιλοσόφων ἀκούοντες οὐ πάντες ἔνθεοι καὶ τραυματίαι ἀπίασιν, ἀλλ' οἷς ὑπῆν τι ἐν τῇ φύσει φιλοσοφίας συγγενές. (*Nigr.* 35-37)

Wenn denn auch ich eine philosophische Argumentation wagen soll, so denke ich darüber folgendermaßen: (36) Ich glaube, dass sich die Seele eines Menschen mit guten Anlagen am ehesten einem weichen und zarten Ziel vergleichen lässt. Viele Bogenschützen legen in ihrem Leben auf sie an, die Köcher voll mit verschiedensten und vielfältigsten Argumenten. Sie können zwar keineswegs alle gut mit dem Bogen umgehen: Vielmehr spannen manche die Sehne gewaltig und schießen viel fester als nötig, und sie treffen zwar, aber ihre Pfeile bleiben nicht im Ziel stecken, sondern durch die Gewalt des Schusses durchbohren sie die Seele und hinterlassen auf ihrem Weg nur eine klaffende Wunde in ihr. Mit den Schüssen anderer wiederum geht es genau umgekehrt: So schwach und kraftlos sind sie, dass die Pfeile oft nicht bis ins Ziel fliegen, sondern die fehlende Spannung sie nach der Hälfte des Weges zu Boden fallen lässt. Kommen sie aber doch ins Ziel, so ritzen sie die Haut nur oberflächlich, schlagen aber keine tiefe Wunde. Es steckte einfach keine Kraft dahinter. (37) Ein guter Bogenschütze jedoch, einer wie Nigrinos, wird erst einmal genau sein Ziel daraufhin in Augenschein nehmen, ob es nicht zu weich oder gar zu hart für den Pfeil ist. Denn es gibt in der Tat auch Ziele, denen mit Pfeilen nicht beizukommen ist. Hat er sich darüber informiert, dann bestreicht er seine Pfeilspitze nicht mit Gift wie die Skythen und auch nicht mit Feigenmilch wie die Kreter, sondern mit einer langsam wirkenden bittersüßen Substanz, und hat er sie damit eingestrichen, dann schießt er den Pfeil nach allen Regeln der Kunst ab. Und der, mit der rechten Spannung geschossen, bohrt sich ganz in sein Ziel, bleibt darin stecken und gibt den größten Teil der Substanz ab, die sich daraufhin überall in der Seele verteilt. Dann geschieht das, was auch mir passiert ist: Sie lachen und weinen beim Zuhören, während die Substanz allmählich ihre Seele durchströmt. ... Genau so geraten auch nicht alle, die den Philosophen lauschen, in Begeisterung und gehen betroffen fort, sondern nur diejenigen, die mit der Philosophie ohnehin schon eine Seelenverwandtschaft verband.

Bildungsprotreptik funktioniert also nicht bei jedem, sondern vermag nur auf die geeignete Seele zu wirken. Die Aufgabe jedes Pädagogen muss darin bestehen, jeden einzelnen seiner Schüler auf diese grundsätzliche Befähigung hin zu überprüfen und sich auf ihn einzustellen oder auch auf den Versuch der Unterrichtung zu verzichten. Das Gleichnis scheint zwar in erster Linie darauf angelegt zu sein, die Heftigkeit und die Schmerzhaftigkeit der ernsthaften Hinwendung zur rechten Lebensweise zu illustrieren, aber es liegt in der Natur der Lukianischen Gleichnisse, dass man sie weiterdenken kann. Dann offenbart sich, dass Bildungsversuche häufiger scheitern als gelingen, da entweder das Ziel oder der Schütze oder beide ungeeignet sind. Nur bleiben sie deshalb nicht alle folgenlos: Auch sie durchbohren und verletzen die Seele, aber das wirksame *phármakon* vermögen sie nicht zu verströmen, und so bleiben die Schüler ‚angeschossen', geschädigt zurück, das heißt: mit einem falschen und unvollständigen Verständnis von den Gegenständen der Bildung, mit falschen und nicht hinreichend reflektierten Werten und Idealen, die ihre weitere Lebensführung beeinträchtigen. Aber auch der gelungene protreptische Schuss kann Schaden anrichten, wenn die Qualitäten des Schützen sich womöglich in der Protreptik erschöpfen, wie es bei Nigrinos der Fall zu sein scheint. An den Schützen aber bleibt der protreptisch Getroffene gebunden (*Nigr.* 38) – die fatalen Folgen mag sich jeder selbst ausmalen, wie man an Loukianos' Gesprächspartner sehen kann:

> ὥστε καὶ μεταξὺ σοῦ λέγοντος ἔπασχόν τι ἐν τῇ ψυχῇ, καὶ παυσαμένου ἄχθομαι καὶ ἵνα δὴ καὶ κατὰ σὲ εἴπω, τέτρωμαι· καὶ μὴ θαυμάσῃς· οἶσθα γὰρ ὅτι καὶ οἱ πρὸς τῶν κυνῶν τῶν λυσσώντων δηχθέντες οὐκ αὐτοὶ μόνοι λυσσῶσιν, ἀλλὰ κἂν τινας ἑτέρους [καὶ αὐτοὶ] ἐν τῇ μανίᾳ τὸ αὐτὸ τοῦτο διαθῶσιν, καὶ οὗτοι ἔκφρονες γίγνονται· συμμεταβαίνει γάρ τι τοῦ πάθους ἅμα τῷ δήγματι καὶ πολυγονεῖται ἡ νόσος καὶ πολλὴ γίγνεται τῆς μανίας διαδοχή. (*Nigr.* 38)

> Und so habe auch ich, während du geredet hast, eine merkwürdige Regung in der Seele verspürt, und jetzt ärgere ich mich, dass du aufgehört hast, und bin, um dich zu zitieren, verwundet. Kein Wunder: Du weißt ja, dass die Tollwut nicht nur die packt, die selbst von tollwütigen Hunden gebissen werden, sondern, wenn sie in ihrem Wahnsinn andere in denselben Zustand versetzen, auch diese außer sich geraten. Mit dem Biss geht auch etwas von dem Leiden hinüber, die Krankheit pflanzt sich fort und wandert unaufhaltsam von einem zum anderen.

Aus dem pädagogischen Pfeilschuss ist die Übertragung der Tollwut geworden, aus dem zum guten Leben gewendeten Menschen ein Kranker, der im Wahnsinn sterben wird. Genau das gleiche Bild verwenden Tychiades und Philokles für die Wirkung der von ihnen geschmähten Gespenstergeschichten (*Philops.* 40), die sich die Gebildeten, darunter auch Philosophen, am Krankenbett des reichen Eukrates erzählten. Die Gefahren unbedachter Protreptik zur Philosophie – und also zu einem wesentlichen Bestandteil kaiserzeitlicher *paideía* – werden hier augenfällig. Und während die Tollwut, die durch die Gespenstergeschichten der *Philopseudeis* bei ihren Hörern hervorgerufen wird, doch durch das Gegenmittel der Wahrheit und des stets kühlen Verstandes (τὴν ἀλήθειαν καὶ τὸν ἐπὶ πᾶσι λόγον ὀρθόν, *Philops.* 40) neutralisiert wird, kann die Philosophie, gerade weil sie als seriöse und ernstzunehmende Disziplin daherkommt, besonderen Schaden anrichten. Falsche Ernährung, Erkrankung, Verletzung: Lukian hat Bildung keineswegs nur verherrlicht, sondern auch über denkbare negative Möglichkeiten und Folgen ihrer hohen Stellung im menschlichen Leben reflektiert.

<u>Vertiefende Lektüre</u>: Lechner (2015/16), v. Möllendorff (2000b), Nesselrath (1992)

4 Der doppelt Angeklagte und seine Hippokentauren

„Ὦ τῆς καινότητος." „Ἡράκλεις, τῆς παραδοξολογίας." „Εὐμήχανος ἄνθρωπος."
„Οὐδὲν ἄν τις εἴποι τῆς ἐπινοίας νεαρώτερον." (*Zeux*. 1)
„Was für eine Innovation!" „Beim Herakles, welch' wundersame Erzählung!" „Er
ist schon ein findiger Kopf!" „Etwas Neuartigeres dürfte wohl niemand ersinnen!"

In vermeintlich autobiographischer Pose lässt der Sprecher zu Beginn des *Zeuxis* seinen Erfolg bei einem öffentlichen Auftritt Revue passieren. Doch anstatt mitzuteilen, worüber gesprochen wurde und welche Einfälle solche Begeisterungsstürme hervorgerufen haben, bleiben sowohl der Inhalt seiner Rede (δείξας τὸν λόγον, 1) als auch Ort, Anlass und Zeitpunkt des Auftritts ungenannt. Dieser Gestus der Verallgemeinerung lenkt die Aufmerksamkeit weg von der konkreten performativen Situation hin zu einer generellen Reflexion über Produktions- und Wirkungsweisen von zunächst dem Vortrag (als Ausgangspunkt des *Zeuxis*), dann der Malerei und der Geschichtsschreibung (als Inhalte des *Zeuxis*) und schließlich – auf einer metapoetischen Ebene – vom *Zeuxis* selbst als literarischem Werk. Der Erzähler richtet sich an eine breite Adressatenschaft, die zu Beginn allgemein mit ὑμῖν (1) angesprochen wird und neben den fiktiven Zuhörern ‚Lukians' und speziell seinen „Freunden" (πρὸς φίλους ἤδη ὄντας, 1) Rezipienten umfasst, die mit Lukianischen Werken ‚bereits vertraut' sind oder auch erstmals mit ihnen in Berührung kommen. Entsprechend lassen sich an den *Zeuxis* ganz unterschiedliche Erwartungshaltungen herantragen, die jedoch alle mit dem Hinweis auf das Ungewöhnliche, „Neue und Fremdartige der Darstellung" (τὸ καινὸν τῆς προαιρέσεως καὶ ξενίζον, 2) ins Leere laufen: Das einzig Erwartbare ist das Unerwartete (im Sinne des Neuen), und allein diese Erfahrung hat ein Rezipient mit Lukiankenntnis einem solchen voraus, der zuvor noch keine Lukianischen Werke bzw. Reden (*lógoi*) gehört oder gelesen hat.

So wie im *Zeuxis* der Erfolg des Ich-Erzählers an den Aspekt der Innovation (καινότης, 1) geknüpft ist, so steht hinter dem *Zeuxis* ein Autor, der sich nicht nur auf der personalen Ebene mit Hilfe zahlreicher auktorial konnotierter Figuren immer wieder neu erfindet (vgl. Kap. 1), sondern auch inhaltlich und literarisch Neuland betritt. Daher liegt es nahe, die durch den Verweis auf den ungewöhnlichen, jedoch nicht näher spezifizierten *lógos* des Ich-Erzählers geschaffene Leerstelle als einen selbstreferentiellen Verweis auf die Werke Lukians zu verstehen, deren Anspruch auf Neuheit im *Zeuxis* verhandelt wird. So verstanden passt der rhetorische Charakter der Schrift als Prolalie (vgl. Kap. 3.1.4) gut zu ihrer poetologischen Ausrichtung, die es erlaubt, den *Zeuxis* – unabhängig von seiner Datierung – als programmatischen ‚Einstieg' in die Lukianlektüre zu lesen.

Worin besteht aber nun die Neuheit des *lógos* und wie soll man mit ihr rezeptionsästhetisch umgehen? Anstatt sich über das eingangs zitierte Lob seiner Rede zu freuen, weist der Sprecher es in Form einer *recusatio* zunächst deutlich zurück:

οὐκοῦν τοῦτο μόνον χάριεν τοῖς λόγοις ἔνεστιν, ὅτι μὴ συνήθη μηδὲ κατὰ τὸ κοινὸν βαδίζει τοῖς ἄλλοις, ὀνομάτων δὲ ἄρα καλῶν ἐν αὐτοῖς καὶ πρὸς τὸν ἀρχαῖον κανόνα συγκειμένων ἢ νοῦ ὀξέος ἢ περινοίας τινὸς ἢ χάριτος Ἀττικῆς ἢ ἁρμονίας ἢ τέχνης τῆς ἐφ᾽ ἅπασι, τούτων δὲ πόρρω ἴσως τοὐμόν. οὐ γὰρ ἄν, παρέντες αὐτὰ ἐκεῖνα, ἐπῄνουν μόνον τὸ καινὸν τῆς προαιρέσεως καὶ ξενίζον. ἐγὼ δὲ ὁ μάταιος ᾤμην, ὁπότε ἀναπηδῶντες ἐπαινοῖεν, τάχα μέν τι καὶ αὐτῷ τούτῳ προσάγεσθαι αὐτούς· ἀληθὲς γὰρ εἶναι τὸ τοῦ Ὁμήρου, καὶ τὴν νέαν ᾠδὴν κεχαρισμένην ὑπάρχειν τοῖς ἀκούουσιν [Od. 1.351f.]· οὐ μὴν τοσοῦτόν γε οὔτε ὅλον τῇ καινότητι νέμειν ἠξίουν, ἀλλὰ τὴν μὲν ὥσπερ ἐν προσθήκης μοίρᾳ συνεπικοσμεῖν καὶ πρὸς τὸν ἔπαινον συντελεῖν καὶ αὐτήν, τὰ δὲ τῷ ὄντι ἐπαινούμενα καὶ ὑπὸ τῶν ἀκουόντων εὐφημούμενα ἐκεῖνα εἶναι. (*Zeux.* 2)

Das also ist das Einzige, was ihnen an meinen Reden gefällt: Dass sie unkonventionell sind und nicht den gewöhnlichen Pfaden der anderen folgen. Am guten Wortschatz, an der am alten Kanon orientierten Darstellungsweise, an Geistesschärfe, Klugheit, attischer Grazie, ausgewogener Komposition oder an der Kunstfertigkeit in allen Teilen – an all dem scheint mein Werk wohl keinen Anteil zu haben! Sonst hätten sie gerade diese Dinge nicht übergangen und nur das Neue und Fremdartige meiner Darstellung gerühmt. Und ich Dummkopf habe geglaubt, dass ich sie – als sie lobend aufsprangen – vielleicht auch dadurch ein wenig für mich gewonnen hätte. Der Ausspruch Homers, dass das neue Lied den Zuhörern am besten gefällt, stimmt also. Ich jedenfalls war der Meinung, dass [ihr Lob] sich nicht so sehr, geschweige denn ganz auf meine Innovation bezog, die vielmehr nach Art eines zusätzlichen Verdienstes schmückend hinzuträte und das eigentliche Lob vollende, wogegen das wahrhaft Lobenswerte und auch von meinen Zuhörern Beklatschte eben jene Dinge waren.

Diese Bemerkung übt ebensosehr Kritik an der Reaktion der Zuhörer, wie sie diese (und zugleich uns Leser) zu einer kritischen Reflexion über das Spannungsverhältnis von Erwartungshaltung, Wirkung und Wirkungsabsicht einlädt. Zwar präsentiert der Ich-Erzähler neue Inhalte, diese dienen ihm jedoch nicht als Maßstab für die Beurteilung der besonderen Qualität seiner Reden, sondern eher als ein Zusatz, dessen Wirkungsabsicht aus seiner Sicht primär im Erzeugen von Aufmerksamkeit zu liegen scheint. Viel wichtiger sind ihm die an der Traditon orientierte Komposition und Darstellungsweise sowie die sprachlich-stilistische Ausgestaltung seines *lógos* – mit einem Wort: die perfekte Handhabung seines für die Präsentation gewählten Themas bzw. Gegenstands. Hier rückt – klimaktisch ans Ende der Aufzählung der Qualitäten der Rede gesetzt – die *téchne* selbst, die allumfassende Kunstfertigkeit des Redners, in den Mittelpunkt, die der Sprecher nach eigener Aussage perfekt beherrscht (was wir aber nicht überprüfen können, da der *lógos* selbst nicht vorgetragen wird). Der *en passant* eingestreute Homerverweis auf das erste Buch der *Odyssee* ist zwar kein besonderer Bildungsausweis – Homer war Schulautor und gehörte zur Allgemeinbildung –, aber insofern verständnisleitend, als das ‚geflügelte Wort' von der menschlichen Neugier von Telemach im Zusammenhang mit dem Vortrag des Rhapsoden Phemios über die ‚traurige Heimkehr' der Griechen aus Troja gesprochen wird.

Damit wird die Faszination des Neuen einerseits als produktions- und rezeptionsästhetische Grundkonstante aufgerufen, die seit Homer die antike Literaturgeschichte prägt, andererseits jedoch implizit unterwandert: Zwar werden ‚Lukians' Zuhörer – anders als die Freier in der *Odyssee*, die dem Sänger begeistert lauschen – am Ende nicht sterben, aber ihre Fokussierung auf den Inhalt der Rede wird sie in höchst ironischer Weise (12) als so ungebildet entlarven, dass sie sich aus dem Kreis der *pepaideuménoi* – sofern sie ihm überhaupt jemals angehörten – verabschieden müssen und gewissermaßen einen ‚Bildungstod' erleiden. Der gebildete Sprecher des *Zeuxis* hatte eigentlich eine andere Klientel im Blick, eine, die Kunst(fertigkeit) als solche beurteilen kann oder zumindest in ihre Beurteilung einbezieht, doch solche Zuhörer sind nicht nur in seiner Gegenwart schwer zu finden, sondern gehörten auch in der Vergangenheit einer raren Spezies an, wie der im Zentrum der Schrift stehende Vergleich mit dem Maler Zeuxis (5./4. Jh. v.Chr.) deutlich macht. Dieser soll bei der Präsentation eines seiner Bilder eine ähnlich enttäuschende Erfahrung wie der Sprecher des *Zeuxis* gemacht haben:

> Ταῦτα δ' οὖν ἐπιδειξάμενος ὁ Ζεῦξις αὐτὸς μὲν ᾤετο ἐκπλήξειν τοὺς ὁρῶντας ἐπὶ τῇ τέχνῃ, οἱ δὲ αὐτίκα μὲν ἐβόων – ἦ τί γὰρ ἂν ἐποίουν καλλίστῳ θεάματι ἐντυγχάνοντες; ἐπῄνουν δὲ μάλιστα πάντες ἅπερ κἀμὲ πρῴην ἐκεῖνοι, τῆς ἐπινοίας τὸ ξένον καὶ τὴν γνώμην τῆς γραφῆς νέαν καὶ τοῖς ἔμπροσθεν †ἥττον ἔτι† οὖσαν. ὥστε ὁ Ζεῦξις συνεὶς ὅτι αὐτοὺς ἀσχολεῖ ἡ ὑπόθεσις καινὴ οὖσα καὶ ἀπάγει τῆς τέχνης, ὡς ἐν παρέργῳ τίθεσθαι τὴν ἀκρίβειαν τῶν πραγμάτων, Ἄγε δή, ἔφη, ὦ Μικίων, πρὸς τὸν μαθητήν, περίβαλε ἤδη τὴν εἰκόνα καὶ ἀράμενοι ἀποκομίζετε οἴκαδε. οὗτοι γὰρ ἡμῶν τὸν πηλὸν τῆς τέχνης ἐπαινοῦσι, τῶν δὲ αὖ φώτων εἰ καλῶς ἔχει καὶ κατὰ τὴν τέχνην, οὐ πολὺν ποιοῦνται λόγον, ἀλλὰ παρευδοκιμεῖ τὴν ἀκρίβειαν τῶν ἔργων <ἡ> τῆς ὑποθέσεως καινοτομία. (*Zeux.* 7)

> Als Zeuxis sein Bild präsentierte, glaubte er, dass es die Betrachter aufgrund seiner Kunstfertigkeit in Erstaunen versetzen würde. Sie aber schrien sofort auf – was sonst hätten sie angesichts eines so schönen Anblicks auch tun sollen? Alle lobten besonders, wie auch jene neulich bei mir, das Fremdartige der Erfindung und den neuartigen Einfall der bildlichen Darstellung, den zuvor noch niemand gehabt hatte. Als Zeuxis sah, dass das neue Thema sie nicht losließ und von der Würdigung seiner Kunstfertigkeit so sehr abhielt, dass sie die Sorgfalt der Ausführung für ein Beiwerk hielten, sagte er zu seinem Schüler: „Los, Mikion, verhülle das Bild! Nehmt es und bringt es nach Hause! Diese Leute loben nur den Lehm meiner Arbeit, sie haben aber kein Wort übrig für die Lichtgebung, ob sie schön und kunstgerecht ausgearbeitet ist, sondern die Neuheit des Themas übertrifft die Sorgfalt des Werkes im Ansehen."

Wie ‚Lukian', so legt auch Zeuxis größten Wert auf seine Kunstfertigkeit (τέχνη), die – nach der Wahl eines passenden Sujets – vor allem in der Sorgfalt (ἀκρίβεια) der Ausgestaltung besteht. Und wie diese bei Zeuxis mit der „Richtigkeit der Linienführung, der sorgfältigen Mischung der Farben und ihrer abgestimmten Anwendung, der geschickten Schattierung, dem richtigen Maß, den passenden Proportionen und der Harmonie des Ganzen" (οἷον τὸ ἀποτεῖναι τὰς γραμμὰς ἐς τὸ εὐθύτατον καὶ τῶν χρωμάτων ἀκριβῆ τὴν κρᾶσιν καὶ εὔκαιρον τὴν ἐπιβολὴν ποιήσασθαι καὶ σκιάσαι ἐς δέον καὶ τοῦ μεγέθους τὸν λόγον καὶ τὴν τῶν μερῶν πρὸς τὸ ὅλον ἰσότητα καὶ ἁρμονίαν, 5) gegeben ist, so beschreibt der Ich-Erzähler seine eigene rhetorische Kunst und so reflektiert Lukian metapoetisch seinen literarischen Anspruch und die besondere sprachlich-stilistische Ausgestaltung seiner Werke. Der Vergleich mit der Malerei soll zeigen, dass es herausragende Kunst immer schon gab, herausragende Rezipienten aber selten sind. Es war, ist und bleibt eine Elite, die das Potential der Künste – sei es die Malerei, sei es die Redekunst – wirklich zu schätzen weiß.

Wie genau die gelobte Kunst aussieht, zeigt die folgende Ekphrasis des Bildes des *Zeuxis*, mit der sich ein besonderer Kunstgriff verbindet: Indem der Sprecher das Bild beschreibt, lässt er es nicht nur vor den Augen seiner Rezipienten entstehen, damit sie Zeuxis' Kunst ‚betrachten' und dessen Kunstanspruch würdigen können, sondern er gibt zugleich ein Beispiel für seine eigenen sprachlichen Fähigkeiten, für seine rhetorisch-literarische Kunstfertigkeit. Bedenkt man weiter, dass das Bild, auf dem in friedvoller Szenerie eine Kentaurenfamilie mit zwei Neugeborenen dargestellt ist, womöglich gar nicht von dem Maler Zeuxis stammt, sondern eine Erfindung ‚Lukians' ist, so wird deutlich, dass die Ekphrasis nicht in den Dienst der (unabhängig von ihr existierenden) Malerei gestellt ist, sondern die Kunstfertigkeit und die Schönheit des *Zeuxis* selbst spiegelt (vgl. Kap. 3.2.2). Die Aussagen über Zeuxis' Kunst werden damit zu Aussagen über das eigene poetische Schaffen, das Lob des Künstlers zur metapoetischen Lektüreanleitung:

> ἐγὼ δὲ τοῦ Ζεύξιδος ἐκεῖνο μάλιστα ἐπήνεσα, ὅτι ἐν μιᾷ καὶ τῇ αὐτῇ ὑποθέσει ποικίλως τὸ περιττὸν ἐπεδείξατο τῆς τέχνης, τὸν μὲν ἄνδρα ποιήσας πάντῃ φοβερὸν καὶ κομιδῇ ἄγριον ... (6) <τὴν> θήλειαν δὲ ἵππου τε τῆς καλλίστης, οἷαι μάλιστα αἱ Θετταλαί εἰσιν, ἀδμῆτες ἔτι καὶ ἄβατοι, τὸ δὲ ἄνω ἡμίτομον γυναικὸς πάγκαλον ἔξω τῶν ὤτων· (*Zeux.* 5 u. 6)
>
> Ich bewundere Zeuxis besonders dafür, dass er bei ein und demselben Thema die höchste Kunstfertigkeit auf ganz verschiedene Art an den Tag legt, indem er auf der einen Seite den männlichen Kentaur gänzlich als furchtbar und wild darstellt, ... (6) auf der anderen Seite aber die Kentaurin als schönste Stute nach Art der thessalischen zeigt, die – noch ungezähmt und unberitten – in der oberen Hälfte eine wunderschöne Frau ist – abgesehen von ihren Ohren.

Der Ich-Erzähler ahmt diese Kunst in seiner Ekphrasis nicht nur nach und lässt sie durch diese überhaupt erst entstehen, sondern die Ekphrasis wird zu einer *mise en abyme* des *Zeuxis* selbst: Wie der Maler durch „die Mischung und Zusammenführung von Körpern" (ἡ μῖξις δὲ καὶ ἡ ἁρμογὴ τῶν σωμάτων, 6) hybride Kreaturen aus Tier und Mensch erschafft, so kreiert Lukian im *Zeuxis* durch Mischung und Zusammenführung verschiedener literarischer Formen und Erzählweisen einen hybriden Text, einen literarischen Kentauren: Die Gegensätzlichkeit von friedvoller, ruhiger Schönheit der Kentaurin und der kriegerischen Stärke und drohenden Wildheit des Kentauren hat ihre Entsprechung in den beiden Erzählungen des *Zeuxis*, der Ekphrasis des friedvollen Familienidylls und der daran anschließenden kriegerischen Anekdote von der Elefantenschlacht des Seleukiden Antiochos Soter. Dabei ergänzen sich mythische und menschliche Welten in der Argumentation des Ich-Erzählers ebenso harmonisch zu einem (Text-)Gebilde, wie menschliche und tierische Bestandteile den kunstvollen Körper eines Kentauren bilden. Und ebenso wie die Mischung in der Kunst nicht additiv erfolgen darf, sondern eine Verschmelzung angestrebt wird, die aus dem Verschiedenen eine Einheit macht, so darf es in einem literarischen Kentauren keine sprachlich-stilistischen, inhaltlichen oder formalen Brüche geben, die Übergänge zwischen den vermischten Gattungen erkennen lassen, sondern die Kunst der Hybridisierung besteht in der Verschmelzung (κρᾶσις, μεῖξις), die aus dem generisch traditionell Geschiedenen ein neues Mischwesen erschafft:

> καὶ ἡ μῖξις δὲ καὶ ἡ ἁρμογὴ τῶν σωμάτων, καθ' ὃ συνάπτεται καὶ συνδεῖται τῷ γυναικείῳ τὸ ἱππικόν, ἠρέμα καὶ οὐκ ἀθρόως μεταβαίνουσα καὶ ἐκ προσαγωγῆς τρεπομένη λανθάνει τὴν ὄψιν ἐκ θατέρου εἰς τὸ ἕτερον ὑπαγομένη. (*Zeux.* 6)

> Die Mischung und Zusammenfügung der Körper ist entlang der Stelle, wo das Pferd mit der Frau verbunden und zusammengesetzt ist, sanft gestaltet; sie vollzieht sich beim Wandel der Formen nicht abrupt und entgeht dem Blick im Übergang von einem zum anderen Teil.

Solche Übergänge müssen möglichst unsichtbar gemacht werden, um die besondere Kunstfertigkeit des Künstlers auszustellen. Um sie jedoch angemessen würdigen zu können, müssen die Rezipienten sie genau in den Blick nehmen. Erst über diese reziproken Betrachtungsweisen kann Kunst als solche verhandelt werden, können sich Künstler und Betrachter, Redner und Zuhörer, Schriftsteller und Leser – sofern sie zu den *pepaideuménoi* gehören – verständigen. Dabei gilt für hybride Kunstwerke und ihre Ästhetik, dass die ganzheitliche Erfahrung des Hybriden der (kritischen) Prüfung seiner Erzeugung und der Betrachtung seiner Bestandteile vorausgehen muss.

Dadurch, dass sich hybride Texte nicht in bestehende Gattungen einschreiben, indem sie diese durch Hinzufügung, Wegnahme oder Variation bestimmter generischer Elemente kreativ weiterführen bzw. zu verändern suchen, sondern unterschiedliche Gattungen kombinieren, entziehen sie sich einer Klassifikation nach traditionellen Mustern, stellen sich außerhalb des literarischen Kanons und erwarten von ihren Rezipienten neuartige ästhetische Zugriffe. Genau diese fordert der *Zeuxis* programmatisch ein: Um die Rede(n) des Sprechers und Lukians Werke angemessen würdigen zu können, braucht man Rezipienten, die nicht nur das Neue schätzen, sondern die vor allem die Kunst der Gestaltung selbst würdigen können, man braucht – wie es am Ende der Schrift heißt – ‚in der Malerei und der Dichtkunst Gebildete, die alles mit Kunstverstand betrachten' (γραφικοὶ γὰρ ὑμεῖς καὶ μετὰ τέχνης ἕκαστα ὁρᾶτε, *Zeux.* 12). Diese Aussage lässt sich insofern auf alle literarischen Kentauren Lukians erweitern, als erst durch Bildung (*paideía*) das Wissen von den literarischen Traditionen erlangt wird, aus denen nicht nur ein Produzent Neues durch Mischung entstehen lässt, sondern durch deren Kenntnis ein Rezipient erst in der Lage ist, das Neue als solches zu erkennen.

Im Lukianischen Œuvre begegnen wir der Figur des Kentauren oder Hippokentauren, wie er zuweilen pleonastisch genannt wird, immer wieder, und das in ganz verschiedenen Kontexten und Ausgestaltungen (*Ver. Hist.* 1.16, 1.18, 1.42; *Symp.* 45 etc.). Verkörpert das Mischwesen generell das Konzept der Hybridität und die *poíesis* hybrider Texte, so verdient ein einzelner literarischer Kentaur, dessen Erfindung gleich mehrfach thematisiert wird, besondere Beachtung: der Komödische Dialog.

4.1 Der Komödische Dialog

> ἐμοὶ δὲ οὐ πάνυ ἱκανόν, εἰ καινοποιεῖν δοκοίην, μηδὲ ἔχοι τις λέγειν ἀρχαιότερόν τι τοῦ πλάσματος οὗ τοῦτο ἀπόγονόν ἐστιν. ἀλλὰ εἰ μὴ καὶ χαρίεντα φαίνοιτο, αἰσχυνοίμην ἄν, εὖ ἴσθι, ἐπ' αὐτῷ καὶ ξυμπατήσας ἂν ἀφανίσαιμι. (*Prom. Es* 3)

> Mir reicht es aber nicht, wenn ich für jemanden gehalten würde, der etwas Neues erschafft und niemand ein älteres Werk benennen könnte, von dem meine Erfindung sich herleitet. Nein, wenn sie nicht auch anmutig wirkte, dann, das darfst du mir glauben, würde ich mich für sie schämen und sie mit einem Fußtritt aus der Welt schaffen.

Mit diesen Worten macht sich der anonyme Sprecher des *Prometheus es in verbis* die Innovationskraft des Menschenschaffers Prometheus zu Eigen und stilisiert sich als *primus inventor* (πρῶτος εὑρετής) einer literarischen Neuschöpfung, für deren Beurteilung wie im *Zeuxis* nicht die Neuheit (von Sujet und/oder Form) das wichtigste Kriterium ist, sondern ihre ästhetische Qualität als Hybride:

> Οὐ πάνυ γοῦν συνήθη καὶ φίλα ἐξ ἀρχῆς ἦν ὁ διάλογος καὶ ἡ κωμῳδία, εἴ γε ὁ μὲν οἴκοι καὶ καθ' ἑαυτὸν ἰδίᾳ <ἢ> ἐν τοῖς περιπάτοις μετ' ὀλίγων τὰς διατριβὰς ἐποιεῖτο, ἡ δὲ παραδοῦσα τῷ Διονύσῳ ἑαυτὴν θεάτρῳ ὡμίλει καὶ ξυνέπαιζεν καὶ ἐγελωτοποίει καὶ ἐπέσκωπτε καὶ ἐν ῥυθμῷ ἔβαινε πρὸς αὐλὸν ἐνίοτε καὶ τὸ ὅλον ἀναπαίστοις μέτροις ἐποχουμένη, ... (*Prom. Es* 6)

> Dialog und Komödie waren jedenfalls anfangs nicht gerade miteinander vertraut und befreundet, wenn man bedenkt, dass der eine in seinen vier Wänden für sich blieb und sich privat oder gemeinsam mit einigen wenigen Freunden in öffentlichen Anlagen erging und Gespräche führte, die andere sich hingegen dem Dionysos überließ, sich ständig im Theater herumtrieb, Späße machte, den Hanswurst spielte, die Leute mit ihrem Spott piesackte, ab und zu im Takt der Flöte einhermarschierte und meistens auch noch in anapästischen Versen einherkam, ...

Die Gegenüberstellung der beiden Gattungen und die Betonung ihrer formalen, inhaltlichen und wirkungsästhetischen Charakteristika dient der Hervorhebung der poietischen Leistung des Sprechers, aus Gegensätzen ein ästhetisch ansprechendes Gebilde, eine neue literarische Form, geschaffen zu haben. Wollte man dieser Gattungshybride einen Namen geben – Lukian selbst hat es nicht getan –, so wäre sie als Komödischer Dialog anzusprechen. Diese Bezeichnung entspricht ihrem Wesen deutlich besser als der in der Forschung öfters verwendete Begriff ‚Komischer Dialog', der die Gefahr birgt, den Bestandteil der Komödie in der Lukianischen Neuschöpfung auf die komische Wirkungsabsicht, das Lachen, zu reduzieren.

Was ist nun aber das Besondere dieses Komödischen Dialogs, was macht ihn so wirkmächtig, dass ‚Lukian' sich in gleich drei Werken, im *Prometheus es in verbis*, im *Bis Accusatus* und im *Piscator* für seine Erfindung verteidigen muss? Auf den ersten Blick könnte man meinen, dass mit dieser Hybride die Formgebung eines Großteils der Lukianischen Schriften reflektiert wird, da diese zu mehr als drei Vierteln entweder durchgängig oder zumindest teilweise als (dramatische oder narrative) Dialoge konzipiert sind. Damit ist der Dialog das wichtigste Darstellungsmedium und die Dialogisierung das zentrale Darstellungsverfahren im Lukianischen Œuvre (vgl. Kap. 3.1 und Kap. 3.2), womit in geradezu idealtypischer Weise das inhaltliche Bildungsprogramm Lukians formal umgesetzt wird: Der Dialog bringt verschiedene Bildungsvertreter miteinander ins Gespräch, setzt die Aushandlungsprozesse von *paideía* (vgl. Kap. 2) überhaupt erst in Gang und avanciert zu einem zentralen Bildungsträger der Zweiten Sophistik, der sich besonders gut für die Inszenierung von Dialogizität im Sinne der Polyphonie heterogener ‚Stimmen' eignet, die sich mischen, überlagern oder im Agon miteinander befinden.

Der Lukianische Dialog ist nicht nur ein Medium sozialer Energie und des (dramatischen) Austausches auf der Ebene des fiktiven Gesprächs, sondern er wird in einigen seiner Schriften auch selbst zum Gegenstand des zwischen Text und textexternen Rezipienten geführten Bildungsdiskurses. So rücken besonders die beiden Dialogcorpora der *Dialogi Deorum* und *Dialogi Marini* aufgrund ihres jedem Gebildeten vertrauten Figureninventars und der bekannten Themen ihrer Gespräche den Dialog als Kommunikationsmedium in den Mittelpunkt des Interesses: Indem wir den Meergöttinnen Doris und Galatea zuhören, wie sie über den Kyklopen sprechen (*DMar.* 1), oder Zeus' Unterredung mit dem Titanen Prometheus belauschen (*DDeor.* 5), werden wir zu Zeugen eines kreativen Umgangs mit mythischen Traditionen, die durch den Dialog auf neuartige Weise perspektiviert werden. Dabei werden Gesprächspartner zusammengeführt, die in der literarischen Tradition zuvor – soweit wir es aus der Überlieferung ersehen können – noch nie miteinander geredet haben, und das bekannte (mythische) Geschehen wird auf ungewöhnliche Weise wieder ‚ins Gespräch gebracht'.

Die beiden Dialogcorpora weisen hinsichtlich ihrer jeweiligen thematischen und figürlichen Ausgangslage und dem damit verbundenen Veränderungspotential auf der Ebene des Mythos allerdings nur eine geringe Propositionalität auf. Fragt man nämlich, was bei diesen Gesprächen herauskommen kann, wie ‚fruchtbar' der Dialog ist und wie die Gespräche verlaufen, so wird das in der mythischen Tradition Vorgegebene und Erwartbare am Ende auch erreicht, und die Figuren verhalten sich so, wie man es von ihnen kennt: Der von Galatea gelobte Kyklop bleibt gleich im folgenden *Meergöttergespräch* (*DMar.* 2) seinen traditionellen homerischen Verhaltensmustern treu, und Zeus' Unterredung mit Prometheus ermöglicht eben die aus der mythischen Tradition erwartete Freilassung des Titanen (*DDeor.* 5). Betrachtet man dagegen die Diskursivierung des Mythos selbst, das Verhandeln von literarischen Traditionen und den damit verbundenen Bildungsinhalten, so liegt eine deutlich höhere Propositionalität vor: Das Gespräch, das auf der fiktionalen Ebene von ungebildeten Figuren über bekannte (mythische) Ereignisse geführt wird, eröffnet im Dialog von Text und gebildeten Rezipienten neue Möglichkeiten, über Tradiertes zu reden und dabei gewohnte Sichtweisen zu hinterfragen oder alternative Handlungsoptionen durchzuspielen: Darf man einen Frevler wie Prometheus wirklich wie Zeus aus Eigennutz begnadigen? Tut man einem Kyklopen nicht eigentlich Unrecht, wenn man nur sein Äußeres betrachtet und dabei ästhetische Maßstäbe anlegt, die mehr über uns als über ihn aussagen? Zudem wirft die durchgängig eingehaltene göttliche Perspektivierung ‚mythischer' Stoffe in beiden Dialogcorpora Fragen nach einem angemessenen Mythosverständnis auf, da die Welt des Mythos in ihrer Alltäglichkeit gezeigt und dadurch gewissermaßen entmythologisiert wird: Die Probleme der Götter, ihre Eitelkeiten, Irrungen und Wirrungen werden in Form des Dialogs unmittelbarer zugänglich und als solche in einer dem menschlichen Leben vergleichbaren Weise direkt thematisiert. Durch diese ‚Arbeit am Mythos' werden die vermeintlich entrückten mythischen Geschehnisse verzeitlicht, ihre Aktualität und Relevanz für die Rezipienten wird betont.

Die meisten Lukianischen Dialoge weisen dagegen sowohl auf der fiktiven Gesprächs- und Handlungsebene als auch auf der Diskursebene eine hohe Propositionalität auf, was zum Teil an uns unbekannten oder gegensätzlich aufgebauten Figurenkonstellationen liegt (z.B. *Hermotimus*), zum Teil an ungewöhnlichen Begegnungen wie im *Gallus* oder an konfliktreich bzw. prozessual gestalteten Handlungssituationen wie im *Bis Accusatus* oder im *Piscator*: Neben die Propositionalität auf der Figurenebene – Hermotimos wendet sich am Ende des Dialogs von der Philosophie ab, Mikyll wird vom Hahn überzeugt, dass sein Traum vom Glück des Reichtums ein Trugbild war, und die anfangs gegen Parrhesiades aufgebrachten ‚klassischen' Häupter der Philosophenschulen richten im Verlauf des *Piscator* ihren Zorn auf zeitgenössische Afterphilosophen – treten aus rezeptionsästhetischer Sicht ungewöhnliche Formen der Diskussion und Reflexion von Bildungsinhalten und (ethischen) Verhaltensmustern.

Eine auf beiden Ebenen hohe Propositionalität weisen auch die Komödischen Dialoge auf, denen als hybride Gebilde ohnehin ein hohes Veränderungspotential eingeschrieben ist. Worin aber unterscheiden sich diese Dialoge von anderen Lukianischen Dialogen, und welche Formelemente zeichnen sie aus?

Kommen wir nochmals auf die eingangs zitierte Stelle zurück: Der Sprecher im *Prometheus es in verbis* nimmt bei seiner Definition des Komödischen Dialogs Bezug auf die Genese und Ausgestaltung der Gattung Dialog, die auf Platon zurückgeht. Dieser nutzt den Dialog zur Erörterung philosophischer Fragestellungen in kleinem Kreis und stellt ihn in den Dienst der Maieutik, der durch Frage und Antwort ermöglichten Wahrheitsfindung im (Sokratischen) Gespräch. Eben diese philosophische Ernsthaftigkeit und Erkenntnissuche wird auch im *Piscator* mit dem Dialog verbunden, der von Diogenes, dem Sprachrohr der Philosophen, die Parrhesiades anklagen, als „Diener" (οἰκέτης, 26) bezeichnet wird. Mit einem ganz ähnlichen Anspruch tritt der personifizierte Dialog im *Bis Accusatus* auf. Hier wird der namenlose Syrer (als auktorial konnotierte Sprecherfigur) von der personifizierten Rhetorik und Dialogos ,doppelt' angeklagt, sich ,falsch', d.h. gegen die Konventionen der literarischen Tradition verhalten zu haben. Dialogos bringt Folgendes vor:

> Ἃ δὲ ἠδίκημαι καὶ περιύβρισμαι πρὸς τούτου, ταῦτά ἐστιν, ὅτι με σεμνὸν τέως ὄντα καὶ θεῶν τε πέρι καὶ φύσεως καὶ τῆς τῶν ὅλων περιόδου σκοπούμενον, ὑψηλὸν ἄνω που τῶν νεφῶν ἀεροβατοῦντα, ἔνθα ὁ μέγας ἐν οὐρανῷ Ζεὺς πτηνὸν ἅρμα ἐλαύνων φέρεται [vgl. Platon, *Phaidr.* 246e4-5], κατασπάσας αὐτὸς ἤδη κατὰ τὴν ἀψῖδα πετάμενον καὶ ἀναβαίνοντα ὑπὲρ τὰ νῶτα τοῦ οὐρανοῦ καὶ τὰ πτερὰ συντρίψας ἰσοδίαιτον τοῖς πολλοῖς ἐποίησεν, καὶ τὸ μὲν τραγικὸν ἐκεῖνο καὶ σωφρονικὸν προσωπεῖον ἀφεῖλέ μου, κωμικὸν δὲ καὶ σατυρικὸν ἄλλο ἐπέθηκέ μοι καὶ μικροῦ δεῖν γελοῖον. εἶτά μοι εἰς τὸ αὐτὸ φέρων συγκαθεῖρξεν τὸ σκῶμμα καὶ τὸν ἴαμβον καὶ κυνισμὸν καὶ τὸν Εὔπολιν καὶ τὸν Ἀριστοφάνη, δεινοὺς ἄνδρας ἐπικερτομῆσαι τὰ σεμνὰ καὶ χλευάσαι τὰ ὀρθῶς ἔχοντα. τελευταῖον δὲ καὶ Μένιππόν τινα τῶν παλαιῶν κυνῶν μάλα ὑλακτικὸν ὡς δοκεῖ καὶ κάρχαρον ἀνορύξας, καὶ τοῦτον ἐπεισήγαγέν μοι φοβερόν τινα ὡς ἀληθῶς κύνα καὶ τὸ δῆγμα λαθραῖον, ὅσῳ καὶ γελῶν ἅμα ἔδακνεν. (*Bis Acc.* 33)

> Was ich von dieser Person an Unrecht erlitten habe und wie er gegen mich gefrevelt hat, ist das Folgende: Er hat mich, der ich bis dahin ernsthaft war, über die Götter, die Natur und das Universum Nachforschungen anstellte und bereits hoch oben über den Wolken daherschritt, dort, wo sich der große Zeus im Himmel auf seinem geflügelten Wagen fortbewegt, in eben dem Moment, als ich über das Himmelsgewölbe flog und noch über das Gewölk hinaufstieg, hinabgezogen, mir die Flügel zerbrochen und mich dem einfachen Volk gleichgemacht; er nahm mir meine tragische und besonnene Maske ab und setzte mir eine andere, eine komische, satyrhafte und beinahe lächerliche auf. Dann sperrte er mich mit dem Spott, dem Jambus, dem Kynismus und mit Eupolis und Aristophanes zusammen – Menschen, die ganz groß darin sind, das Ehrwürdige zu verhöhnen und das, was richtig ist, zu verspotten. Schließlich grub er auch noch den Menipp aus, einen dieser alten Hunde, der viel bellt, wie es scheint, und scharfe Zähne hat. Er führte ihn mir zu – wahrlich ein fürchterlicher Hund und einer, der ganz plötzlich und schlimmer noch: lachend beißt!

Dialogos schwelgt wehmütig in Erinnerungen an seine frühere philosophische Heimat, die er mit einer deutlichen Anspielung auf Platons *Phaidros* (246e4-5) literarisch verortet. Und der Platon-Bezug geht noch weiter: Indem Lukian den Dialog personifiziert sprechen lässt, greift er einen Gedanken des Sokrates zur

Schriftkritik auf und verkehrt ihn ins Gegenteil. Hatte Sokrates noch festgestellt, dass Geschriebenes sich „selbst weder schützen noch wehren kann" (αὐτὸς γὰρ οὔτ' ἀμύνασθαι οὔτε βοηθῆσαι δυνατὸς αὐτῷ, *Phaidr.* 245e5-6), wenn jemand es beleidigt oder falsch versteht, so kann sich im *Bis Accusatus* sogar eine ganze literarische Gattung (unter Zuhilfenahme Platonischer Worte) gegen vermeintlichen Missbrauch zur Wehr setzen. Zwar verliert Dialogos am Ende den Prozess, aber er darf sich – zumindest in den Augen der textexternen Rezipienten – dennoch als Gewinner fühlen, weil der Syrer plausible Gründe für seine neue Attraktivität als Komödischer Dialog vorgebracht hat: Er hat nicht nur ein neues Gewand bekommen, was seine Außenwirkung deutlich verbessert (34), sondern auch neue Themen und einen neuen Wirkungsort, wodurch seine Bekanntheit und Akzeptanz in der Bevölkerung erhöht werden soll. Was aus rezeptionsästhetischer Perspektive wie eine Werbung für die neue Form klingt, formuliert der (bereits deformierte) Dialogos am Ende seiner Anklage in folgender (Selbst-)Definition des Komödischen Dialogs:

> Πῶς οὖν οὐ δεινὰ ὕβρισμαι μηκέτ' ἐπὶ τοῦ οἰκείου διακείμενος, ἀλλὰ κωμῳδῶν καὶ γελωτοποιῶν καὶ ὑποθέσεις ἀλλοκότους ὑποκρινόμενος αὐτῷ; τὸ γὰρ πάντων ἀτοπώτατον, κρᾶσίν τινα παράδοξον κέκραμαι καὶ οὔτε πεζός εἰμι οὔτε ἐπὶ τῶν μέτρων βέβηκα, ἀλλὰ ἱπποκενταύρου δίκην σύνθετόν τι καὶ ξένον φάσμα τοῖς ἀκούουσι δοκῶ. (*Bis Acc.* 33)

> Wurde ich also nicht höchst frevelhaft behandelt, indem ich – aus meinem vertrauten Zustand herausgerissen – nun Komödie spiele, Possen reiße und für diese Person lauter ungewöhnliche Rollen spielen muss? Das Ungehörigste von allem aber ist, dass ich zu einem unglaublichen Mischmasch verunstaltet wurde und weder zu Fuß gehe noch auf Versen schreite, sondern meinen Zuhörern als ein Mischwesen nach Art eines Hippokentauren und als fremdartiges Gebilde erscheine.

Der Komödische Dialog ist handlungsorientiert, hat eine komische Wirkungsabsicht, tritt formal als Mischung von Prosa und Vers in Erscheinung und hat seinen (ersten) ‚Sitz im Leben' im Vortrag vor Zuhörern (τοῖς ἀκούουσι). Da der Dialogos selbst keine Beispiele für einen Komödischen Dialog gibt und nur allgemein auf den ihm vom Syrer zugefügten Frevel, also auf vorgängige Komödische Dialoge, verweist, eröffnet sich – wie im *Zeuxis* – eine Leerstelle, die zu füllen den textexternen Rezipienten aufgetragen ist. Sofern man den Syrer als eine auktorial konnotierte Figur liest (vgl. Kap. 1), wären diese Komödischen Dialoge im Lukianischen Œuvre zu finden.

Allerdings muss angesichts der unklaren Werkchronologie und -disposition (vgl. Kap. 5) offen bleiben, um welche Dialoge es sich konkret handeln könnte. Zudem wird die Identität des Syrers auch in anderen Lukianischen Werken nicht eindeutig geklärt: Mit Ausnahme des *Piscator* tritt sonst nie ein Syrer als Dialogpartner auf, und die in *Adversus Indoctum*, *De Syria Dea* und *Quomodo Historia Conscribenda sit* als ‚Syrer' zu identifizierenden anonymen Sprecher und Erzähler gestalten keine (durchgängig) dialogisch gestalteten Werke, die als Komödische Dialoge angesprochen werden könnten. Damit spielt die im *Bis Accusatus* als Erfinder des Komödischen Dialogs bezeichnete Figur als *auctor* keine Rolle. Vielmehr ist der Syrer ein *actor* in einem Dialog, nämlich dem *Bis Accusatus*, der, gerade weil er so eindringlich über den Komödischen Dialog reflektiert, selbst eine kreative Umsetzung dieser dialogischen Form sein könnte. Einen ersten Hinweis für eine solche Deutung gibt Dialogos selbst, der in seine Anklage nicht nur Anspielungen auf den Platonischen Dialog einbaut, sondern unmittelbar zuvor mit der Verwendung von ἀεροβατεῖν („die Luft durchschreiten", 33) auch eine deutliche Anleihe bei dem Komödiendichter Aristophanes macht: Das Verb ist zuerst in dessen *Wolken* belegt, wo es einmal von Sokrates selbst (Vers 225) verwendet und einmal in parodistischer Wiederholung (Vers 1503) über seine ‚Himmelsstürme' ausgesagt wird. Die zweite Verwendung von ἀεροβατεῖν vor Lukian findet sich in Platons *Apologie* (19c2-5), wo Sokrates auf Aristophanes' *Wolken* zurückverweist. Damit bedient sich Dialogos – für einen *pepaideuménos* ersichtlich – der Komödiensprache und redet bereits so, wie man es von einem Komödischen Dialog erwartet. So gesehen könnte der Bandwurmsatz gleich zu Beginn seiner Anklage (*Bis Acc.* 33) als prosaisches *Pnígos* („Ersticker") verstanden werden, mit dem Dialogos ohne Luftholen seine Vorwürfe unfreiwillig in die Vortragsweise eines Komödienagons kleidet.

Auch die von Dialogos erwähnten Formelemente des Komödischen Dialogs lassen sich im *Bis Accusatus* finden: Seine Handlungsorientierung zeigt sich anhand der Inszenierung von Dialogos' Rede vor einem Gerichtshof, und die Mischung von Prosa und Vers wird zumindest angedeutet über das Zitat von Versen aus Homer (2) und Euripides (21). Hinzu kommt, dass der Ortswechsel vom Himmelsflug bis zur Herabholung auf die Erde, den der Dialogos zum Inhalt seiner Rede macht, genau die Struktur des *Bis Accusatus* spiegelt, der mit einer Konversation zwischen Zeus und Hermes in himmlischen Gefilden beginnt und auf dem Areopag in Athen endet. Diese Parallele zwischen Dialogos' Rede und dem Dialog, in dem er als Figur auftritt, ist ein klares Indiz dafür, dass Dialogos' Aussagen selbstbezüglich die *poíesis* des *Bis Accusatus* beschreiben, der sich dadurch als Komödischer Dialog zu erkennen gibt. In dieser Form kann er genau die Ästhetik für sich in Anspruch nehmen, die ihm im *Prometheus es in verbis* zugeschrieben wird:

> ἐπειδὴ οὐδὲ τὸ ἐκ δυοῖν τοῖν καλλίστοιν συγκεῖσθαι, διαλόγου καὶ κωμῳδίας, οὐδὲ τοῦτο ἀπόχρη εἰς εὐμορφίαν, εἰ μὴ καὶ ἡ μῖξις ἐναρμόνιος καὶ κατὰ τὸ σύμμετρον γίγνοιτο. ἔστι γοῦν ἐκ δύο καλῶν ἀλλόκοτον τὴν ξυνθήκην εἶναι, οἷον ἐκεῖνο τὸ προχειρότατον, ὁ ἱπποκένταυρος· οὐ γὰρ ἂν φαίης ἐπέραστόν τι ζῷον τουτὶ γενέσθαι, ἀλλὰ καὶ ὑβριστότατον, εἰ χρὴ πιστεύειν τοῖς ζωγράφοις ἐπιδεικνυμένοις τὰς παροινίας καὶ σφαγὰς αὐτῶν. τί οὖν; οὐχὶ καὶ ἔμπαλιν γένοιτ' ἂν εὔμορφόν τι ἐκ δυοῖν τοῖν ἀρίστοιν ξυντεθέν, ὥσπερ ἐξ οἴνου καὶ μέλιτος τὸ ξυναμφότερον ἥδιστον; φημὶ ἔγωγε. οὐ μὴν περί γε τῶν ἐμῶν ἔχω διατείνεσθαι ὡς τοιούτων ὄντων, ἀλλὰ δέδια μὴ τὸ ἑκατέρου κάλλος ἡ μῖξις συνέφθειρεν. (*Prom. Es* 5)

> Denn es genügt nicht, dass es [sc. mein Werk] sich aus zwei exquisiten Bestandteilen zusammensetzt, dem philosophischen Dialog und der Komödie – nein, auch das genügt nicht, um von Wohlgestalt sprechen zu können, wenn nicht zugleich auch ihre Verbindung den Forderungen nach Harmonie und Symmetrie entspricht. Es kann vorkommen, dass die Zusammenstellung von zwei schönen Bestandteilen scheußlich ist. Nehmen wir etwa das naheliegende Beispiel des Kentauren: Den würdest du ja wohl kaum als reizvolles Wesen bezeichnen – vielmehr verletzt er jedes Maß, wenn man den Malern Glauben schenken darf, die die alkoholischen Exzesse und die blutigen Auseinandersetzungen dieser Wesen darstellen. Aber was denn! Könnte nicht auch andersherum, wenn man zwei erstklassige Bestandteile miteinander kombiniert, ein geschmackvolles Ergebnis dabei herauskommen, so wie die köstliche Mischung von Wein und Honig? Das will ich doch meinen! Allerdings zögere ich, Entsprechendes von meinem Werk zu behaupten. Vielmehr befürchte ich, dass die jeweilige Schönheit der beiden Bestandteile durch ihre Mischung verdorben worden ist.

Hier wird Hybridität zunächst in ihrer Ambivalenz verhandelt: Die ursprüngliche Schönheit der vermischten Bestandteile kann durch die Mischung durchaus verloren gehen. Als Beispiel fungiert – wie im *Zeuxis* und wieder mit Verweis auf die Malerei – die Figur des Kentauren, wobei der anonyme Sprecher allein die Wildheit und Maßlosigkeit (ὑβριστότατον, 5) dieser aus Mensch und Pferd zusammengesetzten Kreatur betont. Der Kentaur erscheint so als Symbol für eine missglückte Mischung, was dem oben entworfenen positiv metaphorischen Gebrauch für Lukians eigene literarische Kreationen auf den ersten Blick zu widersprechen scheint. Allerdings wird die Aussage vom Sprecher mit einer Einschränkung versehen: Nur wenn man sich an Malern orientiert, die mit ihren Bildern die mythische ‚Realität' darstellen, wo der Kentaur gewalttätig und exzessiv ist, erscheint der Kentaur als negatives Wesen. Wie im *Zeuxis* gesehen, kann die Malerei aber auch friedvolle Kentauren darstellen (und darin lag ja gerade das Neue des Sujets), so dass der Kentaur als solcher nicht abgewertet wird, sondern als gelungene Hybride in der Kunst und – über die Ekphrasis vermittelt und metaphorisch verwendet – in der Literatur beheimatet ist. Im *Prometheus es in verbis* wird ein Perspektivwechsel gefordert, man muss mehr kennen als nur die gewöhnliche, traditionelle Malerei, um hinter der vermeintlich hässlichen Form das Schöne zu erkennen. Und dies liegt wie im *Zeuxis* in der besonderen Kunst der Vermischung, in der Harmonie und Symmetrie der Verbindung (εἰ μὴ καὶ ἡ μίξις ἐναρμόνιος καὶ κατὰ τὸ σύμμετρον γίγνοιτο, 5). Die Mischverhältnisse selbst – und das ist für den Komödischen Dialog charakteristisch – werden nicht genau definiert, sondern sie können wechseln, solange aus zwei erstklassigen Bestandteilen ein geschmackvolles Ergebnis im Sinne einer ‚schönen Form' (εὔμορφόν τι ἐκ δυοῖν τοῖν ἀρίστοιν ξυντεθέν, *Prom. Es* 5) wird.

Dem hohen ästhetischen Anspruch gerecht zu werden ist nicht nur schwierig, wie die *captatio benevolentiae* am Ende der zitierten Passage im *Prometheus es in verbis* verdeutlicht, sondern ‚Lukian' benutzt verschiedene Metaphern für die Gestalt(ung) der hybriden Form, die unterschiedliche produktions- und rezeptionsästhetische Modi im Umgang mit dem Komödischen Dialog und seinen Ingredienzien erkennen lassen: Im *Bis Accusatus* wird unter Verwendung von Theatervokabular das Bild des Rollenspiels verwendet. Der Dialog wird gezwungen, seine tragisch-ernste Maske in eine komisch-heitere einzutauschen, er fungiert – ähnlich wie Menipp im *Piscator* 26 (vgl. Kap. 4.3) – als Schauspieler (ὑποκριτής). Dialogos' ‚Tragik' in seiner Anklage gegen Parrhesiades besteht darin, dass er nicht versteht, dass die „tragisch-besonnene Maske", die er bislang getragen hat (τὸ μὲν τραγικὸν ἐκεῖνο καὶ σωφρονικὸν προσωπεῖον, *Bis Acc.* 33), lediglich eine ihm von Platon und den Tragikern zugewiesene Rolle war, in der er sich zwar lange bewähren konnte, die ihm jedoch keine feste Identität verliehen hat. Über die Metaphorik der Maske (vgl. Kap. 1) erscheint die Verbindung von philosophischem Dialog und Komödie als eine offene, im Wandel des Rollenspiels jederzeit verschiebbare Junktur, die mit Brüchen ebenso operiert wie mit der Möglichkeit zur unterschiedlichen Intensivierung bestimmter Rollen und Gestaltungsweisen. Von den drei Metaphern der hybriden Form verweist die (abnehmbare und austauschbare) Maske auf die loseste Verknüpfung von philosophischem Dialog und Komödie.

Eine deutlich engere und zudem festere Verbindung gehen die Bestandteile des Komödischen Dialogs im Bild des Kentauren ein. Dieser erscheint als eine Kombination (Pferde mit menschlichen Oberkörpern), bei der Eigenheiten und Gegensätzlichkeiten erkennbar bleiben, auch wenn ihre ‚Trennlinie' im Sinne der Ästhetik des Hybriden (s.o. zum *Zeuxis*) verwischt ist. Ein Kentaur kann nur als hybrides Wesen existieren, d.h. er braucht beide Bestandteile, die gleichwertig sein Wesen bestimmen und aus rezeptionsästhetischer Perspektive bestimmbar sind. Genau darin liegt der zentrale Unterschied zur Mischung (μεῖξις), der intensivsten Verbindungsstufe, bei der – wie bei der Vermischung von Wein und Honig (*Prom. Es.* 5) – die einzelnen Bestandteile hinter dem Ergebnis zurücktreten und gerade nicht mehr voneinander unterscheidbar, geschweige denn trennbar sind. Das Ergebnis einer solchen Mischung ist ein gänzlich neues Gebilde, das einen *pepaideuménos* vor die schwierige, eigentlich sogar unlösbare Aufgabe stellt, die Mischungsverhältnisse selbst bestimmen zu müssen.

Die drei Metaphern setzen unterschiedliche Aggregatzustände der Mischung von philosophischem Dialog und Komödie als lose, feste oder flüssige Verbindungen ins Bild. Dabei erweist sich der (literarische) Kentaur als die Idealform des Komödischen Dialogs, um den herum sich die beiden anderen Metaphern im aristotelischen Sinne als hyperbolische (Mischung) und elliptische (Maske) Formgebungen gruppieren: Der Kentaur ermöglicht die ästhetische Erfahrung der Gegensätzlichkeit seiner Ingredienzien, die weder beim Genuss von Honigwein noch beim Anblick einer Maske gemacht werden kann, die nicht preisgibt, wer oder was sich hinter ihr verbirgt. Neben die unterschiedliche Intensität der Mischung tritt eine Skalierung des Mischverhältnisses. Man kann mal mehr Bestandteile des philosophischen Dialogs, mal mehr Komödie verwenden, wobei das Kentaurenbild des *Zeuxis* das Ideal der ausgewogenen Mischung vorgibt.

Wie in jeder Gattung als Textfamilie gibt es daher auch in der Kentaurenfamilie des Komödischen Dialogs unterschiedliche Ausgestaltungen der Formelemente, wobei der Reiz der ästhetischen Spannung gewahrt bleiben muss: So wie Menipp, der Hund, im *Bis Accusatus* „lachend beißt" (33), so ertragen Komödie und philosophischer Dialog auch im *Prometheus es in verbis* ihre Gemeinschaft keineswegs immer leicht (6), und wir erleben „das Lachen der Komödie im Mantel philosophischer Würde" (γέλωτα κωμικὸν ὑπὸ σεμνότητι φιλοσόφῳ, 7) als neue, ambivalente ästhetische Erfahrung – und nicht nur wir: Bei der Beschreibung der Genese und Eigenarten des Komödischen Dialogs fällt auf, dass ‚Lukian' in allen drei Texten mit Vorwürfen oder Anklagen konfrontiert wird. Im *Prometheus es in verbis* reagiert der anonyme Sprecher auf den über den Vergleich mit der mythischen Figur Prometheus evozierten Vorwurf bloßer Originalität, im *Bis Accusatus* wehrt sich der Syrer gegen die Anklage, er habe den Dialog verunstaltet, und im *Piscator* erhebt Diogenes gegen Parrhesiades den Vorwurf der Verunglimpfung der Philosophie selbst:

> μᾶλλον δὲ καὶ μισεῖσθαι πρὸς τῶν πολλῶν ἤδη πεποίηκεν αὐτούς τε ἡμᾶς καὶ σὲ τὴν Φιλοσοφίαν, φληνάφους καὶ λήρους ἀποκαλῶν τὰ σὰ καὶ τὰ σπουδαιότατα ὧν ἡμᾶς ἐπαίδευσας ἐπὶ χλεύῃ διεξιών, ὥστε αὐτὸν μὲν κροτεῖσθαι καὶ ἐπαινεῖσθαι πρὸς τῶν θεατῶν, ἡμᾶς δὲ ὑβρίζεσθαι. φύσει γάρ τι τοιοῦτόν ἐστιν ὁ πολὺς λεώς, χαίρουσι τοῖς ἀποσκώπτουσιν καὶ λοιδορουμένοις, καὶ μάλισθ' ὅταν τὰ σεμνότατα εἶναι δοκοῦντα διασύρηται, ὥσπερ ἀμέλει καὶ πάλαι ἔχαιρον Ἀριστοφάνει καὶ Εὐπόλιδι Σωκράτη τουτονὶ ἐπὶ χλεύῃ παράγουσιν ἐπὶ τὴν σκηνὴν καὶ κωμῳδοῦσιν ἀλλοκότους τινὰς περὶ αὐτοῦ κωμῳδίας. Καίτοι ἐκεῖνοι μὲν καθ' ἑνὸς ἀνδρὸς ἐτόλμων τοιαῦτα, καὶ ἐν Διονύσου ἐφειμένον αὐτὸ ἔδρων, καὶ τὸ σκῶμμα ἐδόκει μέρος τι τῆς ἑορτῆς, καὶ
>
> ὁ θεὸς ἴσως ἔχαιρε φιλόγελώς τις ὤν.
>
> (26) ὁ δὲ τοὺς ἀρίστους συγκαλῶν, ἐκ πολλοῦ φροντίσας καὶ παρασκευασάμενος καὶ βλασφημίας τινὰς εἰς παχὺ βιβλίον ἐγγράψας, μεγάλῃ τῇ φωνῇ ἀγορεύει κακῶς Πλάτωνα, Πυθαγόραν, Ἀριστοτέλη τοῦτον, Χρύσιππον ἐκεῖνον, ἐμὲ καὶ ὅλως ἅπαντας οὔτε ἑορτῆς ἐφιείσης οὔτε ἰδίᾳ τι πρὸς ἡμῶν παθών· εἶχε γὰρ ἄν τινα συγγνώμην αὐτῷ τὸ πρᾶγμα, εἰ ἀμυνόμενος, ἀλλὰ μὴ ἄρχων αὐτὸς ἔδρα. καὶ τὸ πάντων δεινότατον, ὅτι τοιαῦτα ποιῶν καὶ ὑπὸ τὸ σὸν ὄνομα, ὦ Φιλοσοφία, ὑποδύεται καὶ ὑπελθὼν τὸν Διάλογον ἡμέτερον οἰκέτην ὄντα, τούτῳ συναγωνιστῇ καὶ ὑποκριτῇ χρῆται καθ' ἡμῶν ἔτι καὶ Μένιππον ἀναπείσας ἑταῖρον ἡμῶν ἄνδρα συγκωμῳδεῖν αὐτῷ τὰ πολλά, ὃς μόνος οὐ πάρεστιν οὐδὲ κατηγορεῖ μεθ' ἡμῶν, προδοὺς τὸ κοινόν. (27) Ἀνθ' ὧν ἁπάντων ἄξιόν ἐστιν ὑποσχεῖν αὐτὸν τὴν δίκην. (*Pisc.* 25-27)

Und mehr noch: Er hat bereits bei der Masse erreicht, dass sie uns und dich, die Philosophie, hasst, weil er deine Angelegenheiten leeres Geschwätz und Possen nennt, und die ernsthaftesten Dinge, die du uns gelehrt hast, in so spöttischer Weise behandelt, dass er selbst von den Zuhörern beklatscht und gelobt wird, wir hingegen verhöhnt werden. Denn so verhält sich naturgemäß das gemeine Volk: Es findet Gefallen an denjenigen, die verspotten und schmähen, und besonders dann, wenn die vermeintlich ernsthaftesten Dinge zum Objekt des Spottes werden.

So erfreute man sich übrigens auch früher an Aristophanes und Eupolis, wenn sie diesen Sokrates hier zum Spott auf die Bühne brachten und in irgendwelchen abgeschmackten Komödien sich über ihn lustig machten. Gleichwohl haben sich jene diese Freiheit nur bei einem einzelnen Mann herausgenommen, und sie taten das an den Dionysien, an denen es erlaubt war; auch galt der Spott als Bestandteil dieses Festes und:

Der Gott hat sich wahrscheinlich gefreut, da er ja das Lachen liebt.

(26) Dieser hier ruft dagegen die Besten zusammen und schreibt – nachdem er lange nachgedacht und sich vorbereitet hat – irgendwelche Verleumdungen in ein dickes Buch und schmäht mit lauter Stimme Platon, Pythagoras, den Aristoteles hier und den Chrysipp dort drüben, mich und einfach alle, obwohl es kein Fest erlaubt und ihm selbst nichts von uns zu Leide getan wurde. Die Sache wäre ja noch irgendwie zu entschuldigen, wenn er sich verteidigen würde, aber da er sie selbst begonnen hat, ist sie es nicht. Das Schlimmste von allem ist aber, dass er bei alledem sowohl sich das Deckmäntelchen deines Namens gibt, Philosophie, als auch, nachdem er sich bei Dialogos, unserem Diener, eingeschlichen hat, ihn nun als Mitkämpfer und Schauspieler gegen uns benutzt. Und dann hat er auch noch den Menipp, unseren Freund, dazu überredet, uns mit ihm zusammen oft zu verspotten, und der ist nun auch als einziger nicht hier und führt nicht gemeinsam mit uns Klage, der Verräter an der gemeinsamen Sache. (27) Für all das hat er eine Bestrafung verdient!

Die Stelle ähnelt in Inhalt und Aufbau der Argumentation auffällig der Anklage des Dialogos im *Bis Accusatus*: Beide führen namentlich Aristophanes und Eupolis als Vertreter der Alten Komödie an, verweisen (mal explizit, mal implizit) auf Platon und auf die Verunglimpfung des Sokrates als traditionelles Beispiel für Philosophenspott. Sowohl Diogenes als auch der Dialogos beklagen den Missbrauch des philosophischen Dialogs und seine neue, komisch-verspottende Wirkungsabsicht, und beide Kläger beenden ihre Anklage mit dem Verweis auf die Usurpation Menipps durch den Angeklagten. Die Parallele scheint kein Zufall zu sein, wenn man bedenkt, dass in beiden Texte dieselbe Thematik – richtiger oder falscher Umgang mit der Philosophie und ihrem Ausdrucksmedium, dem philosophischen Dialog – verhandelt wird, der Schauplatz Athen ist und der Dialog als Personifikation aufgerufen (*Piscator*) und inszeniert (*Bis Accusatus*) wird. Beide Texte arbeiten mit Ortswechseln, wobei die Bewegung im *Bis Accusatus* vom Himmel auf die Erde und im *Piscator* von der Unterwelt auf die Erde erfolgt, und beide enden mit einem vom Angeklagten gewonnenen Prozess. Zudem lassen sich auch im *Piscator* Ansätze einer prosimetrischen Textgestaltung finden, da nicht nur Diogenes seine Rede mit einem Zitat aus einem uns unbekannten Dichter garniert, sondern auch andere Figuren und nicht zuletzt Parrhesiades selbst Prosa und Dichtung vermischen (vgl. *Pisc.* 1-3, 5, 25, 39, 41f.).

Damit hat Lukian den Komödischen Dialog zweimal in ganz ähnlicher Weise nicht nur definiert und diskutiert, sondern auch inszeniert: Der *Piscator* ist analog zum *Bis Accusatus* selbst als Komödischer Dialog konzipiert und sein Erfinder Parrhesiades ist wie der anonyme Syrer zugleich *auctor* und *actor* dieser Hybride. Zwei weitere Beobachtungen schließen sich an: Zum einen ergänzen sich die beiden Komödischen Dialoge insofern, als im *Piscator* die Formgeber und traditionellen Nutzer des philosophischen Dialogs, die Philosophen, als Ankläger auftreten und im *Bis Accusatus* die Form selbst, der philosophische Dialog, die Klage führt. Dies ermöglicht eine Verstärkung der Anklage ebenso, wie die doppelte Perspektivierung zu unterschiedlichen Akzentuierungen führt, die eine eindeutige Definition des Komischen Dialogs erschweren. Zum anderen könnte es sich bei den Angeklagten im *Bis Accusatus* und im *Piscator* um ein und dieselbe Figur handeln, denn auch Parrhesiades gibt sich auf die Frage der Philosophie nach seiner Herkunft als Syrer zu erkennen (vgl. *Pisc.* 19: Σύρος, ὦ Φιλοσοφία – „Ich bin Syrer, Philosophie"). Dialogos verwendet nicht den sprechenden Namen des Syrers (Parrhesiades = „Freiredner"), der als solcher ohnehin keine starke individualisierende Bedeutung hat, sondern die Geisteshaltung einer Figur ausdrückt (vgl. Kap. 1). Für die Rezipienten beider Komödischer Dialoge liegt eine Identifizierung des Syrers mit Parrhesiades jedoch nahe, was durch die Anordnung beider Werke in der Lukianischen Überlieferung unterstützt wird: Der *Bis Accusatus* (Nr. 29 bei Macleod) folgt unmittelbar auf den *Piscator* (Nr. 28). Zwar ist dadurch nichts über die Werkchronologie oder -disposition ausgesagt (vgl. Kap. 5), es unterstreicht jedoch die Beobachtung, dass der Komödische Dialog als Gattung erst im Zusammenspiel mehrerer Texte Konturen annimmt.

Mit *Bis Accusatus* und *Piscator* liegen zwei Beispiele für den Komödischen Dialog vor, wobei festzuhalten bleibt, dass es keine einheitliche Definition mit verbindlichen Klassifikationskriterien gibt. Vielmehr weichen die drei im *Bis Accusatus*, *Piscator* und *Prometheus es in verbis* gegeben Beschreibungen des Komödischen Dialogs voneinander ab: So wird im *Piscator* und im *Prometheus es in verbis* die im *Bis Accusatus* hervorgehobene Mischung von Prosa und Dichtung nicht erwähnt, im *Prometheus es in verbis* fehlt der Verweis auf Menipp, und der *Piscator* betont entgegen Dialogos' Hinweis auf die Mündlichkeit des Komödischen Dialogs (*Bis Accusatus*) seine Schriftlichkeit (*Pisc.* 26). Zudem ist eine auktoriale Nobilitierung der Gattungshybride nur mit Einschränkungen zu erkennen: Im *Bis Accusatus* stammt die Definition von dem (über die Gattungshybride entsetzten) Dialogos, im *Piscator* vom empörten Diogenes und im *Prometheus es in verbis* ist es ein ungenannter Sprecher, der sich über diese Erfindung äußert, und gerade keine der auktorial konnotierten Sprecherfiguren (vgl. Kap. 1). Es scheint, dass Lukian sich nicht nur selbst als Person einer Identifikation entzieht, sondern auch seinem Komödischen Dialog eine feste Konturierung verweigert. Versucht man beispielsweise, die im *Bis Accusatus* skizzierten drei Formelemente (komische Wirkungsabsicht, stärkere Handlungsorientierung, Mischung von Prosa und Vers) und die dort erwähnten drei literarischen Traditionen (philosophischer Dialog, Komödie, Menippeische Satire), aus denen sich der Komödische Dialog generieren soll, eins zu eins auf Lukianische Werke anzuwenden, so zeigt sich, dass kein einziger Dialog all diese Charakteristika und Gattungsbezüge aufweist. Und auch die etwas offeneren Definitionen im

Piscator und im *Prometheus es in verbis*, der stärker auf die ernst-komische Wirkungsabsicht der Vermischung von Dialog und Komödie abhebt (γέλωτα κωμικὸν ὑπὸ σεμνότητι φιλοσόφῳ, 7), bieten keine verbindlichen Klassifikationskriterien. Eine Annäherung an den Komödischen Dialog Lukians muss daher immer tentativ bleiben: Wie Lukian als Autor in verschiedenen Masken auftritt, so erscheint auch der Komödische Dialog in unterschiedlichen Ausgestaltungen aufgrund wechselnder Mischverhältnisse von philosophischem Dialog und Komödie.

Welche Mischverhältnisse sich besonders für eine ästhetisch ansprechende Ausgestaltung dieser Gattungshybride eignen, zeigen zunächst die beiden selbstreflexiven Komödischen Dialoge *Bis Accusatus* und *Piscator*. In ihnen finden sich auch Spuren zu weiteren Komödischen Dialogen. Eine erste solche Spur führt zu Menipp, dessen figürliche Präsenz in der Gattungshybride in beiden Texten anklagend erwähnt ist. Das legt die Annahme nahe, dass sich unter den Lukianischen Texten, in denen Menipp als Figur eine Rolle spielt – *Icaromenippus, Necyomantia, Dialogi Mortuorum* – weitere Komödische Dialoge befinden. Eine zweite, deutlich konkretere Spur legt folgende Bemerkung des Diogenes aus seiner Anklage im *Piscator*:

> τὰ μὲν γὰρ τελευταῖα τίνι φορητά; ὃς καθάπερ τὰ ἀνδράποδα παραγαγὼν ἡμᾶς ἐπὶ τὸ πωλητήριον καὶ κήρυκα ἐπιστήσας ἀπημπόλησεν, ὥς φασιν, τοὺς μὲν ἐπὶ πολλῷ, ἐνίους δὲ μνᾶς Ἀττικῆς, ἐμὲ δὲ ὁ παμπονηρότατος οὗτος δύ' ὀβολῶν· οἱ παρόντες δὲ ἐγέλων. (*Pisc.* 27)

> Wer könnte seine jüngsten Taten ertragen? Wie Sklaven hat er uns zur Markthalle geführt, einen Ausrufer bestellt und unter dem Gelächter der Anwesenden verkauft; einige, wie man sagt, zu einem hohen Preis, einige für eine Attische Mine, mich aber – er ist ein verfluchter Schurke – nur für zwei Obolen.

Hier erhalten wir einen direkten Verweis auf Lukians *Vitarum Auctio*, in der mehrere Philosophen als Repräsentanten unterschiedlicher Philosophenschulen öffentlich versteigert werden. Die Versteigerung ist eingebettet in einen Dialog, der anfangs von Zeus und Hermes als Initiatoren dieses Ereignisses und dann zwischen den Käufern und den angebotenen Philosophen geführt wird. Die Themen sind naturgemäß philosophisch, Fragen zur rechten Lebensführung, zur Relevanz philosophischer Ansichten für die Lebenswirklichkeit (im Sinne der Alltagstauglichkeit von Philosophen) und allgemein zu philosophischen Erkenntniszielen werden verhandelt. Der Dialog ist handlungsorientiert – immer wieder treten neue Philosophen und Käufer auf und ab, es wird ernst debattiert und viel gelacht. Damit weist *Vitarum Auctio* gleich eine ganze Reihe der Merkmale auf, die dem Komödischen Dialog im *Bis Accusatus*, *Piscator* und im *Prometheus es in verbis* zugeschrieben werden und eine Textfamilie mit folgenden Gemeinsamkeiten erkennen lassen:

Komödische Dialoge haben ein – im weitesten Sinne – philosophisches Thema, welches über die Tradition des philosophischen (platonischen) Dialogs mitgeführt wird. Mit diesem verbunden ist notwendig die im *Prometheus es in verbis* betonte Ernsthaftigkeit im philosophischen Sinne einer auf die Beantwortung ethischer Fragen angelegten Gesprächsführung zumindest auf Seiten einer am Dialog beteiligten Figur – in *Vitarum Auctio* wären das die Philosophen, die ihre Standpunkte nachdrücklich und unbeeindruckt von ihrer misslichen Situation vertreten und sie wie der an allem zweifelnde Skeptiker (*Vit. Auct.* 27) sogar als Gelegenheit betrachten, die Richtigkeit ihrer Lehre unter Beweis zu stellen. Durch die Zumischung der Komödie – bei der es sich im *Bis Accusatus* und im *Prometheus es in verbis* um die Alte Komödie handelt, deren Hauptvertreter Aristophanes und Eupolis auch im *Piscator* explizit genannt werden – tritt die komische Wirkungsabsicht hinzu, so dass ein philosophisch-ernstes Thema in einer Weise ‚besprochen' wird, dass gelacht werden kann. Dieses Lachen kann auf der Figurenebene realisiert werden (*Vit. Auct.* 13) oder sich im Dialog zwischen Text und Rezipienten ergeben. Als weiteres Grundelement ist die Handlungsausrichtung eines Komödischen Dialogs zu nennen: Es muss immer ein Handlungselement wie die Versteigerung (*Vitarum Auctio*) oder der Prozess im *Bis Accussatus* und *Piscator* erkennbar sein, das nicht nur im Dialog selbst thematisiert wird, sondern ihn begleitet, strukturiert oder auch (zeitweise) unterbricht. Zur Dramatisierung gehören auch Rollenspiele, wie sie im Dialog zwischen dem Käufer und Diogenes angedacht werden, wenn Diogenes gefragt wird, warum er kein Löwenfell trage, und dieser dem Käufer in Aussicht stellt, ihn nicht nur äußerlich in einen Kyniker zu verwandeln, sollte er den Zuschlag erhalten (*Vit. Auct.* 8-9). Als letztes Grundelement ist die besonders im *Prometheus es in verbis* thematisierte Verortung des Dialogs auf eben der Bühne zu nennen, auf der die Komödie seit langem heimisch ist: im öffentlichen Raum. Die Aufgabe seines angestammten ‚Sitzes im Leben' hat für den Dialog dramatische Konsequenzen: Die Orte zu verlassen, an denen in der literarischen Tradition philosophische Dialoge im Schutz vor unerwünschten Störungen häufig stattfinden – sei es bei Symposien, im Gymnasium oder an einem *locus amoenus* im Schatten der Platane, den man nach einem Spaziergang aus der Stadt gerne aufsucht (vgl. Platons *Phaidros*) –, ermöglicht konsequent die schon in Platons *Symposion* zu findende Erweiterung des Gesprächskreises durch (ungebetene) Dritte (vgl. Kap. 3.2.5).

Die Handlungsorientiertheit des öffentlichen Raums, der von vielen Personen und Ereignissen gestaltet wird, erhöht die Propositionalität des Komödischen Dialogs, dessen Verlauf sich jederzeit ändern kann. Ein schönes Beispiel findet sich am Beginn des *Piscator*:

Βάλλε βάλλε τὸν κατάρατον ἀφθόνοις τοῖς λίθοις· ἐπίβαλλε τῶν βώλων· προσεπίβαλλε καὶ τῶν ὀστράκων· παῖε τοῖς ξύλοις τὸν ἀλιτήριον· ὅρα μὴ διαφύγῃ· καὶ σὺ βάλλε, ὦ Πλάτων· καὶ σύ, ὦ Χρύσιππε, καὶ σὺ δέ, καὶ πάντες ἅμα συνασπίσωμεν ἐπ' αὐτόν, ... (*Pisc.* 1)

Der doppelt Angeklagte und seine Hippokentauren 189

Wirf reichlich Steine auf diesen verfluchten Kerl, wirf! Beschmeiß ihn mit Dreckklumpen! Und schleudere noch ein paar Tonscherben drauf! Verprügel den Schuft mit Holzknüppeln! Pass auf, dass er nicht entkommt! Platon, wirf auch du, und du, Chrysipp, und du, und lasst uns alle zugleich geschlossen gegen ihn anrücken!

Angefeuert von Sokrates stürmt eine Horde von aufgebrachten Philosophen die Lukianische Bühne, den athenischen Kerameikos. Das sich dort in aller Öffentlichkeit entfaltende Streitgespräch ist in seinem Verlauf nicht planbar, es kann – je nach situativer Einbindung und Öffnung für neue Gesprächspartner – zu ganz unerwarteten Wendungen kommen. So wird der wegen Philosophenverunglimpfung angeklagte Parrhesiades selbst zum Ankläger und gewinnt am Schluss nach einem Ortswechsel auf die Akropolis den Prozess. Verstärkt wird die Dramatisierung durch zahlreiche intertextuelle Verweise auf die *Parodoi* in Aristophanes' Komödien *Archaner* und *Ritter*, die die Rezipienten immer wieder an das verarbeitete literarische Vorbild und damit an die Mischkunst des Komödischen Dialogs erinnern.

Damit eine solche Mischung gelingen kann, müssen die miteinander kombinierten Gattungen auch über Kontaktpunkte verfügen. Denken wir an das Kentaurenbild zurück: Das Mischwesen hat nur deshalb eine Chance auf ästhetische Vervollkommnung, weil Mensch und Pferd beides Säugetiere sind und sich von daher in ihrer grundsätzlichen physischen Anlage ähneln. Hinzu kommt, dass das Pferd als Reittier des Menschen kulturell fest etabliert ist, also eine Verbindung von Pferd und Mensch in der Realität bereits existiert, die in der Vorstellung des Kentauren intensiviert wird. Auch zwischen Komödie und philosophischem Dialog gibt es eine ‚natürliche' Verbindung, die im Komödischen Dialog elaboriert wird. Diese Ähnlichkeit ist diskursiver Art: Beide Gattungen bemächtigen sich ihres jeweiligen Gegenstands durch argumentative Aushandlungsprozesse, wie Sokrates' elenktische Gespräche und die epirrhematischen Agone der Alten Komödie deutlich machen. Ein Motiv, das Lukian zu diesem Zweck wählt, ist der Prozess (vgl. Kap. 3.3.1), denn auch dort müssen Gegner ihre Standpunkte vortragen und verteidigen, und auch dort müssen sie letztlich eine Entscheidung akzeptieren und die Überlegenheit des anderen anerkennen. *Bis Accusatus* und *Piscator* arbeiten das Prozessmotiv weitflächig aus, *Vitarum Auctio* kommt zwar ohne Prozess aus, doch sind die einzelnen Verhandlungen zwischen Käufern und angebotenen Philosophen mit ihren Fragen, Antworten und Entscheidungen ganz ähnlich strukturiert.

In *Vitarum Auctio* besitzt der Philosophische Dialog ganz offensichtlich den größeren Anteil an der Mischung. Hier kommen die Philosophen ausgiebig zu Wort, können ungestört ihre Lehren ausbreiten und sind keineswegs ausschließlich Gegenstand des Spotts, da genauso oft die Käufer mit ihren ‚falschen' Lebenseinstellungen vorgeführt werden. Umgekehrt ist der Blick auf die Philosophie im *Piscator* schematischer, und die komödischen Anteile der Handlungsorientiertheit, des Ortswechsels sowie der phantastischen Handlung (Angelmotiv) überwiegen. Es ist auffällig, dass diese beiden Dialoge nicht nur durch intertextuelle Verknüpfung (s.o.) ein Paar bilden, sondern auch in der Überlieferung hintereinander gestellt sind, wo ihnen der Komödische Dialog *Bis Accusatus* folgt, der zwar auch witzige Agone zwischen Philosophen und ihren Anklägern enthält, vor allem aber dem Aushandeln und der Reflexion eben dieser neuen Mischgattung dient.

Definiert man die genannten Merkmale als ‚harte' Kriterien einer – an die Beschreibungen im *Bis Accusatus*, *Piscator* und *Prometheus es in verbis* angelehnten – theoretischen Gattungsdefinition, so lassen sich auch zwei der drei Dialoge mit figürlicher Beteiligung Menipps als Komödische Dialoge ansprechen. Sowohl im *Icaromenippus* als auch in der *Necyomantia* finden wir starke Handlungsorientierung, komische Wirkungsabsicht, Ortswechsel und Gespräche im öffentlichen Raum sowie philosophische Fragestellungen und Themen. Zudem sind beide Werke als dramatische Dialoge gestaltet, d.h. ihnen fehlt eine einführende Rahmenerzählung. Gleiches gilt für die *Fugitivi*, in denen nicht nur Zeus und Philosophia ausgiebig über die Ernsthaftigkeit und den Umfang philosophischer Bemühungen in einzelnen Weltgegenden diskutieren, sondern ebenfalls wie im *Bis Accusatus* eine Reise auf die Erde unternommen wird, um den Problemen auf den Grund zu gehen. Dort kommt es dann zu einer Verfolgungsjagd, die mit komödientypischen Schlägen für die Übeltäter endet. Unter diesen Umständen ist es als metapoetischer Hinweis auf das neue Genre des Komödischen Dialogs zu sehen, wenn in *Fug.* 10 gerade die griechischen Sophisten – hin- und hergerissen zwischen Rhetorik und Philosophie – als ein „Hippokentaurengeschlecht, das, vermischt und zusammengestückelt, irgendwo zwischen Aufschneiderei [ἀλαζονεία verweist auf die Komödie] und Philosophie umhergeistert" (Ἱπποκενταύρων γένος, σύνθετόν τι καὶ μικτὸν ἐν μέσῳ ἀλαζονείας καὶ φιλοσοφίας πλαζόμενον) bezeichnet werden.

Nicht im engeren Sinne als Komödische Dialoge lassen sich dagegen die *Dialogi Mortuorum* bezeichnen, in denen Menipp einer der Sprecher ist. Zwar finden diese dreißig kurzen Gespräche im ‚offenen' Raum der Unterwelt statt, jedoch fehlt ihnen weitgehend die Handlungsorientierung, und philosophische Themen werden allenfalls kurz angerissen (vgl. Kap. 4.4). Dieser Befund kann mit Blick auf die im *Bis Accusatus* getroffene Aussage, dass Menipp zum Zweck des Mitgestaltens Komödischer Dialoge ‚ausgegraben' wurde, nicht erstaunen, da nur ein lebender Menipp zum Figureninventar dieser hybriden Form gehört. In den *Dialogi Mortuorum* ist Menipp jedoch tot. Hierzu passt die Aussage des Diogenes im *Piscator*, dass der von Parrhesiades vereinnahmte Menipp nicht mitgekommen ist: In der Unterwelt ist Menipp der kynische Philosoph und ein vermeintlicher Verbündeter des Diogenes, an der Oberwelt wird er zum Beihelfer und möglichem Bestandteil Komödischer Dialoge.

Dieser Kern von zwei selbstreflexiven Komödischen Dialogen (*Bis Accusatus, Piscator*) und den vier nach ihren Beschreibungen gestalteten Komödischen Dialogen (*Fugitivi, Icaromenippus, Necyomantia, Vitarum Auctio*) lässt sich unter Berücksichtigung der aufgezeigten ‚harten' Gattungskriterien um folgende

Lukianische Schriften erweitern: *Cataplus, Gallus, Juppiter Tragoedus, Timon.* Hinzu können – je nach Bewertung der Mischverhältnisse von Komödie und philosophischem Dialog – noch weitere Werke treten, die nicht alle genannten Kriterien erfüllen oder stärker von dem im *Bis Accusatus* genannten ‚weichen' Gattungskriterium des Komödischen Dialogs gekennzeichnet sind: der Mischung von Prosa und Vers.

4.2 Komödischer Dialog und Menippeische Satire

Formal betrachtet ermöglicht die Mischung von platonischem Dialog und aristophanischer Komödie eben die Mischung von Prosa und Vers, über die sich der Dialog im *Bis Accusatus* am Ende so bitterlich beklagt. Doch genau dieses scheinbar zentrale gestalterische Potential des Komödischen Dialogs wird im *Prometheus es in verbis* nicht erwähnt, was die Frage nach seinem Stellenwert aufwirft. Eine mögliche Erklärung für die unterschiedliche Gewichtung liegt in der Entwicklungsgeschichte der neuen Form: Die Mischung von Prosa und Vers könnte eine formale Erweiterung der zuvor weitgehend ohne sie gestalteten Komödischen Dialoge sein, die im *Bis Accusatus* thematisiert wird. Sie könnte aber auch Teil der ‚ursprünglichen' Definition dieses literarischen Hippokentauren sein, dessen formale Gestaltung durch die Mischung von Prosa und Vers später so weit zurückgetreten ist, dass sie vom Sprecher des *Prometheus es in verbis* nicht mehr als charakteristisch angesehen wird. Angesichts der unklaren Chronologie der Werke Lukians (vgl. Kap. 5) bleibt das jedoch Spekulation. Festzuhalten ist, dass eine Mischung von Prosa und Vers nur in wenigen lukianischen Schriften – und dort vor allem am Beginn – verwendet wird und in keiner zum durchgängigen Gestaltungsprinzip wird. Im *Piscator* wird in den ersten Wortwechseln (*Pisc.* 1-4) insgesamt fünf Mal aus Homer und fünf Mal aus Tragikern zitiert, im *Juppiter Tragoedus* ist der einleitende Dialog zwischen den Gottheiten mit eingestreuten Zitaten aus der homerischen und der dramatischen Dichtung angereichert, und in der *Necyomantia* spricht der gerade aus der Unterwelt zurückgekehrte Menipp mit einem anonym bleibenden Freund in Versen (*Nec.* 1):

Μένιππος. Ὦ χαῖρε μέλαθρον πρόπυλά θ' ἑστίας ἐμῆς,
    ὡς ἄσμενός σ' ἐσεῖδον ἐς φάος μολών. [Euripides, *HF* 523f.]

Φίλος. Οὐ Μένιππος οὗτός ἐστιν ὁ κύων; οὐ μὲν οὖν ἄλλος τις, εἰ μὴ ἐγὼ παραβλέπω· Μένιππος ὅλος. τί οὖν αὐτῷ βούλεται τὸ ἀλλόκοτον τοῦ σχήματος, πῖλος καὶ λύρα καὶ λεοντῆ; πλὴν ἀλλὰ προσιτέον γε αὐτῷ. χαῖρε, ὦ Μένιππε· καὶ πόθεν ἡμῖν ἀφῖξαι; πολὺς γὰρ χρόνος οὐ πέφηνας ἐν τῇ πόλει.

Μένιππος. Ἥκω νεκρῶν κευθμῶνα καὶ σκότου πύλας
    λιπών, ἵν' Ἅιδης χωρὶς ᾤκισται θεῶν. [Euripides, *Hec.* 1]

Φίλος. Ἡράκλεις, ἐλελήθει Μένιππος ἡμᾶς ἀποθανών, κᾆτα ἐξ ὑπαρχῆς ἀναβεβίωκεν;

Μένιππος. Οὔκ, ἀλλ' ἔτ' ἔμπνουν Ἀΐδης μ' ἐδέξατο. [Euripides, *fr.* 936]

Menipp: „Seid mir gegrüßt, mein Haus, mein Herd!
Wie freu' ich mich nach meiner Rückkehr ans Licht, Dich zu sehen!"

Freund: Ist das nicht Menipp, der Hund? Wahrlich, kein anderer, wenn ich mich nicht täusche. Ganz und gar Menipp! Aber was hat sein seltsamer Aufzug zu bedeuten: Kappe, Leier und Löwenfell? Wie dem auch sei, ich muss zu ihm gehen. Sei gegrüßt, Menipp! Woher des Wegs? Schon lange hast du dich nicht mehr in der Stadt blicken lassen.

Menipp: „Ich komme von der Totengruft und den Toren der Dunkelheit,
von dort, wo Hades fernab von den Göttern wohnt."

Freund: Beim Herakles! Ist Menipp etwa gestorben, ohne dass ich davon wusste, und nun wieder ins Leben zurückgekehrt?

Menipp: „Keineswegs! Lebend nahm mich Hades auf."

Die poetische Ausdrucksweise wird auf der Erzählebene damit begründet, dass sich Menipp kurz vor seiner Rückkehr an die Oberwelt noch mit Euripides und Homer unterhalten hat. Die Verse sind daher weniger als Zitate zu verstehen, die ein Sprecher absichtlich einstreut, um (als *pepaideuménos*) einen intertextuellen Dialog mit der literarischen Tradition zu eröffnen, sondern sie markieren einen Sprechakt, der noch ganz unter dem Eindruck von Menipps Unterweltsgang erfolgt. Doch die Mischung von Prosa und Vers wird in der *Necyomantia* nicht durchgehalten, Menipp verwendet bei seinem langen Bericht nur noch ein paar Homerverse (*Nec.* 1, 9, 10, 21). Aus Sicht des Dialogos im *Bis Accusatus* wäre der Text daher kein Komödischer Dialog, da er bei seiner Definition nicht von gelegentlich eingestreuten Versen spricht – solche werden ihm vor seiner Umwandlung in den Komödischen Dialog bestens vertraut gewesen sein, denn auch in platonischen Dialogen wird vereinzelt in Versen geredet –, sondern die Vermischung von Prosa und Vers als ein durchgängiges Gestaltungsmerkmal dieser hybriden Form anführt.

Da sich ein solches prosimetrisches Mischwesen, wie gezeigt, im Lukianischen Œuvre nicht findet, muss Dialogos' Aussage anders bewertet werden. Zwei Erklärungen bieten sich an: Zum einen hält Dialogos seine Rede im Kontext eines Gerichtsprozesses, und zur Rhetorik einer Anklagerede gehören Zuspitzung und Übertreibung – nicht zuletzt zum Zweck der Emotionserzeugung. Genau darum könnte es sich auch bei dem Bild des weder zu Fuß gehenden noch auf Versen schreitenden Mischwesens handeln, das Dialogos seinen Zuhörern apotropäisch am Ende seiner Rede vor Augen stellt, um bei ihnen zugleich Mitleid und Empörung zu provozieren. Damit wäre die Mischung von Vers und Prosa als weiches Gattungskriterium des Komödischen Dialogs anzusehen; hierfür spricht auch, dass sie im *Prometheus es in verbis* und im *Piscator* nicht explizit erwähnt wird. Zum anderen könnte die Bemerkung auf eine literarische Auseinandersetzung mit dem Werk des Kynikers Menipp von Gadara (3. Jh. v.Chr.) hinweisen, den Lukian mehrfach als auktorial konnotierte Sprecherfigur einsetzt (vgl. Kap. 1) und den der Syrer nach Meinung des Dialogos „ausgegraben" und ihm beigesellt hat. Obwohl das Werk Menipps fast vollständig verloren ist und über ihn selbst nur spärliche Nachrichten überliefert sind, wurde in der nachantiken Literaturgeschichte vor allem aus lateinischen und griechischen Rezeptionszeugnissen, insbesondere aus Lukian, die Gattung der ‚Menippeischen Satire' (re)konstruiert, die als ‚literarisches Gemisch' (*satura* im antiken Wortsinn) zwei Hauptcharakteristika aufweisen sollte: die ernst-komische Wirkungsabsicht und die Mischung von Prosa und Vers. Beide sind in Dialogos' Rede erwähnt, wobei erstere sogar direkt mit Menipp verbunden wird, der „lachend beißt". Mit dem Auftritt Menipps erhält in beiden Fällen das Prosimetrum Einzug in den (Komödischen) Dialog.

Eine weitere Engführung beider Dialoge könnte man darin sehen, dass sowohl im *Bis Accusatus* als auch in der *Necyomantia* der Ausgangspunkt für die jeweiligen Handlungen im Unmut über Philosophen liegt, denen später der Prozess gemacht wird bzw. werden soll. Damit verfolgen beide Texte ein ähnliches und in jedem Fall ‚ernstes' Thema, das sich durch die Absurdität der Handlungsverläufe und Gesprächskonstellationen mit einer komischen Wirkungsabsicht verbindet. Die gedankliche Bezugnahme des Dialogos auf die *Necyomantia* würde nicht nur seiner Anklage gegen den Syrer einen literarischen ‚Beweis' liefern, sondern zugleich Lukians kreativen Umgang mit dem Prosimetrum illustrieren: Zwar nähert er seinen Komödischen Dialog in der *Necyomantia* formal an die ‚Menippeische Satire' an, aber nur, um sie gleich wieder zu verlassen und ihren Einfluss auf ‚seinen' Komödischen Dialog zu relativieren. Dieser schreibt sich nicht einfach epigonal in die literarische Tradition des Kynikers ein, wie man in der älteren Forschung lange vermutet hatte, sondern nutzt die Bezüge zur ‚Menippea', um sich formal, aber auch inhaltlich von ihr zu verabschieden: Denn auch bei der Mischung von Ernsthaftigkeit und Komik, für die Menipp von Gadara in der Antike als σπουδογέλοιος bekannt gewesen ist und die Eunap Lukian zuschreibt, wenn er ihn als ἀνὴρ σπουδαῖος ἐς τὸ γελασθῆναι (*Vit. Soph.* 2.1.9, vgl. Kap. 1) bezeichnet, zeigen sich Unterschiede: Während Menipp mit seinen Schriften insofern eine „ernst-heitere" Wirkung verfolgt zu haben scheint, als sich hinter dem Verlachen von philosophischen Gegnern eine seriöse kynische Philosophie verbarg, stellt Lukian seine Komödischen Dialoge gerade nicht in den Dienst einer bestimmten philosophischen Lehre. Zudem fehlt in Lukians Schriften wegen der wechselnden auktorial konnotierten Sprecherrollen eben die Autorität, die ein Menipp womöglich selbst literarisch ausübte und die spätere ‚Menippeische Satiren' zum Zweck der Invektive und Kritik an politischen oder gesellschaftlichen Missständen nutzen konnten. Bedenkt man ferner, dass die Mischung von Ernstem und Komischem ebenso wie diejenige von Prosa und Vers theoretisch bereits in der Zusammenführung von platonischem Dialog und Komödie enthalten ist, so stellt sich die Frage nach dem Mehrwert der ‚Menippea' für Lukians Komödischen Dialog noch deutlicher.

Eine Antwort könnte in der Figurengestaltung zu finden sein, die auch im *Piscator* betont wird. Lukians ‚Menipp' ist sowohl Subjekt wie Objekt einer Reihe von Dialogen, in denen er sich figürlich, räumlich und sprachlich immer wieder anders präsentiert: Im *Bis Accusatus* wird er von einem Syrer wiederbelebt, in der *Necyomantia* von einem Freund aus seinen poetischen Höhenflügen (prosaisch) geerdet, am Ende des *Icaromenippus* werden ihm im wahrsten Sinne des Wortes die Flügel gestutzt (*Icar.* 34), und in den *Dialogi Mortuorum* ‚beißt' er lachend die Schatten, nachdem ihm Diogenes den Gang in die Unterwelt schmackhaft gemacht hat (*DMort.* 1). Dabei bleibt die Figur wirkungsvoll, aggressiv, witzig, sie besitzt jedoch ebensowenig eine durchgängig aufrechterhaltene Autorität wie ‚gestaltliche' Kontinuität, sondern sie wird funktionalisiert, um den Komödischen Dialog mit eben dem Mittel zu gestalten, das Menipps Werk bereits in der Tradition populär gemacht hatte, nämlich der Vermischung von bislang nicht Vermischtem. Mit der handelnden und redenden Figur Menipp schreibt Lukian das Prinzip einer *satura* seinen Werken ein.

Vor diesem Hintergrund wird auch die Tendenz zur Hybridisierung Menipps plausibel: Menipp verändert sich, im Unterschied zu allen anderen in Lukians Schriften mehrfach auftretenden historischen oder fiktiven Personen, in jedem Dialog: Nachdem der Syrer den (historischen) Menipp im *Bis Accusatus* „ausgegraben" hat – was im doppelten Sinne von „Wiederentdecken" (seiner Schriften) als auch „Wiederbeleben" (der Figur) zu verstehen ist –, spielt er als literarische Figur verschiedene Rollen in immer neuen Verkleidungen: Er wandelt sich vom Kyniker im löchrigen Mantel zum Himmelsflieger (*Icaromenippus*), der dafür zwei unterschiedliche Vogelflügel benutzt, bis zum Unterweltsfahrer der *Necyomantia*, wo seine dreifache Maskierung von der für solche Unternehmungen üblichen Verkleidung abweicht: Während Löwenfell und Keule für Unterweltsfahrten seit Herakles eine ausreichend und beinahe topisch zu nennende Verkleidung sind, hat der neue ‚Herakles' Menipp eine andere Wahl getroffen: Er trägt Kappe, Leier und Fell, womit er Attribute von Odysseus, Orpheus und Herakles zu einer neuen Rolle verbindet. Dies ist nicht nur als *variatio* bestehender literarischer Traditionen zu verstehen – drei erfolgreiche Unterweltsfahrten werden aufgerufen, um sich dreifach abzusichern –, sondern als Konstruktion einer neuen, hybriden Rolle, die keine Vorbilder kennt, die aus disparaten Einzelteilen zusammengesetzt ist, die Traditionen zerlegt und neu zusammenfügt, die überrascht und zur Reflexion herausfordert. Menipp verändert sich nicht nur äußerlich durch die Annahme von (traditionell fixierten) Rollen, sondern er erfindet neue Rollen, in diesem Fall die hybride Gestalt eines Herakles-Orpheus-Odysseus und damit eines Menschen, der Kraft (Herakles), musische Qualität (Orpheus) und Intellekt (Odysseus) in sich zu vereinen behauptet. Dieses Mischwesen speist sich aus der Literatur, hat in ihr aber keine Entsprechung.

Die poietische Gestaltung Menipps als hybride Figur in der *Necyomantia* spiegelt sich in Menipps ‚eigener' Reflexion über die Identität der Toten in der

Unterwelt. Deren vergangene Lebensweise, die ihnen von der Schicksals- und Glücksgöttin Tyche zugewiesen wurde, wird mit einem Bühnenspiel verglichen:

> οἶμαι δὲ καὶ τῶν ἐπὶ τῆς σκηνῆς πολλάκις ἑωρακέναι σε τοὺς τραγικοὺς τούτους ὑποκριτὰς πρὸς τὰς χρείας τῶν δραμάτων ἄρτι μὲν Κρέοντας, ἐνίοτε δὲ Πριάμους γιγνομένους ἢ Ἀγαμέμνονας, καὶ ὁ αὐτός, εἰ τύχοι, μικρὸν ἔμπροσθεν μάλα σεμνῶς τὸ τοῦ Κέκροπος ἢ Ἐρεχθέως σχῆμα μιμησάμενος μετ' ὀλίγον οἰκέτης προῆλθεν ὑπὸ τοῦ ποιητοῦ κεκελευσμένος. ἤδη δὲ πέρας ἔχοντος τοῦ δράματος ἀποδυσάμενος ἕκαστος αὐτῶν τὴν χρυσόπαστον ἐκείνην ἐσθῆτα καὶ τὸ προσωπεῖον ἀποθέμενος καὶ καταβὰς ἀπὸ τῶν ἐμβατῶν πένης καὶ ταπεινὸς περίεισιν, ... (*Nec.* 16)

> Ich denke, du hast auch auf der Bühne schon oft diese Tragödienschauspieler gesehen, die je nach Bedarf der Stücke bald Kreon, dann Priamos oder Agamemnon wurden, und ein und derselbe, wenn es sich so traf, stellte noch kurz zuvor sehr erhebend die Rolle des Kekrops oder des Erechtheus dar, um kurz darauf auf Befehl des Dichters als Diener vorzutreten. Und kaum ist das Stück zu Ende, zieht jeder von ihnen jenes goldbestickte Kostüm aus, legt seine Maske ab, steigt vom Kothurn herunter und läuft arm und elend herum ...

Der Dichter bestimmt das Bühnenspiel, er teilt Rollen zu und kann sie ähnlich wie Tyche im ‚wirklichen' Leben jederzeit ändern. Was in der Unterwelt und in Menipps Worten eine ethische Bedeutung hat – die zugeteilten (sozialen) Rollen sind jederzeit wandelbar und verleihen einem Menschen keine Identität, sondern einzig die Lebensweise, die Art, wie man eine Rolle spielt, ist ein (beständiges) Charaktermerkmal (vgl. Kap. 1) –, gewinnt in Menipps äußerer Erscheinung poietische Qualität: Indem die Figur immer wieder neu gestaltet wird, verliert sie ihre historisch-biographische Identität und lenkt den Blick auf das Prinzip des Rollenspiels selbst, das von Veränderung und – im Falle des Komödischen Dialogs – von hybrider Maskerade lebt. Je länger wir Menipp in der *Necyomantia* zuhören und ihm im *Icaromenippus* bei seinem Himmelsflug zusehen, umso deutlicher wird sein Rollenspiel mit der dahinterliegenden Verweiskraft auf verschiedene literarische Traditionen, deren Vermischung uns als Rezipienten immer neue Blicke auf die hybride Kunst und Wirkungsweise der innovativen literarischen Form des Komödischen Dialogs werfen lässt.

4.3 Vortrags- und Inszenierungsweisen des Komödischen Dialogs

Der Komödische Dialog provoziert, er bringt die impliziten und expliziten Dialogpartner Lukians auf die Palme. Dieses Programm hat – zumindest in der Fiktion – Erfolg, da die Neuschöpfung Anklang findet und ihr ‚Schöpfer', der Syrer Parrhesiades, sowohl vor dem (allerdings nicht sehr strengen) Literaturgericht im *Bis Accusatus* als auch von der Philosophie im *Piscator* einen Freispruch erwirkt. Damit hat Lukian seinen literarischen Hippokentauren in der von ihm selbst geschaffenen dialogischen Welt einen festen Platz verschafft.

Über ihren ‚Sitz im Leben' lässt sich dagegen nichts Gesichertes aussagen: Ob und wo Komödische Dialoge vorgetragen wurden, lässt sich nicht mehr feststellen. Allerdings legen sowohl ihre besondere dramatische Ausgestaltung als auch verschiedene werkinterne Hinweise auf Vortrags- und Inzenierungsweisen dieser Form nahe, dass Komödische Dialoge nicht nur im Akt des Lesens rezipiert und dabei stets neu und anders erlebt werden können, sondern auch als Bühnendialoge oder Miniaturdramen vorstellbar sind. Hier liegt ein weiteres Potential, das Lukian mit seiner hybriden Form auszuschöpfen scheint: Während der philosophische Dialog in der literarischen Tradition primär der Lektüre im kleinen Kreis vorbehalten war, wurde die Alte Komödie als Bühnenstück inszeniert. Eine Vermischung beider Gattungen könnte daher nicht nur deren Wirkungsabsichten, Formen und Inhalte betreffen, sondern auch den Aspekt ihrer Rezeptionsweise. Es fällt auf, dass in den drei für den Komödischen Dialog programmatischen Texten nicht nur die mündliche Präsentation thematisiert wird, sondern auch Hinweise auf eine mögliche Inszenierung gegeben werden. Spricht Dialogos im *Bis Accusatus* noch ganz allgemein von „Zuhörern" (τοῖς ἀκούουσι, 33), die ihn als entstellte Mischform erleben, was ähnlich wie im *Zeuxis* zunächst nur allgemein auf einen öffentlichen Vortrag Komödischer Dialoge verweist, so lässt die Verteidigung des Syrers Rückschlüsse auf das Zielpublikum und die mögliche Art der Präsentation dieser Dialoge zu:

> πάντα γοῦν μᾶλλον ἂν ἤλπισα ἢ τὸν Διάλογον τοιαῦτα ἐρεῖν περὶ ἐμοῦ, ὃν παραλαβὼν ἐγὼ σκυθρωπὸν ἔτι τοῖς πολλοῖς δοκοῦντα καὶ ὑπὸ τῶν συνεχῶν ἐρωτήσεων κατεσκληκότα, καὶ διὰ τοῦτο αἰδέσιμον μὲν εἶναι δοκοῦντα, οὐ πάντῃ δὲ ἡδὺν οὐδὲ τοῖς πλήθεσι κεχαρισμένον, πρῶτον μὲν αὐτὸν ἐπὶ γῆς βαίνειν εἴθισα εἰς τὸν ἀνθρώπινον τοῦτον τρόπον, μετὰ δὲ τὸν αὐχμὸν τὸν πολὺν ἀποπλύνας καὶ μειδιᾶν καταναγκάσας ἡδίω τοῖς ὁρῶσι παρεσκεύασα, ἐπὶ πᾶσι δὲ τὴν κωμῳδίαν αὐτῷ παρέζευξα, καὶ κατὰ τοῦτο πολλὴν οἱ μηχανώμενος τὴν εὔνοιαν παρὰ τῶν ἀκουόντων, οἳ τέως τὰς ἀκάνθας τὰς ἐν αὐτῷ δεδιότες ὥσπερ τὸν ἐχῖνον εἰς τὰς χεῖρας λαβεῖν αὐτὸν ἐφυλάττοντο. (*Bis Acc.* 34)

> Alles andere hätte ich eher erwartet, als dass Dialogos so über mich sprechen würde. Ich nahm mich seiner an, als er den meisten Menschen noch mürrisch und vom andauernden Fragen ausgedörrt erschien. Und obwohl ihn dadurch der Anschein von Ehrfurcht umgab, war er für die Menge überhaupt nicht attraktiv oder angenehm. Zuerst gewöhnte ich ihn daran, nach menschlicher Art auf der Erde zu wandeln. Danach wusch ich ihm all seinen Schmutz ab, zwang ihn zu lächeln und machte ihn für die, die ihn sahen, angenehm zurecht. Vor allem spannte ich ihm die Komödie zu und verschaffte ihm auf diese Weise viel Zuspruch bei den Zuhörern, die sich zuvor aus Furcht vor seinen Stacheln wie bei einem Igel gehütet hatten, ihn in die Hand zu nehmen.

Der Syrer verweist mit τοῖς πολλοῖς und τοῖς πλήθεσι gleich zweimal auf die breite Menge als ein intendiertes Adressatenpublikum des Komödischen Dialogs. Das bedingt notwendig eine mündliche Präsentation der neuen Form in der Öffentlichkeit, da eine Breitenwirkung nur auf diese Weise erreicht werden kann. Auf einen öffentlichen Vortrag deutet auch der Hinweis auf die „Zuhörer" (παρὰ τῶν ἀκουόντων), zu denen auch Gebildete (*pepaideuménoi*) gehören, die als zweite intendierte Adressatengruppe den Dialog als Komödischen Dialog wieder gern „in die Hände" nehmen, d.h. lesen und gegebenenfalls selbst kreativ verwenden können. Die Attraktivität für ein doppeltes Adressatenpublikum und eine sowohl mündliche wie schriftliche Rezeption wird im Bild des gereinigten und zurechtgemachten Dialogos fokussiert, wobei der Hinweis auf die Leute, „die ihn sahen" (τοῖς ὁρῶσι), die im *Bis Accusatus* aufgetretene Personifikation des Dialogos weiterführt: Der Komödische Dialog ist in der Öffentlichkeit aufgetreten, vielleicht in einer Inszenierung? Darauf deutet die bereits besprochene Anklage des Diogenes gegen Parrhesiades im *Piscator* (vgl. Kap. 4.2). In ihr ist nicht nur von Zuhörern des Komödischen Dialogs die Rede, zu denen wie im *Bis Accusatus* sowohl die Menge der Ungebildeten gehört – Diogenes verwendet wie der Syrer den Begriff οἱ πολλοί (vgl. *Pisc.* 25), anders als dieser aber im despektierlich-abgrenzenden Sinn –, sondern auch von Gebildeten, zu denen Diogenes sich selbst als Augenzeuge rechnen darf, denn er selbst war Teil einer solchen Inszenierung:

> καὶ τὸ πάντων δεινότατον, ὅτι τοιαῦτα ποιῶν καὶ ὑπὸ τὸ σὸν ὄνομα, ὦ Φιλοσοφία, ὑποδύεται καὶ ὑπελθὼν τὸν Διάλογον ἡμέτερον οἰκέτην ὄντα, τούτῳ συναγωνιστῇ καὶ ὑποκριτῇ χρῆται καθ' ἡμῶν, ἔτι καὶ Μένιππον ἀναπείσας ἑταῖρον ἡμῶν ἄνδρα συγκωμῳδεῖν αὐτῷ τὰ πολλά, ... (*Pisc.* 26)
>
> Das Schlimmste von allem ist aber, dass er sich bei alledem das Deckmäntelchen deines Namens gibt, Philosophie, und nachdem er sich bei Dialogos, unserem Diener, eingeschlichen hat, ihn nun als Mitkämpfer und Schauspieler gegen uns benutzt. Und dann hat er auch noch den Menipp, unseren Freund, dazu überredet, mit ihm zusammen uns oft zu verspotten, ...

Deutlicher als im *Bis Accusatus* wird eine mögliche Inszenierung des Komödischen Dialogs angedeutet: Dialogos ist ein Schauspieler (ὑποκριτής), Menipp spielt in Parrhesiades' ‚Komödien' mit (συγκωμῳδεῖν), und Diogenes spricht (in einem Komödischen Dialog) über *Vitarum Auctio* als eine Figur, die selbst zum Inventar dieses Komödischen Dialogs gehört und aus erster Hand von der (für sie traumatischen) Erfahrung einer Inszenierung berichtet. Nimmt man Diogenes' unmittelbar vorangehenden Vergleich von Parrhesiades' Tätigkeit mit den aristophanischen Bühneninszenierungen hinzu (*Pisc.* 25), so könnten diese als Muster für die Inszenierung Komödischer Dialoge herangezogen werden. Hierzu würden die Metaphern von Maskierung und Rollenspiel gut passen, die von Lukians Figuren im Zusammenhang mit der Genese und Ausgestaltung der neuen Form immer wieder verwendet werden. Zudem bieten sich die Komödischen Dialoge aufgrund ihrer starken Handlungsorientierung und ihrer dramatischen Gestaltung als Dialoge ohne Rahmenerzählung für eine Inszenierung an.

Vor diesem Hintergrund würde beispielsweise der Beginn des *Piscator* wie eine komödische Parodos (Einzugslied) wirken, bei der ein ‚Chor' von aufgebrachten Philosophen unter der (Chor)führung des Sokrates auf die Bühne stürmt und die zwei Dichterzitate in der Rede des Sokrates (*Pisc.* 1) gemeinsam rezitieren könnte. Ähnlich dramatisch ließe sich der Schluss des *Piscator* (52) als Exodos (Auszugslied) mit dem doppelten Abgang der Philosophen in die Unterwelt auf der einen und des Parrhesiades und der personifizierten Überführung (Ἔλεγχος) auf der anderen Seite der (Theater-)Bühne inszenieren. In jedem Fall bräuchte man für eine Inszenierung von *Vitarum Auctio* oder *Piscator*, wo bis zu dreizehn Personen zum Teil gleichzeitig agieren, mehrere Schauspieler – hier wäre an eine fahrende Schauspielertruppe zu denken, die Komödische Dialoge Lukians auf ihre Bühne gebracht haben könnte. Zu Beginn von *Vitarum Auctio* (1) wird mit der Verkaufsplattform geradezu eine eigene Bühne aufgeschlagen, auf der die Philosophen vor ihren Zuschauern und späteren Käufern auftreten. Eine andere Möglichkeit der Inzenierung bringt der Sprecher des *Prometheus es in verbis* ins Spiel, der sich ebenfalls zu den Vortragsweisen der Komödischen Dialoge äußert:

> Ἡμεῖς δὲ οἱ ἐς τὰ πλήθη παριόντες καὶ τὰς τοιαύτας τῶν ἀκροάσεων ἐπαγγέλλοντες εἴδωλα ἄττα ἐπιδεικνύμεθα, καὶ τὸ μὲν ὅλον ἐν πηλῷ, καθάπερ ἔφην μικρὸν ἔμπροσθεν, ἡ πλαστικὴ κατὰ ταὐτὰ τοῖς κοροπλάθοις· τὰ δ' ἄλλα οὔτε κίνησις ὁμοία πρόσεστιν οὔτε ψυχῆς δεῖγμά τι, ἀλλὰ τέρψις ἄλλως καὶ παιδιὰ τὸ πρᾶγμα. (*Prom. Es* 2)

> Ich hingegen, der ich vor Menschenmengen trete und solche Vorträge ankündige, führe nur irgendwelche Figuren vor, und meine gestalterische Arbeit begnügt sich völlig, wie ich eben gesagt habe, mit Lehm, genau wie bei den Puppenmachern; im Übrigen verfügen diese Figuren weder über eine vergleichbare Beweglichkeit, noch lassen sie auch nur einen Hauch von Beseeltheit erkennen, sondern bei der ganzen Angelegenheit geht es bloß um Spaß und Unterhaltung.

Natürlich lässt sich aus dem Vergleich mit den Puppenherstellern kein Puppenspiel ableiten, wohl aber eine Art *one-person-show*, bei der das Vorführen von Figuren ohne eigene Identität und ohne individuelle Handlungsfreiheit nach Art des Sprechtheaters inszeniert werden kann. Weniger wahrscheinlich ist dagegen eine Aufführungsform, bei der ein Schauspieler in verschiedene Rollen schlüpft, wie es ein pantomimischer Tänzer in *De Saltatione* (66) tut:

> ἐθέλω γοῦν σοι καὶ ἄλλου βαρβάρου ῥῆσιν ἐπὶ τούτοις εἰπεῖν, ἰδὼν γὰρ πέντε πρόσωπα τῷ ὀρχηστῇ παρεσκευασμένα – τοσούτων γὰρ μερῶν τὸ δρᾶμα ἦν – ἐζήτει, ἕνα ὁρῶν τὸν ὀρχηστήν, τίνες οἱ ὀρχησόμενοι καὶ ὑποκρινούμενοι τὰ λοιπὰ προσωπεῖα εἶεν· ἐπεὶ δὲ ἔμαθεν ὅτι αὐτὸς ὑποκρινεῖται καὶ ὑπορχήσεται τὰ πάντα, „ἐλελήθεις," ἔφη, „ὦ βέλτιστε, σῶμα μὲν τοῦτο ἕν, πολλὰς δὲ τὰς ψυχὰς ἔχων." (*Salt.* 66)

> Ich will dir noch erzählen, was ein anderer Barbar dazu gesagt hat. Als dieser sah, dass für den Tänzer fünf Masken bereit gelegt waren – das Drama hatte nämlich ebenso viele Akte –, fragte er, weil er nur den einen Tänzer sah, welche die Tänzer und Schauspieler der übrigen Masken wären. Als er aber erfuhr, dass der Tänzer selbst alle Rollen spielen und tanzen würde, sagte er: „Mir ist entgangen, mein Bester, dass du zwar nur diesen einen Körper, aber viele Seelen hast."

Bei einem Komödischen Dialog, der im Unterschied zum Pantomimos keine Akteinteilung mit Pausen für Maskenwechsel kennt, würde ein rascher und häufiger Maskenwechsel die dramatische Fiktion ständig stören; hinzu käme die Herausforderung, verschiedene Figuren mit unterschiedlichen Stimmlagen auf die Bühne zu bringen.

Festzuhalten bleibt, dass Lukian seine Komödischen Dialoge so konzipiert hat, dass sie frei von traditionellen oder literarischen Zwängen und offen für alle Arten von Figuren sowohl in mündlichen Darbietungen als auch in schriftlicher Form wirken konnten. Bedenkt man die Wichtigkeit von öffentlichen Präsentationen und öffentlicher Präsenz der Bildungselite der Zweiten Sophistik, so kann es nicht erstaunen, dass Lukian nach einer wirkmächtigen Ausdrucksform gesucht hat, die sowohl im engeren Kreis der *pepaideuménoi* als auch von einer breiteren Öffentlichkeit rezipiert werden konnte. Zwar lässt sich diese doppelte Ausrichtung auch für andere Lukianische Werke beobachten – so wird im *Zeuxis* 1 und in der *Apologie* 3 die öffentliche Präsentation und schriftliche Rezeption von (nicht-dialogischen) Schriften thematisiert –, aber eine dramatische Inszenierung (vgl. Kap. 3.2.5) wäre eine besonders abwechslungsreiche und intensive Erfahrung, die Zuhörer zu Zuschauern machen und eine Visualisierung der hybriden Form etwa in Gestalt eines dreifach maskierten Menipp oder eines teils in Versen, teils in Prosa(rhythmen) schreitenden und sprechenden Dialogos, wie man ihn nie zuvor als Figur auf einer Bühne sehen konnte, ermöglichen würde. Das Interesse an öffentlichen Schauspielen war in der Kaiserzeit jedenfalls groß, und Orte für Inszenierungen gab es genug: Neben öffentlichen Räumen wie Odeon, Theater oder Agora, für die in der Kaiserzeit immer wieder Auftritte von Wanderrednern, Gauklern oder Pantomimen bezeugt sind, stand vor allem der ‚private' Raum der Symposien und Gastmähler jederzeit – und auch ohne einen besonderen festlichen Anlass, wie es im *Piscator* heißt (οὔτε ἑορτῆς ἐφιείσης, 26) – für Inszenierungen von Lukians Komödischen Dialogen zur Verfügung.

4.4 Spielarten des Komödischen Dialogs: Die *Dialogi Minores*

Obwohl die vier Dialogcorpora im Lukianischen Œuvre (*Dialogi Deorum, Dialogi Marini, Dialogi Meretricii, Dialogi Mortuorum*) nach den im *Bis Accusatus, Piscator* und *Prometheus es in verbis* gegebenen ‚Definitionen' (vgl. Kap. 4.2) nicht als Komödische Dialoge im engeren Sinne bezeichnet werden können, lassen sie sich als Spielarten oder Weiterführungen dieser hybriden Form verstehen.

Blicken wir nochmals auf den Komödischen Dialog und seine Poiesis zurück. Es fällt auf, dass die beiden Anklagen gegen den Syrer und Parrhesiades entweder vom Dialog selbst (*Bis Accusatus*) oder im Interesse des Dialogs und seiner traditionellen philosophischen Nutzer (*Piscator*) geführt werden. Hingegen beschwert sich die Komödie nie, und weder ein Aristophanes noch ein Eupolis kommen aus der Unterwelt, um den einen oder anderen ‚Erfinder' des Komödischen Dialogs wegen Verunstaltung (der Komödie) zu verklagen oder gar zu steinigen. So gesehen wirkt die Lukianische Hybride – zumindest in der inszenierten Selbstwahrnehmung der betroffenen Gattungen – weitaus stärker gegen den einen ihrer beiden Bestandteile als gegen den anderen. Führt man diesen Gedanken weiter, so stünde zu erwarten, dass die Klagen des philosophischen Dialogs in dem Maße zunähmen, in dem ein Syrer oder ein Parrhesiades ihn seiner traditionellen Gestalt weiter entkleiden und ‚verunstalten' würde – beispielsweise dadurch, dass sie sich an den Resten seines philosophischen Charakters, die ihm im Komödischen Dialog noch geblieben sind, zu schaffen machen: an der philosophische Thematik, den Aushandlungsprozessen und dem ‚ernsten' Teil der zum *spoudogéloion* („Ernst-Komischen") vermischten Wirkungsabsicht. Oder anders formuliert: Was würde Dialogos wohl sagen, wenn er – anstatt wie gewohnt über den Wolken philosophischer Fragestellungen nachgehen zu können (*Bis Acc.* 33) – in eben diesen Gefilden für (aus seiner Sicht) gänzlich unphilosophische *Göttergespräche* ‚missbraucht' würde? Und wie erbost wäre wohl ein Diogenes, wenn man seinen ‚Diener' Dialogos (*Pisc.* 26) bei einem entspannten Bade mit Meeresnymphen erwischte?

Da sich solche Verwendungsweisen des (philosophischen) Dialogs in allen vier *Dialogi Minores* finden, kann man sie als skalierte Komödische Dialoge bezeichnen, denen weniger Anteile des philosophischen Dialogs zugemischt wurden. Dabei fällt auf, dass sich das Mischverhältnis nicht immer zugunsten der (Alten) Komödie verschiebt, da auch ihr Anteil zurückgefahren werden kann: So sind alle *Dialogi Minores* auf der Figurenebene deutlich handlungsärmer als die Komödischen Dialoge, und auch die komische Wirkungsabsicht kann sich abschwächen. Die vier Dialogcorpora zeigen eine stark verdünnte Mischung von Ingredienzien des philosophischen Dialogs und der Komödie, die zudem – um im Bild des Mischens von Honig und Wein zu bleiben (*Prom. Es* 5) – einige neue Geschmacksrichtungen enthalten.

Beginnen wir mit den *Dialogi Mortuorum*, deren Bezug zu den Komödischen Dialogen sich über die Verwendung der Figur Menipp (vgl. *Bis Accusatus, Icaromenippus, Necyomantia*) und das Thema ‚Unterwelt' (vgl. *Necyomantia, Piscator, Cataplus*) andeutet. Menipp soll auf dringenden Wunsch des Kosmopoliten Diogenes (vgl. Kap. 2) in die Unterwelt kommen, um dort das fortzusetzen, was er schon zu Lebzeiten getan hat:

> ὦ Πολύδευκες, ἐντέλλομαί σοι, ἐπειδὰν τάχιστα ἀνέλθῃς, – σὸν γάρ ἐστιν, οἶμαι, ἀναβιῶναι αὔριον – ἤν που ἴδῃς Μένιππον τὸν κύνα, – εὕροις δ' ἂν αὐτὸν ἐν Κορίνθῳ κατὰ τὸ Κράνειον ἢ ἐν Λυκείῳ τῶν ἐριζόντων πρὸς ἀλλήλους φιλοσόφων καταγελῶντα – εἰπεῖν πρὸς αὐτὸν ὅτι Σοί, ὦ Μένιππε, κελεύει ὁ Διογένης, εἴ σοι ἱκανῶς τὰ ὑπὲρ γῆς καταγεγέλασται, ἥκειν ἐνθάδε πολλῷ πλείω ἐπιγελασόμενον· (*DMort.* 1.1)
>
> He, Polydeukes, ich habe einen Auftrag für dich, wenn du wieder hinaufgehst – ich glaube, morgen bist du doch wieder mit Auferstehen dran: Solltest du irgend-

wo Menipp, den Hund, sehen – vielleicht findest du ihn in Korinth beim Kraneion oder im Lykeion, wo er sich über das Gestreite der Philosophen lustig macht –, dann richte ihm doch folgendes aus: „Diogenes fordert dich, Menipp, dringend auf, wenn du dich über die irdischen Angelegenheiten hinreichend lustig gemacht hast, hierher zu kommen, wo du noch viel mehr zu lachen haben wirst."

Die Welt, von der sich Menipp abkehren soll, ist zunächst die Lebenswirklichkeit mit ihren menschlichen Irrungen und Wirrungen, die aus Sicht des Kynikers Diogenes als lächerlich zu bezeichnen ist. Die konkrete räumliche Verortung Menipps am Kraneion, wo Diogenes gelebt hat und durch Selbstmord aus dem Leben geschieden sein soll (Diogenes Laertius 6.77), passt gut zur Vita des Kynikers Menipp von Gadara, der sich eben dort aufgehalten hat und zudem – wie von Diogenes insinuiert (und vorgemacht) – Selbstmord begangen haben soll (Diogenes Laertius 6.100). So gesehen macht das erste *Totengespräch* programmatisch die Biographien der (historischen und mythischen) Figuren, welche die Unterwelt bevölkern, zum Ausgangspunkt und wichtigen Thema der Sammlung. Die Figur Menipp ermöglicht zugleich eine Gruppierung der *Dialogi Mortuorum* zusammen mit anderen Lukianischen Dialogen, in denen Menipp eine Rolle spielt und sich – wie von Diogenes beobachtet – „über das Gestreite der Philosophen" lustig macht. So gesehen könnte Diogenes im ersten *Totengespräch* auf die von ‚Lukians' Menipp mitgestaltete ‚literarische Realität' der Komödischen Dialoge verweisen, die nun auch in die Unterwelt, d.h. in die Lukianischen *Dialogi Mortuorum*, Einzug hält. Diese Annahme lässt eine mit den Komödischen Dialogen vergleichbare Gestaltungs- und Wirkungsweise der *Totengespräche* vermuten, wobei die zu verlachende Unterwelt im Vergleich zur bereits verlachten Oberwelt die dem philosophischen Dialog eingeschriebene Suche nach der Wahrheit zu einem komischen Ende zu führen scheint:

> ἐκεῖ μὲν γὰρ ἐν ἀμφιβόλῳ σοι ἔτι ὁ γέλως ἦν καὶ πολὺ τό 'Τίς γὰρ ὅλως οἶδε τὰ μετὰ τὸν βίον;' ἐνταῦθα δὲ οὐ παύσῃ βεβαίως γελῶν καθάπερ ἐγὼ νῦν, καὶ μάλιστα ἐπειδὰν ὁρᾷς τοὺς πλουσίους καὶ σατράπας καὶ τυράννους οὕτω ταπεινοὺς καὶ ἀσήμους, ἐκ μόνης οἰμωγῆς διαγινωσκομένους, καὶ ὅτι μαλθακοὶ καὶ ἀγεννεῖς εἰσι μεμνημένοι τῶν ἄνω. (*DMort.* 1.1)

> „Denn dort hat sich in dein Gelächter ja noch ein Zweifel geschlichen, oft ein ‚Wer weiß schon wirklich, was nach dem Leben kommt?', aber hier wirst du, genau wie ich, aus dem Lachen, einem von aller Unsicherheit befreiten Lachen, nicht mehr herauskommen, vor allem, wenn du die Reichen, die Satrapen, die Tyrannen in all ihrer Erbärmlichkeit und Bedeutungslosigkeit siehst: Man erkennt sie nur noch an ihrem Gejammer und daran, dass sie ohne Haltung und Würde ständig an ihr irdisches Leben zurückdenken."

Auch in den *Dialogi Mortuorum* gibt es Komik, auch hier stehen philosophische Fragestellungen auf der Tagesordnung – aber eben nicht nur: Der Hinweis auf Reiche, Satrapen und Tyrannen deutet ein Themenfeld an, das nicht mehr auf die ‚klassischen' philosophischen Themen beschränkt ist, sondern politische und gesellschaftliche Aspekte der menschlichen Gemeinschaft betreffen. Menipp kann sein Wirken in der Unterwelt zwar fortsetzen (vgl. besonders *DMort.* 6, wo er von Aiakos in der Unterwelt herumgeführt wird und auf verschiedene Philosophen, darunter Sokrates, trifft), er begegnet aber hauptsächlich Figuren, die weder Philosophen sind noch an philosophischen Fragestellungen Interesse zeigen. So gerät er gleich im zweiten *Totengespräch* mit dem Fährmann Charon in einen Streit über die Bezahlung seiner Überfahrt oder trifft – im Überlieferungsstrang β (vgl. Kap. 5), der eine andere Anordnung der Dialoge gibt – auf die drei antiken Symbolfiguren für Reichtum schlechthin, Kroisos, Midas und Sardanapal, und macht sich über deren Wehklagen lustig (*DMort.* 3). Je mehr *Dialogi Mortuorum* man liest, umso stärker wird der Eindruck, dass sich die Gesprächspartner von philosophischen Themen entfernen, die auch Menipp selbst zu langweilen scheinen: Im sechsten Dialog schlägt er die Einladung des Sokrates, bei ihm und anderen Philosophen zu bleiben, mit der Bemerkung aus, dass er sich lieber in der Nähe von Kroisos und Sardanapal aufhalten wolle, wo es für ihn „viel zu lachen" (οὐκ ὀλίγα γελάσεσθαι, *DMort.* 6.6) gebe. Unabhängig davon, ob man die *Dialogi Mortuorum* in der Anordnung des Hauptüberlieferungsstrangs γ liest, wo Menipp in den ersten zehn Dialogen sowie in *DMort.* 20 und 30 als Sprecher auftritt, oder stärker über die Sammlung verteilt wie in β (2, 3, 10, 17, 18, 20, 21, 22, 25, 26, 28), ist festzuhalten, dass die mit der Ankunft eines kynischen Philosophen in der Unterwelt verbundene Erwartungshaltung an *Totengespräche* mit – im weitesten Sinn – philosophischen Themen nur zu einem Teil erfüllt wird und sich zudem weitgehend auf die Dialoge mit Menipp als Sprecher beschränkt. Die damit verbundene kynische Dominanz philosophischer Themen wird auf diese Weise selbst zum Thema, wobei es den Rezipienten überlassen bleibt, der kynischen Doktrin zuzustimmen oder sie kritisch zu hinterfragen.

Dieses Zurücktreten der Charakteristika des philosophischen Dialogs in den *Dialogi Mortuorum* lässt sich – besonders vor dem skizzierten Erwartungshorizont, dass mit Menipp auch der Komödische Dialog die Unterwelt erreicht – als eine Verdünnung des Mischverhältnisses von philosophischem Dialog und Komödie deuten, was zunächst ein Hervortreten des Anteils der Komödie vermuten lässt: So wie der Wein stärker wird, wenn man ihm weniger Honig beimischt, so müsste ein Komödischer Dialog eigentlich ‚komödischer' werden, wenn der Anteil des philosophischen Dialogs sinkt. Doch das Gegenteil scheint der Fall, da in den *Dialogi Mortuorum* die für den Komödischen Dialog von Seiten der Komödie eingemischte Handlungsorientierung auf der Figurenebene bis auf wenige Ausnahmen (*DMort.* 1, 6, 22) fast gänzlich fehlt. An ihre Stelle rückt jedoch – und daher bleibt die Komödie in den *Totengesprächen* präsent – die ausserszenische Handlung: Alle *Dialogi Mortuorum* sind durch vorgängige Handlungen motiviert, münden in Handlungen oder ereignen sich zwischen den Dialogen selbst. Ein gutes Beispiel hierfür ist gleich das eingangs besprochene erste *Totengespräch*, in dem Diogenes den Polydeukes, der gerade auf dem Weg an die Oberwelt ist, auffordert, Menipp zum Gang in die Unterwelt zu bewegen. Wenn

Menipp dann im zweiten *Totengespräch* entweder auf dem Weg in die Unterwelt ist (Anordnung der Gespräche in γ, s.o.) oder als toter Gesprächsparter auftritt (*DMort.* 3), so hat sich – sofern man seine Ankunft nicht mit einem Zeitsprung als durch den natürlichen Tod bedingte Ankunft im Totenreich auffassen möchte, was durchaus möglich ist, da die *Dialogi Mortuorum* keine Zeitlichkeit kennen – zwischen dem ersten und dem (unabhängig von der Anordnung) zweiten Dialog, in dem Menipp in der Unterwelt auftritt, eine Handlung ereignet, wie sie beispielsweise im *Cataplus* oder in *DMort.* 20 entwickelt wird. So gesehen wären die beiden ersten *Totengespräche* eine Art Lektüreanleitung für die Rezipienten, die Rahmenhandlungen der Dialoge selbst zu ergänzen – sei es aus der Anordnung der Dialoge im Sammlungskontext (vgl. *DMort.* 15 u. 16), sei es aus der eigenen Vorstellungswelt, sei es aus der Bildung (*paideía*) und der Kenntnis verschiedener literarischer oder bildlicher Traditionen.

Halten wir daher fest: Hand in Hand mit der extremen Verkürzung, die alle *Dialogi Minores* formal auszeichnet, geht eine starke Verdünnung der Ingredienzien des Komödischen Dialogs, wie wir sie in den *Dialogi Mortuorum* finden. Sowohl vom philosophischen Dialog als auch von der Komödie sind nur noch Spurenelemente übrig, wobei die Mischtechnik der *Totengespräche* als intensivste Form der Verbindung (s.o.) eine eigene Ästhetik erfordert. Auf eine solche verweist der letzten Dialog (in der Anordnung von γ), in dem auch Menipp nochmals auftritt. Seine Gesprächspartner sind Nireus, der angeblich schönste Mann im Trojanischen Krieg, und Thersites, der hässlichste. Menipp, der entscheiden soll, wer von beiden der schönste ist, scheint überfordert: Alles, was er in der Unterwelt sieht, sind Knochen, die Toten lassen sich – bis auf Unterschiede in der Konsistenz ihrer Gebeine – nicht mehr voneinander unterscheiden. Die Frage nach der Schönheit der Gestalt (εὔμορφος, *DMort.* 30.1-2) – die der Sprecher im *Prometheus es in verbis* zum Kern seiner Betrachtung der Mischung von philosophischem Dialog und Komödie erhoben hatte (*Prom. Es* 5) – ist auch für Figuren der Unterwelt und für ihre Gestalt(ung) wichtig. Man kann sie jedoch nur dann beantworten – und entsprechend feststellen, ob die *Dialogi Mortuorum* Komödische Dialoge sind oder nicht –, wenn man die Form oder Gestalt, über die man urteilen soll, kennt oder die Möglichkeit hat, sie in ihren für die Beurteilung wichtigen Einzelteilen von Kopf bis Fuß zu analysieren. Während dies auf der Oberwelt sowohl mit Blick auf die hybride Gestalt Menipps (vgl. Kap. 4.2) als auch mit Blick auf die Form des Komödischen Dialogs, in dem er auftrat, noch problemlos möglich war, so muss beides in den *Dialogi Mortuorum* offen bleiben: Menipp hat ebenso wie der (Komödische) Dialog seine festen Konturen verloren, die Toten tragen keine Masken mehr, Figuren und Formen entziehen sich einer ästhetischen Betrachtung nach ‚irdischen' Maßstäben. Da alles bis zur Unkenntlichkeit reduziert und vermischt ist, ist auch die mögliche spezifische Schönheit im Sinne einer besonderen hybriden Gestalt(ung) der *Dialogi Mortuorum* nicht sicher zu erfassen: οὔτε σὺ οὔτε ἄλλος εὔμορφος· ἰσοτιμία γὰρ ἐν ᾅδου καὶ ὅμοιοι ἅπαντες (*DMort.* 30.2). Wie Menipp, Thersites und Nireus als Figuren ist auch der Komödische Dialog als Form in den *Dialogi Mortuorum* bis auf die Knochen zerlegt. Er hat sein angestammtes philosophisches Fleisch verloren, und von seiner komischen Maske ist nur noch ein Fetzen, das Lachen als Wirkungsabsicht, geblieben. Übrig bleibt die reine Form des Dialogs, gewissermaßen das formale Skelett, das – von bestimmten (philosophischen) Themen und (komödischen) Handlungen befreit – ein äußerst produktives Potential entfaltet, da es von allen erdenklichen Gesprächspartnern zu jeder Zeit und an allen Orten neu gestaltet werden kann. Die *Dialogi Mortuorum* bilden einen Nukleus, aus dem Komödische Dialoge durch Verdichtung der Ingredienzien gebildet werden können.

Im Unterschied zu den *Dialogi Mortuorum* finden sich in den drei anderen Dialogcorpora im Lukianischen Œuvre weder figürliche noch thematische Anknüpfungspunkte an Komödische Dialoge. Zudem weisen die *Dialogi Minores* untereinander keine intertextuellen Verknüpfungen auf, und es gibt keine Hinweise auf ihre etwaige Chronologie. Gleichwohl lassen zahlreiche formale Gemeinsamkeiten der vier Dialogcorpora vermuten, dass auch die *Dialogi Deorum,* die *Dialogi Marini* und die *Dialogi Meretricii* weitere Spielarten des Komödischen Dialogs sind: Alle *Dialogi Minores* teilen sich die formale Kürze, die rahmenlose dialogische Gestaltung, die Handlungsarmut auf der Figurenebene, das Zurücktreten der ‚klassischen' philosophischen Themen, die Offenheit der Sammlung sowie die jeweilige Konzentration auf einen bestimmten Raum. Nimmt man diese Räume zusammen, so besetzen die *Dialogi Minores* alle denkbaren Orte, an denen es Gespräche geben kann: den Himmel (*Dialogi Deorum*), die Erde (*Dialogi Meretricii*), das Meer (*Dialogi Marini*) und die Unterwelt (*Dialogi Mortuorum*). Damit sind sie ebenso raumgreifend wie die Komödischen Dialoge, die teils in der Luft, teils auf der Erde, teils in der Unterwelt und teils auf dem Wasser (*Cataplus*) stattfinden, dabei jedoch häufig Bewegungen zwischen diesen Räumen zur Handlung haben, die in den *Dialogi Minores* bis auf ganz wenige Ausnahmen (*DMort.* 1 u. 20; *DMar.* 8) fehlen. Wie in den *Dialogi Mortuorum* exemplarisch herausgestellt (s.o.), liegt dieser Reduktion die Umlenkung der Handlung von der Figuren- auf die Rezeptionsebene zugrunde. Diese findet etwa in den *Dialogi Marini* – analog zu den *Dialogi Mortuorum* – sowohl durch szenisch-dramatische Visualisierungen, die von einem Rezipienten während der einzelnen Dialoge geleistet wird, als auch zwischen zwei direkt aufeinanderfolgenden oder thematisch aufeinander bezogenen Dialogen statt. Im ersten *Meergöttergespräch* geht es – wie in den meisten *Hetärengesprächen* – um einen Liebhaber mit Schattenseiten:

> **Δωρίς.** Καλὸν ἐραστήν, ὦ Γαλάτεια, τὸν Σικελὸν τοῦτον ποιμένα φασὶν ἐπιμεμηνέναι σοί. **Γαλάτεια.** Μὴ σκῶπτε, Δωρί· Ποσειδῶνος γὰρ υἱός ἐστιν, ὁποῖος ἂν ᾖ. **Δωρίς.** Τί οὖν; εἰ καὶ τοῦ Διὸς αὐτοῦ παῖς ὢν ἄγριος οὕτως καὶ λάσιος ἐφαίνετο καί, τὸ πάντων ἀμορφότατον, μονόφθαλμος, οἴει τὸ γένος ἄν τι ὀνῆσαι αὐτὸν πρὸς τὴν μορφήν; **Γαλάτεια.** Οὐδὲ τὸ λάσιον αὐτοῦ καί, ὡς φῄς, ἄγριον ἄμορφόν ἐστιν—ἀνδρῶδες γάρ—ὅ τε ὀφθαλμὸς ἐπιπρέπει τῷ μετώπῳ οὐδὲν ἐνδεέστερον

ὁρῶν ἢ εἰ δύ' ἦσαν. **Δωρίς.** Ἔοικας, ὦ Γαλάτεια, οὐκ ἐραστὴν ἀλλ' ἐρώμενον ἔχειν τὸν Πολύφημον, οἷα ἐπαινεῖς αὐτόν. (2) **Γαλάτεια.** Οὐκ ἐρώμενον, ἀλλὰ τὸ πάνυ ὀνειδιστικὸν τοῦτο οὐ φέρω ὑμῶν, καί μοι δοκεῖτε ὑπὸ φθόνου αὐτὸ ποιεῖν, ὅτι ποιμαίνων ποτὲ ἀπὸ τῆς σκοπῆς παιζούσας ἡμᾶς ἰδὼν ἐπὶ τῆς ἠϊόνος ἐν τοῖς πρόποσι τῆς Αἴτνης, καθ' ὃ μεταξὺ τοῦ ὄρους καὶ τῆς θαλάσσης αἰγιαλὸς ἀπομηκύνεται, ὑμᾶς μὲν οὐδὲ προσέβλεψεν, ἐγὼ δὲ ἐξ ἁπασῶν ἡ καλλίστη ἔδοξα, καὶ μόνη ἐμοὶ ἐπεῖχε τὸν ὀφθαλμόν. ταῦτα ὑμᾶς ἀνιᾷ· δεῖγμα γὰρ ὡς ἀμείνων εἰμὶ καὶ ἀξιέραστος, ὑμεῖς δὲ παρώφθητε. **Δωρίς.** Εἰ ποιμένι καὶ ἐνδεεῖ τὴν ὄψιν καλὴ ἔδοξας, ἐπίφθονος οἴει γεγονέναι; καίτοι τί ἄλλο ἐν σοὶ ἐπαινέσαι εἶχεν ἢ τὸ λευκὸν μόνον; καὶ τοῦτο,οἶμαι, ὅτι συνήθης ἐστὶ τυρῷ καὶ γάλακτι· πάντα οὖν τὰ ὅμοια τούτοις ἡγεῖται καλά. (3) ἐπεὶ τά γε ἄλλα ὁπόταν ἐθελήσῃς μαθεῖν, οἵα τυγχάνεις οὖσα τὴν ὄψιν, ἀπὸ πέτρας τινός, εἴ ποτε γαλήνη εἴη, ἐπικύψασα εἰς τὸ ὕδωρ ἰδὲ σεαυτὴν οὐδὲν ἄλλο ἢ χρόαν λευκὴν ἀκριβῶς· οὐκ ἐπαινεῖται δὲ τοῦτο, ἢν μὴ ἐπιπρέπῃ αὐτῷ καὶ τὸ ἐρύθημα. **Γαλάτεια.** Καὶ μὴν ἐγὼ μὲν ἡ ἀκράτως λευκὴ ὅμως ἐραστὴν ἔχω κἂν τοῦτον, ὑμῶν δὲ οὐκ ἔστιν ἥντινα ἢ ποιμὴν ἢ ναύτης ἢ πορθμεὺς ἐπαινεῖ· ὁ δέ γε Πολύφημος τά τε ἄλλα καὶ μουσικός ἐστι. (4) **Δωρίς.** Σιώπα, ὦ Γαλάτεια· ἠκούσαμεν αὐτοῦ ᾄδοντος ὁπότε ἐκώμασε πρῴην ἐπὶ σέ· Ἀφροδίτη φίλη, ὄνον ἄν τις ὀγκᾶσθαι ἔδοξεν. καὶ αὐτὴ δὲ ἡ πηκτὶς οἵα; κρανίον ἐλάφου γυμνὸν τῶν σαρκῶν, καὶ τὰ μὲν κέρατα πήχεις ὥσπερ ἦσαν, ζυγώσας δ' αὐτὰ καὶ ἐνάψας τὰ νεῦρα, οὐδὲ κολλάβοις περιστρέψας, ἐμελῴδει ἄμουσόν τι καὶ ἀπῳδόν, ἄλλο μὲν αὐτὸς βοῶν, ἄλλο δὲ ἡ λύρα ὑπήχει, ὥστε οὐδὲ κατέχειν τὸν γέλωτα ἐδυνάμεθα ἐπὶ τῷ ἐρωτικῷ ἐκείνῳ ᾄσματι· ἡ μὲν γὰρ Ἠχὼ οὐδὲ ἀποκρίνεσθαι αὐτῷ ἤθελεν οὕτω λάλος οὖσα βρυχομένῳ, ἀλλ' ᾐσχύνετο, εἰ φανείη μιμουμένη τραχεῖαν ᾠδὴν καὶ καταγέλαστον. (5) ἔφερεν δὲ ὁ ἐπέραστος ἐν ταῖς ἀγκάλαις ἀθυρμάτιον ἄρκτου σκύλακα τὸ λάσιον αὐτῷ προσεοικότα. τίς οὐκ ἂν φθονήσειέ σοι, ὦ Γαλάτεια, τοιούτου ἐραστοῦ; **Γαλάτεια.** Οὐκοῦν σύ, Δωρί, δεῖξον ἡμῖν τὸν σεαυτῆς, καλλίω δῆλον ὅτι ὄντα καὶ ᾠδικώτερον καὶ κιθαρίζειν ἄμεινον ἐπιστάμενον. **Δωρίς.** Ἀλλὰ ἐραστὴς μὲν οὐδείς ἐστί μοι οὐδὲ σεμνύνομαι ἐπέραστος εἶναι· τοιοῦτος δὲ οἷος ὁ Κύκλωψ ἐστί, κινάβρας ἀπόζων ὥσπερ ὁ τράγος, ὠμοβόρος, ὥς φασι, καὶ σιτούμενος τοὺς ἐπιδημοῦντας τῶν ξένων, σοὶ γένοιτο καὶ πάντοτε σὺ ἀντερῴης αὐτοῦ. (*DMar.* 1)

Doris: Dein schöner Liebhaber, Galateia, dieser sizilianische Hirte, soll ja völlig verrückt nach dir sein. **Galateia**: Mach dich nicht lustig, Doris! Es handelt sich nämlich um Poseidons Sohn, egal wie er aussieht. **Doris**: Na und was? Und wenn er der Sohn von Zeus höchstpersönlich wäre, glaubst du, wo er so wild und struppig aussieht und obendrein, Gipfel der Hässlichkeit, nur ein Auge hat, dass ihm seine Abstammung irgendwie zu Schönheit verhelfen kann? **Galateia**: Seine struppigen Haare und seine, wie du es nennst, Wildheit sind überhaupt nicht hässlich, sondern männlich, und das Auge steht seiner Stirn sehr gut, und er sieht damit auch nicht schlechter, als wenn es zwei wären. **Doris**: So wie du von ihm schwärmst, Galateia, könnte man denken, Polyphem sei nicht in dich, sondern du in ihn verliebt. (2) **Galateia**: Ich bin überhaupt nicht in ihn verliebt, aber eure ständigen Spötteleien kann ich gar nicht leiden! Und ich glaube, ihr tut das aus Neid! Als er uns nämlich einmal beim Weiden vom Felsen aus an der Küste unterhalb des Ätna spielen sah – da, wo sich zwischen Berg und Meer der Strand hinzieht –, da hat er euch nicht einmal eines einzigen Blickes gewürdigt, sondern ich bin es gewesen, die ihm von euch allen am schönsten vorgekommen ist, und nur auf mich hat er ein Auge geworfen. Das ärgert euch! Es beweist nämlich, dass ich besser bin und liebenswert und dass man euch links liegen lässt. **Doris**: Glaubst du, wir müssen dich gleich beneiden, bloß weil du einem halbblinden Hirten gefallen hast? Und überhaupt, was hatte er schon anderes an dir zu rühmen als nur deine weiße Haut? Und auch das nur, glaube ich, weil er ständig mit Käse und Milch zu tun hat: Da hält er alles für schön, was genauso aussieht. (3) Wenn du dich im Übrigen über dein eigenes Aussehen informieren willst, dann geh mal bei Windstille ans Meer, bück dich über den Wasserspiegel und schau dich an: Nichts als weiß ist deine Haut! Das findet aber bei niemandem Anklang, solange nicht auch der Glanz lebensvoller Röte auf ihr erblüht. **Galateia**: Aber ich habe, bei meiner schneeweißen Haut, trotzdem einen Liebhaber, und wenn es der ist, aber euer Loblied stimmt keiner an, weder ein Hirt noch ein Schiffer, noch ein Fährmann! Und übrigens ist Polyphem auch musikalisch. (4) **Doris**: Sei bloß still, Galateia! Wir haben ihn singen gehört, als er neulich einmal auf dem Weg zu deinem Fenster war. Heilige Aphrodite! Man hätte meinen können, ein Esel brülle! Und dann seine Leier, was für ein Ding! Ein abgeschabter Hirschschädel, als Arme die Hörner, die er durch ein Joch verbunden hat, daran aufgespannt die Saiten, ohne Wirbel! Das Lied, das er darauf spielte, war unmusikalisch und falsch, halb plärrte er selbst, halb dröhnte die Leier dazu – wir konnten nicht anders, wir mussten einfach lachen über dieses Liebeslied. Nicht einmal Echo wollte ja auf sein Gebrüll antworten – und das, wo sie eigentlich so geschwätzig ist –, sondern schämte sich schon bei dem bloßen Gedanken, man könne glauben, sie mache ein so rauhes und lächerliches Gesinge nach. (5) Dein lieber Schatz hielt außerdem in seinen Armen sein Spielzeug, ein Bärenjunges, gerade so zottig wie er selbst. Wer, Galateia, würde dich nicht um so einen Liebhaber beneiden? **Galateia**: Ach, dann zeig uns doch mal deinen, Doris, weil der ja ganz sicher viel schöner ist und besser singen und auch besser auf der Kithara spielen kann! **Doris**: Ich habe keinen Liebhaber, und ich brüste mich auch nicht damit, begehrenswert zu sein! Und so einen, wie es der Kyklop ist, der nach Ziegenbock stinkt, der rohes Fleisch frisst, wie die Leute sagen, und Touristen verspeist, den kannst du gerne behalten, und mögest du ihn allzeit zärtlich wiederlieben!

Auf der Figurenebene gibt es keine Handlung, der Dialog der beiden streitenden Meeresnymphen ist ungerahmt, wir erfahren nicht einmal, wo das Gespräch stattfindet – in der Nähe, vielleicht sogar in Sichtweite Siziliens, wo Polyphem der Tradition nach lebt, irgendwo auf hoher See oder in einem Palast unterhalb der Meeresoberfläche. Auf einen dramatischen Kontext deutet nur der Verlauf des Gesprächs. Nach einer aus gegensätzlichen Beschreibungen ein und derselben Figur dialogisch aufgebauten Ekphrasis des Kyklopen wird dieser zunehmend aktiv: Er weidet seine Schafe, begibt sich zum Fenster der Galateia und musiziert mit seiner Leier. Die erzählte Handlung wirft Fragen nach den Aktivitäten der Erzählerinnen während und nach dem Gespräch auf, Aktivitäten, die nicht berichtet werden und Leerstellen lassen, die ein Rezipient auf zweierlei Weise füllen kann: Wir können den im Dialog angelegten Handlungsspuren folgen und fragen, ob Galateia vielleicht gerade auf dem Weg zum Kyklopen ist, als Doris ihr begegnet, – schließlich bezeichnet Galateia ihn als ihren Liebhaber (ἐραστὴν ἔχω, *DMar.* 1.3) und hat zumindest einmal in Sichtweite seiner Weide gespielt – oder ob vielleicht ein Komos bevorsteht und sie den Kyklopen zu einem Stelldichein erwartet. Das Füllen der Leerstellen durch die Rezipienten führt notwendig zu einer dramatisierenden Handlungsanreicherung. Zum anderen können die Leerstellen mit Hilfe der literarischen Tradition gefüllt werden, die zur Poiesis des Dialogs beigetragen haben und die von einem *pepaideuménos* als Subtexte wahrgenommen werden: Während Doris sich bei ihrer Beschreibung des Kyklopen an dem *locus classicus* aus dem neunten Gesang von Homers *Odyssee* orientiert, verweist Galateias zurückhaltende Verliebtheit auf Theokrits elftes Idyll, in dem der friedliche, in sie verliebte Kyklop als singender Hirte auftritt. In beiden Texten findet Handlung statt, die im *Meergöttergepräch* mitzudenken ist und zu einer impliziten Dramatisierung führt: Mit Theokrits Idyll ergänzen wir sogar ein Gedicht, das als Mimos, d.h. als ein der Komödie verwandtes, kurzes dramatisches Stegreifspiel zu Themen des Alltagsleben, dem scheinbar undramatischen Dialog Lukians eine eigene dramatische Form beimischt. Auch für die Wirkung des Dialogs hat die literarische Kontextualisierung Folgen: Im Unterschied zu Galateia wissen wir aus Theokrit, dass sich der Kyklop nach seinem Ständchen von ihr abwenden wird, weshalb nicht nur tragische Ironie in den Dialog Einzug erhält, sondern auch ein neuer Handlungsverlauf angedeutet wird. Der Kyklop wird zu eben dem homerischen Menschenfresser, den Doris in ihm sieht und dessen Untaten – liest man in den *Dialogi Marini* weiter – die Vorgeschichte für das zweite *Meergöttergespräch*, in dem Poseidon ihn nach seiner Blendung durch Odysseus trösten muss, bilden.

Mit dieser Technik der auf den Rezipienten verlagerten Handlungsergänzung sind die *Dialogi Marini* ebenso wie ihr thematisches Pendant, die *Dialogi Deorum*, mit den *Dialogi Mortuorum* vergleichbar. Als Spielart des Komödischen Dialogs können die *Dialogi Marini* ebenso wie die *Dialogi Deorum* mit zwei weiteren Ingredienzien der Komödie aufwarten, allerdings nicht der Alten Komödie, sondern der Mythentravestien der Mittleren und Neuen Komödie: Beide Dialogcorpora haben ein rein mythisches Sujet und zeigen Götter in ihrem Alltagsleben. Im Vergleich mit den *Dialogi Mortuorum*, wo dies nicht der Fall ist, kann von einer deutlichen Zumischung der Komödie gesprochen werden. Blickt man dagegen auf die philosophischen Komponenten in den *Götter-* und *Meergöttergesprächen*, so sind diese fast bis zur Unkenntlichkeit reduziert: Weder treffen wir auf einen Philosophen, noch beschäftigen sich die Götter mit den philosophischen Themen oder Schulen, die die Pro- und Antagonisten der Komödischen Dialoge umtreiben und die in den *Dialogi Mortuorum* in Gestalt der Kyniker Menipp und Diogenes zumindest ansatzweise verhandelt werden (s.o.). Stattdessen erscheinen die Plaudereien und Streitereien der Götter und Meergötter als eine Art Alltagsphilosophie, die sich mit den täglichen Fragen der Lebensbewältigung beschäftigt, wobei die Sorgen und Nöte der Götter aufgrund ihrer Distanz zum menschlichen Leben eine komische Spiegelung irdischer Verhaltensweisen erlauben. Es sind nicht die großen Fragen der Philosophie, ihre

Wahrheits- und Erkenntnissuche, die die Figuren der *Dialogi Deorum* und *Dialogi Marini* umtreiben, ‚philosophisch' ist allein die ethische Komponente der Gespräche, mit der auch eine ‚ernste' Wirkungsabsicht verbunden werden kann.

Diese Fokussierung auf das Alltagsleben lässt sich auch in den *Dialogi Meretricii* beobachten, die – wie die anderen drei Dialogcorpora im Lukianischen Œuvre auch – mit einem speziellen Figureninventar operieren, dabei jedoch thematisch viel enger gefasst sind. Während wir in den *Dialogi Mortuorum* Gesprächen über ganz verschiedene Lebensweisen und -situationen sozial unterschiedlich gestellter Figuren lauschen und die *Dialogi Deorum* und *Dialogi Marini* uns Einblicke in das Alltagsleben von Gottheiten geben, die sich in Alltagssprache mit ganz ähnlichen Dingen herumschlagen müssen wie wir Menschen, fokussieren die *Hetärengespräche* auf eine kleine Gruppe mit ihren spezifischen Problemen der Lebensführung. Hinzu kommt, dass die *Dialogi Meretricii* wenig Anspielungskomik enthalten: Wir kennen weder die Hetären noch ihre Liebhaber aus anderen Kontexten. Stattdessen geben sich die *Dialogi Meretricii* – ähnlich wie die *Dialogi Deorum* und *Dialogi Marini* – als eine neue Variante des Komödischen Dialogs zu erkennen, bei der die Zumischung aus der Komödie über die Neue Komödie erfolgt, in der Hetären zum figürlichen Standardrepertoire gehören. Und wie bei den *Dialogi Deorum* und *Dialogi Marini* begegnet uns nicht mehr die ‚große' Philosophie, wie sie in den Philosophenschulen betrieben wird, sondern die kleine ‚Philosophie des Alltags': Wie komme ich mit meinen täglichen Sorgen klar, wie gehe ich mit anderen Menschen um, wie steht es mit Freundschaft und Treue, soll man heiraten, was tut man mit Großsprechern, warum sollte man nicht eifersüchtig sein? So gesehen erscheinen die *Dialogi Meretricii* als eine weitere Variante des Komödischen Dialogs, die seine Ingredienzien ‚aktualisiert' und aus jüngeren literarischen Traditionen (Neue Komödie) und den populären ethischen Debatten der kaiserzeitlichen Philosophie schöpft.

Die *Dialogi Minores* sind Momentaufnahmen, ohne eine bestimmte auktorial nobilitierte Perspektive. Die Gesprächspartner welchseln von Dialog zu Dialog, und abgesehen von Menipp in den *Dialogi Mortuorum* fehlt auch die Beteiligung von auktorial konnotierten Sprecherfiguren. Es ist nicht einmal erforderlich, dass ein (oder mehrere) Gesprächspartner zu den *pepaideuménoi* zählen, wie das *Totengespräch* zwischen dem Parasiten Zenophantos und dem verhinderten Mörder und unfreiwilligen Selbstmörder Kallidemides (*DMort.* 17) zeigt. Die *Dialogi Minores* sind programmatisch als offene Sammlungen konzipiert, deren Komödische Dialoge keiner räumlichen, thematischen oder auch zeitlichen Rahmengebung unterliegen. Das wird besonders in den *Dialogi Mortuorum* deutlich, in denen die Dialogpartner aus verschiedenen Epochen und (Kultur-)Räumen kommen. Sie sind auf Erweiterung, Ergänzung und kreative Rezeption angelegt, es gibt kein Telos: Auch wenn wir das letzte *Totengespräch* gelesen haben, sprechen die Toten in der Unterwelt weiter, zumal Gesprächsstoff und Gesprächspartner bei immer wieder neuen Ankömmlingen nie ausgehen werden. Dies gilt *mutatis mutandis* auch für die *Götter-* und *Meergöttergespräche*, die sich ewig über ihren ebenfalls ständig in ‚Arbeit' befindlichen Mythos unterhalten können, und das Hetärenwesen stellt sozusagen ein irdisches Kontinuum dar, das Lukians *Dialogi Meretricii* eine ähnliche Aktualität sichert, wie sie Ovid einst Menander, dem Hauptvertreter der Neuen Komödie, zugeschrieben hat:

> *dum fallax servus, durus pater, improba lena*
> *vivent et meretrix blanda, Menandros erit.* (Amores 1.15.17f.)

> Solange betrügerische Sklaven, strenge Väter, schamlose Kupplerinnen und schmeichelnde Hetären auf der Welt sind, wird Menander leben.

4.5 Parodie und Cento-Dichtung

Der Komödische Dialog und seine Spielarten, die *Dialogi Minores*, sind das prominenteste Beispiel für literarische Hybridität, der Kentaur ihre eindrücklichste Metapher. Wir treffen im Lukianischen Œuvre aber auch andernorts auf Mischwesen und Gattungsmischungen, deren Poiesis und Ästhetik mit dem im *Zeuxis* entwickelten Konzept der Hybridität beschrieben werden kann. So bevölkern in den *Verae Historiae* Rebweiber, Eselsschenklerinnen oder Korkfüßler eine grenzenlose Textwelt, die aus ganz verschiedenen literarischen Traditionen zu einer neuen hybriden Form, dem phantastischen Roman, zusammengemischt ist, und im *Symposium* und in den *Contemplantes* spiegelt eine dichterische Hybride die Poiesis dieser Werke.

> καὶ οἱ πλεῖστοι ἐμέθυον ἤδη καὶ βοῆς μεστὸν ἦν τὸ συμπόσιον· ὁ μὲν γὰρ Διονυσόδωρος ὁ ῥήτωρ αὐτοῦ ῥήσεις τινὰς ἐν μέρει διεξῄει καὶ ἐπῃνεῖτο ὑπὸ τῶν κατόπιν ἐφεστώτων οἰκετῶν, ὁ δὲ Ἱστιαῖος ὁ γραμματικὸς ἐρραψῴδει ὕστερος κατακείμενος καὶ συνέφερεν ἐς τὸ αὐτὸ τὰ Πινδάρου καὶ Ἡσιόδου καὶ Ἀνακρέοντος, ὡς ἐξ ἁπάντων μίαν ᾠδὴν παγγέλοιον ἀποτελεῖσθαι, μάλιστα δ' ἐκεῖνα ὥσπερ προμαντευόμενος τὰ μέλλοντα,
>   σὺν δ' ἔβαλον ῥινούς· [Homer, *Ilias* 4.447]
> καὶ
>   ἔνθα δ' ἄρ' οἰμωγή τε καὶ εὐχωλὴ πέλεν ἀνδρῶν. [Homer, *Ilias* 4.450]
> (*Symp.* 17)

> Die meisten waren jetzt schon stark angeheitert, und der Speisesaal hallte wider von ihren lauten Unterhaltungen: Dionysodoros, der Rhetor, deklamierte irgendwelche von seinen Reden, eine nach der anderen, und sonnte sich in der Bewunderung der hinter ihm aufwartenden Diener; der Grammatiker Histiaios, der neben ihm lag, rezitierte Gedichte und vermischte dabei Verse von Pindar, Hesiod und Anakreon, so dass daraus ein einzelnes Lied entstand, das fürchterlich komisch war, vor allem aber, gerade als ob er das Kommende vorausgesagt hätte, diese Verse:
>   „Sie ließen ihre Schilde zusammenstoßen."
> und
>   „gleichzeitig schrien sie da vor Schmerz und vor Jubel".

Die Homerverse, die der Erzähler Lykinos zitiert, weisen proleptisch auf die Schlacht der Gäste voraus, die gegen Ende des Lukianischen *Symposium* um ein Brathühnchen geführt wird und in der – wie bei Homer – Blut in Strömen fließt, Schädel eingeschlagen und Körperteile abgebissen werden. Der Grammatiker Histiaios kommt dabei noch vergleichsweise glimpflich davon, er verliert durch einen Tritt des Peripatetikers Kleodemos lediglich ein paar Zähne, was der Erzähler süffisant mit einer weiteren homerischen Wendung (αἷμ' ἐμέων – „er spuckte Blut", *Symp.* 45) kommentiert. Dabei begann alles friedlich und in der Tradition des auf Platon und Xenophon zurückgehenden literarischen Symposions: Anlässlich der Hochzeitsfeier seiner Tochter hat der reiche Aristainetos eine Anzahl von illustren Gästen der gebildeten Oberschicht zum Gastmahl eingeladen, das zunächst den Gepflogenheiten dieser Tradition und den literarischen Konventionen ihrer Darstellungen folgt. Es gibt erste ernsthafte Gespräche, Deklamationen werden vorgetragen, Scherze gemacht und musische Darbietungen präsentiert. Zu diesem bunten Reigen traditioneller sympotischer Unterhaltungsformen scheint auch das eingangs zitierte Lied des Histiaios gut zu passen. Es handelt sich um einen Cento, d.h. eine Dichtung aus unterschiedlichen ‚Vers-Flicken', die aus früheren literarischen Kontexten gelöst und dann zu einer neuen Text-Einheit – häufig, aber nicht notwendig mit neuem Thema – ‚zusammengenäht' werden. Die Technik der Cento-Dichtung geht wohl auf die Verwendung von Iteratversen in der frühen Epik zurück und tritt uns angefangen vom homerischen *Aphroditehymnos* über Aristophanes' *Frieden* und *Frösche* sowie der ps.-homerischen *Batrachomyomachie* zunächst als eine Schreibweise entgegen, der sich prinzipiell alle Gattungen bedienen konnten. Eigenständige (längere) Centones sind (im Unterschied zum Lateinischen) im Griechischen erst spät belegt (vgl. die *Homercentones* der Eudokia und den anonym überlieferten *Christus patiens*).

In Lukians *Symposium* wird der Cento des Histiaios von den Symposionsteilnehmern nicht als etwas völlig Neues wahrgenommen, und eine gewisse Vertrautheit mit dieser Form der Dichtkunst deutet sich an, als die Gäste das plötzliche Eintreffen des ungeladenen Kynikers Alkidamas in einer Art Centotechnik durch sich reihum ergänzende Homerverse kommentieren:

> τοῖς μὲν οὖν πολλοῖς ἀναίσχυντα ἐδόκει πεποιηκέναι καὶ ὑπέκρουον τὰ προχειρότατα, ὁ μὲν τὸ „Ἀφραίνεις Μενέλαε," [*Ilias* 7.109] ὁ δ' „Ἀλλ' οὐκ Ἀτρεΐδῃ Ἀγαμέμνονι ἥνδανε θυμῷ" [*Ilias* 1.24], ... (*Symp.* 12)

> Die meisten fanden das unverschämt und unterbrachen ihn mit naheliegenden Entgegnungen: „Töricht handelst du, Menelaos", skandierte der eine, der andere: „Nur Agamamnon, dem Sohne des Atreus, behagte das gar nicht", ...

Das Besondere an Histiaios' Cento ist jedoch, dass er erstens nicht aus Versen nur eines Autors zusammengesetzt ist, sondern aus Pindar, Anakreon, Hesiod und Homer zusammengeflickt wurde, zweitens sich in seiner formalen Gestaltung nicht an Dichtungen einer bestimmten Gattung (z.B. dem Epos) orientiert, sondern polymetrisch gewesen zu sein scheint und drittens das früheste Beispiel einer als eigenständiges Werk komponierten griechischen Cento-Dichtung darstellt. Histiaios' Cento überschreitet Gattungsgrenzen und lässt eine neue poetische Form entstehen, die von dem Erzähler jedoch weder benannt noch spezifiziert wird. Ganz ähnlich wie beim *Zeuxis* lässt der Text hier Leerstellen, und er tut dies genau wie dort mit dem Zweck, die Hybridität des Cento zur Reflexion über die Hybridität des *Symposium* zu nutzen.

Eine erste Verbindung ergibt sich über die Wirkung von Histiaios' Cento, die anders als bei den meisten anderen Darbietungen nicht vermittels der Reaktion der Zuhörer beschrieben, sondern einzig vom Erzähler als „sehr lustig, lächerlich" (παγγέλοιον, 17) bezeichnet wird; zudem wird seine proleptische Bedeutung für das weitere Geschehen betont. Daher steht nicht die literarische Technik des Cento und die Interaktion mit den gebildeten Rezipienten im Vordergrund, die sich aufgrund ihrer Kenntnis der anzitierten poetischen Vorlagen an der inszenierten Bildung erfreuen und aufgrund ihres Wissens bestimmte intertextuelle Spuren finden und mögliche Wirkungsabsichten erkennen konnten, sondern seine gestalterische Bedeutung für Lukians Text, der ähnlich gearbeitet ist wie der Cento selbst: Auch das *Symposium* verbindet (anakreontische) Trinklieder, (pindarische) Hochzeitsgesänge und (homerische) Schlachten zu einem völlig neuen literarischen Ereignis.

Eine weitere Beobachtung schließt sich an: Lukians *Symposium* ist eine Parodie des Platonischen *Symposium*, und die Technik der Parodie als verfremdendes Aufrufen einer literarischen Vorlage ist speziell für Lukians Cento-Dichtungen und die damit verbundenen Reflexionen über Form und Absicht literarischer Hybridisierung bedeutsam. Der Begriff παρῳδέω kommt im Lukianischen Œuvre dreimal vor, im *Juppiter Tragoedus* (14) in der *Apologia* (10) und in den *Contemplantes* (14): Zweimal verwendet ihn Hermes im Dialog mit anderen Göttern (Zeus, Charon), einmal der Ich-Erzähler (*Apologia*). Sowohl das fiktionale Personal als auch der auktorial konnotierte Ich-Erzähler beziehen sich dabei auf Dichtkunst, die in veränderter Form vorgetragen wird. Dabei wird die technische Bedeutung – das verändernde Zitieren aus einem dichterischen Werk – in den Blick genommen und in der *Apologia* eigens thematisiert. Der Ich-Erzähler ruft bei seiner Verteidigung gegen die Vorwürfe, er sei sich selbst untreu geworden und habe für Geld einen für Gebildete unwürdigen Posten übernommen, als letzten Rettungsanker Medea auf die Bühne und leiht sich ihre Worte für den dramatischen Höhepunkt seiner Rede:

καὶ ἐν τῷ τοιούτῳ οὐκ ἄκαιρον ἴσως καὶ τὴν τοῦ Εὐριπίδου Μήδειαν παρακαλέσαι παρελθοῦσαν εἰπεῖν ὑπὲρ ἐμοῦ ἐκεῖνα τὰ ἰαμβεῖα μικρὸν αὐτὰ παρῳδήσασαν:
καὶ μανθάνω μὲν οἷα δρᾶν μέλλω κακά,
πενία δὲ κρείσσων τῶν ἐμῶν βουλευμάτων. (*Apol.* 10)

> In solch einer Situation ist es vielleicht nicht unpassend, die Euripideische Medea als Beistand herbeizurufen, damit sie zu meiner Verteidigung folgende leicht parodierte Jamben spricht:
>> Ich weiß, welch schlimme Dinge ich zu tun gedenke,
>> aber die Armut ist stärker als meine Pläne.

Das Zitat stammt beinahe wörtlich aus Euripides' *Medea* (Verse 1178-79), die einzige Änderung ist der Beginn des Verses 1079, wo bei Euripides θυμός („Herz") statt wie hier πενία (Armut) steht. Diese Form der Veränderung wird als μικρὸν παρῳδήσασαν kommentiert, was verschiedene Grade der ‚Parodie' erwarten lässt, von kleinen Änderungen bis hin zu Versen, in denen mehr Wörter geändert als zitiert sind. Für die gebildeten Rezipienten Lukianischer Werke oder Verse bedeutet dieses Verfahren eine Aufforderung zur doppelten Mitarbeit: Sie müssen zum einen der intertextuellen Spur nachgehen und den jeweiligen literarischen Kontext abrufen, um ihn für das Verständnis des Zitats bei Lukian fruchtbar zu machen, zum anderen müssen sie die parodistischen Veränderungen erkennen, um die neuen Wirkungsabsichten zu durchschauen. Im parodistischen Sprechakt verschmelzen die Stimmen der literarischen Tradition und des parodierenden Sprechers.

Diese Technik scheint für die griechische Cento-Dichtung (mit Ausnahme Eudokias) spezifisch zu sein. Lukian nutzt sie zur Hybridisierung eines weiteren Texts, des Dialogs *Contemplantes*. Dort taucht der Unterweltsfährmann auf der Oberwelt auf und möchte sie mit Hermes' Hilfe besichtigen. Da ihm alles unbekannt ist, versucht Charon zunächst, sich den Lebenden mithilfe seiner Kenntnisse, die er den Klagen der Verstorbenen in der Unterwelt abgelauscht hat, und seines poetischen Wissens, das er ihren Rezitationen verdankt (*Cont.* 7), zu nähern. So leiht er sich Worte von verschiedenen Dichtern, v.a. von Homer, in die er, beispielsweise beim Anblick des ihm unbekannten Tyrannen von Samos, Polykrates, seine Fragen und Vermutungen kleidet:

> νήσῳ ἐν ἀμφιρύτῃ; βασιλεὺς δέ τις εὔχεται εἶναι. (*Cont.* 14)
> auf der ringsumflossenen Insel? Er wünscht, ein König zu sein.

Auch hier liegt Parodie vor, wie Hermes anerkennend bemerkt – εὖ γε παρῳδεῖς, ὦ Χάρων –, denn Charon hat für seine Aussage zwei homerische Halbverse (*Odyssee* 1.50 und 1.180) zusammengestellt und Homer mit Homer parodiert. Wie in der *Apologia* ist Parodie ein *terminus technicus* für die Poiesis von Dichtung, ihre inhaltliche Bedeutung und Wirkungsabsicht wird dagegen – zumindest auf der Figurenebene – nicht weiter thematisiert. Sie zu erkennen, ist Aufgabe der textexternen Rezipienten, die sich kurz darauf mit folgender Situation konfrontiert sehen: Hermes sucht einen Ort, von dem aus man alles betrachten kann, was auf der Erde vor sich geht. Da es diesen nicht gibt, hat er eine Idee:

Ἑρμῆς. Ὀρθῶς λέγεις· αὐτὸς γὰρ εἴσομαι τί ποιητέον καὶ ἐξευρήσω τὴν ἱκανὴν σκοπήν. ἆρ' οὖν ὁ Καύκασος ἐπιτήδειος ἢ ὁ Παρνασσὸς ἢ ὑψηλότερος ἀμφοῖν ὁ Ὄλυμπος ἐκεινοσί; καίτοι οὐ φαῦλον ὃ ἀνεμνήσθην ἐς τὸν Ὄλυμπον ἀπιδών· συγκαμεῖν δέ τι καὶ ὑπουργῆσαι καὶ σὲ δεῖ. **Χάρων.** Πρόσταττε· ὑπουργήσω γὰρ ὅσα δυνατά. **Ἑρμῆς.** Ὅμηρος ὁ ποιητής φησι τοὺς Ἀλωέως υἱέας, δύο καὶ αὐτοὺς ὄντας, ἔτι παῖδας ἐθελῆσαί ποτε τὴν Ὄσσαν ἐκ βάθρων ἀνασπάσαντας ἐπιθεῖναι τῷ Ὀλύμπῳ, εἶτα τὸ Πήλιον ἐπ' αὐτῇ, ἱκανὴν ταύτην κλίμακα ἕξειν οἰομένους καὶ πρόσβασιν ἐπὶ τὸν οὐρανόν. ἐκείνω μὲν οὖν τὼ μειρακίω, ἀτασθάλω γὰρ ἤστην, δίκας ἐτισάτην· νὼ δὲ – οὐ γὰρ ἐπὶ κακῷ τῶν θεῶν ταῦτα βουλεύομεν – τί οὐχὶ οἰκοδομοῦμεν καὶ αὐτοὶ κατὰ τὰ αὐτὰ ἐπικυλινδοῦντες ἐπάλληλα τὰ ὄρη, ὡς ἔχοιμεν ἀφ' ὑψηλοτέρου ἀκριβεστέραν τὴν σκοπήν; (*Cont.* 3)

Hermes: Du hast Recht. Ich werde mal schauen, was zu tun ist, und einen geeigneten Aussichtspunkt finden. Wäre etwa der Kaukasus geeignet oder der Parnass, oder doch der Olymp, der ja höher als die beiden ist? Doch nein, mir kam gerade eine ziemlich gute Idee, als ich zum Olymp schaute. Aber du musst mir helfen und mitarbeiten! **Charon**: Gib deine Befehle, und ich werde tun, was ich kann. **Hermes**: Der Dichter Homer sagt, dass die Söhne des Aloeus – auch sie waren zwei – noch im Knabenalter den Plan hegten, den Ossa aus seinen Verankerungen zu reißen und ihn auf den Olymp zu setzen, und oben drauf noch das Pelion-Gebirge, weil sie glaubten, dadurch eine geeignete Treppe und einen passenden Weg zum Himmel zu erhalten. Diese beiden jungen Burschen waren freilich frevelhaft und wurden bestraft. Wir dagegen, die wir dies ja nicht zum Schaden der Götter tun wollen, – warum sollten wir nicht ebenso handeln und dieselben Berge der Reihe nach aufeinanderrollen, damit wir von einer höheren Warte aus eine bessere Sicht haben?

Da es in der Realität keinen Berg gibt, der für ihr Vorhaben hoch genug ist, will Hermes drei Berge aufeinandertürmen. Die Hybridität dieses Programms wird durch den intertextuellen Dialog mit Homers *Odyssee* (11.305-20) verstärkt. Denn um den ‚homerischen' Berg zu bauen, reicht es nicht aus, dessen Homerische Version zu zitieren, sondern die Vorlage muss verändert werden. Das geschieht auf dreifache Weise: Während Ephialtes und Otos bei Homer eine zerstörerische Absicht verfolgen und als Frevler den Himmel und die Götter bedrohen – auch dies eine hybride Aktion, eine Tat der Grenzüberschreitung –, handeln Hermes und Charon friedlich. Und während das Ziel der Giganten der Himmel ist, wollen die beiden Götter auf die Erde schauen. Auch der narrative Kontext hat sich verändert: In Homers *Nekyia* betrachtet Odysseus die Toten, in Lukians *Contemplantes* wird Charon das Verhalten der Lebenden prüfen. Homer, der von Hermes als ἀρχιτέκτων (4) vorgestellt und als ein Dichter bezeichnet wird, „den es nur zwei Verse kostet, uns bis zum Himmel hinaufzuheben, so leicht wurde es ihm, Berge aufeinanderzusetzen" (ὁ δὲ γεννάδας Ὅμηρος ἀπὸ δυοῖν στίχοιν αὐτίκα ἡμῖν ἀμβατὸν ἐποίησεν τὸν οὐρανόν, οὕτω ῥᾳδίως συνθεὶς τὰ ὄρη, *Cont.* 4) – dieser Homer reicht nicht aus für Hermes' und Charons Ziel, im Gegenteil. Nachdem sie Homers Überberg gemäß seiner literarischer Anleitung gebaut haben, ist Hermes enttäuscht:

Ἑρμῆς. παπαῖ, κάτω ἔτι ἐσμὲν ἐν ὑπωρείᾳ τοῦ οὐρανοῦ· ἀπὸ μὲν γὰρ τῶν ἑῴων μόγις Ἰωνία καὶ Λυδία φαίνεται, ἀπὸ δὲ τῆς ἑσπέρας οὐ πλέον Ἰταλίας καὶ Σικελίας, ἀπὸ δὲ τῶν ἀρκτῴων τὰ ἐπὶ τάδε τοῦ Ἴστρου μόνον, κἀκεῖθεν ἡ Κρήτη οὐ πάνυ σαφῶς. μετακινητέα ἡμῖν, ὦ πορθμεῦ, καὶ ἡ Οἴτη, ὡς ἔοικεν, εἶτα ὁ Παρνασσὸς ἐπὶ πᾶσιν. **Χάρων**. Οὕτω ποιῶμεν. ὅρα μόνον μὴ λεπτότερον ἐξεργασώμεθα τὸ ἔργον ἀπομηκύναντες πέρα τοῦ πιθανοῦ, εἶτα συγκαταρριφέντες αὐτῷ πικρᾶς τῆς Ὁμήρου οἰκοδομικῆς πειραθῶμεν ξυντριβέντες τῶν κρανίων. **Ἑρμῆς**. Θάρρει· ἀσφαλῶς γὰρ ἕξει ἅπαντα. μετατίθει τὴν Οἴτην· ἐπικυλινδείσθω ὁ Παρνασσός. ἰδοὺ δή, ἐπάνειμι αὖθις· εὖ ἔχει· πάντα ὁρῶ· ἀνάβαινε ἤδη καὶ σύ. (*Cont.* 5)

Hermes: Was für ein Jammer! Wir sind noch immer unten am Fuß des Himmels. Von Osten her zeigt sich kaum Ionien und Lydien, Richtung Westen nichts weiter als Italien und Sizilien, Richtung Norden nur das, was diesseits der Donau liegt, und in diese Richtung Kreta, aber nicht sehr deutlich. Fährmann, wir müssen noch den Oeta umstellen, wie es scheint und dann Parnass auf alle drauf. **Charon**: So machen wir es! Aber sieh zu, dass wir das Werk nicht zu leicht errichten, indem wir es über die Maßen ausdehnen und uns die homerische Baukunst bei unserem Experiment bitter aufstoßen wird, wenn wir mit ihm einstürzen und dabei unsere Köpfe zerschmettern. **Hermes**: Keine Angst! Alles ist sicher. Versetze den Oeta, dann soll der Parnass draufgewälzt werden. Schau, ich steige wieder hinauf. Es geht gut, ich sehe alles! Nun komm auch du nach oben!

Der homerische Berg ermöglicht nur eine eingeschränkte Sicht auf die Welt, so dass eine eine Neuerung nötig wird, mit der sich eine poetologische Reflexion verbindet: Für die neue Konstruktion gibt es keine literarische Tradition. Sie ist ein architektonisches und literarisches Experiment – Charon verwendet den Begriff πειρᾶσθαι –, das seine Tauglichkeit erst noch unter Beweis stellen muss. Eine poetologische Lesart legt auch die Wendung μὴ λεπτότερον ἐξεργασώμεθα τὸ ἔργον (5) nahe, da sie sich einerseits in ihrer wörtlichen Bedeutung („leicht") auf das konkrete Bauwerk bezieht, andererseits aber auch metaphorisch für den Stil und die Qualität von Dichtung im kallimacheischen Sinn als "gelehrt, gewitzt" verstanden werden kann. Vor diesem Hintergrund fragen sich Charon und die Rezipienten, ob die literarische Konstruktion der *Contemplantes*, die in bislang nicht gekannter Weise Grenzen überschreitet und den Unterweltsfährmann an die Oberwelt führt, vielleicht zu ambitiös ist und als Experiment scheitern könnte. Dies wird zumindest durch Charons erste Reaktion auf das neue Konstrukt für einen Moment angedeutet:

Οὐδὲν ἀκριβὲς ἔγωγε ἀπὸ τοῦ ὑψηλοῦ ὁρῶ· ἐδεόμην δὲ οὐ πόλεις καὶ ὄρη αὐτὸ μόνον ὥσπερ ἐν γραφαῖς ὁρᾶν, ἀλλὰ τοὺς ἀνθρώπους αὐτοὺς καὶ ἃ πράττουσιν καὶ οἷα λέγουσιν. ὥσπερ ὅτε με τὸ πρῶτον ἐντυχὼν εἶδες γελῶντα καὶ ἤρου γε ὅ τι γελῴην, ἀκούσας τινὸς ἥσθην εἰς ὑπερβολήν. (*Cont.* 6)

Ich kann von dieser Höhe aus nichts genau erkennen. Ich wollte nicht nur Städte und Gebirge wie auf Bildern betrachten, sondern die Menschen selbst erleben, was sie tun und was sie sagen. So hatte ich, als du mich zuerst trafst und mich lachen sahst und fragtest, worüber ich lachte, etwas gehört, worüber ich übermäßig lachen musste.

Die räumliche Entfernung zur Welt, die Höhe, zeigt die (ironische) Distanz zwischen Betrachtern und betrachteten Objekten. Charon und Hermes werden zu *Kataskopoi* menschlichen Lebens mit all ihren Torheiten, wobei die erreichte Stilhöhe – ὕψος, ὑψηλός („hoch", „erhaben") bezeichnet oft den erhabenen Stil – bei Charon zunächst nicht die Wirkung von Gelächter (γελῶντα) und übermäßiger (εἰς ὑπερβολήν) Freude zeigt, die sein Belauschen und Betrachten von Menschen vor dem Auftürmen der Berge auslösen konnte. Erst als ihm Hermes mit einem weiteren Homerzitat (*Ilias* 5.127f.) besondere Sehkraft verleiht (*Cont.* 7), gelingt das Experiment. Wiederum ist Hybris im Spiel, da Athene mit dieser Handlung bei Homer ihren Schützling Diomedes befähigt, mit Aphrodite zu kämpfen und diese zu verletzten. Damit wird sowohl der Bau des Überberges als auch die Kunst, ihn für eine besondere Betrachtungsweise zu nutzen, aus der positiven Umwertung ‚homerischer' Freveltaten gewonnen. So gesehen ermöglicht der ‚homerische' Blick von einem ‚homerischen' Berg auch die Betrachtung der literarischen Kunstfertigkeit und Stilhöhe Homers, und dies umso mehr, da Hermes das homerische Bauwerk um zwei Stockwerke erweitert hat: Wir blicken mit Homer auf Homer, dessen poetische Bausteine mittels der Parodie für neue Perspektiven auf historische Figuren und ihre literarischen Gestaltungen genutzt werden und die Poiesis der *Contemplantes* selbst spiegeln: Die Konstruktion des Überbergs am Beginn des Dialogs erhält ihr Pendant in der Konstruktion eines hybriden Cento am Schluss. Charons letzte Frage, die ihn wieder an seine eigentliche Aufgabe erinnert und langsam in die Unterwelt zurückführt, endet mit einer Dichtung, die aus ebenso vielen Versbestandteilen erbaut ist wie Hermes' Berg, nämlich fünf (*Cont.* 22):

> **Χάρων.** Ἐκείνους ἔτι πίνειν ἢ ἐσθίειν, ὧν τὰ κρανία ξηρότατα; καίτοι γελοῖός εἰμι σοὶ λέγων ταῦτα ὁσημέραι κατάγοντι αὐτούς. οἶσθα οὖν εἰ δύναιντ' ἂν ἔτι ἀνελθεῖν ἅπαξ ὑποχθόνιοι γενόμενοι. ἐπεί τοι καὶ παγγέλοια ἄν, ὦ Ἑρμῆ, ἔπασχον, οὐκ ὀλίγα πράγματα ἔχων, εἰ ἔδει μὴ κατάγειν μόνον αὐτούς, ἀλλὰ καὶ αὖθις ἀνάγειν πιομένους. ὦ μάταιοι, τῆς ἀνοίας, οὐκ εἰδότες ἡλίκοις ὅροις διακέκριται τὰ νεκρῶν καὶ τὰ ζώντων πράγματα καὶ οἷα τὰ παρ' ἡμῖν ἐστιν καὶ ὅτι
>
> κάτθαν' ὁμῶς ὅ τ' ἄτυμβος ἀνὴρ ὅς τ' ἔλλαχε τύμβου, [vgl. Homer, *Il.* 9.320]
> ἐν δὲ ἰῇ τιμῇ Ἶρος κρείων τ' Ἀγαμέμνων· [vgl. Homer, *Il.* 9.319]
> Θερσίτῃ δ' ἶσος Θέτιδος πάϊς ἠϋκόμοιο
> πάντες δ' εἰσὶν ὁμῶς νεκύων ἀμενηνὰ κάρηνα, [vgl. Homer, *Od.* 10.521]
> γυμνοί τε ξηροί τε κατ' ἀσφοδελὸν λειμῶνα. [vgl. Homer, *Od.* 11.539, 573]

> **Charon**: Was? Jene essen und trinken noch, obwohl ihr Schädel knochentrocken ist? Aber ich mache mich ja lächerlich, wenn ich dir das sage, der du sie Tag für Tag herabgeleitest. Du weißt ja, ob sie wieder hochkommen können, nachdem sie erst einmal gestorben sind. Ich würde mich wohl vollkommen lächerlich machen und ziemlich in der Bredouille stecken, wenn ich sie nicht nur herabbringen würde, sondern auch wieder hinauf, damit sie trinken können. Ach die Nichtigen, welch Zeichen von Unverstand, dass sie nicht wissen, durch welche Grenzen die Welt der Toten von der der Lebenden geschieden ist, und auch nicht, wie das Leben bei uns ist und dass

> ein unbestatteter Toter ebenso tot ist wie ein Begrabener,
> Iros [der Bettler] den gleichen Rang einnimmt wie Fürst Agamemnon,
> dem Thersites der Sohn der schönlockigen Thetis gleich ist,
> alle Toten die gleichen kraftlosen Schädel haben,
> alle nackt und ausgedörrt auf der Asphodelwiese verstreut sind.

Wie Hermes beginnt auch Charon seine poetische Konstruktion mit Homer: Die ersten beiden Verse stammen aus der *Ilias* (Achill zu Odysseus), der dritte Vers ist eine Eigenkreation, und dann folgen zwei Verse, in denen Charon seine Technik ändert und mit eigenen Halbversen beginnt, ehe zwei Halbverse aus der *Odyssee* folgen. Charon, der zu Beginn des Dialogs von Hermes noch als „völlig unpoetisch" (ἥκιστα ποιητικός, 4) eingeführt wurde, hat gelernt und kann den ‚Baumeister' Homer nun selbst nachahmen. Seine Verskunst entspricht der Parodie, wie sie in der *Apologia* definiert wurde, so dass die grenzüberschreitende Gestalt des Unterweltfährmanns nun auch eine zu ihm passende Sprache spricht. Und angesichts des in den *Contemplantes* praktizierten Verfahrens, die literarische Überblendung von Gattungsgrenzen mithilfe fiktiver Akte der Hybris in Szene zu setzen, darf man dem ‚literarischen Prometheus' durchaus bewundernd zurufen:

> „Ὦ τῆς καινότητος." „Ἡράκλεις, τῆς παραδοξολογίας." „Εὐμήχανος ἄνθρωπος."
> „Οὐδὲν ἄν τις εἴποι τῆς ἐπινοίας νεαρώτερον." (*Zeux.* 1)
>
> „Was für eine Innovation!" „Beim Herakles, welch' wundersame Erzählung!" „Er ist schon ein findiger Kopf!" „Etwas Neuartigeres dürfte wohl niemand ersinnen!"

<u>Vertiefende Lektüre</u>: Branham (1989), Braun (1994), Helm (1906), v. Möllendorff (2006), ní Mheallaigh (2014), Pretzler (2009), Relihan (1993), Romm (1990), Verweyen/ Witting (1993), Whitmarsh (2001)

5 *Bücher sammeln*: Lukians Überlieferung

Καὶ μὴν ἐναντίον ἐστὶν οὗ ἐθέλεις ὃ νῦν ποιεῖς. οἴει μὲν γὰρ ἐν παιδείᾳ καὶ αὐτὸς εἶναί τις δόξειν σπουδῇ συνωνούμενος τὰ κάλλιστα τῶν βιβλίων· τὸ δέ σοι περὶ τὰ κάτω χωρεῖ, καὶ ἔλεγχος γίνεται τῆς ἀπαιδευσίας πως τοῦτο. μάλιστα δὲ οὐδὲ τὰ κάλλιστα ὠνῇ, ἀλλὰ πιστεύεις τοῖς ὡς ἔτυχεν ἐπαινοῦσι καὶ ἕρμαιον εἶ τῶν τὰ τοιαῦτα ἐπιψευδομένων τοῖς βιβλίοις καὶ θησαυρὸς ἕτοιμος τοῖς καπήλοις αὐτῶν. ἢ πόθεν γάρ σοι διαγνῶναι δυνατόν, τίνα μὲν παλαιὰ καὶ πολλοῦ ἄξια, τίνα δὲ φαῦλα καὶ ἄλλως σαπρά, εἰ μὴ τῷ διαβεβρῶσθαι καὶ κατακεκόφθαι αὐτὰ τεκμαίροιο καὶ συμβούλους τοὺς σέας ἐπὶ τὴν ἐξέτασιν παραλαμβάνοις; ἐπεὶ τοῦ ἀκριβοῦς ἢ ἀσφαλοῦς ἐν αὐτοῖς τίς ἢ ποία διάγνωσις; (*Ind.* 1)

Tatsächlich handelst du augenblicklich deinen eigentlichen Absichten genau zuwider! Du glaubst nämlich, die Tatsache, dass du mit Feuereifer die schönsten Bücher erwirbst, werde dir den Ruf verschaffen, in Sachen Bildung jemand von Rang zu sein. Aber das Ergebnis bleibt doch eher flach und gerät unversehens zum Beweis deiner Unbildung. Vor allem kaufst du ja noch nicht einmal die schönsten, sondern du vertraust dem Urteil von Leuten, die ihr Lob so vergeben, wie es sich gerade ergibt; du bist ein gefundenes Fressen für alle, die den Büchern solche verlogenen Lobessprüche anhängen, und für die Buchhändler bist du eine offene Schatztruhe. Woher solltest du denn auch unterscheiden können, welche Bücher alt und wertvoll und welche minderwertig und einfach nur vergammelt sind, wenn du nicht der Tatsache, dass sie angefressen und zerfetzt sind, Beweiskraft zusprichst und für ihre Prüfung die Motten als Ratgeber beiziehst? Für die Diagnose ihrer Genauigkeit und Fehlerlosigkeit indes, welche und was für Fähigkeiten besitzt du da?

Viele Bücher und damit einen möglichst weiten Zugriff auf das in ihnen enthaltene Wissen zu besitzen war zu Lukians Zeit jedem Gebildeten ein gewichtiges Anliegen. Womöglich stellt sich aber solche polemischen Frage nach den diagnostischen Qualitäten, die ein Leser besitzen sollte und deren Fehlen auch andernorts, etwa im *Zeuxis*, beklagt werden, uns heute, in der Epoche der Digitalisierung, sogar noch eindringlicher. Die vielfältigen medialen Möglichkeiten und die Permanenz der Textproduktion gehen mit abstumpfender Empfindlichkeit – jedenfalls für formale Stärken und Schwächen des Gelesenen – einher. Damit verschieben sich auch die Kriterien für eine Bewertung vom Urteil über die sprachlichen, stilistischen und formalen Beschaffenheiten von Texten zu einer Auseinandersetzung primär mit ihren Inhalten: Und so hat der ungebildete Büchernarr seine teuer erworbenen Werke zwar gelesen, nur über ihre Qualitäten vermag er keine begründete Rechenschaft abzulegen.

Beinahe alle der 86 unter Lukians Namen überlieferten Schriften beschäftigen sich mit Fragen der Bewertung von Literatur und Kunst, aber auch des menschlichen Denkens und Verhaltens. Sprache, Stil und Form sind Lukian ein besonderes Anliegen, und dies nicht nur als Kategorien der Beurteilung, sondern vor allem auch als Forderungen an sich selbst, als Anspruch ästhetischer Perfektion. Dabei scheint es der Verantwortung seiner Leser überlassen zu sein, in diese bunte Vielfalt (*poikilía*) kürzerer und längerer Texte zu unterschiedlichsten Themen und in vielfachen formalen Gestaltungen Ordnung und Kohärenz zu bringen. Verlangt ist, dass man im Angesicht des ästhetisch Gelungenen nicht schweigt, sondern das Wort ergreift (vgl. Kap. 3.2.2):

> οἶκον δέ τις ἰδὼν μεγέθει μέγιστον καὶ κάλλει κάλλιστον καὶ φωτὶ φαιδρότατον καὶ χρυσῷ στιλπνότατον καὶ γραφαῖς ἀνθηρότατον οὐκ ἂν ἐπιθυμήσειε λόγους ἐν αὐτῷ διαθέσθαι …, καὶ ἐνευδοκιμῆσαι καὶ ἐλλαμπρύνασθαι καὶ βοῆς ἐμπλῆσαι καὶ ὡς ἔνι μάλιστα καὶ αὐτὸς μέρος τοῦ κάλλους αὐτοῦ γενέσθαι, ἀλλὰ περισκοπήσας ἀκριβῶς καὶ θαυμάσας μόνον ἄπεισι κωφὸν αὐτὸν καὶ ἄλογον καταλιπών, μήτε προσειπὼν μήτε προσομιλήσας, ὥσπερ τις ἄναυδος ἢ φθόνῳ σιωπᾶν ἐγνωκώς; (2) Ἡράκλεις, οὐ φιλοκάλου τινὸς οὐδὲ περὶ τὰ εὐμορφότατα ἐρωτικοῦ τὸ ἔργον, ἀγροικία δὲ πολλὴ καὶ ἀπειροκαλία καὶ προσέτι γε ἀμουσία, τῶν ἡδίστων αὐτὸν ἀπαξιοῦν καὶ τῶν καλλίστων ἀποξενοῦν καὶ μὴ συνιέναι ὡς οὐχ ὁ αὐτὸς περὶ τὰ θεάματα νόμος ἰδιώταις τε καὶ πεπαιδευμένοις ἀνδράσιν, ἀλλὰ τοῖς μὲν ἀπόχρη τὸ κοινὸν τοῦτο, ἰδεῖν μόνον καὶ περιβλέψαι καὶ τὼ ὀφθαλμὼ περιενεγκεῖν καὶ πρὸς τὴν ὀροφὴν ἀνακῦψαι καὶ τὴν χεῖρα ἐπισεῖσαι καὶ καθ' ἡσυχίαν ἡσθῆναι δέει τοῦ μὴ ἂν δυνηθῆναι ἄξιόν τι τῶν βλεπομένων εἰπεῖν, ὅστις δὲ μετὰ παιδείας ὁρᾷ τὰ καλά, οὐκ ἄν, οἶμαι, ἀγαπήσειεν ὄψει μόνῃ καρπωσάμενος τὸ τερπνὸν οὐδ' ἂν ὑπομεῖναι ἄφωνος θεατὴς τοῦ κάλλους γενέσθαι, πειράσεται δὲ ὡς οἷόν τε καὶ ἐνδιατρῖψαι καὶ λόγῳ ἀμείψασθαι τὴν θέαν. (*Dom.* 1-2)

Wer aber einen Saal erblickt, den allergrößten, den wunderschönsten, von strahlendem Licht und funkelndem Goldglanz erfüllt und mit einer Blütenpracht von Malereien ausgestattet, würde den denn etwa nicht das Verlangen packen, in ihm eine Rede zu halten …, Ruhm und Ansehen in ihm zu ernten, ihn mit dem Klang seiner Stimme zu füllen, ja nach Möglichkeit gar selbst ein Teil dieser seiner Schönheit zu werden? Oder würde er sich etwa nur eingehend umschauen, um dann voll stiller Bewunderung den Saal in einem Zustand stummer Wortlosigkeit zurückzulassen, ohne ihn anzusprechen, ohne in Verbindung mit ihm zu treten, gerade als ob er keine Stimme besäße oder sich aus Missgunst zu schweigen entschlossen hätte? (2) Beim Herakles, so würde kein Freund aller Schönheit, kein Liebhaber aller Wohlgestalt handeln: Nein, große Plumpheit, Geschmacklosigkeit, ja schlimmer noch: Banausentum wäre es, sich solcher Herrlichkeiten für unwert zu halten, sich solchen Schönheiten zu entfremden und nicht zu verstehen, dass im Umgang mit Sehenswürdigkeiten für Gebildete nicht die gleichen Regeln gelten wie für Laien. Denn diesen zwar genügt das Verhalten der Allgemeinheit: bloß zu gucken, herumzuschauen, die Augen wandern zu lassen, den Kopf im Nacken zur Decke zu blicken, mit den Fingern auf alles zu zeigen und stumm zu genießen, aus Furcht, nichts äußern zu können, was des Gesehenen würdig wäre. Wer hingegen das Schöne als gebildeter Mensch anschaut, der würde, glaube ich, sich nicht damit zufrieden geben wollen, die lieblichen Früchte nur mit den Augen zu pflücken, und es nicht ertragen, sprachloser Betrachter der Schönheit zu sein, sondern er wird sich nach Möglichkeit bemühen, bei ihr zu verweilen und dem Anblick durch das Wort zu entsprechen.

Tatsächlich präsentiert sich uns das Gesamtwerk Lukians, wie Kap. 3 gezeigt hat, als ein solch immenser Schriftraum, ausgeschmückt mit zahlreichen einzelnen Texten, der uns, seine Leser, herausfordert, ihm gerecht zu werden, uns an ihm abzuarbeiten, nicht nur zu lachen und zu staunen über seinen Erfindungsreichtum, seine Pointen, seine provokativen Ansichten. Begeben wir uns also, wie in *De Domo*, in Lukians eigenen ‚schönen Saal', und betrachten wir in diesem Kapitel seine ‚Innenarchitektur'. Da drängt sich die Annahme auf, dass Lukian entweder die Gesamtausgabe seiner Werke nicht selbst in die Hand genommen oder dass er (oder ein anderer Herausgeber) die Zusammenstellung von Gruppen einzelner Werke, geordnet etwa nach literarischen Formen oder thematischen Anliegen, geradezu absichtsvoll vermieden hat. Selbst Schriften, die durch wechselseitige Bezugnahmen miteinander verbunden sind, stehen nicht immer hintereinander, sondern bisweilen sogar in verschiedenen Bänden der Oxforder Ausgabe, so im Falle der Textpaare *De Mercede Conductis / Apologia* (II.36 / III.65), *Imagines / Pro Imaginibus* (II.43 / III.50) und der beiden Miniaturtragödien *Podagra* und *Ocypus* (IV.69 / IV.74).

Dieser Befund wirft eine Reihe von Fragen auf. Welche Rezeption hat Lukian ursprünglich für seine Texte geplant? Wie verhalten sich mögliche mündliche Vorträge zu ihrer Verschriftlichung (vgl. Kap. 4.3)? Wie hat Lukian seine Schöpfungen in Umlauf gebracht? Wann und wie wurden sie gesammelt und zu einem Corpus vereinigt? Können wir heute sicher sein, welche Schriften darin im Einzelnen wirklich von Lukian stammen und welche, unter der Maske des berühmten Namens, als Kuckuckseier hineingelegt wurden? Und ist es am Ende möglich, durch philologische Analyse des Corpus herauszufinden, in welcher Reihenfolge Lukian seine Texte ursprünglich verfasst, vorgetragen, publiziert hat?

Die Textpaare *Imagines / Pro Imaginibus* und *De Mercede Conductis / Apologia* lassen den eigentlichen Produktionsprozess erkennbar werden. Die *Imagines* thematisieren am Ende ihre eigene Publikation:

> ὥστε εἰ δοκεῖ, ἀναμίξαντες ἤδη τὰς εἰκόνας, ἥν τε σὺ ἀνέπλασας τὴν τοῦ σώματος καὶ ἃς ἐγὼ τῆς ψυχῆς ἐγραψάμην, μίαν ἐξ ἁπασῶν συνθέντες εἰς βιβλίον καταθέμενοι παρέχωμεν ἅπασι θαυμάζειν τοῖς τε νῦν οὖσι καὶ τοῖς ἐν ὑστέρῳ ἐσομένοις. (*Im.* 23)

> Wenn du also einverstanden bist, wollen wir jetzt unsere Bilder miteinander mischen, die Statue, die du von ihrem Körper erschaffen hast, und die Gemälde, die ich von ihrer Seele gemalt habe. Ein einziges Bild wollen wir aus ihnen allen zusammensetzen, es in einem Buch niederlegen und allen Menschen zur Bewunderung darbieten, denen unserer eigenen Zeit und denen, die später leben werden.

Das spontane Gespräch, das Lykinos und Polystratos über die schöne Panthea geführt haben, hält Polystratos für so gelungen, dass er vorschlägt, es zu verschriftlichen und für ihre Zeitgenossen wie für die Nachwelt zu publizieren. Tatsächlich veröffentlicht Lykinos – von Polystratos als Mitautor ist in *De Imagini-*

bus keine Rede mehr, was Lykinos als die eigentliche auktorial konnotierte Figur ausweist (s.u.) – aber mehr als nur die enkomiastischen Bilder Pantheas, nämlich zusätzlich das ganze rahmende Gespräch und eben auch die Äußerung der Publikationsabsicht. Die so gerühmte Panthea gehört dann, wie der Anfang von *Pro Imaginibus* zeigt, ebenfalls zu den Leserinnen:

> ... τὰ μὲν ἄλλα πολλὴν ἐνεῖδον τὴν εὔνοιαν πρὸς ἐμὲ καὶ τιμὴν ἐκ τοῦ συγγράμματος· ... (*Pr. Im.* 1)

> ... Ich habe insgesamt dein großes Wohlwollen und deine Ehrerbietung mir gegenüber am Inhalt deiner Schrift bemerkt; ...

Ihre Replik, die Polystratos dem Lykinos mündlich zu Gehör bringt und die ihn wiederum zu einer Antwort provoziert, hat offensichtlich auch den Weg in die Veröffentlichung gefunden, nämlich in Gestalt von *Pro Imaginibus* selbst, obgleich das Ende der Diskussion dort betont offen gehalten wird: Polystratos wird Panthea Lykinos' Verteidigungsrede vortragen, dieser ihren Urteilsspruch abwarten; von einer (weiteren) Publikation ist also nicht mehr die Rede:

> ἐγὼ δὲ ἐπείπερ ἅπαξ σοι τὸ δρᾶμα παραδέδωκα, νῦν μὲν ἐκποδὼν ἀποστήσομαι· ὁπόταν δὲ τὰς ψήφους ἀνακηρύττωσι τῶν κριτῶν, τότε ἤδη καὶ αὐτὸς παρέσομαι ὀψόμενος ὁποῖόν τι τὸ τέλος τοῦ ἀγῶνος ἔσται. (*Pr. Im.* 29)

> Ich hingegen, nachdem ich dir nun einmal mein Drama anvertraut habe, verabschiede mich für den Augenblick; sobald man aber das Ergebnis der richterlichen Abstimmung verkündet, werde ich wieder in eigener Person zugegen sein, um zu sehen, welchen Ausgang der Prozess nimmt.

Die mündliche Kommunikation wird – das machen die beiden Dialoge deutlich – von den Gesprächspartnern als entscheidend angesehen, möglicherweise eben wegen ihrer Unabgeschlossenheit und Fortsetzbarkeit; hinzu kommt, dass gerade im spontanen Gespräch die enkomiastische Leistung der Unterredner viel deutlicher werden kann: Hier müssen sie, ohne vorher überlegen, nachschlagen und formulieren zu können, ihr Wissen, ihre Bildung, ihre rhetorischen Fähigkeiten unmittelbar aktivieren, um dem großen Eindruck, den Pantheas Anblick auf Lykinos gemacht hat, gerecht zu werden. Der hohe Wert, der einem solchen Sprechen aus dem Stegreif zugestanden wird, erklärt sich aus dem Kontext der hochkaiserzeitlichen Bildungskultur (Kap. 2): Die schriftliche Fassung ist jedenfalls nicht als Überbietung, auch nicht als eine die Mündlichkeit ablösende oder gar entwertende Form der Vollendung zu verstehen. Vielmehr wird hier suggeriert, dass sich die schriftliche Version in keinem Wort von dem mündlich geführten Ursprungsgespräch unterscheidet. Nicht anders stellt sich die Sachlage in dem Textpaar *De Mercede Conductis* und *Apologia* dar, obwohl hier die beiden Produktionsweisen stärker voneinander abgesetzt werden (vgl. Kap. 4.3). Die mündliche und die schriftliche Präsentation des Textes *De Mercede Conductis* – in dem den Gebildeten das traurige Dasein als griechischer Intellektueller im römischen Sold vor Augen gestellt wird – unterschieden sich also kaum voneinander, ja wiesen die gleichen positiven Eigenschaften auf. Unterschiedlich war nur das jeweilige Publikum: Während die mündliche Version für ein breiteres Publikum bestimmt war, wandte sich die schriftliche Version an einen kleineren und elitären Kreis, der sie noch besser zu würdigen wusste (allerdings, wie die Darlegungen in der Prolalia *Harmonides* zeigen, deshalb an gelungenen mündlichen Vorführungen nicht weniger Vergnügen hatte). Von einer Veränderung des Textes zu Publikationszwecken hingegen ist nicht die Rede, und auch die schriftliche Fassung von *De Mercede Conductis* bewahrt Charakteristika einer mündlichen Kommunikationssituation.

Es ist allerdings fraglich, ob allen Werken Lukians eine solche Doppelung von erster mündlicher und zweiter schriftlicher Version unterliegt. Die Rhetoriklehre hält zwar natürlich auch Anweisungen für pseudo-dialogisches Sprechen (διάλογος, *sermocinatio*) und prosopopoietische Direktiven bereit, und es ist durchaus vorstellbar, dass auch Dialoge mit umfänglichen narrativen Anteilen wie das *Symposium*, der *Icaromenippus* und die *Philopseudeis* und sogar Dialoge mit einer begrenzten Zahl von Sprechern wie *Imagines* und *Pro Imaginibus*, *Hermotimus* oder *Navigium* von einem einzelnen Redner in einer dann umso kunstvolleren Darbietung vorgetragen wurden; selbst für die bunten Folgen der *Dialogi Minores* hat man dies mit einiger Plausibilität erwogen. Es mag sogar sein, dass andere Texte tatsächlich erstmalig als Miniaturdramen inszeniert wurden (vgl. Kap. 4.3). Als der eigentliche virtuelle Ort gerade auch des Komödischen Dialogs, in dem das Theater als Raum des Dramas und das Lykeion als Raum des sokratischen Gesprächs miteinander zur Deckung gebracht werden konnten, firmiert aber letztlich eben das Buch. Der in *Piscator* 26 von Diogenes gewissermaßen stichwortartig beschriebene Vorgang – intensive Ausarbeitung eines Textes (also keine Stegreifdarbietung), langwierige Vorbereitung, Abfassung eines Buches, mündlicher Vortrag (μεγάλῃ τῇ φωνῇ) vor ausgewählten Zuhörern – evoziert unzweifelhaft die kaiserzeitliche Lesekultur, wie sie in den vergangenen Jahren von der Forschung klar profiliert worden ist. Ästhetisch und technisch hochqualitätsvolle, inhaltlich anspruchsvolle Bücher jedes denkbaren Inhalts wurden in intellektuellen Zirkeln vorgelesen, oft beim Mahl als Unterhaltung und Gesprächsanregung zwischen den Gängen oder im Zuge der *afterdinner-conversation*. Das von Diogenes hier gehässig als ‚dickes Buch' bezeichnete Werk war wahrscheinlich aufwendig und teuer produziert worden und stellte schon als solches einen Wert dar, der seinen Besitzer als Mitglied einer Bildungselite ausweisen konnte (obwohl das bloße Besitzen von Büchern hierfür natürlich nicht genügte, wie die eingangs zitierte Polemik Lukians gegen den ungebildeten Büchersammler zeigt). Als Vorleser konnte der Besitzer des Buches selbst fungieren, viel geläufiger war es allerdings, dass diese Aufgabe eigens dafür ausgebildeten Sklaven übertragen wurde. Es war – bedenkt man die für eine mündliche Präsentation wenig hilfreiche graphische Anlage der Buchrollen (fehlende Absätze und Worttrennung, unpräzise Markierung sprechender Personen etc.) – ganz offensichtlich Aufgabe des Vorlesers, den Text zur Wirkung zu bringen, und aus der zitierten Stelle lässt sich folgern, dass Lukian entweder selbst ein begnadeter Vorleser war, der – wie wir es heute von renommierten Hörbuchlesern gewohnt sind – durchaus eine Vielzahl von Rollen stimmlich differenziert darzustellen vermochte, oder über einen (oder vielleicht mehrere) Vorleser verfügte: Eine derartige Darbietung kam dann in die Nähe dramatischer *performances*, die es im Kontext des Symposions ebenfalls gab, ohne mit ihnen identisch zu sein.

Lukian hat sich in der Tat – wie in Kap. 3.2.5 gezeigt – eingehend darum bemüht, seinen Dialogen eine dramatische Gestalt zu geben, die ein vom Publikum nachvollziehbares Vorlesen ohne dramaturgische Zwischenbemerkungen möglich machte. Ein einzelnes Werk allerdings scheint sich einer lauten Lektüre durch einen Vorleser zu entziehen: der *Piscator*. Ohne ermüdende Ankündigungen hätte kaum klargemacht werden können, wer jeweils spricht, und die sprechenden Figuren werden so unmarkiert eingeführt, dass bei einer oralen Präsentation einige Verwirrung hätte herrschen müssen. Ein solcher Ausnahmebefund bedarf auch einer Ausnahmeerklärung. Es ist ja undenkbar, dass Lukian bei diesem Werk seine ganze technische Souveränität plötzlich vergessen und einen Text produziert haben soll, der einerseits für die Annahme der Intention bloß stiller Lektüre eigentlich zu stark dramatisiert ist – hier hätte Lukian sozusagen sein Pulver ziel- und wirkungslos verschossen –, andererseits von einer einzelnen Person kaum hätte überzeugend vorgetragen werden können. Es bleibt unter diesen Umständen plausiblerweise nur die Überlegung, dass wir mit dem *Piscator* einen Vertreter der kaiserzeitlichen Gattung des *dinner-theaters* erhalten haben: Das Werk wäre dann, wie in den Haushalten reicher Römer keineswegs ungewöhnlich – vgl. beispielsweise Plinius, *Epist.* 3.1.9 –, als komisches Drama von einer kleinen Schauspielertruppe zwischen den Gängen eines Gastmahls oder danach aufgeführt worden. Vergleichbares gab es schon in klassischer Zeit, wie uns das *Symposion* Xenophons zeigt, das mit dem Bericht von einer dramatischen Inszenierung des Ariadne-Mythos endet (*Symp.* 9.2-6). Für eine solche Überlegung spricht, dass unter diesen Umständen alle oben formulierten Schwierigkeiten wegfallen; dafür spricht auch, dass der *Piscator* mit einer ausführlichen Anspielung auf die dramatisch äußerst lebhafte Parodos der *Acharner* des Aristophanes einsetzt (*Pisc.* 1-10) und überdies als ein besonders gelungenes Beispiel für den Komödischen Dialogs gelten darf (vgl. Kap. 4), also ohnehin über besondere Inszenierungsqualitäten verfügt. In jedem Fall musste aber auch der Text des *Piscator* von vornherein schriftlich vorliegen, um für die Aufführung einstudiert werden zu können. Die eigentliche Publikation eines solchen Werkes diente dann womöglich dem Zweck, entsprechende Lesungen (oder dramatische Aufführungen) auch weiteren Zirkeln von Gebildeten zu ermöglichen, also immer neue *performances* hervorzubringen.

Die wenigsten Texte dürften sich also einer Stegreifperformance verdanken, sondern werden, wie das Gespräch zwischen Lykinos und Polystratos in den *Imagines*, das zwar einen lebhaften Eindruck von Authentizität und Spontaneität erweckt, jedoch klar auf seine Fortführung in *Pro Imaginibus* hin konzipiert ist, von vornherein *schriftlich* entworfen worden sein. Ebenso gehört *De Mercede Conductis* schon von seiner Thematik her nicht zur Gattung der – an sich in der kaiserzeitlichen Rhetorik in Blüte und hohem Ansehen stehenden – Stegreifrede. Solche Schriften konnten schon bald nach ihrer ersten Aufführung oder Vorlesung vervielfältigt und in Umlauf gebracht werden. Ein nicht eigens redigiertes Corpus könnte also theoretisch die faktische Publikationsfolge abbilden. Tatsächlich thematisieren zwei Texte ihren unmittelbaren zeitlichen Zusammenhang und folgen auch im Corpus aufeinander. Im *Piscator* wirft der wiederauferstandene Platon seinem Widersacher Parrhesiades vor, ihn und seine philosophischen Kollegen auf dem Sklavenmarkt verkauft zu haben:

> Ἅτινα μὲν εἴργασαι ἡμᾶς τὰ δεινά, σεαυτὸν ἐρώτα, ὦ κάκιστε, καὶ τοὺς καλοὺς ἐκείνους σου λόγους ἐν οἷς φιλοσοφίαν τε αὐτὴν κακῶς ἠγόρευες καὶ εἰς ἡμᾶς ὕβριζες, ὥσπερ ἐξ ἀγορᾶς ἀποκηρύττων σοφοὺς ἄνδρας, καὶ τὸ μέγιστον, ἐλευθέρους· ἐφ' οἷς ἀγανακτήσαντες ἀνεληλύθαμεν ... (*Pisc.* 4)

> Nach deinen Verbrechen an uns befrage dich selbst, du Bösewicht, und deine großartige Schrift, in der du nicht nur die Philosophie selbst verleumdest, sondern dich auch an uns vergangen hast: Wie auf dem Markt hast du weise und, was noch viel schlimmer ist, freie Männer zum Kauf angeboten. Aus Wut hierüber sind wir an die Oberwelt zurückgekehrt ...

Dieser Vorwurf bezieht sich auf Lukians *Vitarum Auctio*, worin Zeus und Hermes die klassischen Philosophen und ihre Doktrinen willigen Käufern als Sklaven anbieten. Da der *Piscator* mit einer wilden Attacke der Philosophen eröffnet, entsteht der Eindruck, sie hätten, kaum dass ihnen diese Vorgänge zu Ohren – oder unter die Augen – gekommen seien, das Totenreich verlassen und kämen auf die Erde gestürmt, um den Übeltäter zur Rechenschaft zu ziehen. Im Corpus folgt auf *Vitarum Auctio* und *Piscator* sofort der Dialog *Bis Accusatus*, in dem sich der Sprecher für seine Erfindung des Komödischen Dialogs verteidigt; dass sich diese Verteidigung insbesondere auf das vorangehende Dialogduo bezieht, ist sehr wahrscheinlich, so dass auch hier ein originärer Publikationszusammenhang im Corpus abgebildet sein könnte.

Über solche Überlegungen hinaus lässt sich die Hypothese, das Corpus folge in seiner Zusammenstellung einer tatsächlichen Publikationsabfolge, jedoch nicht erhärten. Auch die Möglichkeit, für einige wenige Texte, wenn auch kein sicheres Publikationsdatum, so doch zumindest einen *terminus post quem* der Veröffentlichung zu bestimmen, bringt für die Erklärung der Abfolge der Texte im Corpus keine Hilfe:

nach 162/3 n.Chr.   *Imagines / Pro Imaginibus* (II.43 / III.50) setzen die Liaison des Lucius Verus mit Panthea voraus; sie könnten aber auch erst nach dem Tod des Verus (169 n.Chr.) publiziert sein: Marc Aurel erwähnt vor 180 n.Chr. Panthea am Grabe des Verus in seinen *Selbstbetrachtungen* (8.37).

nach 165 n.Chr.	Die Schriften *De Morte Peregrini* (III.55), *Fugitivi* (III.56) und *Adversus Indoctum* (II.31) setzen den Tod des Peregrinus Proteus voraus. Eventuell spielt *Deorum Concilium* (III.52) auf ein Edikt der Kaiser Marc Aurel und Lucius Verus aus diesem Jahr zu neuen genealogischen Standards für die Besetzung des Athener Areopags an. *Quomodo Historia Conscribenda sit* (III.59) könnte ein fortgeschrittenes Stadium der Partherkriege des Lucius Verus voraussetzen.
nach 174 n.Chr.	Im *Demonax* (I.9: 24 u. 33) wird der Tod des Pflegesohnes des Rhetors und Politikers Herodes Atticus erwähnt.
nach 176 n.Chr.	Die Fiktion des *Eunuchus* (III.47) setzt Marc Aurels Einrichtung der Athener Philosophielehrstühle voraus, um deren Besetzung es geht.
nach 180 n.Chr.	Im *Alexander* (II.42: 48) ist die postume Divinisierung Marc Aurels vorausgesetzt.

Wie die Übersicht zeigt, steht in einigen Fällen die Position zweier Texte im Corpus in Widerspruch zu ihrer plausiblen chronologischen Abfolge: So befindet sich der nach 180 n.Chr. verfasste *Alexander* im Corpus vor der wahrscheinlich bald nach 165 n.Chr. entstandenen Schrift *De Morte Peregrini*. Umgekehrt wurden unmittelbar zusammenhängende Texte, nämlich die beiden Deklamationen *Phalaris 1* und *Phalaris 2* und die beiden Bücher der *Verae Historiae*, die auch im Corpus miteinander verbunden sind, wahrscheinlich bereits jeweils im Verbund publiziert.

Anders sieht es mit den vier Kleincorpora der *Dialogi Minores* – *Dialogi Deorum, Dialogi Marini, Dialogi Meretricii* und *Dialogi Mortuorum* – aus. In Kap. 4 ist gezeigt worden, wie sich diese Texte zu Lukians Poetik des Komödischen Dialogs verhalten, und es hat sich erwiesen, dass sie bei aller äußerlicher Ähnlichkeit eigentlich nicht zusammengehören können. Ihre häufige gemeinsame Anordnung – in unterschiedlicher Reihenfolge – in der handschriftlichen Tradition (s.u.) würde sich dann erst der späteren Wahrnehmung eben ihrer formalen Verwandtschaft verdanken. Ebenso mag die auf den ersten Blick nur auf der Analogie der Titel beruhende, also mechanische Zusammenführung der beiden Schriften *Juppiter Confutatus* und *Juppiter Tragoedus* durchaus einer sekundären Absicht entsprechen. In beiden Fällen wird die religionsphilosophische Frage nach der Macht und dem Einfluss der Götter auf die menschlichen Angelegenheiten diskutiert, im *Juppiter Confutatus* in einem räumlich und zeitlich undefinierten Dialog zwischen Zeus und einem anonymen Kyniker, im *Juppiter Tragoedus* zwischen dem Stoiker Timokles und dem Epikureer Damis unter ängstlicher Beobachtung der um ihren Unterhalt bangenden olympischen Götter. Dabei stellt der *Juppiter Tragoedus* ein plakatives Beispiel für Lukians Komödischen Dialog dar (vgl. Kap. 4) und könnte sowohl seine Existenz als auch seine

Verbindung mit dem formal traditionelleren *Juppiter Confutatus* der Absicht verdanken, diese literarästhetische Innovation im augenfälligen Vergleich zu demonstrieren. Ebenso mag beabsichtigt sein, dass *De Morte Peregrini*, in dem von der Selbstverbrennung des Kynikers Proteus in Olympia berichtet wird, und *Fugitivi*, die mit einer ausführlichen Erzählung von diesem Ereignis einsetzen, unmittelbar aufeinander folgen; dieses Ereignis wird zwar auch in einer hiervon im Corpus weit entfernt liegenden Schrift, *Adversus Indoctum* (14) erwähnt, dort allerdings an recht versteckter Stelle. Sehr viel oberflächlicher und damit durchaus bezweifelbar sind dagegen die Beziehungen zwischen den beiden deklamatorischen Prolalien *Bacchus* und *Hercules*, in denen sich der Sprecher jeweils als alter Mann präsentiert, zwischen *Nigrinus* und *Demonax* – zwei unterschiedlich kritischen Auseinandersetzungen mit Vertretern der Philosophie –, zwischen *De Parasito* und *Philopseudeis*, deren Hauptfiguren beide den (im Corpus nur hier vorkommenden) Namen Tychiades tragen, und schließlich zwischen den beiden Reden *Tyrannicida* und *Abdicatus* mit ihren in der kaiserzeitlichen Deklamatorik so beliebten Themen der Rechtfertigung eines Tyrannenmörders und eines enterbten Sohnes (vgl. Kap. 3.1.1).

Diese Überlegungen zeigen, dass eine ordnende Tätigkeit seitens eines Herausgebers des Corpus einerseits nicht von der Hand zu weisen ist, andererseits aber jener Herausgeber auch nicht so weit gegangen ist, thematisch zusammengehörige Schriften konsequent und umfassend zu gruppieren, obwohl das in vielen Fällen möglich gewesen wäre. Diese geringe Kohärenz ist im Übrigen sehr wahrscheinlich auch nicht auf den Verlust von Texten zurückzuführen. Im erhaltenen Werk wird nur ein einziger Text erwähnt, der uns nicht überliefert ist:

> Ἔμελλεν ἄρα μηδὲ ὁ καθ' ἡμᾶς βίος τὸ παντάπασιν ἄμοιρος ἔσεσθαι ἀνδρῶν λόγου καὶ μνήμης ἀξίων, ἀλλὰ καὶ σώματος ἀρετὴν ὑπερφυᾶ καὶ γνώμην ἄκρως φιλόσοφον ἐκφαίνειν· λέγω δὲ εἴς τε τὸν Βοιώτιον Σώστρατον ἀναφέρων, ὃν Ἡρακλέα οἱ Ἕλληνες ἐκάλουν καὶ ᾤοντο εἶναι, καὶ μάλιστα εἰς Δημώνακτα τὸν φιλόσοφον, οὓς καὶ εἶδον αὐτὸς καὶ ἰδὼν ἐθαύμασα, θατέρῳ δὲ τῷ Δημώνακτι καὶ ἐπὶ μήκιστον συνεγενόμην. περὶ μὲν οὖν Σωστράτου ἐν ἄλλῳ βιβλίῳ γέγραπταί μοι ... (*Demon.* 1)

> Ja, auch unsere Epoche musste nicht gänzlich auf Männer verzichten, die es verdienten, dass man von ihnen spricht und an sie denkt, sondern sie sollte sogar einen Körper von übernatürlicher Leistungsfähigkeit und eine im höchsten Maße philosophische Geisteshaltung ans Licht bringen! Ich meine zum einen Sostratos aus Boiotien, den die Griechen für Herakles hielten und den sie auch so nannten, zum anderen und vor allem Demonax, den Philosophen. Beide habe ich selbst gesehen und bewundert, mit einem von ihnen, Demonax, war ich sogar lange Zeit zusammen. Über Sostratos habe ich in einem anderen Buch geschrieben ...

Jenes Buch über Sostratos, den wiedergeborenen Herakles, ist uns nicht einmal als Titel bekannt, ebenso wenig wie jener Sostratos selbst, den ansonsten kein antiker Autor zu kennen scheint. Das ist angesichts seiner ausdrücklichen Erwähnung an dieser Stelle so merkwürdig – es würde dann ausgerechnet das einzige Buch Lukians, das in seinem Werk explizit genannt wird, fehlen –, dass man versucht sein könnte, die Behauptung seiner Existenz für eine absichtsvolle Irreführung zu halten. Das gilt allerdings genauso für die dann folgenden biographischen Notizen zu Demonax selbst. Auch ihn kennen wir nämlich ausschließlich aus Lukian; spätere Quellen, die Aussprüche des Demonax zitieren, gehen fast nirgends über das bei Lukian Gebotene hinaus. Und so ist es nicht unmöglich, dass auch Demonax, der kynische Vorbildphilosoph, eine rein fiktive Gestalt ist. Das mag ein moderner Leser für ein witziges intellektuelles Spiel halten; ein kaiserzeitlicher Gebildeter musste sich jedoch außerordentlich provoziert fühlen. Wenn er Demonax oder Sostratos nicht kannte, so konnte er nicht sicher sein, ob daran seine mangelnden (philosophiegeschichtlichen) Kenntnisse schuld waren oder ob er hier gerade getäuscht wurde. Er hatte auch kaum Möglichkeiten, sich Sicherheit zu verschaffen, konnte es doch ein „anderes Buch" Lukians mit einer Biographie des Sostratos womöglich wirklich geben, ohne dass er es kannte, oder eben auch nicht. Andere Gebildete zu fragen wäre seiner Reputation durchaus abträglich gewesen, zumal er den Zweifel, dass auch sie ihn belogen, um ihr eigenes Nichtwissen zu kaschieren, ebenfalls nicht hätte ausräumen können. Da wir wissen, dass Lukian eine vergleichbar aggressive Attacke auf einen zeitgenössischen Philosophen startete und ein – uns ebenfalls nicht überliefertes, allerdings auch im Erhaltenen nicht erwähntes – Buch mit Lehrmeinungen des Vorsokratikers Heraklit erfand (vgl. Kap. 1), können wir eine solche Strategie hier nicht ausschließen.

Davon abgesehen besitzen wir keine Hinweise, dass die Lukian-Überlieferung Lücken aufweisen könnte. Der geringe Grad der Systematisierung innerhalb des Corpus der Lukianischen Schriften mag also Absicht gewesen sein und muss keineswegs als editorischer Mangel verurteilt werden. Denn wenn man Lukians schriftstellerisches Wirken mit Recht als (im besten Sinne der Wortes) essayistisch bezeichnen kann, hätte es dieser intellektuellen Haltung nicht unbedingt entsprochen, seinem Werk nachträglich eine systematische Tendenz zu oktroyieren, die es im Verlauf seiner Produktion und Publikation nie oder jedenfalls nicht vollumfänglich besessen hatte und womöglich auch nicht besitzen sollte. Zugleich deutet sich, wie zu sehen war, an einigen Stellen doch so etwas wie Kohärenz an, und diese fügt sich gut zu dem Eindruck der *poikilía*, Buntheit, die im Übrigen bereits ein Ideal der hellenistischen Ästhetik war und keinesfalls als bloße Beschönigung chaotischen Schreibens angesehen werden darf. Die Suggestion der Anwesenheit ordnungsstiftender Momente in der Vielfalt der Texte und Themen stellt nämlich für den Leser einen (eben nie zur Gänze befriedigten) Anreiz dar, Zusammenhänge selbst herzustellen, selbst einzelne Texte in Bezug zueinander zu setzen; zudem eröffnet sich ihm auf diese Weise die Möglichkeit, thematische Vernetzungen zu konstruieren, die er sonst, konfrontiert mit einer rigiden Systematik, womöglich nicht hätte erzeugen können.

Eine ähnliche Verfahrensweise kann man auch an mehreren anderen Stellen innerhalb von Lukians Œuvre verfolgen. So bietet die handschriftliche Überlieferung der *Dialogi Minores* in jedem der vier einzelnen Corpora ein unüberschaubares Durcheinander von unterschiedlichen Reihenfolgen der einzelnen Kurzdialoge, was darauf schließen lässt, dass mehrfach versucht wurde, sie in eine (je nach Herausgeber andere) sinnvolle Sequenz zu bringen, und das ohne rundum überzeugende Resultate. In *De Domo* beschreibt der Redner die Bilderfolge eines Gemäldesaales: Auch hier findet der Leser diverse Scheinanreize, Symmetrien und logische Reihen zu bilden, ohne dass es jedoch möglich wäre, jeweils alle Gemälde in einer solchen Ordnung unterzubringen. Ähnlich sind mehrfach aufwendige Versuche unternommen worden, Philostrats bald nach Lukian entstandene Beschreibungen der Bilder in einer Galerie (*Imagines*) zu sequentialisieren: Dies blieb ebenfalls erfolglos, obwohl nicht zu leugnen ist, dass es zumindest partikulare Gruppen und Symmetrien gibt. Die Aktivierung des Lesers, der den vorliegenden Text weniger passiv genießen als sich an ihm abarbeiten soll, ist vielleicht ein Spezifikum kaiserzeitlicher literarischer Kommunikation.

Die Gestalt des Corpus, wie es dem Leser in Macleods Ausgabe entgegentritt, kann jedenfalls einigen Anspruch darauf erheben, mehr oder weniger die älteste Gesamtausgabe von Lukians Schriften zu repräsentieren. Die ihr zugrunde liegende, in der Editionsphilologie als γ bezeichnete Handschriftentradition wird am besten von ihren zwei ältesten Handschriften repräsentiert: dem *Codex Harleianus* 5694 aus dem Jahr 914 (E) und dem *Codex Vaticanus Graecus* 90, ebenfalls aus dem Anfang des 10. Jahrhunderts (Γ). Sie lag im 9. Jahrhundert vielleicht bereits dem byzantinischen Patriarchen Photios (ca. 820–891) vor, der in seiner *Bibliotheke* von seiner Lukian-Lektüre berichtet:

ἀνεγνώσθη Λουκιανοῦ ὑπὲρ Φαλάριδος καὶ νεκρικοὶ καὶ ἑταιρικοὶ διάλογοι διάφοροι καὶ ἕτεροι διαφόρων ὑποθέσεων λόγοι ... (Phot. Bibl. 128)

Gelesen wurden von Lukian Verteidigungsreden für Phalaris, diverse Toten- und Hetärengespräche sowie andere Schriften unterschiedlichen Inhalts ...

Da mit den beiden *Phalaris*-Deklamationen und den *Dialogi Meretricii* der Anfang und das Ende des Corpus in der γ-Tradition genannt werden, könnte man zunächst annehmen, dass ihr die von Photios verwendete Handschrift zugehört. Allerdings wirkt dann Photios' ausdrückliche Erwähnung der *Dialogi Mortuorum* ein wenig störend, da er alle übrigen *lógoi* nur als „andere Schriften" bezeichnet. Man hat daher erwogen, dass Photios' Ausgabe dreiteilig war: Teil 1 begann mit *Phalaris 1* und enthielt alle Schriften I.1-II.34 (Macleod), Teil 2 wurde von den *Dialogi Mortuorum* eingeleitet und umfasste IV.77-79 (also neben den *Totengesprächen* auch die *Dialogi Marini* und *Dialogi Deorum*) sowie II.35-III.54, Teil 3 schließlich eröffnete mit den *Dialogi Meretricii* (IV.80) und enthielt außer ihnen noch die Schriften III.55-IV.76. Photios hätte demnach mit den drei von ihm namentlich genannten Werken jeweils die einleitenden Titel der drei Teile erwähnt und also eine Sondertradition von γ benutzt, die uns heute noch in der Textfolge eines älteren Teiles des *Codex Marcianus* 840 aus dem 10./11. Jahrhundert (Ω) vorliegt. Diese Sondertradition unterschied sich von derjenigen, die vor allem durch die Handschrift Γ repräsentiert wird, neben einigen kleineren Umstellungen – von denen die Zusammenstellung der beiden Gicht-Tragödien *Podagra* (IV.69) und *Ocypus* (IV.74) diejenige ist, die noch am ehesten eine thematisch gesteuerte editorische Absicht erkennen lässt – insbesondere dadurch, dass die drei Kleincorpora der *Dialogi Mortuorum*, der *Dialogi Marini* und der *Dialogi Deorum* von den *Dialogi Meretricii* getrennt und, erweitert durch *Dearum Judicium* (II.35), zwischen den *Philopseudeis* (II.34) und *De Mercede Conductis* (II.36) eingeschoben waren.

Die von Photios also möglicherweise verwendete Edition ist für uns auch deshalb interessant, weil ihr ein von dem Patriarchen zitiertes Epigramm vorangestellt war, das sie in der Tat als Gesamtausgabe kennzeichnete:

> Λουκιανὸς τάδ' ἔγραψα παλαιά τε μωρά τε εἰδώς,
> μωρὰ γὰρ ἀνθρώποις καὶ τὰ δοκοῦντα σοφά.
> κοὐδὲν ἐν ἀνθρώποισι διακριδόν ἐστι νόημα,
> ἀλλ' ὃ σὺ θαυμάζεις, τοῦθ' ἑτέροισι γέλως. (*Epigr.* 1)

> Dies schrieb ich, Loukianós, mit Wissen von Altem und Dummem,
> denn dumm ist bei Menschen auch das, was ihnen weise erscheint.
> Wirklich: Kein Funken Verstand findet sich im Geschlechte der Menschen,
> sondern das, was du bestaunst, ist für den anderen ein Witz.

Dass dies als Lukians eigenes Motto über einer von ihm redigierten Ausgabe seiner gesammelten Schriften gestanden haben könnte, ist jedoch eher unwahrscheinlich. Denn die beiden Distichen sind ungeschickt formuliert: In Vers 1 mutet die Zusammenstellung von παλαιά (alt) und μωρά (dumm) beliebig an, während in Vers 2 μωρά und τὰ δοκοῦντα σοφά (das scheinbar Weise) wenig Differenzierung bieten, und was als Pointe in Vers 4 gegeben wird, leitet sich nicht schlagend aus Vers 3 ab; hinzu kommen die lexikalischen Doppelungen von μωρά und ἀνθρώποις(ι). Das allein wäre kein hinreichender Grund, Lukian die Verse abzusprechen. Doch fokussieren sie außerdem nur satirische und polemische Aspekte: Das aber wäre eine verkürzende Beschreibung seines ja in vielfacher Hinsicht auch konzeptuell innovativen Œuvres; man sollte sie daher nicht für Lukian selbst postulieren. Dass Vers 1 des Epigramms durch die Verwendung der ersten Person Singular (ἔγραψα) Lukian als Sprecher einführt, lässt sich dabei leicht als Herausgeberfiktion verstehen; als Anregung mag dem Verfasser eines der wenigen, sicher authentischen Epigramme Lukians gedient haben, das sich als Schwindelepitaph in den *Verae Historiae* (2.28) findet.

Photios erwähnt Lukian-Lektüren noch an zwei weiteren Stellen. In *Bibl.* 129 spricht er von seiner Lektüre des *Asinus*, in *Bibl.* 166 zählt er Lukian mit seinen *Verae Historiae* unter die Imitatoren des Antonios Diogenes, des Verfassers eines Abenteuer- und Wunderromans *Unglaubliches jenseits von Thule*. Diese Prominenz der *Verae Historiae* trifft sich jedenfalls mit dem überlieferungsgeschichtlichen Befund, dass eine weitere, gegenüber γ quantitativ reduzierte, eigenständige Handschriftentradition β (in erster Linie vertreten durch den ersten

Teil des *Codex Vindobonensis* 123 (B) und durch den *Codex Vaticanus* 1324 (U), beide aus dem 10./11. Jahrhundert) existiert, die gerade mit diesem Werk beginnt. Diese Tradition bot mit 33 (34) Schriften eine Auswahl aus dem Werk:

1. *Verae Historiae* (I.13 u I.14)
2. *Timon* (I.25)
3. *Adversus Indoctum* (II.31)
4. *Somnium* (II.32)
5. *De Parasito* (II.33)
6. *Calumniae non temere credendum* (I.15)
7. *Judicium Vocalium* (I.16)
8. *Cataplus* (I.19)
9. *Symposium* (I.17)
10. *Icaromenippus* (I.24)
11. *Soloecista* (I.18)
12. *Juppiter Tragoedus* (I.21)
13. *Juppiter Confutatus* (I.20)
14. *Deorum Concilium* (III.52)
15. *Philopseudeis* (II.34)
16. *Gallus* (I.22)
17. *Bis Accusatus* (II.29)
18. *Vitarum Auctio* (II.27)
19. *Rhetorum Praeceptor* (II.41)
20. *Piscator* (II.28)
21. *Alexander* (II.42)
22. *De Luctu* (II.40)
23. *Prometheus* (I.23)
24. *Dialogi Deorum* (IV.79)
25. *Dearum Judicium* (II.35)
26. *Dialogi Marini* (IV.78)
27. *Dialogi Meretricii* (IV.80)
28. *Dialogi Mortuorum* (IV.77)
29. *Necyomantia* (II.38)
30. *Contemplantes* (I.26)
31. *De Sacrificiis* (II.30)
32. *Tyrannicida* (III.53)
33. *Abdicatus* (III.54)

Es spricht einiges dafür, dass diese Auswahl ihren Lesern so etwas wie die Hauptwerke Lukians präsentieren wollte; sie stand noch 1954 Pate für eine entsprechende (allerdings noch weiter verkürzte) Lukianausgabe von Karl Mras. Die in der Handschriftengruppe β vorgenommene Reihung zeigt auch, wie schwerfällig und künstlich Klassifikationen der Schriften im Einzelfall sind. Ihr Herausgeber wollte offensichtlich einerseits einen aus seiner Sicht repräsentativen Querschnitt bieten, andererseits folgte er aber auch bestimmten thematischen Vorlieben. Er ließ seine Auswahl mit den beiden Büchern der *Verae Historiae* beginnen (1). Darauf folgte ein Konvolut von, wie Photios formuliert hätte, zehn „Schriften unterschiedlichen Inhalts" (2-11). Es schlossen sich drei Gruppen an: (a) Religionskritik vor den Ohren der Götter (12-14), (b) Phantastisches (15-16), (c) Satiren auf Philosophie und Rhetorik (17-20). Nach drei Einzeltexten zu religiösen Themen (21-23) – der Dialog *Prometheus* (23) verhandelt die Frage nach Allmacht und Allwissenheit des Zeus und leitet mit seiner mythischen Figurenkonstellation gelungen zu den *Dialogi Deorum* (24) über – folgten zwei weitere Gruppen: (d) Vier geschlossene Corpora von Kurzdialogen (24-28); die *Dialogi Mortuorum* (28) boten am Schluss dieser Gruppe eine geeignete Überleitung zur (e) Unterwelt (29-31). Die Ausgabe schloss mit (f) zwei der vier erhaltenen Deklamationen (32-33).

Während den Herausgeber dieser Auswahl thematisch Mythologie und Religion, formal Lukians literarische Innovation, die Hybride aus Komödie und philosophischem Dialog, am stärksten interessierten, hatte er erkennbar weniger Interesse an der Behandlung von historischen Einzelpersönlichkeiten: Zwar integrierte er den *Alexander*, sicher auch wegen seiner religionskritischen Bedeutung, Schriften wie *Nigrinus, Demonax, De Morte Peregrini*, aber auch *Anacharsis, Toxaris, Demosthenis Encomium* und andere blieben jedoch unberücksichtigt. Auch die im Lukianischen Œuvre durchaus prominente Auseinandersetzung mit dem Attizismus repräsentierte er nur durch den eher spielerischen *Judicium Vocalium* und den *Soloecista*. Ebensowenig Interesse hatte er an Texten mit ästhetischer Thematik: So fehlen neben *De Domo* auch das Textpaar *Imagines* und *Pro Imaginibus, De Saltatione, Zeuxis* und *Prometheus es in verbis*. Erkennen lässt sich schließlich auch, dass der Herausgeber Lukian als Verfasser von für sich stehenden Einzeltexten wahrnahm und daher ohne Rücksicht auf innere Situationszusammenhänge die Reihenfolge von *Juppiter Confutatus* und *Juppiter Tragoedus* umdrehte und den *Rhetorum Praeceptor* zwischen *Vitarum Auctio* und *Piscator* stellte, obgleich er thematisch besser hinter den *Bis Accusatus* gepasst hätte; auch *De Parasito* und *Philopseudeis*, inhaltlich gar nicht und äußerlich nur locker durch ihre gleichnamige Hauptfigur Tychiades miteinander verbunden, traten auf diese Weise weit auseinander. Der β-Editor wandte also einige Gedankenarbeit an seine Ausgabe, im Übrigen auch an seine Textgestaltung, die reich ist an Interpolationen und anderen Konjekturen, während die Handschriften der γ-Tradition eher Spuren der Kommentierung aufweisen; insbesondere verdanken wir ihr die Scholien.

Der zeitliche Ausgangspunkt unserer Handschriftentradition lässt sich versuchsweise vor der zweiten Hälfte des 4. Jahrhunderts ansetzen. Denn aus dieser Zeit kennen wir ein Pergamentfragment, das ein Stück aus dem 47. Kapitel des *Asinus* enthält und dessen Textgestaltung γ voraussetzt. Fraglich ist hingegen, ob die Erwähnungen Lukians in der christlichen Literatur der Spätantike für die Datierung des Corpus nützlich sind. So zeugen Laktanz' *Divinae Institutiones* (*Div. Inst.* 1.9.8) von Lukians hohem Bekanntheitsgrad am Ende des 3. Jahrhunderts n. Chr. Im späten 4. oder frühen 5. Jahrhundert n.Chr. mokiert sich Isidor von Pelusium über die Auseinandersetzungen der Intellektuellen, vor allem der Philosophen, und hebt dabei Lukians Spott gegen alle Philosophenschulen hervor (*Epist.* 55). Von besonderem Interesse ist dabei, dass er auch von Polemik gegen Lukian zu berichten weiß. In welche Zeit jedoch diese Debatten fallen und wie sie im einzelnen geführt wurden, wird aus seinen Ausführungen nicht klar. Beide Autoren konzentrieren sich aber auf Lukians satirische Texte, die ihnen auch einzeln vorgelegen haben können. Die Zirkulation eines vollständigen Corpus setzen sie zumindest nicht voraus.

Bei einem so umfangreichen und für redaktionelle Eingriffe so offenen Œuvre liegt es nahe, dass tatsächlich im Laufe der Zeit Texte aufgenommen wurden, die Lukians Autorschaft nur behaupteten, jedoch mehr oder weniger geschickte Imitationen sind. In der älteren Forschung des 18. bis 20. Jahrhunderts wurde zeitweilig fast ein Drittel der Schriften des Corpus für untergeschoben gehalten. Die Begründungen für so radikale Eingriffe verdankten sich allerdings häufig subjektiven Wertungen. Kriterien wie die Forderung, Inhalt und Gedanken eines

Werkes müssten „lukianisch", d.h. witzig und geistreich sein, oder die Annahme, in einer unechten Schrift müssten die für Lukian typischen Selbstwiederholungen fehlen – deren Vorhandensein wiederum natürlich ebenso gut für die Klassifizierung eines Textes als geschickter Fälschung herhalten konnte –, taugten letztlich nicht als Prüfstein für die Frage nach Echtheit oder Unechtheit einer Schrift, und auch der Vergleich von Sprache und Stil wurde keineswegs immer mit der nötigen Zurückhaltung angewandt..

Sicher unecht ist eine Reihe von unter Lukians Namen publizierten Briefen (*Epistulae*; vgl. Kap. 3.1.5) und der Dialog *Timarion*, der, im 12. Jh. n.Chr. verfasst, zugleich ein Zeugnis der sprachlich, stilistisch und inhaltlich hochrangigen und sachkundigen Lukianrezeption und -imitation in byzantinischer Zeit darstellt. Unecht ist außerdem wahrscheinlich der größte Teil der verstreut in der *Anthologia Palatina* unter Lukians Namen überlieferten 62 Epigramme, aber schon hier muss man sich in fast jedem Einzelfall mit einem *non liquet* begnügen. Als Beispiel mag folgendes Epigramm dienen:

> Εἰπέ μοι εἰρομένῳ, Κυλλήνιε, πῶς κατέβαινεν
> Λολλιανοῦ ψυχὴ δῶμα τὸ Φερσεφόνης;
> θαῦμα μέν, εἰ σιγῶσα· τυχὸν δέ τι καί σὲ διδάσκειν
> ἤθελε· φεῦ, κείνου καὶ νέκυν ἀντιάσαι. (*Epigr.* 35)

> Antworte mir, kyllenischer Hermes, auf meine Frage: In welchem
> Zustand kam die Seele Lollians in den Hades hinab?
> Wundern würde es mich, wenn sie schwieg; jedoch dich belehren
> Wollte vielleicht sie: Ach! Ihn selbst im Grab noch zu sehn!

Als ‚lukianisch' könnte man hier zunächst den epenparodistischen Anfang mit einer Gottesanrufung ansehen. Ebenfalls recht ‚lukianisch' klingt insgesamt das Grundmotiv, einen Hadeskundigen in spöttischer Absicht nach dem Verhalten einer prominenten Seele zu fragen. Ganz ähnlich erkundigt sich Menipp bei dem Höllenhund Kerberos nach Sokrates' Verhalten beim Abstieg:

> εἰπέ μοι πρὸς τῆς Στυγός, οἷος ἦν ὁ Σωκράτης, ὁπότε κατῄει παρ' ὑμᾶς ... (*DMort.* 4.1)

> Bei der Styx, erzähl mir: Wie benahm sich Sokrates, als er zu euch herunterkam ...

und nachdem er erfährt, Sokrates habe beim Anblick des Höllenschlundes vor Angst geweint wie ein kleines Kind, reagiert er befriedigt:

> οὐκοῦν σοφιστὴς ὁ ἄνθρωπος ἦν ... (*DMort.* 4.2)

> Dann war der Mensch also doch nur ein sophistischer Schönschwätzer ...

Ein Sophist war auch der im Epigramm attackierte Lollian, ein Zeitgenosse Lukians. Er hatte als erster den in Athen eingerichteten Rhetoriklehrstuhl inne und war eine bedeutende Persönlichkeit des öffentlichen Lebens. Man hat vermutet, das Epigramm parodiere zusätzlich auch die Ehreninschrift an einer für Lollian von seinen Schülern errichteten Statue, die lautete:

ἀμφότερον ῥητῆρα δικῶν μελέτησί τε ἄριστον
Λολλιανὸν πληθὺς εὐγενέων ἑτάρων.
εἰ δὲ θέλεις τίνες εἰσὶ δαήμεναι, οὔνομα πατρός
καὶ πάτρης αὐτῶν τε οὔνομα δίσκος ἔχει. (*IG* XIV, 877)

Beide, den Redner in Prozessen und den Meister der Deklamation,
Lollian, (hat) die Menge seiner edlen Gefährten (aufgestellt).
Willst Du wissen, wer sie sind: Den Namen ihres Vaters
und den Namen ihrer Heimat enthält die Scheibe.

Nicht nur haben die beiden Epigramme die gleiche Länge, sondern der Name Lollians nimmt auch die gleiche Position im Text ein. Als Parodie könnte man vielleicht auch das Gegenüber von διδάσκειν ἤθελε und θέλεις δαήμεναι ansehen: Die von den Verfassern der Ehreninschrift in kruder Selbstüberschätzung behauptete Wissbegier des Lesers spiegelt das Epigramm in der Lollian unterstellten und ebenso rücksichtslosen Dozierwut (die wiederum einen großen Schülerkreis voraussetzt, wie ihn die Ehreninschrift insinuiert). Tatsächlich ist die Ehreninschrift ein Zeugnis gerade der vom Spottepigramm insinuierten Geschwätzigkeit des Kreises um Lollian. Imitiert sein könnte im Prinzip auch das Frage-Antwort-Spiel, das allerdings auch sonst in Grabepigrammen seit hellenistischer Zeit außerordentlich häufig zu finden ist. Der für Lukians Schriften thematisch so bedeutsame Rhetorenspott, die ausgefeilte parodistische Technik, die Kritik an aktuellen ‚Missständen' und schließlich die Wiederaufnahme einer lukianischen Gesprächswendung: All dies lässt Lukian als Verfasser dieses Epigramms plausibel erscheinen – es beweist seine Autorschaft jedoch nicht.

Immer wieder der Unechtheit verdächtigt wurde auch der Dialog *Charidemus*. Thematisch, dramaturgisch und sprachlich an Platons und Xenophons *Symposien* angelehnt, werden hier drei – in ihrem Inhalt vielleicht etwas redundante – Reden über die Schönheit wiedergegeben, die bei einem Gastmahl gehalten worden sein sollen. So wurde neben inhaltlichen Schwächen konkret die Verwendung dreier ‚unlukianischer' Wortformen kritisiert: Sonst nicht bei ihm belegt seien die Adverbien πρώτως (19), πολλαχόσε (20) und ἑτέρωσε (22). Dies trifft zwar zu, doch sind πολλαχόσε bei Platon, ἑτέρωσε bei Xenophon und damit gerade bei den beiden für diesen Text wichtigsten klassischen Vorbildautoren bezeugt, während sich πρώτως genau in der hier vorliegenden Konstruktion als Ergänzung eines substantivierten Partizips auch bei anderen kaiserzeitlichen Autoren findet. Es gibt keinen guten Grund, den *Charidemus* als unecht anzusehen, selbst wenn man ihn nicht besonders gelungen findet.

Ebenfalls als unecht gelten bis heute die *Amores*, ein anspruchsvoll bis prätentiös formuliertes Gespräch, in dem hetero- und homosexuelle Liebeskonzeptionen miteinander konkurrieren. Hier sind es weniger sprachliche als realienkundliche Probleme, die dazu geführt haben, dass der Text Lukian abgesprochen wurde. So wird von den Baulichkeiten der Insel Rhodos gesagt, sie stünden in höchster Blüte. Nun setzte man zunächst voraus, alle Texte Lukians, in denen (wie in den *Amores*) als Hauptunterredner eine Figur namens Lykinos auftrete, seien zwischen 160 und 166 n.Chr. entstanden (bereits dies lässt sich allerdings durchaus bezweifeln). Wenn dies also auch für die *Amores* gelten müsse, dann sei unverständlich, dass das große Erdbeben, das im Jahr 142 n.Chr. große Teile der südöstlichen Küste Kleinasiens und auch Rhodos vernichtete, nur ein Vierteljahrhundert später nicht mit einem Wort erwähnt werde. Wie stichhaltig das angesichts der von Rom ergriffenen schnellen Wiederaufbaumaßnahmen ist, sei dahingestellt. Von (dem ebenfalls durch das Erdbeben betroffenen) Lykien wird in dem gleichen Zusammenhang gesagt, man sehe nichts von seiner Schönheit: Dies aber habe, angesichts eben der erwähnten Wiederaufbaumaßnahmen, erst wieder im 3. Jahrhundert n.Chr. mit seinen Barbarenüberfällen gesagt werden können. Aber ist es nicht genauso gut denkbar, dass das Gespräch fiktiv zu einem Zeitpunkt stattfindet, als Rhodos (das mit seinem Sonnenkult den römischen Kaisern, denen Helios schon seit dem ausgehenden 1. Jahrhundert n.Chr. als Schutzgott der Herrscher galt, besonders am Herzen gelegen haben kann) bereits in altem Glanz erstrahlte, Lykien aber noch nicht so viel Zuwendung erfahren hatte? Auch Anachronismen und in der Anlage der Figur bedingte Übertreibungen oder Untertreibungen sind möglich. Klare Datierungen und, damit verbunden, auktoriale Zuweisungen lassen sich aus solchen Überlegungen jedenfalls nicht schlüssig ableiten.

Die drei oben vorgestellten Beispiele machen deutlich, wie wenig aussichtsreich solche Authentizitätsdebatten sind. Statt dessen lassen sich derartige Fragen auch ins Positive wenden. Lukian fand bereits in der Spätantike und in byzantinischer Zeit stilsichere und sprachlich wie thematisch kompetente Nachahmer, die ihre eigene Persönlichkeit und ihre eigenen Präokkupationen weitgehend hintanstellten, um ihre Texte als ‚lukianisch' zu authentifizieren. Die Humanisten machten ihn zum Schulautor, verwendeten seine Figuren und ließen ihn in kreativer Rezeption selbst als Figur auftreten; das jesuitische Schultheater arbeitete sich an seiner vermeintlichen Religionskritik ab, und in der ersten zweisprachigen Ausgabe von Tiberius Hemsterhuys, Johann Matthias Gesner und Johann Friedrich Reitz aus dem Jahr 1743 wurde sein gesamtes Werk ins Lateinische übertragen, was eine weite Verbreitung ermöglichte; aus dieser Ausgabe stammen im Übrigen auch die lateinischen Titel der Einzelschriften, deren Verwendung bis heute international üblich ist. Sollte man angesichts einer solchen Verbreitung und produktiven Aneignung Lukians dann heute, so viele Jahre nach dem *linguistic turn*, nicht lieber von einer lukianischen Schreibweise sprechen und sich leichten Herzens damit abfinden, dass zu ihrer immensen Wirkung auf die Nachwelt mancher Text lukianischer Manier mehr beigetragen haben mag als die eine oder andere Schrift Lukians?

<u>Vertiefende Lektüre</u>: Baldwin (1975), Bellinger (1928), Bloch (1907), Bozia (2015), Coenen (1977), Helm (1927), Johnson (2000), Korenjak (2000), Mras (1911)

Inhaltsangaben der Werke Lukians

Die folgenden alphabetisch sortierten Inhaltsangaben aller Werke Lukians, die nicht eindeutig als unecht zu gelten haben, führen im Titel zunächst die lateinische Version und ihre gängige Abkürzung nach *LSJ* (H.G. Liddell / R. Scott / H.S. Jones, *A Greek-English Lexicon*) auf, nach denen im Haupttext (wie in der Forschung) zitiert wird. Es folgt der griechische Titel, seine deutsche Übersetzung und in eckigen Klammern die laufende Nummer in der Oxforder Werkausgabe von M.D. Macleod.

Abdicatus (Abd.), Ἀποκηρυττόμενος, Der enterbte Sohn [54]

In dieser Deklamation versucht ein Sohn, gegen den sein Vater einen Enterbungsprozess führt, die Richter von der Zweifelhaftigkeit der Anklage zu überzeugen. Er berichtet, wie er bereits vor einiger Zeit verstoßen und enterbt wurde, sich daraufhin in der Fremde zum Arzt ausbilden ließ und, nachdem er seinen Vater von einer geistigen Erkrankung geheilt hatte, von ihm wieder als Sohn aufgenommen wurde. Da sein Vater ihn bereits einmal enterbt, diese Entscheidung durch die Rehabilitierung aus freien Stücken aber wieder rückgängig gemacht habe, stellt der Sohn ihm das Recht, die Maßnahme der Enterbung ein zweites Mal zu ergreifen, in Abrede. Obendrein habe er eine solch undankbare Behandlung nicht verdient, da er seinen Vater schließlich kuriert habe. Die Anklage werfe ihm vor, die erkrankte Stiefmutter gegen die ausdrückliche Bitte des Vaters nicht behandelt zu haben. Dies habe er aufgrund des hoffnungslosen Zustands der Erkrankten unterlassen.

Adversus Indoctum (Ind.), Πρὸς τὸν ἀπαίδευτον καὶ πολλὰ βιβλία ὠνούμενον, Gegen den ungebildeten Büchernarren [31]

Der Sprecher tadelt einen anonymen, reichen Syrer dafür, dass er glaube, schon der Besitz vieler Bücher sei ein Ausweis von Bildung. Durch eine Fülle von Beobachtungen, Vergleichen und Anekdoten wird gezeigt, dass der Ungebildete die Bücher, die er liest, nicht versteht und zudem kein so anständiges Leben führt, wie man es von einem Gebildeten erwarten darf.

Alexander (Alex.), Ἀλέξανδρος ἢ Ψευδόμαντις, Alexander oder Der falsche Prophet [42]

Der Erzähler Loukianós legt seinem Freund Kelsos die Betrügereien Alexanders von Abonuteichos dar. Von Anfang an habe dieser sein gutes Aussehen und seine Begabungen selbstsüchtig eingesetzt und sei bei einem Magier in die Lehre gegangen, mit dem zusammen er den Plan gefasst habe, ein Orakel zu gründen und mithilfe gefälschter Weissagungen abergläubische Menschen auszunehmen. Nach dem Tod seines Partners habe Alexander das Vorhaben umgesetzt und sich in Abonuteichos als Prophet des auf die Erde als Schlange Glykon zurückgekehrten Heilgottes Asklepios präsentiert. Mit der Zeit habe er ein Vermögen gemacht und sei bis an die Grenzen des Imperiums berühmt geworden. Dabei habe er nicht nur vertrauliche Informationen missbraucht, um Orakelsuchende zu erpressen und sich an persönlichen Feinden zu rächen, sondern auch Päderastie mit seinen Orakeldienern betrieben. Der Erzähler, der versucht habe, Alexander zu entlarven und einem Mordanschlag nur knapp entkommen sei, zeigt sich am Ende über Alexanders jämmerlichen Tod und den ungeklärten Nachfolgestreit höchst erfreut.*Amores (Am.)*, Ἔρωτες, Arten der Liebe [49]

Lykinos erzählt Theomnestos, wie er auf einer Reise seine Bekannten Charikles und Kallikratidas traf und ihren Streit über die richtige Art der Liebe schlichtete. Charikles, ein Verfechter heterosexueller Liebe, beginnt seine Darlegung mit einer Anrufung Aphrodites, die als Urmutter allen Lebewesen den Wunsch nach Vermehrung eingepflanzt habe. Gleichgeschlechtliche Liebe sei daher ein unnatürliches Verhalten, und Philosophen würden die platonische Liebe nur zur Kaschierung ihrer sexuellen Lust propagieren. Kallikratidas, ein Verfechter der Knabenliebe, ruft dagegen Eros, den Schöpfer des Kosmos, an und argumentiert, die Ehe sei nur zur Erfüllung menschlicher Grundbedürfnisse eingerichtet worden. Erst mit der Entwicklung der Philosophie habe sich die Knabenliebe als reinste Form von Zuneigung und Freundschaft herausgebildet. Im Vergleich zum Alltag einer Frau, der sich nur um ihre Verschönerung drehe, sei der Tagesablauf eines Knaben, der sich der Ausbildung und dem Sport widme, vorzuziehen. Lykinos erklärt Kallikratidas zum Sieger, kann aber Theomnestos nicht überzeugen.

Anacharsis (Anach.), Ἀνάχαρσις ἢ Περὶ γυμνασίων), Anacharsis oder Über die gymnastischen Übungen [37]

Solon diskutiert mit seinem skythischen Gastfreund Anacharsis die Vorzüge des athenischen Sportunterrichts im Gymnasion: Siegesruhm bei Wettkämpfen und vor allem ein politischer Nutzen. Denn die Polisbürger seien gleichsam die Seele des Staatskörpers, die für dessen Funktionieren zu pflegen sei. Die athenischen Bürger würden von Jugend an in Mathematik, Literatur und Kunst unterrichtet, um Recht von Unrecht unterscheiden zu können. Nach Erlangen körperlicher Reife müssten sie sich in den sportlichen Disziplinen üben, um ihre Körper kriegstauglicher zu machen. Hingegen sei eine militärische Ausbildung in Friedenszeiten, wie Anacharsis sie fordert, unverhältnismäßig. Der Dialog schließt mit der Aussicht auf Anacharsis' Schilderung der skythischen Pädagogik.

Apologia (Apol.), Ἀπολογία, Verteidigungsrede [65]

Der Sprecher verteidigt sich gegen den Vorwurf des Sabinus, seine eigenen Ratschläge aus *De Mercede Conductis* nicht beherzigt zu haben. Sabinus legt ihm zur Last, selbst eine bezahlte Stelle angenommen und damit seine eigenen ethischen Maßstäbe fragwürdig gemacht zu haben. Der Sprecher hält dagegen, dass seine Anstellung von ganz anderer Art sei als jene, die er in der früheren Schrift verteufelt habe. Er arbeite eigenständig, erfülle bedeutende Verwaltungsaufgaben, sei nur dem Kaiser unterstellt, werde gut bezahlt und habe Aufstiegschancen. Er verstoße also nicht gegen seine eigenen Regeln, sondern tue etwas Nützliches. Er habe sich auch nie für einen Gelehrten ausgegeben, sondern sei nur ein erfolgreicher Verfasser von Reden und Schriften.

Asinus (Asin.), Λούκιος ἢ Ὄνος, Lukios oder Der Esel [39]

Der junge Lukios quartiert sich im thessalischen Hypata bei Hipparchos ein. Als er erfährt, dass dessen Frau eine Hexe ist, verführt er die Magd Palaistra, um mehr über ihre Herrin und ihre Künste herauszufinden. Eine von Palaistra verschaffte Zaubersalbe verwandelt Lukios in einen Esel, dessen Denken und Fühlen jedoch weiterhin menschlich ist. Bevor er die von Palaistra als Gegenmittel versprochenen Rosen fressen kann, wird er von Räubern entführt, nach einem vereitelten Fluchtversuch aber von Soldaten befreit. Auf einem Landgut benutzt man ihn für schwere Dienste, er wird malträtiert und mit Kastration bedroht. Nach weiteren lebensbedrohlichen Abenteuern wird er an einen Reichen verkauft, dessen Koch ihn beim Verzehr menschlicher Speisen entdeckt. Nunmehr eine Attraktion für die ganze Stadt, mietet ihn eine reiche Frau für ihre sexuelle Befriedigung. Als dies ruchbar wird, soll Lukios zur Belustigung der Menge im Amphitheater einen Geschlechtsakt mit einer verurteilten Frau vorführen, doch ehe es dazu kommt, findet er Rosen und verwandelt sich zurück. Vor seiner Heimreise besucht er noch einmal jene Dame, die ihn nun jedoch aufgrund geringeren Potenz abweist.

Bacchus (Bacch.), Διόνυσος, Dionysos [4]

Die Prolalie beschreibt zunächst Dionysos' Heer aus Satyrn, Bakchantinnen und Silenen, das von seinen indischen Gegnern nicht ernst genommen wird, sie jedoch in der Schlacht besiegt. Der Sprecher vergleicht mit dieser Erzählung seine eigene Situation: Das Publikum nehme seine Schriften zu Unrecht nicht ernst und glaube, sie seien nur komisch. In einem zweiten Teil berichtet der Sprecher – mit Bezug auf seine rhetorischen Auftritte – von drei jeweils dem Satyr, dem Pan und dem Silen heiligen indischen Quellen. Für jedes Lebensalter gebe es eine bestimmte Quelle, aus der einmal im Jahr getrunken werden dürfe. Den älteren Indern, die aus der des Silen tränken, löse der Rausch die Zunge, so dass sie ohne Unterlass bis zum Abend in hervorragender Weise redeten; und wenn sie nicht fertig würden, setzten sie ihre Rede im nächsten Jahr dort fort, wo sie unterbrochen wurde.

Bis Accusatus (Bis Acc.), Δὶς κατηγορούμενος, Der doppelt Angeklagte [29]

Der Sprecher, ein anonymer Syrer, muss sich auf Zeus' Beschluss gegen die *Rhetorik* und den *Dialog* vor Dike (Recht) als Richterin für seine literarische Schöpfung, den Komödischen Dialog, verantworten. Die doppelte Anklage bildet den Höhepunkt einer Reihe von weiteren Verfahren gegen Philosophen. Die *Rhetorik*, die den Syrer als Nichtgriechen in der Redekunst ausgebildet hatte, mit ihm umhergereist war und ihn zu einem berühmten Mann gemacht hatte, wirft ihm Undankbarkeit vor, da er sie zugunsten des *Dialogs* verlassen habe. Der Syrer rechtfertigt die Trennung mit einem ethischen Argument: Die *Rhetorik* sei eine Hetäre, die nach zahlreichen Liebhabern Ausschau halte. Im Anschluss beklagt sich der *Dialog*, dass der Syrer ihn seiner Erhabenheit beraubt habe und ihm gegen alle Tradition eine komische Maske aufzwinge. Dieser hält dagegen: Er habe dem *Dialog* statt abstrakter philosophischer Debatten unterhaltsame Themen an die Hand gegeben und ihn von einem mürrischen Kauz in einen umgänglichen Gesellen verwandelt. Der Syrer gewinnt beide Prozesse.

Calumniae non temere credendum (Cal.), Περὶ τοῦ μὴ ῥᾳδίως πιστεύειν διαβολῇ, Man soll der Verleumdung nicht einfach Glauben schenken [15]

In diesem der Diatribe nahestehenden Traktat erklärt der Sprecher, ausgehend von einem dem Maler Apelles zugesprochenen allegorischen Gemälde, die Wirkungsweisen der Verleumdung und ihre gesellschaftliche Schädlichkeit. Der Verleumder – er sei feige, denn er fürchte die direkte Konfrontation – benötige neben einem geeigneten Objekt auch ein offenes Ohr. Bestimmte soziale Konstellationen wie Königshöfe seien für Verleumdung prädestiniert, manche hörten sich Verleumdungen eher an als andere, und der Verleumder sei besonders dann erfolgreich, wenn seine Behauptungen schon vorhandenen Vorurteilen entsprächen. Der Verleumdete hingegen habe keine Möglichkeit der Verteidigung. Daher müssten gerade Mächtige Einflüsterungen misstrauen und beide Seiten anhören.

Cataplus (Cat.), Κατάπλους ἢ Τύραννος, Die Überfahrt oder Der Tyrann [19]

Der Dialog schildert die Überfahrt der Toten in den Hades und das Totengericht. Im Mittelpunkt stehen der Tyrann Megapenthes, der arme Schuster Mikyllos und der ‚kleine Kyniker' (Kyniskos). Megapenthes, der mehrere Fluchtversuche unternimmt, wird vor Gericht durch die Flecken auf seiner Seele und die Aussagen seines Betts und seiner Lampe verschiedenster Untaten überführt und dazu verurteilt, nicht aus dem Fluss Lethe trinken und seine Verbrechen vergessen zu dürfen. Mikyllos und Kyniskos hingegen werden als rein befunden; sie dürfen die Leiden des Megapenthes verlachen, über die Klagen der Toten übermütige Spottlieder singen und gelangen ins Reich der Seligen.

Charidemus (Charid.), Χαρίδημος ἢ Περὶ κάλλους, Charidemos oder Über die Schönheit [83]

In Anlehnung an Platons und Xenophons *Symposien* berichtet der Dialog von einem Gastmahl, bei dem Philon, Aristippos und Charidemos Reden über die Schönheit hielten, die Charidemos nun auf Bitten des Hermippos wiedergibt. Philon stellt anhand der Mythen von Herakles, Ganymed und des Parisurteils heraus, dass die Götter nichts mehr verehrten als die Schönheit. Seine Schlussfolgerung, die Menschen sollten es den Göttern gleichtun, nimmt Aristipp auf. Er legt am Beispiel von Helena und Hippodameia dar, dass es durchaus auch bei den Menschen Verehrung für die Schönheit gebe. Charidemos' eigene Rede handelt von der Bedeutung der Schönheit für das Leben, da die Menschen all ihr Tun auch in ihren Dienst stellten. Dies illustriert er durch die Beschreibung des herrlichen Palastes des Menelaos, den er zum einen als Zweckbau, zum anderen als architektonisches Meisterwerk habe errichten lassen.

Contemplantes (Cont.), Χάρων ἢ Ἐπισκοποῦντες, Charon oder Die Betrachter [26]

Der Unterweltsfährmann Charon lässt sich von Hermes die Oberwelt zeigen, um zu verstehen, warum der Verlust des Lebens die Menschen so hart trifft. Nachdem Hermes mehrere Berge übereinander getürmt und Charon außerordentliches Sehvermögen verliehen hat, kann dieser die Welt überblicken und erkundigt sich nach einigen herausragenden Persönlichkeiten wie Polykrates, Kyros und Kroisos, denen trotz ihrer privilegierten Stellung schlimme Schicksalsschläge drohen. Charon kommt daher zu dem Schluss, dass im Leben das Unangenehme überwiege und die Menschen, obgleich von Ängsten, Hoffnungen und Leidenschaften umgetrieben, nur nach irdischen Gütern strebten und viel zu selten an ihre Sterblichkeit dächten.

Cynicus (Cyn.), Κυνικός, Der Kyniker [76]

Ein namenloser Kyniker legt Lykinos die Lebensprinzipien seiner philosophischen Schulrichtung dar: schlichtes Erscheinungsbild, einfache und gesunde Lebensweise sowie Genügsamkeit, die nicht mit Armut verwechselt werden dürfe. Man solle nur das genießen, was zur Hand sei und benötigt werde, jedoch nicht auf Kosten der Kranken oder Schwächeren in Luxus und Schwelgerei leben. Der Luxus der Reichen sei auf dem Rücken der Armen erwirtschaftet, bringe nur scheinbar Nutzen und führe zu Streitereien und Kriegen. Der Aufzug des bärtigen, einfach gekleideten Kynikers, der den Bildnissen der Götter gleiche, schütze ihn vor Verlockungen und schlechtem Umgang.

De Astrologia (Astr.), Περὶ τῆς ἀστρολογίης, Von der Astrologie [48]

Nach Ansicht des Sprechers ist die Wissenschaft der Astrologie bei den Gelehrten seiner Zeit zu Unrecht verpönt. Vor langer Zeit in Äthiopien entstanden, sei sie von den Ägyptern perfektioniert worden und habe sich dann in Libyen, Babylonien und Griechenland ausgebreitet. Die Beschäftigung mit ihr sei in der griechischen Mythologie allegorisch verschlüsselt. Während sie im Mythos und in der frühen Menschheitsgeschichte anerkannt gewesen und für politische Entscheidungen genutzt worden sei, achte man sie in seiner Zeit nicht mehr, bezweifle ihre tatsächliche Wirkung oder ihre praktische Bedeutung. Dem hält der Sprecher entgegen, dass die Bewegung der Sterne nicht weniger Einfluss auf die Menschen habe als die Bewegungen kleiner Dinge auf der Erde. Mit ihrer Hilfe könne man der Zukunft besser gewappnet entgegentreten.

De Domo (Dom.), Περὶ τοῦ οἴκου, Über den schönen Saal [10]

Der Redner spricht in einem wohl proportionierten und mit Gemälden ausgeschmückten Saal. Seine Redekunst solle mit der Schönheit des Umfelds wetteifern, da er als kultivierter Mensch von einem überwältigenden Anblick inspiriert werden müsse. Für die Zuhörer ergebe sich daraus ein doppeltes Vergnügen. Daraufhin lässt der Redner eine Gegenrede zu Wort kommen: Eine schöne Umgebung sei für den Vortrag eben nicht von Nutzen, da er unbeachtet darin untergehe. Außerdem lenke sie nicht nur die Zuhörer, die in erster Linie Betrachter seien, sondern auch den Redner selbst ab, worunter die Qualität seiner Darbietung leide. Die Kunstfertigkeit des Raumes erfülle den Vortragenden auch eher mit Angst, den hohen Schönheitsmaßstäben nicht gerecht zu werden, statt ihn anzuspornen. Im Anschluss geht die Gegenrede zu einer Beschreibung der Wandgemälde über, um mit der Schönheit des Saals nicht zu konkurrieren, sondern sie zu unterstützen. Die Entscheidung, welche Auffassung die richtige ist, bleibt offen.

De Luctu (Luct.), Περὶ πένθους, Von der Trauer [40]

Der Sprecher der Diatribe kritisiert das Verhalten der Hinterbliebenen nach dem Tod eines geliebten Menschen. Um ihre Trauer als fehlgeleitet zu erweisen, gibt er zunächst eine ironische Beschreibung allgemeiner Hadesvorstellungen. Die aus dieser Vorstellung resultierenden Bräuche hält er für lächerliche Angewohnheiten. Wehklagen nützten den Toten nichts und seien letztlich nur für die anwesenden Trauergäste bestimmt, denn der Tote benötige nichts mehr. Die Mehrheit der Menschen glaube zu Unrecht, der Tod sei das Schlimmste, was einem geschehen könne, obwohl er eigentlich das Ende aller Leiden bedeute.

De Mercede Conductis (Merc. Cond.), Περὶ τῶν ἐπὶ μισθῷ συνόντων, Von denen, die sich für Lohn verdingen [36]

Der Verfasser des Traktats will Timokles erklären, warum sich griechische Gelehrte nicht als Hauslehrer bei wohlhabenden Römern verdingen sollten, und gibt ihm zu diesem Zweck eine lebendige Schilderung davon, wie es ihnen in deren Häusern ergeht. Nichts von dem, was man sich von einem Leben als Günstling der Reichen verspreche, gehe in Erfüllung. Hausgelehrte würden mit Versprechen hingehalten, aber schon nach kürzester Zeit schlecht behandelt. Schon die Schwierigkeiten, überhaupt beim Hausherrn vorstellig werden zu dürfen, seien eine Demütigung. Habe man diese entwürdigenden Prozeduren durchlaufen, stünde man bei seinem Leben im Haus unter ständiger Anspannung: Man fühle sich fehl am Platz und unter Beobachtung, man gehe auch keiner wissenschaftlichen

Betätigung nach. Stattdessen müsse man dem Gönner den Anschein von Bildung verschaffen und ihn beim Tagesgeschäft begleiten. Die Hoffnung auf ein sorgenfreies Leben, gutes Essen und großes Ansehen sei nach kürzester Zeit zunichte, und werde man schließlich hinausgeworfen, gelte man für die Gesellschaft als gescheiterte Existenz. Die Darstellung endet mit dem Entwurf eines zusammenfassenden allegorischen Gemäldes.

De Morte Peregrini (Peregr.), Περὶ τῆς Περεγρίνου τελευτῆς, Das Lebensende des Peregrinus [55]

Der an Kronios gerichtete Brief enthält die Schilderung der Selbstverbrennung des Peregrinus Proteus in Olympia, mit der dieser seinem Leben die Krone der Todesverachtung aufsetzen wollte. Die Tat selbst wurde flankiert durch zwei zitierte Reden, zum einen des Kynikers Theagenes, der Peregrinus' Vorhaben lobte, zum anderen eines Anonymus, der ihm ein ruchloses Leben mit Vatermord und Ehebruch unterstellte. Nach der Selbstverbrennung begegnete der Verfasser des Briefes vielen, die das Schauspiel verpasst hatten. Seine Erzählung vom Geschehen schmückte er mit erfundenen Wundern aus, die ihm kurz darauf als reine Tatsachenberichte wiedergegeben wurden.

De Parasito (Par.), Περὶ Παρασίτου ὅτι τέχνη ἡ παρασιτική, Der Parasit oder Schmarotzen ist eine Kunst [33]

Der Parasit Simon beweist dem Tychiades, dass seine Tätigkeit als Kunst sogar der Rhetorik und Philosophie überlegen sei. Sie basiere auf empirisch gewonnenen Kenntnissen, führe zur Glückseligkeit, ermögliche ein gutes Leben und hohes Ansehen bei Gönnern. Der Parasit schere sich nicht um seinen Ruf, leide nie Hunger und sterbe höchstens an Verdauungsstörungen. Die Philosophie sei dagegen aufgrund ihrer Zersplitterung in unterschiedliche Schulen als geringere Kunst anzusehen. Außerdem seien viele Philosophen Parasiten gewesen, was Simon durch die historischen Beispiele Aischines, Aristippos und Platon zu belegen sucht. An Beispielen aus der homerischen *Ilias* legt er dar, dass Parasiten auch kriegstauglicher als Philosophen und Redner seien. Tychiades ist überzeugt und beschließt, Simons Schüler zu werden.

De Sacrificiis (Sacr.), Περὶ θυσιῶν, Von den Opfern [30]

In der Diatribe wird die Einstellung der Menschen gegenüber den Göttern kritisiert, die der anonyme Sprecher aus ihrem Verhalten beim Opfern abliest. Zu glauben, Götter durch ein Opfer beeinflussen zu können, zeichne ein unvorteilhaftes Bild von ihnen, passe aber zu den unangemessenen Erzählungen der – angeblich museninspirierten, d.h. wahrheitsliebenden – Dichter, wie an mehreren Beispielen gezeigt wird. Hinzu kämen unbeweisbare Aussagen über Aussehen, Eigenschaften und Lebensführung der Götter, die zu unterschiedlichen, teils widersprüchlichen und oft unverständlichen Riten führten. Nichts davon könne einer ernsten Hinterfragung standhalten.

De Saltatione (Salt.), Περὶ ὀρχήσεως, Von der Tanzkunst [45]

Lykinos will den Kyniker Kraton vom kulturellen Wert des Pantomimentanzes überzeugen. Dafür resümiert er zunächst die Geschichte des Tanzes seit der mythischen Vorzeit und erklärt seine kultische Bedeutung, auch mit Blick auf die dionysischen Gattungen Tragödie und Komödie. Seit diesen Anfängen habe sich das Tanzen vom Chor- zum Pantomimentanz wesentlich weiterentwickelt, der als mimetischer Tanz ein Kernanliegen der Bildung (*paideía*) umsetze. Der Pantomimentänzer müsse daher selbst ein *pepaideuménos* sein und die komplette Geschichte, Geographie und Mythologie beherrschen. Hieran schließt Lykinos Beispiele berühmter Pantomimen an, die durch ihre stummen Tanzdarbietungen diese Themengebiete erfolgreich und lebendig vermitteln konnten. Indem solche Vorstellungen alle Sinne ansprächen, würden deren Zuschauer eine ganzheitliche Weiterbildung erhalten, die sie zu besseren Menschen mache. Kraton ist Feuer und Flamme und lässt sich für die nächste Aufführung einen Sitzplatz reservieren.

De Syria Dea (Syr. D.), Περὶ τῆς Συρίης Θεοῦ, Von der syrischen Göttin [44]
Der Traktat über Tempel und Kult der Göttin Astargate im syrischen Hierapolis ist in ionischem Griechisch verfasst und imitiert damit, wie auch im Stil der Darstellung, den Historiker Herodot von Halikarnassos. Nach längeren Ausführungen zum älteren Tempel und den Geschichten um seine Erbauung kommt der Sprecher auf den jetzigen Tempel zurück, der unter der assyrischen Königin Stratonike errichtet wurde. Im Zentrum der Darstellung stehen die Lage, die wundersamen Bräuche und die Ausschmückung des Tempels. Die zentralen drei Kultstatuen im Inneren des Tempels seien syrische Versionen der Hera, des Zeus und einer abstrakten Gottheit mit Namen ‚Zeichen'. Neben anderen Standbildern gebe es eine Apollonstatue, die sich bei Prophezeiungen durch die Luft bewege. Zuletzt wendet sich der Sprecher den Ritualen zu, speziell den Kastrationsbräuchen und dem Brauch junger Männer, beim Übergang ins Erwachsenenalter eine Locke in einem Gefäß mit ihrem Namen im Tempel zu deponieren. Auch eine Locke und der Name des (anonym bleibenden) Sprechers befänden sich dort.

Dearum Judicium (Dear. Jud.), Θεῶν κρίσις, Das Urteil über die Göttinnen [35]
In diesem den *Dialogi Deorum* nahestehenden Dialog entsendet Zeus Hermes mit einem Apfel zu Paris, mit dem dieser die schönste der Göttinnen beschenken soll. Während Paris in der eigentlichen Urteilsszene die Göttinnen betrachtet, unternehmen sie verschiedene Bestechungsversuche. Aphrodites Angebot, er werde die schönste Frau Griechenlands, Helena, erhalten, nimmt Paris unbedenklich an und überreicht Aphrodite den Apfel.

Demonax (Demon.), Δημώνακτος βίος, Das Leben des Demonax [9]
In einer zum Großteil aus Anekdoten bestehenden Biographie wird das Leben des Philosophen Demonax geschildert. Er soll als zeitgenössisches Beispiel für ein tugendhaftes Leben dienen. Nach einer kynischen und stoischen Ausbildung fühlte er sich vor allem Diogenes und Sokrates verbunden. Sein selbstgenügsames Leben widmete er der seelischen und praktischen Lebenshilfe. Als seine besonderen Merkmale galten schlagfertige Erwiderungen auf Fragen und witzige Kommentare zu Verhaltensweisen von Mitbürgern, Politikern, Sophisten und Philosophen, die seinen Idealen zuwider lebten. Demonax erlangte in Athen und darüber hinaus großes Ansehen. Als er in hohem Alter merkte, dass er nicht mehr autark zu leben vermochte, setzte er seinem Leben durch Nahrungsentzug ein Ende.

Demosthenis Encomium (Dem. Enc.), Δημοσθένους ἐγκώμιον, Lob des Demosthenes [58]
Der Sprecher trifft zufällig den Dichter Thersagoras, der ihm ein Enkomion auf Homer zur Bewertung vorträgt und seinen Beifall findet. Der Sprecher gesteht, selbst eine Lobrede auf Demosthenes verfassen zu wollen, daran aber zu scheitern, da er etwas ganz anderes als die schon vorhandenen Lobreden bieten wolle. Daraufhin stellt ihm Thersagoras die kürzlich von ihm erworbenen Tagebücher der Makedonenkönige zur Verfügung, in

denen Demosthenes' Selbstmord mithilfe eines vergifteten Schreibgriffels eine lange Passage gewidmet ist, die vollständig zitiert wird. Selbst seine größten Widersacher hätten nicht umhin gekonnt, ihn für seine Tugendhaftigkeit und Charakterstärke, sein Engagement und sein rednerisches Talent aufs höchste zu bewundern.

Deorum Concilium (Deor. Conc.), Θεῶν ἐκκλησία, Die Götterversammlung [52]

Der Dialog inszeniert eine Auseinandersetzung zwischen Zeus und dem Gott des Tadels, Momos, bei einer Götterversammlung. Unter ihnen herrscht Unmut darüber, dass immer öfter göttlicher Ehren unwürdige Personen mit ihnen tafeln. Momos wirft Zeus vor, durch seine Liebeseskapaden für die wachsende Zahl an Halbgöttern, die dann ihre Gefolgschaft mitbrächten, verantwortlich zu sein. Hinzu kämen Tiergottheiten, wie etwa aus Ägypten, und nun auch noch abstrakte Wesenheiten wie die Tugend, die Natur oder das Glück, die von den Philosophen verehrt würden. Er fordert daher ein Dekret, das eine Überprüfung aller sogenannten Götter durch eine siebenköpfige Kommission alteingesessener Gottheiten anordnet und das Tun jedes Gottes auf seinen Zuständigkeitsbereich beschränkt. Abstrakte Gottheiten seien in Zukunft verboten. Das Dekret wird von Zeus so beschlossen.

Dialogi Deorum (DDeor.), Θεῶν διάλογοι, Göttergespräche [79]

25 kurze Dialoge aus der Götterwelt, in denen zwölf Götter und fünf Göttinnen auftreten und sich über unterschiedlichste Themen aus ihrem mythischen Alltag unterhalten, etwa über Ganymeds Entführung durch Zeus oder über die Geburt des Dionysos.

Dialogi Marini (DMar.), Ἐνάλιοι διάλογοι, Meergöttergespräche [78]

15 kurze Dialoge von Meergöttern, in denen elf männliche und elf weibliche Gottheiten auftreten. Thematisiert werden Liebesaffären und bekannte mythische Situationen, in denen das Meer oder seine Bewohner eine zentrale Rolle spielen, etwa Polyphems Schilderung seiner Blendung durch Odysseus, die Rettung des Sängers Arion durch einen Delfin oder der Absturz der Königstochter Helle von einem fliegenden Widder.

Dialogi Meretricii (DMeretr.), Ἑταιρικοὶ διάλογοι, Hetärengespräche [80]

15 kurze und lebensnahe Dialoge zwischen Hetären und ihren Kolleginnen, Liebhabern, manchmal auch ihren Müttern oder anderen Bekannten über Themen ihres Lebens und ihres Berufes: Wie man durch Liebhaber den Lebensunterhalt sichert, wie man mit Liebesleid, Missverständnissen und besonders Eifersucht umgeht.

Dialogi Mortuorum (DMort.), Νεκρικοὶ διάλογοι, Totengespräche [77]

30 kurze Dialoge, die von 56 Sprechern – darunter nur einer Frau – in der Unterwelt geführt werden. Die Gesprächsteilnehmer lassen sich zu fünf Gruppen zusammenfassen: Philosophen, Götter, Feldherrn, reiche Menschen sowie mythische Gestalten aus dem Troianischen Sagenkreis. Als Wortführer fungieren oft kynische Philosophen wie Diogenes oder Menipp; meistens verspotten sie andere Verstorbene, die mit ihrem Todeslos hadern. Wiederkehrende Themen sind Erbschleicherei, Parasitentum, Gleichheit aller vor dem Tod und die Nichtigkeit von Reichtum im Jenseits, aber auch die Institutionen der Unterwelt selbst, etwa das Fährgeld des Charon.

Dipsades (Dips.), Περὶ τῶν Διψάδων, Die Dipsaden [60]

Der Sprecher dieser Prolalie zieht die Beschwerden, die der Biss der libyschen Durstnatter verursacht, zum Vergleich für sein eigenes Verhalten heran: Der Biss der Dipsaden erzeuge unstillbaren Durst, der durch Trinken nur noch schlimmer werde. Entsprechend dürste der Redner nach Aufmerksamkeit und Beifall seines Publikums.

Electrum (Electr.), Περὶ τοῦ ἠλέκτρου ἢ τῶν κύκνων, Der Bernstein oder Die Schwäne [6]

Der Sprecher berichtet von seiner Reise auf dem Eridanos (Po) und den Enttäuschungen, die er dort erlebt habe. Dem Mythos vertrauend habe er gehofft, dort die Schwestern des Phaethon vorzufinden, die den Tod ihres mit dem Sonnenwagen abgestürzten Bruders betrauerten und dabei angeblich in Bernsteintropfen weinende Pappeln verwandelt worden seien. Doch die einheimischen Matrosen hätten ihm versichert, weder die Sage noch die Pappeln zu kennen. Daraufhin habe er sich nach den Schwänen erkundigt, die angeblich den Fluss in Scharen bevölkerten und wunderschön sängen. Doch auch hier habe er nur Gelächter und die Auskunft geerntet, die wenigen Schwäne könnten nur unmelodisch krächzen. Durch diese Erlebnisse geprägt bittet der Sprecher seine Zuhörer, die aufgrund übertriebener Lobpreisungen seines Talents durch andere zum Kommen bewegt worden seien, keine zu hohen Erwartungen an seine Rede zu stellen und ihn dann für etwaige Enttäuschungen verantwortlich zu machen.

Epigrammata (Epigr.), Ἐπιγράμματα, Epigramme [85]

Insgesamt 63 Epigramme behandeln verschiedene Themenbereiche: Forderungen nach korrektem moralischen und sozialen Verhalten; Vergänglichkeit; Unsinn des Strebens nach Reichtum und Völlerei. Hinzu kommen wortspielreiche Witze über Schriftsteller und Bildhauer sowie Spottgedichte über Menschen, die eine körperliche Auffälligkeit wie Mundgeruch aufweisen. In manchen Epigrammen werden einzelne historische Individuen namentlich genannt.

Eunuchus (Eun.), Εὐνοῦχος, Der Eunuch [47]

Lykinos berichtet Pamphilos von einem Rechtsstreit unter Philosophen. Über die Neubesetzung des peripatetischen Lehrstuhls in Athen geraten Diokles und Bagoas aneinander. Diokles wirft Bagoas vor, als Eunuch eine Missgeburt zu sein und daher nicht philosophieren zu können. Bagoas hält dagegen, die Stelle müsse, wenn Manneskraft und äußerliche Attribute wie ein langer Bart ausschlaggebend seien, mit einem Ziegenbock nachbesetzt werden. Mitten im Streit wird Bagoas von dritter Seite bezichtigt, sein Eunuchentum nur vorgetäuscht zu haben, um einer Strafe wegen Ehebruchs zu entgehen. Da keine Lösung gefunden werden kann, wird der Streitfall dem Kaiser in Rom zur Entscheidung vorgelegt. Während Diokles nun überlegt, wie er Bagoas als Ehebrecher unmöglich machen kann, bemüht sich Bagoas um möglichst viele Beweise seiner Männlichkeit.

Fugitivi (Fug.), Δραπέται, Die entlaufenen Sklaven [56]

Ein Gespräch zwischen Apoll und Zeus wird von Philosophia unterbrochen, die über die Scheinphilosophen Tränen vergießt und erreicht, dass Hermes und Herakles zur Überprüfung auf die Erde geschickt werden. In Thrakien, wo sich nach Philosophias Angaben die meisten Heuchler aufhalten, treffen sie auf eine Gruppe von Männern, die ihre entlaufenen Sklaven suchen. Es stellt sich heraus, dass es sich bei diesen Sklaven um eben solche

Pseudo-Philosophen handelt. Sie werden schließlich mit ihrer Beute und einer von ihnen entführten Herrin in einem Haus entdeckt, bestraft und zurückgeschickt.

Gallus (Gall.), Ὄνειρος ἢ Ἀλεκτρυών, Der Traum oder Der Hahn [22]

Der Schuster Mikyllos wird mitten in der Nacht von seinem Hahn geweckt, der zu seiner Verwunderung sprechen kann und ihm offenbart, vor seiner Existenz als Hahn eine Reihe von Lebensläufen in Gestalt anderer Tiere und von Menschen, darunter als Pythagoras von Samos, absolviert zu haben. Als Mikyllos ihm von seinem Traum vorschwärmt, in dem er die Reichtümer eines vermögenden Mitbürgers geerbt hatte, amüsiert sich der Hahn über seine Geldgier und erläutert ihm, dass die Lage reicher Menschen nicht so beneidenswert sei, wie sie ihm erscheine: Man lebe in ständiger Sorge um seinen Besitz, werde geplagt von zahlreichen Neidern und müsse dem hohen Erwartungsdruck der Umwelt, insbesondere der Armen, nach Wohltaten und der Erfüllung öffentlicher Pflichten gerecht werden. Mikyllos in seiner Genügsamkeit hingegen sei der glücklichste Mensch, den er je getroffen habe. Als der Hahn ihm magischen Zutritt zu den Villen reicher Leute verschafft, wo er sie unruhig und schlaflos sieht, ist Mikyllos von der Nichtigkeit seines Traumes überzeugt.

Halcyon (Halc.), Ἀλκυὼν ἢ Περὶ μεταμορφώσεων, Der Eisvogel oder Die Verwandlungen [72]

Auf einem Spaziergang vor der Stadt hören Chairephon und Sokrates einen Tierlaut aus den Bergen. Sokrates führt ihn auf den Eisvogel zurück und erzählt den dazugehörigen Mythos: Halcyone, die Tochter des Aiolos, habe nach dem Tod ihres Mannes Keyx unablässig um ihn getrauert und habe ihn auf der ganzen Welt gesucht, bis die Götter sie schließlich aus Mitgefühl in einen Eisvogel verwandelt hätten. So könne sie ihre Suche auf allen Weltmeeren fortsetzen. Der Eisvogel sei auch für die halcyonischen Tage verantwortlich, die im Winter gutes Wetter für die Seefahrer bringen. Chairephons Unglauben hält Sokrates die begrenzte menschliche Fähigkeit entgegen, das der Natur und den Göttern Mögliche zu erkennen. Einem Gott mache eine solche Verwandlung keine größeren Schwierigkeiten als einem Kind die Umformung von Lehmklumpen. In der Natur ereigneten sich ständig Dinge, die sich einer Erklärung entzögen.

Harmonides (Harm.), Ἁρμονίδης, Harmonides [66]

Der Sprecher der Prolalie erzählt von dem Aulos-Spieler Harmonides, der von seinem Lehrer in der Kunst, weltberühmt zu werden, unterrichtet werden wollte. Timotheos empfahl ihm, seine Musik vor allem den wenigen hochstehenden Gebildeten vorzutragen: Sie würden seinen Ruhm in der richtigen Art und Weise verbreiten. Zwar starb Harmonides gleich bei der Premiere auf der Bühne, der Sprecher aber überträgt seinen Fall auf sich selbst und einen ungenannten Gönner, der seine Schriften und Deklamationen in vergleichbarer Weise würdigen solle.

Hercules (Herc.), Ἡρακλῆς, Herakles [5]

In dieser Prolalie beschreibt der Sprecher ein Bild des Herakles, das er in Gallien gesehen habe, wo man den Gott Ogmios nenne. Er erscheine auf diesem Bild als alter Mann, nur in Kleidung und Ausstattung seinem griechischen Erscheinungsbild gleich. An einer Kette aus Gold und Bernstein, die an seiner Zungenspitze befestigt sei, ziehe Herakles lächelnd eine an ihren Ohren angekettete Menschenmenge hinter sich her, die ihm willig folge.

Von einem gallischen Gelehrten wird das Bild als Allegorie der Beredsamkeit erklärt, die vor allem eine Fähigkeit des erfahrenen Alters sei. Zuletzt bezieht der Sprecher das Bild auf sich und seinen anstehenden Auftritt.

Hermotimus (Herm.), Ἑρμότιμος ἢ Περὶ αἱρέσεων, Hermotimos oder Die philosophischen Schulen [70]

Lykinos befragt Hermotimos, der seit 20 Jahren die stoische Philosophie studiert, nach den Kriterien für seine Lebenswahl. Wie könne man erkennen, worin die angestrebte Glückseligkeit bestehe, wer genau sei fähig, einen dorthin zu führen, wie gelange man zu einer soliden Beurteilung der philosophischen Angebote, und wie könne man durch ein solches Prüfen und Streben innerhalb eines Lebens wirklich zu einem abschließenden Ergebnis gelangen? In bester sokratischer Manier treibt Lykinos Hermotimos immer weiter in die Enge, bis dieser unglücklich erkennen muss, falschen Lehrern und irregeleiteten Vorstellungen gefolgt zu sein. Er beschließt daraufhin, die Philosophie an den Nagel zu hängen.

Herodotus (Herod.), Ἡρόδοτος ἢ Ἀετίων, Herodot oder Aetion [62]

Dem aus Karien kommenden Herodot, so der Sprecher der Prolalie, sei es durch einen einzigen Vortrag in Olympia gelungen, in aller Munde zu sein. Ganz ähnlich habe der Maler Aëtion mit seinem Bild von der Hochzeit Alexanders des Großen einen Hellanodiken so begeistert, dass dieser ihn als Schwiegersohn auserwählt habe. Mit Herodot und Aëtion vergleicht der Erzähler seine eigenen Bestrebungen in Makedonien: Er habe für seinen Auftritt eigens eine große makedonische Zusammenkunft abgewartet, wo er mit sogar noch interessierteren und gebildeteren Zuhörern habe rechnen können.

Hesiodus (Hes.), Διάλογος πρὸς Ἡσίοδον, Gespräch mit Hesiod [67]

Lykinos wirft dem Epiker Hesiod vor, sein Versprechen, nicht nur die Vergangenheit zu besingen, sondern auch die Zukunft vorherzusagen, nicht eingehalten zu haben. Hesiod entgegnet, er wolle sich nicht auf fehlende musische Inspiration herausreden oder behaupten, diese Ankündigung sei nicht ernst gemeint gewesen. Statt dessen verweist er auf seine *Werke und Tage*, die ebensolche Vorhersagen enthielten. Lykinos kontert jedoch, dass die dort zu findenden landwirtschaftlichen Voraussagen bloße Bauernweisheiten seien.

Hippias (Hipp.), Ἱππίας ἢ Βαλανεῖον, Hippias oder Das Bad [3]

Die Deklamation ist ein Enkomion des Sophisten Hippias, der unter anderem auch in der Baukunst begabt gewesen sei und sein Talent selbst an einem alltäglichen Gebäude wie einem Badehaus bewiesen habe. Auf einem Gang durch die Anlage werden die einzelnen Säle und Kammern in ihrer Ausschmückung und Funktion beschrieben: Das Bad zeichne sich nicht nur durch seine Kombination von Zweckmäßigkeit und Bequemlichkeit aus, sondern auch durch die kluge Ausnutzung der räumlichen Möglichkeiten und durch seine gelungenen Proportionen.

Icaromenippus (Icar.), Ἰκαρομένιππος ἢ Ὑπερνέφελος, Ikaromenippos oder Über den Wolken [24]

Menipp berichtet einem Freund von seiner Reise zu den Göttern, von denen er Auskunft über die Beschaffenheit der Welt habe erhalten wollen, da ihn die widerstreitenden Lehren der Philosophen nicht überzeugt hätten. Mithilfe eines Adler- und eines Geierflügels sei er vom Olymp aus in den Himmel emporgeflogen. Bei den Göttern angekommen habe er deren Gastfreundschaft genossen und Zeus bei der Bearbeitung der Anliegen der Sterblichen zugesehen. Eine Götterversammlung habe am nächsten Tag die Vernichtung der unverschämten Philosophen beschlossen und Menipp beauftragt, dies nach seiner Rückkehr nach Athen den Philosophen anzukündigen.

Imagines (Im.), Εἰκόνες, Bilder [43]

Lykinos berichtet Polystratos von dem fesselnden Anblick einer schönen Frau, deren Schönheit er ihm durch die Evokation und verbale Komposition von Teilen verschiedener klassischer Frauenstatuen zu vermitteln sucht. Diese Beschreibung ermöglicht Polystratos die Identifikation der Unbekannten: Es handelt sich um die kaiserliche *amica* Panthea. Zur Vervollständigung ihres Bildes beschreiben die beiden nun ihre Stimme, ihre Seele und ihren Intellekt mithilfe literarischer Anspielungen. Sie beschließen, das geschaffene Gesamtkunstwerk schriftlich als einen Besitz für die Ewigkeit niederzulegen.

Judicium Vocalium (Jud. Voc.), Δίκη Συμφώνων, Das Gericht der Vokale [16]

Der Konsonant Sigma beschuldigt vor dem Gericht der sieben Vokale seinen Kollegen Tau, sein Vorkommen in Wörtern an vielen Stellen trotz seines untergeordneten Ranges dreist usurpiert zu haben: Die Vokale seien zu Richtern bestimmt, weil sie einzeln ausgesprochen werden können. Darauf folge die Klasse der Halbvokale, zu der auch Sigma gehöre, erst danach die Klasse der Verschlusslaute. Das Tau brauche deshalb erst Alpha oder Ypsilon, um überhaupt hörbar zu werden. Schon lange sei Sigma von anderen Konsonanten wie Zeta, Xi und Rho bedrängt worden, habe sich jedoch nie beklagt. Tau aber beraube aber nicht nur Sigma, sondern auch andere Konsonanten ihrer angestammten Plätze. Höhepunkt der Anklage: Tau habe Tyrannen als Muster für das Marterkreuz gedient. Ihm gebühre daher selbst die Kreuzigung.

Juppiter Confutatus (JConf.), Ζεὺς ἐλεγχόμενος, Zeus' Widerlegung [20]

Kyniskos fragt Zeus nach der Bedeutung der Schicksalsgöttinnen (Moiren) für Götter und Menschen. Zeus bestätigt ihm, dass alle, auch die Götter, sich dem von den Moiren zugesponnenen Schicksal beugen müssten. Kyniskos folgert, dass man dann den Göttern nicht mehr opfern müsse, da diese ohnehin nichts am Lauf der Dinge ändern könnten. Sie seien aber auch nicht als vollkommene Wesen zu verehren, da sie ihr Geschick nicht selbst bestimmten. Orakel erübrigten sich ebenfalls. Die Welt sei schlecht eingerichtet: Trotz aller Vorhersehung gebe es Ungerechtigkeit, und gerechte Bestrafung sei aufgrund eines fehlenden freien Willens nicht möglich. Zeus bricht das Gespräch verärgert ab.

Juppiter Tragoedus (JTr.), Ζεὺς τραγῳδός, Der tragische Zeus [21]

Ein Disput über die Existenz der Götter zwischen dem Stoiker Timokles und dem Epikureer Damis veranlasst Zeus, in tragischer Manier zu lamentieren und eine Götterversammlung einzuberufen. Der Gott des Tadels, Momos, bemängelt nicht nur das Gezanke der Götter über die ersten Plätze, sondern auch ihre Einstellung, sich nur um das Ausbleiben von Opfergaben, nicht aber um die Ungerechtigkeit auf Erden zu sorgen: Nur deshalb zweifelten die Menschen überhaupt an der Vorsehung. Die Versammlung schaut der Diskussion vom Himmel aus zu und muss miterleben, wie Timokles den Argumenten des Damis, der die Existenz der Götter bezweifelt, nicht gewachsen ist. Der Disput endet damit, dass Damis lachend das Feld räumt, Timokles ihn erschlagen will und die Götter in ihrer Aporie die ganze Angelegenheit einfach auf sich beruhen lassen.

Lexiphanes (Lex.), Λεξιφάνης, Lexiphanes [46]

Lexiphanes, der ‚Wörterzeiger', trägt Lykinos einen Auszug aus seinem attizistischen *Symposion* vor: eine Anhäufung teils obsoleter attischer Wörter, teils obskurer und missverständlicher Neologismen. Lykinos unterbricht ihn schließlich – dies sei kein perfekter Attizismus, sondern völlig ungriechisch – und zwingt ihn gemeinsam mit dem zufällig dazustoßenden Arzt Sopolis zur Einnahme eines Emetikums. Lexiphanes speit der Reihe nach alle fürchterlichen Attizismen aus und benötigt eine Sprachdiät, die ihm Lykinos durch die Lektüre der griechischen Klassiker verabreichen will.

Macrobii (Macr.), Μακρόβιοι, Die Langlebigen [12]

Der Traktat verzeichnet Menschen, die ein hohes Alter erreicht haben. Der Sprecher gibt vor, dazu durch einen Traum inspiriert worden zu sein, und hofft, mit seinen Ausführungen zugleich eine Anleitung zur richtigen Lebensweise zu geben, für die diese Männer als Beispiel dienen könnten; entscheidend ist für ihn die Rücksichtnahme auf körperliche und seelische Bedürfnisse. Die Aufzählung umfasst mythische Figuren, besonders langlebige Völker, historische Persönlichkeiten, darunter Herrscher, Philosophen, Geschichtsschreiber, Redner, Dichter, Grammatiker und Gesetzgeber der griechischen Welt. Ein vergleichbares römisches Verzeichnis wird in Aussicht gestellt.

Muscae Encomium (Musc. Enc.), Μυίας ἐγκώμιον, Lob der Fliege [7]

Das Enkomion hebt die zarten schimmernden Flügel der Fliege und ihren leisen Flug hervor und beschreibt ihren auffälligen und leistungsstarken Körperbau. Auch ihr Charakter wird analysiert und unter entsprechenden literarischen Bezugnahmen als verwegen und klug beschrieben. Sie sei Ergebnis einer Metamorphose: Selene habe ein Mädchen namens Myia, die ebenfalls in Endymion verliebt gewesen sei, in eine Fliege verwandelt, weil sie den jungen Mann nie habe schlafen lassen; Schlaflosigkeit bringe die Fliege den Menschen noch heute.

Navigium (Nav.), Πλοῖον ἢ Εὐχαί, Das Schiff oder Die Wünsche [73]

Die Freunde Lykinos, Timolaos, Adeimantos und Samippos sind gemeinsam im Piräus unterwegs, um sich ein großes Kornschiff aus Ägypten anzusehen, das sie animiert, sich auf dem Rückweg ihre größten Wünsche zu erzählen. Diese sind materieller und magischer Natur: sagenhafter Reichtum, gewaltige Macht, schließlich gar ein Zauberring, der seinen Besitzer unbesiegbar macht und ihm die Fähigkeit zu fliegen verleiht. Lykinos brandmarkt alle diese Träume als weltfremd und verweigert einen eigenen Beitrag zum Gespräch: Als Freund realitätsnaher Vernunft hege er solche Wünsche nicht.

Necyomantia (Nec.), Μένιππος ἢ Νεκυομαντεία, Menipp oder Das Totenorakel [38]

Menipp erzählt einem Freund von seiner Reise in die Unterwelt, die er unternommen hat, um dort von dem Seher Teiresias Regeln für das rechte Leben zu erhalten: eine Frage, die ihm die Philosophen nicht befriedigend hatten beantworten können. Er berichtet vom Gericht des Minos, von der Bestrafung der Reichen und einem Beschluss der Versammlung der Toten, Reiche als Esel zu reinkarnieren. Schließlich habe er auch Teiresias getroffen, der ihm geraten habe, die Vorschriften vermeintlich weiser Menschen nicht ernst zu nehmen und als einfacher Mann glücklich und vernünftig zu leben. In einer Parodie der Vergilischen Heldenschau sieht er den von Tyche geleiteten Lebens- und Maskenumzug der Menschen.

Nero (Ner.), Νέρων, Nero [84]

Musonios lobt Neros Idee, den Isthmos durchstechen zu lassen, und berichtet Menekrates, warum das Projekt nicht abgeschlossen wurde. Auf Menekrates' Frage nach den musischen Anstrengungen Neros erklärt Musonios, dass Nero weder begabt noch unbegabt sei, sich durch seine künstlerischen Ambitionen aber lächerlich mache. Ihn zu verspotten oder im Agon zu besiegen könne einen allerdings das Leben kosten. In diesem Augenblick erhalten die Gesprächspartner die Nachricht von Neros Tod.

Nigrinus (Nigr.), Νιγρίνου φιλοσοφία, Die Philosophie des Nigrinos [8]

Das Werk gliedert sich in einen Brief des Loukianós an den platonischen Philosophen Nigrinos und einen dem Brief beigefügten Dialog. Im Brief kündigt Loukianós an, der Dialog solle den Eindruck wiedergeben, den Nigrinos' Worte bei ihm hinterlassen hätten. Die Sprecher des folgenden, mit den Titelworten überschriebenen Dialogs bleiben unbenannt. Der erste Sprecher erzählt von seiner Begegnung mit Nigrinos. Dieser habe ihm Athen als einen Ort der Mäßigung und Freiheit beschrieben, Rom hingegen als Sündenpfuhl, und sich über die verkommenen Sitten und die Philosophiefeindlichkeit der Römer breit ausgelassen. Nigrinos aber lebe zurückgezogen und erweise sich als mitreißender und fürsorglicher Lehrer. Am Ende sind nicht nur der Sprecher, sondern auch sein Gesprächspartner von Nigrinos so begeistert, dass sie beschließen, nach Rom zu gehen.

Ocypus (Ocyp.), Ὠκύπους, Schnellfuß [74]

Die Figuren dieses in iambischen Trimetern verfassten Dramoletts sind die Gicht, ein Tutor, ein Arzt und der junge Sportler Schnellfuß. Schnellfuß – hier wird der tragische ‚Schwellfuß', Oidipous, parodiert – habe die Gicht verspottet, woraufhin sie aus Rache einen seiner Füße befallen habe. Obwohl er versucht, sein Leiden vor seinen Freunden zu verheimlichen, lässt sich sein Tutor nicht täuschen. Er veranlasst den dazukommenden Arzt, Gicht zu diagnostizieren. Als ihm die Prognose einer dauerhaften Behinderung mitgeteilt wird, verzweifelt Schnellfuß. Dem Dramolett ist die Parodie einer hellenistischen Dramenhypothesis vorangestellt.

Patriae Encomium (Patr. Enc.), Πατρίδος ἐγκώμιον, Lob des Vaterlandes [11]

Die Lobrede stellt darauf ab, dass Heimatliebe ebenso wie Elternliebe nicht von äußeren Faktoren wie Größe, Reichtum, Ehre und Schönheit abhängt. Der Heimat gegenüber sind Dankbarkeit und Ehrfurcht angemessen, und besonders im Alter wird das Verlangen nach der Heimat größer: Das Leben soll am gleichen Ort enden, wo es begann. Daher ist keine Strafe schlimmer als die Verbannung.

Phalaris 1 (Phal. 1), Φάλαρις Α, Phalaris 1 [1]

Phalaris, der Tyrann von Akragas, lässt Gesandte in Delphi eine Rede halten, die die Priester zur Annahme eines bronzenen Stieres – Phalaris' berüchtigtes Foltergerät – als Weihgabe bewegen soll. Der Gesandte dementiert zunächst Phalaris' Ruf als Gewaltherrscher: Durch einen Anschlag politischer Gegner habe er sich vielmehr zu einem Staatsstreich gezwungen gesehen. An die Spitze gelangt, habe er seine Widersacher begnadigt und alles für das Wohl der Stadt getan. Als er zurücktreten wollte, habe er von einer weiteren Verschwörung erfahren, die er habe niederschlagen müssen. Aus Selbstschutz und für die öffentliche Sicherheit habe er harte Strafen ersonnen. Den Folterstier schließlich habe der Künstler Perilaos ohne Phalaris' Auftrag hergestellt und sei dafür bestraft worden. Dieser Stier solle als Kunstobjekt dem Gott geschenkt werden. Die Rede schließt mit dem Versprechen weiterer Schenkungen, sollte der Stier akzeptiert werden.

Phalaris 2 (Phal. 2), Φάλαρις Β, Phalaris 2 [2]

Ein namenloser Delphier unterstützt Phalaris' Anliegen. Es sei nicht Aufgabe der Priester, fremde Herrscher zu beurteilen, sondern ihre religiösen Bedürfnisse zu erfüllen. Die internationalen Weihegaben seien die einzige Lebensgrundlage der Delphier in ihrem felsigen Land. Den Stier nicht zu akzeptieren werde das künftige Verhalten reicher Stifter beeinflussen. Dies könne man sich nicht leisten.

Philopatris (Philopatr.), Φιλόπατρις ἢ Διδασκόμενος, Der Patriot oder Die Belehrung [82]

Triephon trifft den nach einer Begegnung mit einer fanatischen religiösen Gruppierung verstörten und tief in Gedanken versunkenen Kritias. Über der Bitte, ihm davon zu berichten, geraten die beiden in einen Disput über die Wirklichkeit paganer Gottesvorstellungen, die Kritias favorisiert, und christlicher Auffassungen, für die Triephon eintritt. Als Kritias von seiner Auseinandersetzung mit den Fanatikern berichtet, wird seine Erzählung von dem vorbeikommenden Kleolaos unterbrochen, der ihnen die neuesten Kriegserfolge des Kaisers im Osten verkündet. Daraufhin beschließen sie, zum Dank für diese erfreuliche Zukunftsvision dem athenischen ‚Unbekannten Gott' ein Opfer zu bringen.

Philopseudeis (Philops.), Φιλοψευδεῖς ἢ Ἀπιστῶν, Die Lügenfreunde oder Der Ungläubige [34]

Tychiades berichtet Philokles, wie er bei einem Besuch angesehener *pepaideuménoi* am Krankenbett des Eukrates Erzählungen phantastischer Begebenheiten habe mitanhören müssen: Es sei um Wunderheilungen, Totenbeschwörungen, Teufelsaustreibungen, Geistererscheinungen, Totenauferstehungen und andere Zaubertricks gegangen. Zu seinem Entsetzen habe er feststellen müssen, dass alle Anwesenden außer ihm, sogar namhafte Philosophen, diese Erzählungen vollkommen ernst genommen hätten. Tychiades sei als ungläubiger Außenseiter verspottet worden und schließlich, als er das in seinen Augen abergläubische Gerede nicht mehr ertragen konnte, fortgegangen.

Piscator (Pisc.), Ἀναβιοῦντες ἢ Ἁλιεύς, Die Auferstandenen oder Der Fischer [28]

Parrhesiades wird von den auferstandenen Philosophen Sokrates, Aristippos, Chrysippos, Pythagoras, Empedokles, Platon und Aristoteles wegen seiner Schrift *Vitarum Auctio* attackiert und muss sich vor dem Gericht der Philosophie, Wahrheit, Tugend, des Syllogismus sowie der Überführung verantworten. Zum stellvertretenden Ankläger wählen die Philosophen Diogenes, der die Verhandlung mit einer Rede über die Untaten und Dreistigkeiten des Parrhesiades beginnt. Parrhesiades führt dagegen aus, dass er nur Heuchler und Scheinphilosophen verspotte. Dafür gebühre ihm eher eine Belohnung, weil er diejenigen bloßstelle, die den Namen der Philosophen durch Habgier und Heuchelei in den Schmutz zögen. Kläger und Richterin sprechen ihn frei. Nun wirft Parrhesiades von der

Akropolis eine Angel mit Goldködern aus und lockt so jene Scheinphilosophen an. Philosophia beauftragt ihn mit der Prüfung und Markierung aller falschen Philosophen.

Podagra (Pod.), Ποδάγρα, Podagra [69]

In einer kurzen tragischen Szene tritt ein gichtgeplagter Greis endlich wieder einmal vor die Tür und sieht eine kultische Schar von Anhängern der Göttin Gicht nahen, die ihre Schirmherrin sogleich herbeirufen. Gicht erscheint und ergeht sich in einer Hasstirade gegen sämtliche Heilmittel. Ein gichtkranker Bote eilt herbei und berichtet ihr, zwei syrische Ärzte behaupteten, ein wirksames Mittel gegen sie gefunden zu haben. Die Gicht verspricht, ihr Wirken unter den Menschen sofort einzustellen, falls das Mittel wirken sollte. Als beide Ärzte jedoch mit der Krankheit und den sie begleitenden Schmerzen geschlagen werden, kann Gicht am Ende triumphieren.

Pro Imaginibus (Pr. Im.), Ὑπὲρ τῶν Εἰκόνων, Die Verteidigung der Bilder [50]

In den *Imagines* hatten Lykinos und Polystratos Panthea wegen ihrer geistig-seelischen und körperlichen Schönheit gelobt. Panthea, berichtet Polystratos, habe an diesem Lob jedoch wegen seiner übertriebenen Schmeichelei Anstoß genommen. Lykinos solle alle entsprechenden Stellen in den *Imagines* ändern, sein Lob angemessen gestalten und insbesondere alle Vergleiche mit Göttern streichen. Lykinos formuliert eine Verteidigungsrede, in der er Pantheas Bescheidenheit lobt. Schmeichelei liege nicht vor, da er von ihr keine Gegenleistung zu erwarten habe. Auch habe er sie nicht mit Göttinnen, sondern mit Statuen von Göttinnen verglichen; im Übrigen vergleiche auch Homer Menschen mit Göttern, und erhabene Vergleichsbilder seien unverzichtbar. Der Dialog endet in Erwartung einer neuerlichen Reaktion Pantheas.

Pro Lapsu inter Salutandum (Laps.), Ὑπὲρ τοῦ ἐν τῇ προσαγορεύσει πταίσματος, Verteidigung für einen beim Grüßen begangenen Fehler [64]

Der Sprecher verteidigt sich für einen Fehler, der ihm bei der morgendlichen Begrüßung seines Patrons unterlaufen sei: Er habe ihn statt mit χαῖρε („Freue dich!") mit ὑγίαινε („Bleib gesund!") gegrüßt – ein Gruß, der für eine spätere Tageszeit reserviert sei. Zur Widerlegung des Vorwurfs mangelnder Bildung führt er Belege für die Verwendung von ὑγίαινε in verschiedenen Kontexten und zu unterschiedlichsten Uhrzeiten an. ὑγίαινε sei ein zu jeder Zeit tauglicher Gruß, der zudem die didaktische Wirkung habe, einen an die Sorge um die eigene Gesundheit zu erinnern. Bei seinem wohl der Nervosität geschuldeten Versprecher hätten daher die Götter ihre Hände im Spiel gehabt, da ja ein noch besserer Segenswunsch daraus entstanden sei. Seinem Patron ist er dankbar dafür, dass er es ihm nicht als Zeichen mangelnder Bildung auslegt habe, sondern als Ausdruck seiner bodenständigen Bescheidenheit.

Prometheus (Prom.), Προμηθεύς, Prometheus [23]

Ein Gespräch zwischen Hermes, Hephaistos und Prometheus, während dieser an den Kaukasus gekettet wird. Prometheus betont seine Unschuld und sieht sich zu Unrecht verurteilt, wogegen Hermes ihm seine Schandtaten vorhält: den Opferbetrug, die Erschaffung der Menschen und den Feuerdiebstahl. Prometheus weist in seiner Verteidigung alle Vorwürfe von sich.

Prometheus es in verbis (Prom. Es), Πρὸς τὸν εἰπόντα Προμηθεὺς εἶ ἐν τοῖς Λόγοις, Gegen denjenigen, der ihn einen ‚Prometheus der Worte' genannt hat [71]

Der Sprecher dieser Prolalie verteidigt sich und seine Werke gegen den Vorwurf eines ungenannten Spötters, er sei ein ‚Prometheus der Worte'. Nach einer kurzen Reflexion über die ambivalenten Konnotationen des Prometheusvergleichs – seine Werke sind womöglich nicht für die Ewigkeit geschaffen, da sie wie die Tonarbeiten des Prometheus durch den kleinsten Stein zerstört werden können, aber dennoch als originelle Neuschöpfungen zu bewerten, da sie mit den Erfindungen eines Prometheus verglichen werden – reklamiert der Sprecher, dass er durch die Verbindung von Komödie und Dialog etwas besonders Harmonisches und ästhetisch Gelungenes hervorgebracht habe.

Pseudologista (Pseudol.), Ψευδολογιστὴς ἢ Περὶ τῆς Ἀποφράδος, Der Lügensophist oder Vom Unglückstag [51]

Hintergrund des Streits zwischen dem Sprecher und einem ungenannten Gegner über den korrekten Gebrauch des Begriffs ἀποφράς (*dies nefastus*, Unglückstag) war ein Vortrag des Gegners, den er, wie ihm der Sprecher vorwirft, nicht aus dem Stegreif gehalten, sondern auswendig gelernt und obendrein auch abgeschrieben habe. Der Sprecher hatte ihn deswegen ausgelacht und als Apophras bezeichnet, worauf dieser ihm unrichtigen Sprachgebrauch unterstellt. Diesen Vorwurf leugnet der Sprecher und liefert dabei einen Überblick über seines Gegners Charakterfehler und Vergehen: Betrug, Unterschlagung und homosexuelle Ausschweifungen. Sein daraus resultierender schlechter Ruf lasse Apophras nur als einen weiteren in der langen Liste seiner Spitznamen erscheinen.

Quomodo Historia Conscribenda sit (Hist. Conscr.), Πῶς δεῖ ἱστορίαν συγγράφειν, Wie schreibt man Geschichte? [59]

Der Traktat zum Thema der richtigen und angemessenen Abfassung historiographischer Werke geht von römischen Kriegserfolgen im Osten aus und konstatiert eine entsprechende Zunahme von Geschichtswerken, die der Sprecher als hauptsächlich geschwätzig bezeichnet. Der Text will vor typischen historiographischen Fehlern warnen und Anweisungen zu einer besseren Praxis erteilen. Vermieden werden sollen: Lob statt Wahrheit, Erzeugung von Lesevergnügen statt Nutzen aus der Lektüre, plumpe Nachahmung der Klassiker (Herodot, Thukydides), Geschwätzigkeit und unangemessene Breite und Detailfülle, Stilfehler (wie etwa Registerbruch, Hyperattizismus), Uneinheitlichkeit der Darstellung, sachliche Fehler und Unwahrscheinlichkeiten. Anzustreben seien stattdessen: Konzentration auf die Hauptsache, Sachkunde, Autopsie, Schlichtheit, Gedrungenheit und Ordnung der Darstellung, politischer Scharfsinn und gekonnte Präsentation, Lebenserfahrung, Freimut, Wahrheitsliebe, Unbestechlichkeit, Blick auf den Nutzen der Nachwelt. Zur Illustration des Gesagten bedient sich der Sprecher zahlreicher Anekdoten und Zitate.

Rhetorum Praeceptor (Rh. Pr.), Ῥητόρων διδάσκαλος, Der Rhetoriklehrer [41]

Ein Rhetoriker unterweist einen an der Redekunst interessierten jungen Mann darin, wie er schnell ein berühmter Redner werden könne. Es gebe nicht nur den mühevollen und langen, sondern auch einen komfortablen Weg zum Gipfel der Redekunst. Den Bergführer für diesen Pfad – einen geschniegelten Schönling – lässt er daraufhin selbst zu Wort kommen. Dieser rät, sich erst einmal mit Unbildung, Verwegenheit und Unverschämtheit auszurüsten. Der angehende Redner solle sich herausputzen und möglichst feminin geben. Eine Handvoll attischer Wörter, zeitgenössischer Deklamationen und gewagter Wortneuschöpfungen genüge völlig. Beim Vortrag solle er drauflos plappern, immer auf die Perserkriege anspielen, entlegene Vokabeln einstreuen und sich dem Publikum gegenüber wie ein Tyrann verhalten. Eine Entourage von Claqueuren sei ebenfalls hilfreich. Im Privatleben solle er sich vor keinem schlechten Ruf fürchten; er selbst sei stolz darauf, dass ihm nun jegliche Schandtaten zugetraut würden. Der erste Sprecher kündigt daraufhin an, seine Profession aufzugeben, da er selbst den mühseligen Weg gewählt und den neuen Rednern nichts mehr entgegenzusetzen habe.

Saturnalia (Sat.), Τὰ πρὸς Κρόνον, Saturnalisches [61]

In sieben Texten unterschiedlicher Gattungen wird die verkehrte Welt des (siebentägigen) Saturnalienfestes thematisiert. Zuerst befragt ein Priester den Festvorsitzenden Kronos, weswegen er nichts gegen die Kluft zwischen Arm und Reich unternehme. Kronos antwortet, er könne nur während des Festes für Gleichheit sorgen. Es folgen Saturnaliengesetze, schließlich ein Briefwechsel zwischen einem Ich, Kronos und den Reichen, in dem Gründe für und gegen eine Neuverteilung des Reichtums vorgetragen werden.

Scytha (Scyth.), Σκύθης ἢ Πρόξενος, Der Skythe oder Der Honorarkonsul [68]

Der Sprecher dieser Prolalie erzählt von den Reisen der Skythen Toxaris und Anacharsis nach Athen. Toxaris, der sich schon länger in Athen aufhält, stellt Anacharsis dem weitgereisten und weisen Solon vor: Könne Anacharsis ihn als Freund gewinnen, sei er kein Fremdling mehr. Solon bildet Anacharsis aus und macht ihn zu einem vollwertigen Mitglied der attischen Gesellschaft. Vergleichbares möchte der Sprecher, ein Syrer, in Makedonien auch für sich erreichen.

Soloecista (Sol.), Ψευδοσοφιστὴς ἢ Σολοικιστής, Der falsche Sophist oder Der Solözist [18]

Im Dialog mit Loukianós behauptet ein Sophist, dass Menschen entweder sich selbst fehlerlos ausdrückten und sämtliche Fehler anderer bemerkten oder selbst Fehler machten und sie daher bei anderen Menschen nicht diagnostizieren könnten. Loukianós stellt ihn, der sich selbst der ersten Kategorie zuordnet, auf die Probe, indem er in jeden seiner Sätze idiomatische, formale oder syntaktische Fehler einbaut, die sein Gegenüber alle nicht bemerkt. In einer zweiten Runde führt Loukianós weitere Solözismen mit der Korrektur durch einen gewissen Sokrates von Mopsos auf. Der Sophist bittet Loukianós schließlich um eine detaillierte Erklärungen des Solözismus, ist zu feinen Differenzierungen im Sprachgebrauch jedoch selbst nicht in der Lage.

Somnium sive Vita Luciani (Somn.), Περὶ τοῦ ἐνυπνίου ἤτοι βίος Λουκιανοῦ, Vom Traum oder Lukians Leben [32]

Der Sprecher berichtet, wie sich sein Vater nach langen Überlegungen dazu entschlossen hatte, seinen Sohn zum Bruder seiner Frau, einem Steinmetz, in die Lehre zu geben. Anfangs enthusiastisch, läuft der Junge jedoch weinend nach Hause, als ihn sein Onkel für das Zerbrechen einer Steinplatte bestraft. Nachts träumt er, ihm seien zwei Frauengestalten erschienen, eine schmutzig und in der Arbeitskleidung eines Steinmetzes, die andere gepflegt und elegant. Beide hätten versucht, ihn auf ihre Seite zu ziehen. Die schmutzige Gestalt habe sich ihm als Bildhauerkunst zu erkennen gegeben und ihm einen auskömmlichen und angesehenen Lebensweg versprochen. Die andere habe sich als die Bildung (*Paideía*) vorgestellt. Auch sie habe ihm Ruhm versprochen, aber in einem Maße, das ihn über andere Menschen herausheben würde. Er habe sich spontan der Bildung angeschlossen, die ihm auf einer Himmelsreise die ganze Welt gezeigt habe. Mögliche abwertende Reaktionen auf seine Geschichte vorwegnehmend beharrt der Sprecher am Schluss darauf, dass sie den guten Zweck verfolge, junge Menschen für das Studium zu motivieren.

Symposium (Symp.), Συμπόσιον ἢ Λαπίθαι, Das Gastmahl oder Die Lapithen [17]
Philon erkundigt sich bei Lykinos nach einem turbulenten Symposion vom Vortag: Der reiche Aristainetos hatte anlässlich der Hochzeit seiner Tochter Kleanthis eine Festgesellschaft gelehrter Männer eingeladen. Dazu gehörten, neben Lykinos selbst, zwei Stoiker, ein Peripatetiker, ein Epikureer, ein Platoniker, ein Grammatiker und ein Rhetoriker an. Später kommt ungeladen noch ein Kyniker hinzu. Lykinos berichtet, wie die Trinkschale die Runde gemacht habe und die Anwesenden zusehends aggressiver geworden seien. Um die Gäste zu unterhalten, habe Aristainetos einen Spaßmacher auftreten lassen, mit dem sich der Kyniker geprügelt habe. Nun habe sich ein Arzt zu der Runde gesellt und sie mit dem Bericht von seinem Gerangel mit einem wahnsinnigen Patienten erheitert. Danach sei der Sklave eines ungeladenen weiteren Stoikers erschienen und habe einen beleidigenden Brief verlesen. Der Gastgeber habe die erhitzten Gemüter gerade noch beruhigen können, allerdings sei beim Hauptgang eine Schlägerei um die besten Brathühnchen entbrannt. Viele der Anwesenden hätten ernsthafte Verletzungen erlitten, worauf sich die Gesellschaft unter Tränen und Geschrei aufgelöst habe.

Timon (Tim.), Τίμων, Timon [25]
Der athenische Menschenfeind Timon stößt durch Zeus' Wohlwollen auf einen Schatz, den er eigentlich nicht haben will, weshalb er feierlich Regeln für sein restliches Leben aufstellt: Er will seinen Reichtum für sich behalten und sämtliche Mitmenschen für ihre Gier leiden lassen. Nacheinander verprügelt er mit seiner Hacke zwei Parasiten sowie einen seiner Verwandten, der sich durch die Verleihung öffentlicher Ehren bei ihm einschmeicheln will. Zuletzt erhält ein Philosoph Prügel dafür, dass er öffentlich Tugend predigt, sich aber privat zügelloser als alle anderen verhält.

Toxaris (Tox.), Τόξαρις ἢ Φιλία, Toxaris oder Die Freundschaft [57]
Der Skythe Toxaris lobt vor dem Griechen Mnesippos die Freundschaft von Orestes und Pylades und erklärt, dass sie selbst als Feinde in seiner Heimat göttliche Verehrung erhielten. Denn die Freundschaft werde unter den Skythen mehr als alle anderen Tugenden geschätzt. Toxaris und Mnesippos treten nun in Wettstreit darüber, ob Griechen oder Skythen die besseren Freunde seien; jeder von beiden soll unter Eid fünf exemplarische Freundschaftsgeschichten erzählen. Da kein Richter zur Hand ist, lassen sie ihren Wettstreit mit einem Unentschieden enden und beschließen stattdessen, selbst miteinander Freundschaft zu schließen.

Tyrannicida (Tyr.), Τυραννοκτόνος, Der Tyrannenmörder [53]
In dieser Deklamation erhebt ein Tyrannenmörder Anspruch auf eine Belohnung. Zuerst hatte er auf der Akropolis den Sohn des Tyrannen getötet und daraufhin den Tyrannen selbst in den Tod getrieben, indem er ihn dem Anblick seines sterbenden Sohnes ausgesetzt und ihm das tödliche Schwert zum eigenen Gebrauch dazugelegt hatte. Ein anonymer Gegner versucht nun, ihm die vom Staat ausgesetzte Belohnung abzusprechen, da er den Tyrannen nicht mit eigener Hand ermordet habe. In vielfältigen argumentativen

Wendungen und dramatischen Beschreibungen plausibilisiert der Tyrannenmörder seinen Anspruch und hebt dabei nicht zuletzt die ästhetische Qualität seiner Inszenierung hervor.

Verae Historiae 1 (VH 1), Ἀληθῶν Διηγημάτων A, Wahre Geschichten 1 [13]

Im Proömium weist der Sprecher seine Leser darauf hin, dass er nur darin die Wahrheit sagen werde, dass er lüge. Das Werk diene der Entspannung und Vorbereitung auf seriösere Bildungstätigkeit, jedes Detail stelle eine Anspielung auf ältere Texte dar. Mit einer Schiffsbesatzung von 50 Gefährten bricht der Erzähler im eigentlichen Bericht von den Säulen des Herakles auf und wird sogleich von einem Monate lang anhaltenden Sturm erfasst. Er erreicht eine Insel, auf der Wein in Strömen fließt und wo er Zeugnisse von der Anwesenheit des Dionysos und Herakles entdeckt. Von einem Wirbelsturm wird das Schiff bei seiner Weiterreise in die Lüfte empor und zum Mond getragen. Die Reisenden unterstützen den Mondkönig Endymion gegen den Sonnenkönig Phaeton in einer interstellaren Schlacht fabelhafter Kreaturen, werden allerdings besiegt und gefangengenommen. Nach einem erfolgreichen Friedensschluss studiert der Erzähler die Einwohner des Mondes und beobachtet das Leben auf der Erde durch einen Spiegel. Während der Reise zurück zur Erdoberfläche fährt das Schiff an Wolkenkuckucksheim vorüber und legt in einer von Lampen bevölkerten Stadt an, wo der Erzähler die Gelegenheit nutzt, um die Lampe seines Elternhauses über seine Familie auszufragen. Das Schiff erreicht schließlich wieder die Meeresoberfläche, wird aber sogleich von einem riesigen Wal verschluckt. Die Mannschaft richtet sich auf einer Insel in seinem Inneren häuslich ein, wobei sie Bekanntschaft mit Skintharos und seinem Sohn macht, mit denen zusammen sie die benachbarten Stämme bekämpfen. Nach ihrem Sieg werden sie Zeugen einer Seeschlacht zwischen Riesen mit Feuerhaaren, die Inseln als Schiffe verwenden.

Verae Historiae 2 (VH 2), Ἀληθῶν Διηγημάτων B, Wahre Geschichten 2 [14]

Im zweiten Teil der Erzählung wird berichtet, wie die Reisenden aus dem Wal entkommen. Nachdem sie das Gefrieren des Ozeans überstanden sowie eine Käseinsel und die Inseln der auf dem Wasser laufenden Korkfüßler passiert haben, gelangen sie zur Insel der Seligen, wo ihnen ein siebenmonatiger Aufenthalt gewährt wird. Hier treffen sie berühmte Persönlichkeiten und erleben Sportkämpfe, die Niederschlagung der Revolte der auf die Insel der Verdammten Verbannten und die versuchte Entführung der Helena durch Skintharos' Sohn. Vor ihrer Abfahrt wird ihnen prophezeit, dass sie nach weiteren Abenteuern den Kontinent auf der anderen Seite der Erde erreichen und zuletzt heimkehren würden. Auf der Weiterreise besichtigen sie die Insel der Verdammten, die Insel der Träume und Kalypsos Wohnsitz Ogygia, wo sie ein Schreiben des Odysseus übergeben. Nach Übergriffen durch Piraten, Begegnungen mit ochsenköpfigen Kreaturen und der Flucht vor einem tödlichen Hinterhalt eselsbeiniger Frauen erleiden sie am Ende Schiffbruch und retten sich an die Küste einer anderen Welt. In einem Epilog werden die Ereignisse stichwortartig resümiert und weitere Bücher in Aussicht gestellt.

Vitarum Auctio (Vit. Auct.), Βίων πρᾶσις, Die Versteigerung der Lebensbilder [27]

Zeus und Hermes versteigern mehrere Philosophen als Repräsentanten ihrer jeweiligen Philosophie auf dem öffentlichen Sklavenmarkt. Von den Käufern befragt schildern die Philosophen ihre schultypischen Erkenntnisse und Lebensweisen.

Zeuxis (Zeux.), Ζεῦξις ἢ Ἀντίοχος, Zeuxis oder Antiochos [63]
Der Sprecher dieser Prolalie kritisiert, dass das Publikum seiner Auftritte häufig nur die Neuheit eines Werkes lobe, nicht aber seine ästhetische Vollkommenheit. Zur Illustration führt er den Maler Zeuxis und den Feldherrn Antiochos an und beschreibt zunächst Zeuxis' Gemälde einer Kentaurenfamilie, an dem er die Harmonisierung von Wildheit und familiärer Liebe sowie von Mensch und Tier hervorhebt. Das zweite Beispiel handelt von Antiochos, der eine drohende Niederlage durch den Einsatz von seinen Gegnern unvertrauten Elefanten abwenden konnte. Zum Kummer des Antiochos war dies aber ein Sieg, der nicht seiner strategischen Kunst, sondern nur der ungewohnten Neuheit seiner Waffen geschuldet war.

Bibliographie

Ausgabe

Matthew D. Macleod, *Luciani Opera*, tom. I (Oxford 1972), tom. II (Oxford 1974), tom. III (Oxford 1980), tom. IV (Oxford 1987, [rev.] 1990).

Übersetzungen

Manuel Baumbach, *Lukian. Wahre Geschichten*, Zürich 2000.

Peter von Möllendorff, *Lukian, Hermotimos Oder Lohnt es sich, Philosophie zu studieren?*, Darmstadt 2000.

Peter von Möllendorff, *Lukian. Gegen den ungebildeten Büchernarren. Ausgewählte Werke*, Düsseldorf/Zürich 2006.

Forschungsliteratur

Anderson (1993): Graham Anderson, *The Second Sophistic. A Cultural Phenomenon in the Roman Empire*, London.

Bachtin (1971): Michail Bachtin, *Probleme der Poetik Dostoevskijs*, München [russ. Orig. Moskau 1963].

Baldwin (1973): Barry Baldwin, *Studies in Lucian*, Toronto.

Baldwin (1975): Barry Baldwin, *The Epigrams of Lucian*, Phoenix 29, 311-335.

Baslez (1993): Marie-Françoise Baslez u.a. (Hgg.), *L'invention de l'autobiographie d'Hésiode à saint Augustin*, Paris.

Baumbach (2004): Manuel Baumbach, *Erotische Klippen auf der Kreuzfahrt zur Wahrheit – Zur narrativen Struktur von Lukians Wahren Geschichten als Parodie des griechischen Liebesromans*, in: Angela Hornung u.a. (Hgg.), *Studia Humanitatis ac Litterarum Trifolio Heidelbergensi dedicata. Festschrift für E. Christmann, W. Edelmaier, R. Kettemann*, Frankfurt a.M., 19-32.

Baumbach (2013): Manuel Baumbach, *False Closure, True Lies and a Never Ending Story: Romantic Aesthetics, Lucian's Verae Historiae and a Fragmentary Ending*, in: Farouk Grewing u.a. (Hgg.), *The Door Ajar. False Closure in Greek and Roman Literature and Art*, Heidelberg, 263-276.

Bellinger (1928): Alfred R. Bellinger, *Lucian's Dramatic Technique*, YCS 1, 3-40.

Billault (1994): Michel Billault (Hg.), *Lucien de Samosate,* Lyon.

Billerbeck/Zubler (2000): Margarethe Billerbeck, Christian Zubler, *Das Lob der Fliege von Lukian bis L.B. Alberti*, Bern.

Boeder (1996): Maria Boeder, *Visa est Vox. Sprache und Bild in der spätantiken Literatur*, Frankfurt a.M.

Bompaire (1958): Jacques Bompaire, *Lucien écrivain. Imitation et création*, Paris.

Bompaire (1993): Jacques Bompaire, *Quatre styles d'autobiographie au IIe siècle après J.-C.: Aelius Aristide, Lucien, Marc-Aurèle, Galien*, in: Baslez (1993) 199-209.

Borg (2002): Barbara Borg, *Der Logos des Mythos. Allegorien und Personifikationen in der frühen griechischen Kunst*, München.

Borg (2004): Barbara E. Borg (Hg.), *Paideia: The World of the Second Sophistic*, Berlin/New York.

Bowersock (1969): Glen W. Bowersock, *Greek Sophists in the Roman Empire*, Oxford.

Bowie (1970): Ewen L. Bowie, *Greeks and their Past in the Second Sophistic*, Past and Present 46, 1970, 3-41.

Bozia (2015): Eleni Bozia, *Lucian and His Roman Voices. Cultural Exchanges and Conflicts in the Late Roman Empire*, New York/London.

Branham (1985): Robert Bracht Branham, *Introducing a Sophist: Lucian's Prologues*, TAPhA 115, 237-243.

Branham (1989): Robert Bracht Branham, *Unruly Eloquence. Lucian and the Comedy of Traditions*, Cambridge/Mass.

Braun (1994): Eugen Braun, *Lukian. Unter doppelter Anklage. Ein Kommentar*, Frankfurt a.M.

Bretzigheimer (1992): Gerlinde Bretzigheimer, *Lukians Dialoge Εἰκόνες – Ὑπὲρ τῶν εἰκόνων. Ein Beitrag zur Literaturtheorie und Homerkritik*, RhM 135, 161-187.

Caster (1938): Marcel Caster, *Etudes sur Alexandre ou Le Faux Prophète de Lucien*, Paris.

Clay (1992): Diskin Clay, *Lucian of Samosata: Four Philosophical Lives (Nigrinus, Demonax, Peregrinus, Alexander Pseudomantis)*, ANRW 2,36,5, 3406-3450.

Coenen (1977): Jürgen Coenen, *Lukian, Zeus tragodos. Überlieferungsgeschichte, Text und Kommentar*, Meisenheim.

Dubel (1994): Sandrine Dubel, *Dialogue et autoportrait: les masques de Lucien*, in: Billault (1994) 19-26.

Ebner (2001): Martin Ebner u.a. (Hgg.), *Die Lügenfreunde oder: der Ungläubige*, Darmstadt.

Elsner (2001): Jas Elsner, *Describing Self in the Language of the Other: Pseudo(?) Lucian at the Temple of Hierapolis*, in: Goldhill (2001), 123-153.

Free (2015): Alexander Free, *Geschichtsschreibung als Paideia. Lukians Schrift „Wie man Geschichte schreiben soll" in der Bildungskultur des 2. Jhs. n.Chr.*, München.

Fusillo (1988): Massimo Fusillo, *Le Miroir de la Lune. L'Histoire vraie de Lucien de la satire à l'utopie*, Poétique 73, 109-135

Georgiadou/Larmour (1998): Aristoula Georgiadou, David Larmour, *Lucian's Science Fiction Novel True Histories. Interpretation and Commentary*, Leiden.

Gera (1995): Deborah L. Gera, *Lucian's Choice: Somnium 6-16*, in: D. Innes u.a. (Hgg.), *Ethics and Rhetoric. Classical Essays for Donald Russell on his Seventy-Fifth Birthday*, New York.

Gleason (1995): Maud W. Gleason, *Making Men. Sophists and Self-Presentation in Ancient Rome*, Princeton.

Goldhill (2001): Simon Goldhill (Hg.), *Being Greek under Rome. Cultural Identity, the Second Sophistic and the Development of Empire*, Cambridge.

Goldhill (2002): Simon Goldhill, *Becoming Greek, with Lucian*, in: ders., Who needs Greek? Contests in the cultural history of Hellenism, Cambridge, 60-107.

Hahn (1989): Johannes Hahn, *Der Philosoph und die Gesellschaft. Selbstverständnis, öffentliches Auftreten und populäre Erwartungen in der hohen Kaiserzeit*, Stuttgart.

Hall (1971): Jennifer Hall, *Lucian's Satire*, New York.

Helm (1906): Rudolf Helm, Lucian und Menipp, Leipzig/Berlin.

Helm (1927): Rudolf Helm, *Lukianos*, RE XIII 26, Sp. 1725-1777.

Homeyer (1965): Helene Homeyer, *Lukian. Wie man Geschichte schreiben soll*, München.

Humble/Sidwell (2006): Noreen Humble u. Keith Sidwell, *Dreams of Glory: Lucian as Autobiographer*, in: B. McGing u.a. (Hgg.), *The Limits of Ancient Biography*, Swansea, 213-225.

Jones (1986): Christopher P. Jones, *Culture and Society in Lucian*, Cambridge/Mass.

Jónsson (1995): Einar M. Jónsson, *Le Miroir. Naissance d'un genre littéraire*, Paris.

Korenjak (2000): Martin Korenjak, *Publikum und Redner. Ihre Interaktion in der sophistischen Rhetorik der Kaiserzeit*, München.

Kurz (1982): Gerhard Kurz, *Metapher, Allegorie, Symbol*, Göttingen.

Lada-Richards (2007): Ismene Lada-Richards, *Silent Eloquence: Lucian and Pantomime Dancing*, London.

Laplace (1996): Marie Laplace, *L'ecphrasis de la parole dans l'Electrum et le De domo de Lucien, et la représentation des deux styles d'une esthétique inspirée de Pindare et de Platon*, JHS 116, 158-165.

Lechner (2015/16): Thomas Lechner, *Bittersüße Pfeile. Protreptische Rhetorik und platonische Philosophie in Lukians Nigrinus*, Teil 1: Millennium 12, 2015, 1-40; Teil 2 (im Erscheinen): Millennium 13, 2016.

Lentano (2011): Mario Lentano, *Die Stadt der Gerichte: das Öffentliche und das Private in der römischen Deklamation*, in: Fritz-Heiner Mutschler u.a. (Hgg.), *Römische Werte und römische Literatur im frühen Prinzipat*, Berlin, 209-232.

Lightfoot (2003): Jane L. Lightfoot, *Lucian. On the Syrian Goddess*, Oxford.

v. Möllendorff (2000a): Peter v. Möllendorff, *Auf der Suche nach der verlogenen Wahrheit. Lukians Wahre Geschichten*, Tübingen,

v. Möllendorff (2000b): Peter v. Möllendorff, *Lukian, Hermotimos Oder Lohnt es sich, Philosophie zu studieren?*, Darmstadt.

v. Möllendorff (2004): Peter v. Möllendorff, *Puzzling Beauty. Zur ästhetischen Konstruktion von Paideia in Lukians 'Bilder'-Dialogen*, Millennium 1, 1-24.

v. Möllendorff (2006): Peter v. Möllendorff, *Camels, Celts and Centaurs. Lucian's Aesthetic Concept – The Charis of the Hybrid*, in: Ruurd R. Nauta (Hg.), *Desultoria scientia. Genre in Apuleius' Metamorphoses and related texts*, Leuven, 63-86

v. Möllendorff (2010): Peter v. Möllendorff, *„So weit meine offenen Worte an dich ..." – Form und Funktion von Polemik in den Schriften des Lukian von Samosata*, in: Oda Wischmeyer, Lorenzo Scornalenchi (Hgg.), *Polemik in der frühchristlichen Literatur. Texte und Kontexte*, Berlin/New York, 55-75.

v. Möllendorff (2010): Peter v. Möllendorff, *Das A und O des Zitierens. Zur ethischen Dimension beschnittener Zitate*, in: Joachim Jacob, Mathias Mayer (Hgg.), *Im Namen des anderen. Die Ethik des Zitierens*, München, 189-202.

Mras (1911): Karl Mras, *Die Überlieferung Lucians*, Wien.

Nesselrath (1985): Heinz-Günther Nesselrath, *Lukians Parasitendialog. Untersuchungen und Kommentar*, Berlin/New York.

Nesselrath (1990): Heinz-Günther Nesselrath, *Lucian. Introductions*, in: Donald A. Russell (Hg.), *Antonine Literature*, Oxford, 111-140.

Nesselrath (1992): Heinz-Günther Nesselrath, *Kaiserzeitlicher Skeptizismus in platonischem Gewand: Lukians ‚Hermotimos'*, in: ANRW II, 36,5, 3451–3482.

Newby (2002): Zara Newby, *Testing the Boundaries of Ekphrasis: Lucian on the Hall*, Ramus 31, 126-135.

ní Mheallaigh (2010): Karen ní Mheallaigh, *The Game of the Name: Onymity and the Contract of Reading in Lucian*, in: Francesca Mestre u.a. (Hgg.), *Lucian of Samosata, Greek Writer and Roman Citizen*, Barcelona, 121-132

ní Mheallaigh (2014): Karen ní Mheallaigh, *Reading Fiction with Lucian. Fakes, Freaks and Hyperreality*, Cambridge.

Pilhofer (2005): Peter Pilhofer u.a. (Hgg.), *Lukian. Der Tod des Peregrinos. Ein Scharlatan auf dem Scheiterhaufen*, Darmstadt.

Porod (2013): Robert Porod, *Lukians Schrift „Wie man Geschichte schreiben soll". Kommentar und Interpretation*, Wien.

Pretzler (2009): Maria Pretzler, *Form over Substance? Deconstructing Ecphrasis in Lucian's Zeuxis and Eikones*, in: A. Bartley (Hg.), *A Lucian for our Times*, Newcastle, 157-172.

Relihan (1993): Joel C. Relihan, *Ancient Menippean Satire*, Baltimore/London.

Richard (1886): H. Richard, *Über die Lykinosdialoge des Lukian*, Progr. Hamburg.

Richter (2011): Daniel S. Richter, *Cosmopolis. Imagining Comunity in Late Classical Athens and the Early Roman Empire*, Oxford.

Romm (1990): James Romm, *Wax, Stone, and Promethean Clay: Lucian as Plastic Artist*, Classical Antiquity 9, 74-98.

Russell (1983): Donald A. Russell, *Greek Declamation*, Cambridge.

Rütten (1997): Ulrich Rütten, *Phantasie und Lachkultur. Lukians „Wahre Geschichten"*, Tübingen.

Saïd, Suzanne (1993): *Le 'je' de Lucien*, in: Baslez (1993) 253-270.

Schmidt (1897): Oskar Schmidt, *Metapher und Gleichnis in den Schriften Lukians*, Winterthur.

Schmitz (1997): Thomas Schmitz, *Bildung und Macht. Zur sozialen und politischen Funktion der zweiten Sophistik in der griechischen Welt der Kaiserzeit*, München.

Schröder (1999): Bianca-Jeanette Schröder, *Die 'Dichterweihe' eines Satirikers. Bemerkungen zu Lukians Bacchus*, Philologus 143, 148-154.

Schröder (2000): Bianca-Jeanette Schröder, *„Eulen nach Athen": ein Vorschlag zu Lukians Nigrinus*, Hermes 128, 435-442.

Searby (2008): Denis M. Searby, *Non-Lucian Sources for Demonax with a new collection of "fragments"*, Symbolae Osloenses 83/1, 120-147.

Slater (2013): Niall W. Slater, *Lucian's Saturnalian Epistolarity*, in: O. Hodkinson u.a. (Hgg.), *Epistolary Narratives in Ancient Greek Literature*, Leiden, 207-220.

Strohmaier (1976): Gotthard Strohmaier, *Übersehenes zur Biographie Lukians*, Philologus 120, 117-122.

Trédé-Boulmer (1993): Monique Trédé-Boulmer, *La Grèce antique a-t-elle connu l'autobiographie?*, in: Baslez (1993) 13-20.

Verweyen/Witting (1993): Theodor Verweyen u. Gunther Witting, *Der Cento. Eine Form der Intertextualität von der Zitatmontage zur Parodie*, Euphorion 87, 1-27.

Victor (1997): Ulrich Victor, *Lukian von Samosata. Alexandros oder Der Lügenprophet*, Leiden.

Walde (2001): Christine Walde, *Die Traumdarstellungen in der griechisch-römischen Dichtung*, München.

Webb (2009): R. Webb, *Ekphrasis, Imagination and Persuasion in Ancient Rhetorical Theory and Practice*, Farnham.

Wehrli (1973): Fritz Wehrli, *Gnome, Anekdote und Biographie*, MH 30, 193-208.

Whitmarsh (2001): Tim Whitmarsh, *Greek Literature and Roman Empire. The Politics of Imitation*, Oxford.

Whitmarsh (2005): Tim Whitmarsh, *The Second Sophistic*, Oxford.

Whitmarsh (2010): Tim Whitmarsh, *The Metamorphoses of the Ass*, in: Francesca Mestre Roca u.a. (Hgg.), *Lucian of Samosata: Greek Writer and Roman Citizen*, Barcelona, 133-141.

Zweimüller (2008): Serena Zweimüller, *Lukian. „Rhetorum praeceptor". Einleitung, Text und Kommentar*, Göttingen.

Stellenregister

Anthologia Graeca
  Anthologia Palatina
    7.61   53
    7.62   53

Aristophanes
  Acharnenses
    47-50   44

  Nubes
    225   181
    877-881   21
    1503   181

Diodorus Siculus
  1.27.3-6   84

Diogenes Laertius
  6.8.   49
  6.20f.   97
  9.21   53
  6.29f.   98
  6.63   96
  6.68   97
  6.69   97
  6.73   97
  6.77   201
  6.100   201

Eunapius
  Vitae Sophistarum
    2.1.9   13; 193

Euripides
  Fragmenta
    936   192

  Hecuba
    1   191f.

  Hercules Furens
    523f.   191f.

  Medea
    1178f.   212

Fronto, M. Cornelius
  Epistulae
    215§3 van den Hout   61

Galenus
  Ad Epidemias
    II.6.29   15

Gellius, Aulus
  19.8.15   59

Heraclitus Philosophus
  B 53 (Diels-Kranz)   114

Herodotus
  4.46   140
  4.77   140
  4.82   84
  6.127-129   57

Hesiodus
  Opera et Dies
    184-195   78
    287-291   73
    289f.   78

Homerus
  Ilias
    1.24   210
    2.41   22
    2.56   22
    2.56f.   21; 22
    2.56-75   22
    4.447   209
    4.450   209
    5.127f.   215
    7.109   210
    9.319   215f.
    9.320   215f.
    19.225   109
    24.602   109

Odyssea		*Anacharsis*	
1.50	212	21	90
1.82	30	22	90
1.180	212		
1.290	30	*Apologia*	
1.351f.	172	1	56
10.521	215f.	2	57
11.305-320	213	3	199
11.539	215f.	5	57
11.573	215f.	9	57
		10	57; 211f.
Hymni Homerici		11	57
Hymnus ad Cerem		12	57
480-482	30	15	57
Horatius		*Asinus*	
Epistulae		47	230
2.1.194	113	56	157f.
Inscriptiones Graecae		*Bacchus*	
XIV 877	232	1	122
		5	122f.
Isidorus Pelusiensis		6	123
55	230	7	123f.
Lactantius		*Bis Accusatus*	
Divinae Institutiones		2	17; 181
1.9.8	230	5	128f.
		6-7	128f.
Lucianus		8	155
Adversus Indoctum		12	152f.
1	80f.; 217	21	181
4	70; 80f.	27	16; 94f.
14	225	30	95
16	81	31	16
17	81	32	16; 35
24	81	33	43f.; 50; 179-184; 196; 200
Alexander			
4	92	34	95; 180; 196
9	92		
28	92		
33	66	*Calumniae non temere credendum*	
55	29	2	132
56	118	4-5	131f.
57	92	6	132
61	92f.	9	116f.

Cataplus		*De morte Peregrini* (cont.)	
28	155	31	27
		34	27
Charidemus		39	27f.; 118
19	55; 232	40	27f.
20	232		
22	232	*De Parasito*	
		4	36
Contemplantes			
3	143; 213	*De Sacrificiis*	
4	213; 216	1	109f.
5	144; 214		
6	214	*De Saltatione*	
7	212f.	35	110f.
14	144; 211f.	66	198
22	144; 215f.	72	111
		82f.	33f.
De Domo			
1	218	*De Syria Dea*	
2	133f.; 218	1	41
3	133f.	17-27	43; 138
4	132f.	17	138f.
5	132	60	42
10	133		
14	161	*Dialogi Deorum*	
		5	177f.
De Luctu			
10	108	*Dialogi Marini*	
11	108	1	177; 204-206f.
24	108f.		
		2	178
De Mercede Conductis		8	204
4	161		
14-18	146	*Dialogi Mortuorum*	
36	70f.	1	51; 96; 194; 200-202; 204
42	129f.		
		2	202
Demonax		3	51f; 202f.
1	225	4	231
2	71	6	202
		10	202
De morte Peregrini		15	203
1	26; 28	16	203
4-6	118	17	202; 208
7	27	18	202
7-30	118	20	202-204

Dialogi Mortuorum (cont.)		*Hermotimus* (cont.)	
21	202	3-8	145
22	202	5	166
25	202	46	78f.
26	202	63	161
28	202	64-71	79
30	202f.	79	80
		80	80
Dipsades		83	80
4	120f.	86	45f.; 166f.
9	120f.		
		Icaromenippus	
Electrum		11	53; 142
6	68; 121f.	12	142
		14	53
Epigrammata		17	143
1	228	19	53; 143
35	231	34	194
Eunuchus		*Imagines*	
3	150	1	136
6	150	2	136
7	151	4	135
9	151	5	20; 135
13	151	6	20; 135f.
		8	135
Fugitivi		16	66
10	190	23	219
14	51		
18	71	*Juppiter Confutatus*	
24	148	6	161
31-33	148		
33	148	*Juppiter Tragoedus*	
		14	211
Gallus		15	148
15	162	33	147f.
18	162	34	147f.
Hippias		*Lexiphanes*	
4	132	20	165
		21	46; 165
Hercules		22	165
8	90	23	165
		25	63
Hermotimus			
1	76f.	*Muscae Encomium*	
2	77f.	5	61

Stellenregister

Muscae Encomium (cont.)		*Piscator* (cont.)	
10	61f.	1-10	222
12	106f.	4	223
		5	185
Navigium		9	87
46	46f.; 156	15	146
		16	152
Necyomantia		19	38; 40f.;
1	50; 191f.		43; 93f.;
9	192		186
10	192	20	93f.
16	31-33; 53;	23	98
	195	25	14; 184f.;
21	192		197
		26	49; 179;
Nigrinus			183-186;
praef.	125f.		197; 199;
1	26; 168		200; 221
2	167	27	184f.; 187
4	168	31	39
5	168	32	39
14	66	37	38
18	144f.;	39	152; 185
	167f.	41f.	185
35-37	161; 168f.	52	198
38	170		
		Pro Imaginibus	
Phalaris		1	220
A 1	104f.	9	137
B 6	105f.	29	220
B 7	106		
B 8	105f.	*Prometheus*	
B 12	105f.	1	86
B 13	105f.	4	86f.
Philopseudes		*Prometheus es in verbis*	
15	91	2	198
18	75	3	176
32	37	5	181-183;
37	90f.		200; 203
40	37f.; 170	6	176; 184
		7	184; 187
Piscator		*Quomodo Historia Conscribenda sit*	
1	188f.; 198	1	112f.
1-3	185; 191	2	35; 112f.
4	191	16	66

Quomodo Historia Consc. (cont.)
24	35
63	35f.

Rhetorum praeceptor
1	73
6-15	145
9	75
11-25	73
15	74
16	74
17	74
24	17f.
26	73

Scytha
1	65; 87f.
3	87f.
9	31; 41; 89f.
10	72
11	72

Soloecista
1	63

Somnium sive Vita Luciani
1	19; 21; 34; 66
2	19; 21; 34
5	21f.
6	21
6-13	21
7	67
10	63; 67; 69; 91
11	69
12	67
14	68
15	21
16	21
17	21; 23; 25
18	18; 163

Symposium
4	48
12	210

Symposium (cont.)
17	209; 211
22-27	125
45	176; 210

Toxaris
10	140
57	65
63	141

Tyrannicida
praef.	101f.
20	102f.
22	103

Verae Historiae
1.1	82; 146; 159
1.3	30; 82
1.4	23f.; 158
1.7	84
1.8	85
1.16	176
1.18	176
1.21	85
1.23-24	84
1.26	145
1.42	176
2.4	84
2.7-10	154
2.17-19	84
2.18	98
2.20	83
2.23	83; 104
2.24	83
2.25-26	85
2.28	30; 228
2.32-33	160
2.35	85; 125
2.36	85
2.46	85
2.47	85

Scholia ad Veras Historias
2.47	85

Vitarum Auctio		*Euthyphro*	
1	146f.; 198	2a1-3	44
2	146f.		
7	99	*Menexenus*	
8	99; 188	235b	21
9	188	235b8-c5	22f.
13	188		
14	15	*Phaedrus*	
27	188	245e5-6	180
		246c4-5	179
Zeuxis		246e4-5	179
1	171; 199; 216	Plinius	
2	171f.	*Epistulae*	
5	174	3.1.9	222
6	174f.		
7	173	Plutarchus	
12	173; 175	*Moralia*	
		122c-d	88
Lycophron			
Alexandra		Sappho	
33	21	*fr*.31 Voigt	164
Ovidius		Suda	
Amores		Lukianos, Samosateus	14
1.15.17f.	209		
		Thucydides	
Philostratus		2.34-46	66
Vitae Sophistarum		2.41.1	66
1.8ff.	151		
		Xenophon	
Photius		*Anabasis*	
Bibliotheca		3	23
100	62	3.1.11	21
128	227		
129	228	*Memorabilia*	
166	228	2.1.21-34	21; 73
		2.1.27	21
Plato		4.2.39f.	168
Apologia			
19c2-5	181	*Symposium*	
41a1-c4	96	9.2-6	222